葉名琛檔案

清代兩廣總督衙門殘牘

第六册（FO931/1223－1432）

劉志偉　陳玉環　主編

廣東省出版集團
廣東人民出版社
·廣州·

圖書在版編目（CIP）數據

葉名琛檔案：清代兩廣總督衙門殘牘 / 劉志偉，陳玉環主編.
—廣州：廣東人民出版社，2012.12
ISBN 978-7-218-06658-5

Ⅰ.①葉… ②清… Ⅱ.①劉… ②陳… Ⅲ.①檔案資料—中國—清後期 Ⅳ.①K252.06

中國版本圖書館 CIP 數據核字（2010）第 025853 號

YeMingchenDang'an：Qingdai LiangguangZongduYamen Candu
葉名琛檔案：清代兩廣總督衙門殘牘
劉志偉　陳玉環　主編

出 版 人： 曾　瑩

選題策劃： 戴　和
責任編輯： 柏　峰　張賢明　陳其偉
裝幀設計： 張力平
責任技編： 周　傑　黎碧霞

出版發行： 廣東人民出版社
地　　址： 廣州市大沙頭四馬路 10 號（郵政編碼：510102）
電　　話：（020）83798714（總編室）
傳　　真：（020）83780199
網　　址： http://www.gdpph.com
印　　刷： 東莞市本色印刷有限公司
書　　號： ISBN 978-7-218-06658-5
開　　本： 787mm × 1092mm　1/16
印　　張： 316.25　**插頁：** 9　**字數：** 6450 千
版　　次： 2012 年 12 月第 1 版　2012 年 12 月第 1 次印刷
定　　價： 4800.00 元 (全套定價)

如果發現印裝質量問題，影響閱讀，請與出版社(020-83795749)聯繫調換。
售書熱綫：（020）83790604　83791487　83797157

第六冊　目録

一件吳川營都司請以潘慶陞署事

看稿
對摺

道光三十年八月九日具

奏

撫標　摺弁劉廷玉　賫

奏稿

硃批

道光　年　月　日奉到

繕摺

奏為外海水師都司員缺緊要揀員奏懇陞署恭

摺仰祈

聖鑒事竊照廣東吳川營都司係外海水師題補之缺接准部咨輪用預保人員該省並無預保人員亦無改用人員行文於現任應題人員內揀

選題補等因當即會同水師提臣洪　逐加遴選粵東外海水師守備二十七缺除業已陞轉及懸缺未補准補尚未給劄與籍隸本府併因案呈礙外雖有合例應陞之員惟於此缺人地不甚相宜查例載外省題調武職各缺如因員缺緊要人地相需將不合例人員保奏於摺內聲明請

旨交部核覆恭候

欽定等語今吳川營都司缺駐劄吳川縣城管轄洋面遼濶港汊紛歧必須精明幹練熟悉情形之員方克勝任茲查有陞署閩粵南澳鎮右營守備潘慶陞年三十九歲廣東羅定州人由行伍遞

P3

陞今職道光三十年五月初一日奉文准陞行
令給咨赴京引
見該員才識穩練洋務熟諳以之陞署吳川營都司
實堪勝任惟陞署守備尚未引
見授劄與例稍有未符但水師人材難得當此整飭
捕務又係未便稍涉遷就謹遵人地相需之例
專摺具
奏合無仰懇
皇上天恩俯念水師員缺緊要准將陞署閩粵南澳
鎮右營守備潘慶陞署吳川營都司洵於海疆
要缺有裨如蒙
俞允俟部覆到日併案給咨送部引

P.4 end

見仍俟扣滿年限另請實授其所遺閩粵南澳鎮右
營守備係外海水師題補之缺俟部覆開缺時
查明照例辦理臣為要缺需員起見謹會同水
師提督臣洪　合詞恭摺具
奏伏乞
皇上聖鑒敕部核覆施行謹
奏

P.1　F.O. 682/391/4 (40)

新授湖南布政使臣祁　跪

奏為恭謝

天恩仰祈

聖鑒事竊臣在清遠差次先後接奉兩廣督臣廣東

撫臣行知吏部咨開道光三十年八月二十四

日內閣奉

上諭湖南布政使著祁宿藻補授欽此當即恭設香

案望

闕叩頭恭謝

天恩竊臣山右下士知識庸愚仰蒙

宣宗成皇帝特達之知由編修檢討

簡放湖北黃州府知府調補武昌府知府升授廣東鹽運使旋擢按察使

P.3 a.d

到任甫逾半載涓埃莫效兢惕方深茲復渥荷

皇上逾格殊恩畀以楚藩重任沐

隆施之疊沛實夢想所難期查湖南為苗疆要區藩

司乃錢糧總滙用人則當分別勸懲理財須知

開節源流無不均關緊要以臣愚昧深懼弗克勝任惟現

因隨同撫臣葉駐劄清遠軍營勦辦匪徒

十條事竣即行迎摺北上泥首

宮門跪求

恩訓所有微臣感激下忱理合恭摺叩謝

天恩伏乞

皇上聖鑒謹

奏

制軍奏稿

折　F.O.682/391/3(29)　P.1

奏爲查拏游匪先在清遠縣沿途追殺二百三十二名隨入佛岡廳境內生擒三
十名後因鄉民不諳紀律臨陣衝散隊伍匪徒乘机擾亂以致文武員弁同時
被困旋復回營庭行
奏恭一併暫行革職現仍添調兵勇分途堵剿恭摺仰祈
聖鑒事竊臣等因游匪滋擾先經各縣營擭犯三百餘名聞在英德縣羅家營地方
抗拒飛咨提督飭委臬司調集兵勇前往會辦于七月二十四日具
奏在案茲據臬司祁宿藻稟稱查該匪在羅家營並未久踞旋赴下游直抵
清遠縣閑前墟經該署縣馬映階曉諭鄉民激以義憤會合兵勇于七月廿
八廿九等日在閑前墟殺斃賊匪三十一名內有頭目黃觀蓮石劉壯連二名在大岳村
殺斃賊匪廿三名內有頭目陸大脊背一名在四九墟殺斃賊匪四十名內有頭目
劉亞凌黃學俊二名在鶴田山殺斃賊匪三十八名內有頭目何亞社畫眉三二名在
官莊墟殺斃賊匪三十九名企山陽塘等處殺斃五十九名內有頭目劉肥仔朱洪
源二名統共殺斃賊匪二百三十二名內有頭目九名該匪逃往佛岡廳之石角墟復
經該署廳夏承煜督同司獄李明融率帶兵勇格殺多名並生擒廖上托等三
十名該匪始覺畏懼分股竄匿于英德佛岡交界之鹿湖山上下砵新車洞
茶坑山等處維時候補知府史樸帶領壯勇三百名署提標前營遊擊蘇

P.2

崇阿帶領兵丁三百名並先調之三江協兵丁二百名駐扎佛岡城內聞新車一股匪徒負
嵎恃險已有旬日之久仍敢潛出滋擾復經該司會同提督飭委署提標中軍參將
齊誠額卸清遠營遊擊強其修帶領兵丁五百名由後繞道以為接應正在商辦
間八月十二日因有佛岡之黃田左右鄉民千餘人情願帮同擊賊以為前隊該文
武即率同員弁督帶兵勇同往接仗適至水頭墟地方該匪連施鎗砲鄉民驚畏
紛紛逃回不諳紀律以致衝散隊伍雖經兵勇鎗斃匪徒十餘名路徑窄狹急難布
陣千總伍嘉猷當即受傷陣亡把總熊應縈亦復身受重傷史樸等復力疾
督戰不料賊匪蜂擁而來當將候補知府史樸並巡檢顧佩千總蔣朝綱黃大
全把總黃舜全外委姚連發王定祥黃雄泰記委任茂芳同時一併被困兵勇亦間
有陣亡受傷史樸大罵賊匪奮身投于深澗頭面手足俱受重傷賊衆驚慌未
敢戕害均已于十五日回營現在各股匪忽分忽合迄無定所出沒于數縣毗連之界游
伏在萬山叢雜之中仍須添調兵勇以便相机設法分別堵剿等情前來臣等查此次各
股匪徒本係由西省交界迤邐而來現經水陸各隘口加意嚴防難以復回舊路四面
堵截盡行驅入深山若非厚集兵勇恐其挺而走險仍難撲滅尤當先斷其接濟使
之坐困隨在皆絶其黨羽使之坐困得以進攻當即由省派撥督標兵丁三百名撫標兵丁四百名

P.3 end

廣州協兵丁一百名，復由提臣祥麟調撥惠州協兵丁四百名、永安營兵丁一百名。臣等
猶恐各路不敷調遣，另募精健壯勇二千名，陸續馳往，聽候提臣會同臬司扼設防
進剿。斷不准猶豫存成見，畏難惜費，致為浮言所惑，稍涉粉飾。目前仍留根株未
日後無論文武員弁以及兵勇，如有奮勉出力者，立予超擢獎勵；不用命者，嚴撤參
懲辦，信賞必罰，方可剋期蕆事。至于候補知府史樸，立意捐軀，被困不屈，情尚可原，究
屬輕進失利，昧于機宜，未便因其平日勞績屢著，稍從末減，仍當從嚴參辦，應
請暫行革職。其同時被困之巡檢歐係、千總蔣朝綱、黃大全，把總黃舜全，外委
姚建發、王定祥、黃雄泰，記委任茂芳，俱著一併暫行革職。該員弁等未便任
其置身事外，仍責令立功自贖，察看果否始終愧奮，統俟事竣再行請
旨定奪。惟前經派委之署提標中軍參將齊誠欽、卸誥遠營遊擊炷艾修帶領兵丁
繞道夾攻，何至臨陣未遇，是否未諳路徑，抑係有意遷延，容再確查，分別辦
理。所有添調兵勇以及參辦文武失利緣由，謹合詞恭摺由驛具
奏，是否有當，伏乞
皇上聖鑒訓示。謹
奏。

P.1　F.O.682/341/3(64)

軍機大臣　字寄
兩廣總督徐　廣東巡撫葉　道光三十年九
月十六日奉
上諭徐　等馳奏匪徒滋擾請將回營之文武員
弁革職一摺廣東英德等縣游匪滋擾擾奏調集
兵勇殺斃賊匪二百三十餘名內有頭目九名該

匪等分股竄逸經候補知府史樸與署遊擊蘇崇
阿等弁參將齊誠額等帶兵夾擊因鄉民導引不
諳紀律以致衝散隊伍文武員弁同時被困旋復
回營現在賊匪在沒數縣毗連界內等語匪徒圍
困官兵殊堪髮指非大集兵力四面兜剿不能迅
就撲滅徐　既未能分身前往廣西著即專辦

P.2

廣東軍務務須督飭提督祥麟臬司祁宿藻嚴飭
文武員弁相機設法分別堵剿所有水陸各隘口
尤須加意嚴防勿令東西兩省匪徒勾結蔓延并
當勸其接濟餉需襄贊迅速進攻一鼓殲擒剋期
蕆事其有奮勉出力及捐資募勇者無論官員紳
民准其從優奏請獎勵如有畏葸退縮不用命者

立即嚴行懲辦候補知府史樸輕進失利著與巡
檢顧侃千總儲朝剛黃大全把總黃彝全外委姚
連貴王宣祥黃雄泰記委任茂芳均暫行革職仍
責令隨營效力署提標中軍參將齊誠額卸清遠
營遊擊張其修是否有意遷延著該督確查參辦
前奏副將王浚受困不知下落亦著查明具奏毋

P3

許稍有隱飾其受傷陣亡之千總伍嘉猷并傷亡
兵勇一併查明咨部議卹至所稱佛岡鄉民怙頑
幫同擊賊用為前隊何以一遇賊匪即紛紛逃回
致令官兵受困是否不諳紀律抑是句通誆誘致
墮術中鄉民導引勢所必需但須洞悉情形雖有
把握方能得力著諭知帶兵各員臨事制宜不可
稍存大意另片奏廣西勢難兼顧等語已寄諭鄭
向榮專力督辦矣將此由四百里諭令知之
欽此遵
旨寄信前來
十月初一日奉到

Duplicate in F.O. 682/391/3(64)

P1

軍機大臣　字寄
兩廣總督徐　廣東巡撫葉　道光三十年九
月十六日奉
上諭徐　等馳奏匪徒滋擾請將回營之文武員
弁革職一摺廣東英德等縣游匪滋擾據奏調集
兵勇殺斃賊匪二百三十餘名內有頭目九名該
匪等分股竄匿經候補知府史樸與署遊擊蘇崇阿
等并參將齊誠額等帶兵夾擊因鄉民導引不諳
紀律以致衝散隊伍文武員弁同時被困旋復回
營現在賊匪出沒數縣毗連界內等語匪徒圜困
官兵殊堪髮指非大集兵力四面兜剿不能迅就
撲滅徐　既未能分身前往廣西著即專辦廣

東軍務務須督飭提督祥　臬司祁宿藻嚴飭文武員弁相機設法分別堵剿所有水陸各隘口尤須加意嚴防勿令東西兩省匪徒勾結蔓延并當斷其接濟解其裹脅迅速進攻一鼓殲捦剋期蕆事具有奮勉出力及捐資募勇者無論官員紳民准其從優奏請獎勵如有畏葸退縮不用命者立即嚴行懲辦候補知府史樸輕進失利著與巡檢顧侃千總蔣朝綱黃大全把總黃舜全外委姚連發王定祥黃雄泰記委任茂芳均暫行革職仍責令隨營效力署提標中軍參將齊誠額鄂清遠營遊擊強其修是否有意遷延著該督確查參辦前奏副將王浚受困不知下落亦著查明具奏毋許

P.3 end

稍有隱飾其受傷陣亡之千總伍嘉猷並傷亡兵勇一併查明咨部議卹至所稱佛岡鄉民情願幫同擊賊用為前隊何以一遇賊匪即紛紛逃回致令官兵受困是否不諳紀律抑係勾通誆誘致墮術中鄉民導引勢所必需但須洞悉情形確有把握方能得力著諭知帶兵各員臨事制宜不可稍存大意另片奏廣西勢難兼顧等語已寄諭鄭向榮專力督辦矣將此由四百里諭令知之欽此遵

旨寄信前來

十月初一日奉到

P.1　F.O. 682/391/3(60)

軍機大臣　字寄

兩廣總督徐　廣東巡撫葉　道光三十年九

月十八日奉

上諭徐　馳奏遵旨通籌調兵撥餉分別剿辦粵

東西各匪情形一摺粵西匪徒分竄縣城粵東英

德一帶賊匪亦甚披猖已屢經降旨令徐　等

妥籌迅剿並諭令該督毋庸前赴梧州專辦粵東

剿捕事務海疆夷務均關緊要徐　駐守省垣

用資控制葉　此時計已親赴韶州督兵追捕

務須擇要防剿勿使兩省賊匪合而為一轉致愈

難翦除一俟追剿得手即將現辦情形由驛具奏

粵東現在夷情是否安靜並著隨時奏聞至粵西

P.2

軍務該督亦須兼籌熟計迅奏膚功以慰朕念將

此由四百里諭令知之欽此遵

旨寄信前來

十月初三日巳刻

軍機大臣 字寄

兩廣總督徐 廣東巡撫葉 道光三十年九

月十八日奉

上諭徐 馳奏遵旨通籌調兵撥餉分別剿辦粵

東西各匪情形一摺粵西匪徒分竄縣城粵東英

德一帶賊匪亦甚披猖已屢經降旨令徐 等

妥籌迅剿並諭令該督毋庸前赴梧州專辦粵東

剿捕事務海疆夷務均關緊要徐 駐守省垣

用資控制葉 此時計已親赴韶州督兵追捕

務須擇要防剿勿使兩省賊匪合而為一轉致愈

難翦除一俟追剿得手即將現辦情形由驛具奏

粵東現在夷情是否安靜並著隨時奏聞至粵西

軍務該督亦須兼籌並計迅奏膚功以慰朕念將

此由四百里諭令知之欽此遵

旨寄信前來

十月初三日巳刻

P.1　　FO.682/391/3(61)

軍機大臣　字寄

兩廣總督徐　廣東巡撫葉　道光三十年九

月二十二日奉

上諭徐廣縉奏接奉廷寄籌劃廣西逆匪情形並遵

查閲正鳳被叅款蹟各一摺另片奏添調兵勇馳

赴粵西等語又據葉名琛奏出省剿辦南韶游匪

一摺覽奏均悉粵西逆匪肆擾既據該督等遵旨

籌撥餉銀添調兵勇現經鄭祖琛親駐平樂督辦

且計向榮張必祿林則徐均可次第馳抵軍營會

商剿辦粵東英德等處游匪葉名琛現已馳往想

亦能相機進剿以期剋日殲除據稱兩省匪徒互

相猜忌正可趁此解散脅從使賊首孤立不致合

P.2

而為一勾結滋蔓其毗連兩省之江西湖南貴州

各省該督等尤當隨時飛咨併力堵截所稱委員

稟報昭平縣屬有廣東英德賊匪竄入雖未盡確

亦係意中之事總期粵匪不致逃竄出境擾及鄰

省不可稍存大意且恐匪徒假作嚮導誘我官兵

前次諭旨已慮及此該督撫密飭帶兵文武各員

隨地相機勿致墮賊術中方臻周密仍當飭屬勸

諭紳民舉行團練必使志切同仇切不可視為具文

轉致有名無實至提督閔正鳳已有旨革職令其

來京聽候查辦該提督玩誤已極此外必有別項

劣迹現已離任更易訪察仍著徐廣縉詳查據實

具奏餘著照所擬辦理將此由四百里諭令知之

P.3 and 4

欽此遵

旨寄信前來

十月初七日在清遠奉到

P.1　F.O.682/391/3(62)

一件爲奏廣西賊匪情形并飭拿紳士革開各匪及未便出省緣由事

奏稿

奏

道光三十年九月三十日具　由驛三百里

摺弁　齎

咸豐　年　月　日奉到

硃批

奏為遵
旨查明恭摺覆奏仰祈
聖鑒事竊臣於九月二十一日接准軍機大臣字寄
道光三十年八月二十九日奉
上諭據徐　馳奏廣西修仁縣城失守擬親往督辦

P.2

一摺覽奏已悉廣西賊匪擁入修仁荔浦兩縣城
旋即退出踞守青山復有另股賊匪分擾上林明
江武緣等處前據鄭　先後馳奏情形疊經降
旨令其酌調兵勇剋日殲捦並諭知徐　帶兵
籌餉馳往會剿計此時徐　已應行抵粵西著
即與鄭　督率文武嚴防要隘激勵紳民散其
裹脅之徒堵其分竄之路一鼓作氣悉數殲除勿
任逃匿蔓延方為不負委任本日又據都察院奏
廣西舉人李宜用紳士莫子升等各遣抱告呈訴
並生員何可元自行呈控逆匪橫行各情並著徐
等按照原呈及鈔單所開案由姓名確切查
明指名嚴拏斷不可稍有迴護該舉人等原呈並

P.3

鈔單均着鈔給閱看將此由四百里諭令知之欽
此查該賊匪等先由修仁四排地方竄赴寨沙鹿
寨等處於八月十三日在寨沙相近之然望地
方經官兵分隊迎剿得獲勝仗該匪等敗走後
即從雒容之道江運江等處山徑逃竄我兵於
八月二十一日分隊追剿先經轟斃賊匪數十
名旋因陣前礮裂火然被賊分股圍撲兵勇即
行退守尚不致於大挫該匪等旋逃竄象州之
羅秀墟查象州地方經提臣閔　親督官兵
駐守如果防堵嚴密匪徒何由竄越乃續由象
州之紅坭嶺翻山竄入武宣縣境顯係提臣閔
防堵不力現據潯州府及武宣縣稟報該

P.4

匪等在武宣之三里墟滋擾後聞官兵連日增
添匪首陳亞潰鄭庭威於九月初六初八等日
竄至勒馬河下砍札竹排渡河逃走雖經官兵
赶至將隨後渡河之匪生擒十一人并有被礮
擊斃及戳傷落水身死者而該匪大隊業已渡
河竄入貴縣桂平等處此則潯州文武堵禦不
嚴以致匪衆渡河上竄聞之深為憤恨相應請
旨將潯州府知府顧元愷署武宣縣知縣劉作肅暫
行革職留任令其戴罪防堵倘再不知振作即
當從嚴參辦現已飛飭各文武嚴防要隘實力
堵拏切勿稍事鬆勁致令匪延為患茲欽奉
聖諭諄諄臣遵即恭錄分別移行欽遵查照辦理務

P.5

須散脅從而堵分竄以期迅就殲除至廣西紳士商民被賊搶刦滋擾先於上年十二月内有生員曾克誠客民恒合店本年五月内有生員何可元監生陳天民生員譚應嘉六月内有廪生李挺芳童生李若珍七月内有監生楊錫光八月内有舉人鄭作澤紳士李濟等均以土匪猖獗赴臣衙門具控當經札行該管文武認真緝拏究辦在案現奉

諭旨鈔發舉人李宜用等各原呈并鈔單所開案由姓名以臣所聞該紳士等均係被害屬實鈔單所開姓名自當密訪速拏務期就獲亦有臣訪聞之犯未經列入者可見該紳士等各就身受

P.6

其害實情分晰開報並非張大其詞臣統轄兩省未能兼顧已屬咎有難辭惟有督飭在事文武趕緊妥速剿辦并將單開姓名逐一指名嚴拏究辦何敢稍涉迴護自外

生成惟因廣東英德等處匪勢鴟張撫臣葉　業已親往清遠督辦會垣重地僅距三百餘里自應倍加防範臣未便再行出省已於八月二十四日據實馳

奏分身乏術焦急萬分一俟廣東撫臣葉　事竣旋省立即帶兵兼程馳赴梧州督辦合將遵

旨查辦緣由恭摺由驛覆

奏伏乞

P.7 s.nd

皇上聖鑒訓示謹

奏

P.1　F.O.682/391/3(63)

一件要　奏西省辦理游匪俟清英事竣即赴梧督剿事

奏稿

奏

道光三十年九月三十日具　由驛三百里

摺弁　齎

咸豐　年　月　日奉到

硃批

兩廣總督臣徐　跪

奏為遵

旨覆奏仰祈

聖鑒事竊臣於九月二十六日承准軍機大臣字寄

道光三十年九月初七日奉

上諭徐　馳奏出省堵剿匪徒一摺又片奏廣西

P.2

盜匪情形並請酌撥軍需各等語廣西盜匪蔓延

五府一州疊經降旨命徐　馳往剿辦並諭張

必祿前赴粵西會剿兼令向榮勞崇光馳赴新任

辦理矣該匪等竄擾廣東廣西兩省股數既多自

不能以土匪外匪之衆寡强分畛域該督身任兼

圻兩省事宜責無旁貸且受

皇考宣宗成皇帝逾格厚恩錫爵酬庸自必殫竭血誠

通盤籌畫以期賊匪速就殲滅地方一律肅清既

據奏稱駐劄梧州者即在彼居中調度與鄭

向榮張必祿和衷商榷督同藩司勞崇光嚴飭文

武員弁激勵將士紳民合力兜捦鄭　撫粵有

年未能先事豫防以致盜匪充斥儻不力加振作

P.3

復事遷延糜餉勞師咎將誰執向榮接奉前旨定
己星夜馳抵軍營閱正屬俟向榮到後即著來京
陛見所有各路賊匪責成該督會同該巡撫提督
等酌量兵力迅速剿捕廣西地瘠民貧不堪任其
蹂躪如果廣東官兵因韶廉西府正須防剿即遵
前旨迅調貴州官兵協剿古州一帶與粵西毗連

奏稿

計不難兼程前進應用軍需若由部籌撥恐致遲
緩著徐 仍遵前旨迅即由廣東籌款就近撥
解銀十萬兩以濟急需其廣東各屬盜匪滋事仍
著徐 與葉 熟籌迅辦毋得顧此失彼朕
拭目南望佇盼捷音務須首逆就擒脅從解散修
仁荔浦各縣被擾地方加意安撫並飭地方文武

P.4

各員隨時隨地堅壁清野以絕其擄掠實力團練
以杜其勾結不得任令滋蔓以致曠日罔功其有
平時廢弛臨事推諉及稟報不實互相蒙蔽之員
著該督撫等據實嚴行參辦毋稍隱飾凜之慎之
將此由四百里諭知徐 鄭 向榮張必祿
並傳諭勞崇光知之欽此查廣西應用軍需先經

奏稿

籌撥粵海關稅銀十萬兩委員分批解往並因
廣東撫臣葉 親赴清遠英德等處剿辦游
匪臣未便同時出省業於八月二十四及九月
初一日兩次由驛馳
奏在案茲據廣西各文武先後稟報太平思恩西
府亦有賊匪滋擾是通省各府州除泗城鎮安

P.5

二府未遭蹂躪外餘則徧地皆匪其蔓延已不
止五府一州現准廣西撫臣鄭　　咨送會稿
因通省處處需兵即使黔楚官兵到齊恐尚不
敷分剿業已奏懇
聖恩飭調雲南兵丁二千名馳赴太平南寧一帶會
剿查提臣向榮由湖南來粵程途較近約計此

奏稿

時已可與前調之貴州兵丁先後到齊惟尚未
接有文報倍深焦灼臣渥蒙
宣宗成皇帝逾格厚恩越躋分溢量捐縻難酬自維天
良未泯敢不殫竭血誠赶緊籌辦以期地方迅
就肅清惟廣東撫臣葉　　正在清遠英德剿
辦吃緊之際臣實未敢分身遠離一俟撫臣葉

P.6

事竣旋省臣即督帶兵勇兼程馳往梧州
遵
旨與廣西撫臣鄭　　提臣向榮張必祿和衷商辦
并督同藩司勞崇光嚴飭文武員弁激勵將士紳
民合力兜拏查梧州與廣東肇慶緊相毗連如
彼時各屬盜匪尚有未清仍當與撫臣葉
妥計熟籌以免顧此遺彼現因廣西潯州府知
府顧元凱署武宣縣知縣劉作肅禦匪不力業
經請
旨暫行革職留任令其戴罪防堵如再查有廢弛推
諉及稟報不實之員必當隨時據實嚴行參辦
斷不敢稍涉隱飾上負

P.7 end

聖主諄諄誥誡之至意合將遵
旨查辦緣由恭摺由驛覆
奏伏祈
皇上聖鑒訓示謹
奏

P.1　F.O.682/391/4(12)

一件　　事

看稿
對摺

道光三十年九月三十日具

奏稿

奏

撫標摺弁羅崇亮賫

道光　年　月　日奉到

硃批

繕摺

奏為續獲聽從刦奪快船幷在洋行刦盜犯審明定擬恭摺具
奏仰祈
聖鑒事竊照香山縣盜犯伍亞三等刦奪外委毛飛鵬等快船幷在洋行刦事主盧連發等船物一

P.2

案先經獲犯伍亞三等十六名格斃袁亞松等九名被格落海淹斃周亞銓等九名嗣又續獲盧亞佳等二名先後審辦尚有逸犯未獲當經嚴飭緝拏旋據香山縣會營飭據兵役隨同緝捕文武員弁續獲逸犯張亞詳一名訊供解府審辦茲據署廣州府知府張百揆將犯審擬由臬司祁宿藻審擬招解前來臣等督同司道親提研訊緣張亞詳籍隸香山縣道光二十八年十二月初四日該犯張亞詳聽從前辦之伍亞三即伍老燕起意糾同前辦之黃亞勝陳洪潤李亞海陳亞信林亞潤李亞益譚幅成彭亞平阮亞萬周亞勝仔李亞逸陳振潤鄭亞佑周勝

p.3

連前被格斃之袁亞松胡亞有姚硼牙谷黎亞
海陳幅仔鄒亞隴佘亞同李亞滿王二金落海
淹斃之周亞銓馮大隻仔胡亞萌張亞富林狗
仔韓冬幅楊亞潰黄亞如郭亞永續獲審辦之
盧亞佳閼舟二未獲之李班金黄亞更佘華勝
李亞山李亞有及該犯張亞詳轉糾未獲之鍾
亞隴共夥四十二人駕艇在香山縣屬白濠頭
河面行刦香山協左營外委毛飛鵬等快船伍
亞三等與該犯張亞詳一同持械過船行刦伍
亞三等拒傷弁兵毛飛鵬等該犯張亞詳亦用
鐵尺拒傷兵丁李文安左右臂膊俱各平復併
將毛飛鵬等押禁倉底連船刦奪將原駕草艇

p.4

鑿沉駛逸是月初八日駛至不識土名洋面出
没伺刦伍亞三等與張亞詳又擄捉附近捕魚
前辦之馮亞揚未獲之繆亞弼過船逼令入夥
馮亞揚等不允伍亞三等與張亞詳嚇稱如不
允從定行殺害馮亞揚等畏懼勉從初九日陡
遇暴風將船漂至香山縣屬泥灣門洋面適事
主盧連發等蝦罟魚船一隻亦被風漂至該處
伍亞三瞥見復起意商同原夥一共四十二人
并逼脅馮亞揚繆亞弼行刦派黄亞勝陳洪潤
李亞海陳亞信周勝連林亞潤李亞益盧亞佳
閔舟二及該犯張亞詳轉糾之鍾亞隴與馮亞
揚繆亞弼扳船接贓伍亞三與該犯張亞詳并

譚幅成彭亞平阮亞萬周亞勝仔李亞逸陳振
潤鄭亞佑李班金余華勝黃亞更李亞山李亞
有袁亞松胡亞有姚硼牙谷黎亞海陳幅仔鄒
亞隴余亞同李亞滿王二金周亞銓馮大隻仔
胡亞萌張亞濤林狗仔韓冬幅楊亞潰黃亞如
郭亞水各持刀械過船將事主盧連發等押禁
艙底連船劫奪駕駛嗣經先後獲犯並將被押
之弁兵毛飛鵬等及事主盧連發等均經起獲
省釋以上劫得贓物尚未變賣俵分即被起獲
等情屢審據該犯供認前情不諱究鞫不移案
無遁飾核與原案相符正盜無疑查例載江洋
行劫大盜照響馬強盜立斬梟示等語此案張

亞詳聽從共夥四十二人在洋劫奪快船拒傷
官兵一次聽從在洋行劫一次自應照例問擬
張亞詳合依江洋行劫大盜照響馬強盜立斬
梟示例立斬梟示該犯情罪重大未便稽誅臣
等於審明後即恭請
王命飭委按察使祁宿藻署督標中軍副將懷塔布
將該犯張亞詳綁赴市曹先行正法傳首犯事
地方懸竿示衆以昭炯戒事犯雖在道光三十
年正月二十六日
恩詔以前惟係強盜毋庸查辦該犯訊無另有犯案
窩夥與同居親屬知情分贓逃後亦無行兇為
匪及知情容留之人住處畸零向無牌頭甲保

艇係内河草艇向不編烙給照業已鑿沉無憑
查起其被風漂至洋面行刦守口員弁無從查
察均毋庸議逸犯李班金等飭緝獲日另結毛
飛鵬快船被刦拒傷一案同夥四十二人盧連
發等被刦一案同夥四十四人俱先於疎防限
内拏獲伍亞三等暨格斃袁亞松等并被格落
水淹斃周亞銓等共三十四名獲犯過半兼獲
盜首其被刦之弁兵快船及事主人等均已起
獲文武疎防職名應請免叅嗣復續獲夥犯二
名今又續獲夥犯一名毋庸再議獲犯職名飭
縣查明照例辦理除備錄供招咨部外臣等謹
會同叅摺具

奏伏乞
皇上聖鑒敕部核覆施行謹
奏

P.1 F.O. 682/391/4 (28)

一件 香山協副將缺請以鍾岡琇升署
海門營參將請以黎志安升署 事

看稿
對摺

道光三十年九月三十日具

奏稿

奏

撫標 摺弁羅榮亮賫

硃批

道光 年 月 日奉到

繕摺

奏為外海水師副將參將員缺緊要分別揀員懇
恩陞署恭摺奏祈
聖鑒事竊照廣東香山協副將葉常春奉
旨補授江南蘇松鎮總兵海門營參將泊承陞陞署
崖州協副將先後接准部咨所遺香山協副將

P.2

及海門營參將均係外海水師題補之缺輪用
預保人員該省現無預保人員亦無改用人員
行文於現任應題人員內揀選題補等因查廣
東通省外海水師參將五員遊擊八員臣會同
水師提臣洪 逐加遴選現任參將各員非
業已陞轉即與例未符至遊擊中除已陞轉及
題補未准部覆外均無合例堪以題補之員查
例載外省題調武職各缺如因員缺緊要人地
相需將不合例人員保奏於摺內聲明請
旨交部核覆恭候
欽定等語今香山協副將駐劄香山縣城管理澳門
一帶洋面且附近之伶仃沙瀝各外洋為夷船

往來寄泊之所其海門營叅將駐劄潮陽管轄
洋面遼濶均屬外海水師最要之缺防範稽查
在在均關緊要必得精明幹練熟悉洋面情形
之員方克勝任茲查有陞署水師提標中軍叅
將鍾國瑞年五十歲廣東肇慶府陽江縣人由
行伍遞拔千總游陞今職該員水師曉暢訓練
克勤以之陞署香山協副將堪期得力又准陞
海安營遊擊黎志安年五十五歲廣東廣州府
東莞縣人由行伍遞拔千總陞補硇洲營都司
經 臣會摺
奏請陞署海安營遊擊於道光三十年八月初五
日接奉

上諭准其陞署該員洋務熟諳膽畧亦好以之陞署
海門營叅將實堪勝任惟鍾國瑞甫經給咨赴
京引
見且籍隸本省黎志安現雖奉
旨陞署遊擊尚未歷有俸次與例均有未符但水師
人材難得人地實在相需廣東歷經以陞署尚
未歷有俸次及籍隸本省人員奏請陞署副將
叅將均奉
允准有案當此整飭洋務之際水師將領務在得
人合無仰懇
天恩俯准將陞署水師提標中軍叅將鍾國瑞陞署
香山協副將並准以陞署海安營遊擊黎志安

陞署海門營叅將洵於海疆要缺有裨如蒙
俞允該二員均甫經引
見毋庸送部仍俟扣滿年限另請實授其鍾國瑞所
遺水師提標中軍叅將黎志安所遺海安營遊
擊均係外海水師題補之缺俟部覆開缺時查
明照例分別辦理臣謹會同廣東水師提督臣
洪　合詞恭摺具
奏伏乞
皇上聖鑒敕部核覆施行謹
奏

P.1

一件　奏拏獲首匪陳亞潰

道光三十年十月初七日具

奏稿

奏

由驛并三百里　賫

咸豐　年　月　日奏到

硃批

跪

奏為拏獲兩次攻城戕官首匪蔡搯仰祈
聖鑒事竊照廣西兩次攻城之匪首陳亞潰節經兵
勇剿捕竄處在逃經臣飛飭在事文武督同練
勇嚴拏務獲於十月初二日馳
奏在案茲據署桂平縣知縣李孟羣稟稱首匪陳

P.2

奏稿

亞潰由桂平之石隴為兵勇勦敗竄入羅淥洞
該處山徑紛歧必須四面堵截即經該縣派撥
壯勇交委員李鈺等管帶復飭碧灘練長蔡建
勛父子各帶練壯於深山密箐之中嚴加搜緝
又先飭巡檢劉蕃錫督同新墟紳士林蕃等分
帶壯勇堵住平隘南淥地方截其出路旋據團
長蔡建勛具報該匪潛匿桂武交界之叢尾地
面該縣當即督率差壯於九月二十九日約會
文武弁兵并府經歷楊澗帶領府壯及署武宣
縣知縣劉作肅各帶練勇四圍拏捕該匪倚山
負固尚敢逞兇拒敵當被該縣壯丁帶同練長
蔡建勛等首先格獲並獲該犯之弟陳二一名

陳亞潰身受數傷提驗屬實當即押解回縣等
語查該犯陳亞潰迭次攻城戕官實屬罪大惡
極不容稽誅臣即飛飭該縣研訊確供就近解
交署廣西臬司楊彤如處以極刑以彰
國法而快人心再查兵勇四面圍捕該匪仍敢負
嵎抗拒其黨夥斷不止兩人仍飭嚴捕窮搜惡
期務盡其後經分夥之鄭庭威等尚在竄逃亦
嚴飭各該處文武上緊兜拿務期根株盡絕不
得因陳亞潰就獲稍涉鬆懈至此次出力之員
弁及團壯紳士等容飭令確切查明據實稟報
不准稍涉冒濫以免
奏請獎勵所有現獲首匪陳亞潰情形理合恭摺

由驛具
奏伏乞
皇上聖鑒謹
奏

p.1

一件奏永康州城失守飛飭追剿查辦

道光三十年十月十一日具

奏稿

奏

排遞三百里 齊

咸豐 年 月 日奉到

硃批

奏為廣西永康州城失守賊匪旋即竄逸現在飛
飭各文武確探追剿恭摺奏祈
聖鑒事竊臣於十月初七日接准廣西撫臣鄭
咨會據代辦左江道日行事件之署南寧府知
府鄒嶧杰稟稱據太平府永康州吏目特榮稟

p.2

報八月二十七八兩日有強賊三千餘人由羅
陽土縣來至永康州界沿途殺死五六十人竟
將州衙捕署全行打毀復將監門砍開斷落衆
囚鎖鐐釋放地方百姓早已走空高本州率領
壯勇迎敵被賊打敗不知下落該吏目身受重
傷此係大概情形等由除札左江道太平府新
太協督飭在事各員雇帶兵勇馳赴永康痛加
剿洗并飭查城垣倉庫監獄有無損毀疎失賊
匪是否退竄他處並該知州實在如何下落及
候貴州兵抵粵咨請前往會剿外咨會查照前
來同日接據署永康州知州高汝霖稟稱八月
二十六日探有賊匪數千由道村竄至羅陽經

P.3

武弁於二十七日帶領兵差團練前至高嶺堵
剿放炮不燃賊匪蜂擁而上殺斃勇兵數十名
維時該知州在隴東地方防守於二十七日起
身回署距城不遠始知賊已進署打開監門放
走人犯署內搶刦一空殺斃該州妻女官友三
名口盤踞城內四出擄掠該知州親往各團勸
諭團練至二十八日下午齊集二十九日抵州
協同武弁兵丁四面用火夾攻賊匪聞風先遁
前往甘壚該州督令追赶殺斃賊匪數十名雖
已奪回城池所有署內文卷一切均被殘燬無
存城廂紳民逃匿無踪城垣早經坍塌無跡惟
州印隨帶在身尚未失去等情查該匪等膽敢

P.4

擁入永康州城搶刦縱囚殺人毀署實為覆載
不容深堪忿恨惟該署知州高汝霖據稱先在
隴東地方防守迨聞信赶回賊已入城肆擾是
當時該員並未在城究竟在隴東所防何匪因
何不知賊匪徑行入城其城守各武弁有無在
城堵守均未切實稟報查前次修仁荔浦等處
失守各匪等均於入城搶掠以後即行退竄並
未佔踞城池此次擁入永康州城之匪恐情事
相同亦屬走而不守該署州所稱親往各團勸
集團練四面火攻賊始遁去併追殺賊匪數十
名奪回城池等語難保無臨時逃避於賊匪肆
擾竄逸之後裝點其詞以遮飾其失守城池之

P.5

罷除嚴飭該管道府確查據實禀報併查明武
弁有無會同堵剿另行核辦一面飛飭在事文
武各員確探匪踪迅速追剿勿稍懈縱外相應請
旨將署永康州事即用知州高汝霖暨該州吏目時
榮先行一併革職仍查明有無與城守各武弁
臨時逃避情事另行據實叅辦再查廣西撫臣

奏稿

鄭　咨稱此股賊匪即係前次擁入明江龍
州等處戕害官員之匪十月初四日咨送奏稿
聲明經太平文武節次攻剿獲勝賊鋒大挫何
以尚有賊匪三千餘人於八月二十七八日同
時擁入太平府所屬之永康州城肆擾已覺前
後不符所陳各情實難凴信所有永康州城失

P.6

守及現飭追剿緣由理合恭摺由驛具
奏伏乞
皇上聖鑒訓示謹
奏

奏稿

F.O.682/325/4(8)

奏

姚福增

十月廿四日

浙江道監察御史臣姚福增跪

奏為粵東防夷團練章程前局而行已著成效請

旨飭廣西酌量施行以捍盜匪而安善良仰祈

聖鑒事竊以兵之衛民不如民之自衛尤不如合衆力以共衛故守望相助衛己即以衛人而衆志成城保家並以保國方今盜賊之充斥半由於州縣之緝捕不力而州縣之緝捕不力每諉過於兵不足用餉不足籌夫無兵無餉衆人莫不以為口實矣然即使有兵而徵調之遠近不同即使有餉而

將輪之遲速而異，賊之來也事生倉猝，賊之
去也遷徙無常，此擊則彼竄，我出則彼歸，疲
兵應餉，其弊與無兵無餉同。臣愚以為人自
為戰，則無兵而有兵；家自為守，則無餉而有
餉。富者出資以養勇，貧者出力以衛富，此團
練之法所為合屯田保甲而兼師其意，實得
攄防守之最善策也。上年英夷在粵申入城
之請，兩廣總督臣徐廣縉調度有方，委在籍補道
許祥光設立團練章程，不旬日而得衆十萬，得
餉千餘萬，夷人震懾，遂寢其議。我
宣宗成皇帝温旨褒嘉
諭以我粵東百姓素稱驍勇，乃近年深明大義，有勇
知方，固由化導之神，亦由天性之厚，難得十萬之衆
利不奪而勢不移，朕念其翊戴之功，誠深嘉悅，有
動乎中，著徐廣縉、葉名琛宣布朕言，俾家喻戶

曉慕庸急公向上之忱，共享樂業安居之福。其有出
力奬勵者，另給與扁額之榮；其請給予第吏者，勸
捐以充葉世猶者，當以歷膝奏補遺（許）先並加
恩擇入新班前先用，不論數多寡，道員錄出即照旨
賞給三品銜帶。並因此此不特為粵東之百姓功，
實為天下之百姓功德。竊思粵東省城既甚咸致觀（受）
亦有同情，外夷且懾先聲，已小醜尚煩過慮。逆
來廣東之韶州、連州，廣西之平樂、柳州、梧州、潯
匪滋擾頗為猖獗，如果各該處先能仿照廣東
省城舉行團練，以備不虞，何致逆匪妄肆鴟張，
地方竟（遭）蹂躪乎？伏查此等逆匪本係烏合之
衆，鳩集成羣，一到鄉村，肆行擄掠，東捕西竄，安
至城鄉民久樂太平，不知兵革，一旦驟有防

備臨時迫切倉皇。誠能仿連鄉執里之法，使
之聲勢相聯，設堅壁清野之謀，為之防閑患備，
則人自為戰，寇至而莫敢逞，家自為守，賊來
亦不能肆劫，彼既無所得食，勢將悉以餓莩行，
見脅從之卒散而自歸，首惡之徒亦將焉往。
其勢自蹙，其黨自孤，則以一里長之微，亦可傳渠
魁而獻矣。此團練之法，又為今日治勦匪之最
善策也。否則征兵而兵不用命，募勇而勇去
能為固，不能摧盜賊以立功，而反貽閭閻之受
害。冒功者殺良以為盜，玩寇者縱兵虐民，惟山
鄉愚獨罹荼毒矣。一鄉之中，富者有餘財，貧
者有餘力，與其以財而資寇讎，孰若合力以保家，特患
倡率之無其人，協力之無其術耳。誠能舉行團
練團之法，宜委公正而有才具之紳士專司其事

再相度各處情形為之斟酌損益于其間則
人人自保其身家亦人人共保其鄉里外匪不得
闌入內匪無所容身兵則不煩召募之勞雖
聲教而無難畢集餉則無事轉輸之費即蓋
藏而已有餘資將使商賈安堵共享太平之福
矣現據廣西撫臣鄭祖琛奏報剿捕盜匪連獲
勝仗臣思此次賊勢窮蹙之時若宜壯其聲
威妥為防護使根株盡絕不致蔓延除將粵東
紳士詳議先防夷團練章程繕清單恭呈
御覽可否發交廣西凡得捕盜要務者參以備採擇
之處伏候
聖裁臣愚昧之見是否有當理
奏
道光三十年十月十四日

FO.682/325/4(9)

軍機大臣 字寄
兩廣總督徐 廣東巡撫葉 廣西巡撫鄭
道光三十年十月十四日奉
上諭御史姚福增奏粵東防夷團練章程簡易可行已著成效請飭發廣西酌量施行並鈔録章程呈
覽上年粵東籌防㗖夷由紳士議行團練據稱不旬日間得衆十萬得餉八十餘萬是廣東省城團練著有成效現在該省韶州廉州及廣西平樂等屬均有盜匪滋擾屢經飭令激勵士民舉行團練據鄭祖琛覆奏現已試行並據徐廣縉等奏明已照廣西横州博白兩處團練章程通飭辦理該御史所奏上年省城章程與該二省現在情形諒可仿照變通辦理著鄭祖琛督同藩司勞崇光悉心酌覈並俟林則徐到後會同熟籌妥辦其廣東韶州等處並著徐廣縉葉名琛參酌辦理總期因地制宜仿堅壁清野之法使游匪無從擄掠閭閻得遂安居行之既久必有實效原摺均著鈔給閱看所録廣東團練章程著鈔給鄭祖琛閱看將此諭令徐廣縉葉名琛鄭祖琛並傳諭勞崇光知之欽此
遵
旨寄信前來

P.1

一件 覆奏廣西遷江失守已飭勦查並林大人行抵潮州現在患病

奏稿

道光三十年十月二十五日具

奏

由驛三百里 賫

咸豐 年 月 日奉到

硃批

奏為遵

旨覆奏仰祈

聖鑒事竊臣於十月二十日承准軍機大臣字寄道

光三十年十月初四日奉

上諭徐 馳奏盜匪闌入遷江縣城飛飭文武追

P.2

勦一摺覽奏已悉廣西逆匪連竄數城疊據徐

鄭 等馳奏情形已屢經降旨交該督撫等

妥籌迅勦矣茲復據奏盜匪擁入遷江縣城肆劫

將該縣及委員等拒傷旋即退竄等語與鄭

前奏略同該匪等肆行刦掠實堪髮指亟應厚集

兵力以期剋日殲除現已降旨分別飭令鄭

向榮督飭兵勇及時追勦林 兼程赴粵並令

程 矞 等選派將弁迅將前調雲貴官兵

各二千名管帶前往指日大兵雲集林 張

計將先後馳抵軍營惟兵貴神速現在賊勢披

猖已極林 未到以前不可令在事文武稍存

觀望徐 務須通籌全局隨時知照鄭 向

禁督飭員弁防剿蕪施既不可聽其分擾屬境尤
不可任其竄入鄰封總期截拏兜捕俾免蔓延方
為萬全之計其遷江縣印信有無下落倉庫錢粮
果否不致損失並著確查據實具奏將此由四百
里諭令知之欽此查新任廣西提臣向　已於九
月二十八日行抵廣西省城即於十月初四日
由平樂馳赴柳州接印其前調貴州官兵二千
名亦于十月初旬可抵慶遠一帶臣屢以公牘
信函飛咨廣西撫臣鄭　暨提臣向　囑令
體察情形務須先其所急督飭文武員弁分撥
兵勇防剿蕪施寔力兜捕不得以
欽差大臣尚未到粵稍存觀望致令復有竄擾臣先

於十月初二日承准軍機處咨開現奉
上諭特派林則徐為
欽差大臣馳赴廣西會同剿捕查林　現在福建
原籍自閩至廣東潮州府計程十六日再由潮
州府至廣東省城計程十三日驛路較為近捷
必由此路行走當即飛飭潮州鎮調備精兵一
千名以便
欽差大臣行抵潮郡自行督帶調遣接據沿途探報
前任雲貴總督臣林　已於十月十二日行
抵潮州府旋准來咨過潮郡後忽患吐瀉現在
普寧縣延醫調治稍為就痊即當兼程前進於
十月十九日由驛具

P.5

奏俟該大臣病愈到省再與通籌全局妥布機宜
務期計出萬全俾羣寇迅就撲滅仰副
聖主除暴安良綏靖邊陲之至意其遷江縣印信有
無下落及倉庫錢粮果否不致損失㕔經飭查
未據禀報現仍嚴飭確查俟其禀覆到日再行
據實具
奏所有現在辦理情形理合恭摺由驛覆
奏伏祈
皇上聖鑒訓示謹
奏

一件廣西河池州失守飛飭勸辦事

奏稿

道光三十年十月二十五日具

奏

由驛三百里 發

咸豐 年 月 日奉到

硃批

奏稿

奏為賊匪擁入廣西河池州城滋擾現已飛飭確

查進勦恭摺仰祈

聖鑒事竊臣接准廣西撫臣鄭 咨會據慶遠府

協轉據署河池州鄧樹棠稟報九月初七日賊

匪竄入州境滋擾該署州會營督帶兵壯赴黃

奏稿

家營地方堵禦並調南丹土兵率同團練人等

分投防守該匪不能竄進於二十一日未刻忽

從後路翻山冲散兵勇蜂擁而至該州向設土

城於前明被兇毀棄並無城垣四圍俱係民房

該署州胞弟鄧顯烈聞賊將至即先帶印與眷

口出避未知下落代理守備田遇芬吏目張文

棟均在賊圍未出該署州在黃家營被匪攔截

去路退守德勝地方稟請派兵往援等情時有

護融懷營參將岳齡帶兵二百名到該處堵勦

即經該府派赴德勝適新調提臣向 於九月

二十八日行抵廣西省城隨帶湖南兵丁六百

名經撫臣鄭 商令星夜馳赴柳州接印相

P.3

機前進督勦等因咨會前來臣查署河池州知
州鄧樹榮先因賊匪竄入州境滋擾親赴黄家
營會督兵勇團練防堵已逾旬日之久賊匪從
後路翻山竄入何以毫無覺察是該文武堵守
不嚴已可概見相應請
奏稿
旨將署河池州知州鄧樹榮暫行革職該州雖無城
垣究竟賊匪擁入以後是否旋即退竄倉庫監
獄有無損失該署州之弟鄧顯烈携帶印信躲
避何處及守備吏目各官實在下落現尚未據
禀到容俟飭查明確另行據實具
奏一面飛飭各文武確探此股賊匪現在屯聚何
處立即跟踪進勦務期迅速殲除勿任蔓延竄

P.4 end

擾外所有賊匪擁入河池州滋擾現在飛飭確
查進勦緣由理合恭摺由驛具
奏伏乞
皇上聖鑒訓示謹
奏

p.1

一件具奏　林大人在途因病出缺

奏稿

奏

道光三十年十月二十七日具

由驛四百里　賫

咸豐　年　月　日奉到

硃批

奏稿

奏爲

欽差大臣在途次因病出缺恭摺由驛馳奏仰祈

聖鑒事竊臣於十月二十四日接准

欽差大臣林　咨會該大臣在普寧縣途次患病

延醫調治現須暫緩前進等因即於二十五日

p.2

由驛馳

奏在案茲於二十六日接據潮州府知府劉潯稟

報該府因聞林　患病沉重於十六日親自

赶赴普寧督同該縣等妥爲醫治不料服藥罔

效於十月十九日辰刻出缺留有遺摺一件及

欽差大臣關防委員一并齎送前來臣查林　公

奏稿

忠素著奉

命馳赴廣西督剿土匪方冀展布壯猷膚功迅奏乃

因趲程勞頓卧病數日遽爾遘逝痛悼殊深現

惟該大臣次子林聰彝及家丁人等隨侍偕行

所有身後事宜業經潮州府知府劉潯等督同

該縣妥爲料理仍由臣委員護送回籍現在劉

捕廣東英德等處盜匪已於翁源縣屬地方大
獲勝仗正在確查具
奏惟搜捕蔵事尚需時日臣仍未克分身而廣西
軍務萬分喫緊業經飛咨撫臣鄭　提臣向
榮前任提臣張必祿會督文武迅速進剿不得
稍涉觀望有誤事機可否仰懇
鴻慈迅賜
簡放重臣前廣西督劉（姓）恭候
聖裁除將送到關防敬謹封固收貯俟委員恭齎赴
京呈繳以昭慎重外所有
欽差大臣林　在途次病故出缺緣由理合恭摺
由驛馳
奏並將林　遺摺一件恭呈
御覽伏祈
皇上聖鑒訓示謹
奏

道光三十年十一月初一日具
奏由驛四百里
道光　年　月　日奉
硃批

P.1

奏稿

兩廣總督臣徐
廣東巡撫臣葉　跪
奏為遵
旨覆奏事竊臣等於十月初七日承准軍機大臣字
寄道光三十年九月二十二日奉
上諭徐廣縉奏接奉廷寄籌剿廣西逆匪情形並遵
查閱正鳳被參款蹟各一摺另片奏添調兵勇馳

P.2

赴粵西等語又據葉名琛奏出省剿辦南韶游匪
一摺覽奏均悉粵西逆匪肆擾既據該督等遵旨
籌撥餉銀添調兵勇現經鄭祖琛親駐平樂督辦
且計向榮張必祿林則徐均可次第馳抵軍營會
商剿辦粵東英德等處游匪葉名琛現已馳往想
亦能相機進剿以期尅日殲除據稱兩省匪徒互
相猜忌正可趁此解散脅從使賊首孤立不致合
而為一勾結滋蔓其毗連兩省之江西湖南貴州
各省該督等尤當隨時飛咨併力堵截所稱委員
稟報昭平縣屬有廣東英德賊匪竄入雖未盡確
亦係意中之事總期粵匪不致逃竄出境擾及鄰
省不可稍存大意且恐匪徒假作嚮導誘我官兵

P3

前次諭旨已慮及此該督撫密飭帶兵文武各員
隨地相機勿致墮賊術中方臻周密仍當飭屬勸
諭紳民舉行團練必使志切同仇切不可視為具
文轉致有名無實至提督閔正鳳已有旨革職令
其來京聽候查辦該提督玩誤已極此外必有別
項劣迹現已離任更易訪察仍著徐廣縉詳查據

P3

實具奏餘著照所擬辦理將此由四百里諭令知
之欽此 密良 徐 查已革廣西提督閔正鳳心存畏葸當土
匪肆擾之時竟先至按兵不出以致猖獗愈甚似
此玩誤迴實竟非尋常疎虞可比既已離任如有別
項劣迹旁諮互證自不難水落石出現委妥員前往密查
務總期得有確據方足以折服其心容俟查明稟

覆後再行據實奏
聞復查有告病之左江鎮總兵威筠上年因江洸山
十萬大山匪徒一帶滋事並未力剿強作招安
臣徐屢經函詢是否確有把握總未切實
稟覆以致各匪橫行得意陽奉陰違不獨西省
仍遭荼毒即本年東省廉州各屬均受擾害不

P.4

甚其為畏葸無能縱賊養寇厥咎維均及至釀
患已成料難掩飾先期告病尤屬規避取巧相
應請
旨即行革職一併查辦臣等查兩省匪徒在東省總
不可使來者必復往在西省並不得令斷者必
再連各隘實力堵禦一面設法解散趁此互相

猜忌之時翦殘其羽翼離間其腹心各股賊首
漸成孤立之勢自不能合而為一再事勾結愈
形滋蔓至於英德游匪本有數千之衆自兵勇
齊集以後無從竄逸除捕獲殲斃外合計並未
短少且現據高要縣另獲匪犯鄒亞流等供稱
七月十八日在廣西懷集縣集齋二千餘人旋

P.5

至賀縣蒼梧昭平富川等處沿途搶刦不計其
數並非英德游匪是以前奏知其據報未確自
應加意嚴防勿蹈推諉積習惟恐擾及鄰省何
敢稍存大意愈難措手其毗連兩省之毗連各
處江西與東省交界貴州與西省交界惟湖南
則東西兩省皆有交界臣等業經先行分咨江

西南贛與東省南韶最為現據江西贛州府知
府周玉衡稟稱奉委督帶兵丁親赴龍南信豐
各縣一體堵截貴州都匀興義黎平各府屬多
與西省右江道所屬毗連現在大兵經過沿途
亦應倍加防範湖南交界現距東省匪徒較遠
恐與西省匪徒漸近疊接湖南撫臣駱秉章來

P.6

咨所有兩省接壤處所均飭文武兵勇擇要守
隘分別嚴防臣等仍當隨時飛咨互相接應不
可稍存畛域之見匪徒向有鬼蜮伎倆佯告急
求救援或假扮乞食探聽或先出老弱挑戰或
故作敗走誘敵種種不可枚舉嚮導固應慎選
其人即挑運軍裝各夫亦必逐一查驗知有來

歷者方可隨營行走稍不加察作為內應貽誤
匪輕現已密飭帶兵文武各員無論臨陣扎營
一切倍加慎重先通籌立於不敗之地再併力
自得其制勝之方誠如
聖諭隨地相機勿致墮賊術中方臻周密團練即古
守望相助之法官非民不能聯絡民非官不能主

P.7

持原係有備無患相得益彰署清遠縣知縣馬
映階於本年春間即在辦理勸諭最早舉行尚
易故得效較速其餘附近各州縣均已次第趕
辦惟當未經四出擾害以前雖地方官諄諄諭
飭各紳民未免吝惜小費面從心違觀望游移
現已事急燃眉方知悔悟相約並行臣等節經

札飭各屬出示城鄉市鎮無不遍貼多張使之有目共睹
如有接見者亦復力加勸獎其羣思自奮義
切同仇又復經臬司祁宿藻手繕切諭懸立賞
格當此大兵雲集之時正為民除害雪恨之日
倘賊匪竄入該鄉立即綑送軍營如知潛匿之
所亦即密速稟報斬級獲醜無不第其勞勣優

p.8

加獎勵總之上下同心何兇(事)不滅(舉)公私兼顧何
患不除現在各屬紳民自知身家為重即不至
有名無實該管州縣亦不敢視為具文也臣等
疊蒙
聖(訓)諭諄諄洞(鉅)燭(細)靡遺自當殫心竭力督(同)在事各文武
振刷精神盡圖(除)醜類(尤望)剋期蕆事上慰

宸廑除將現在英德一帶游匪追剿大獲(勝仗)情形另行
恭摺
奏報外所有遵
旨覆奏緣由謹合詞由驛具
奏伏乞
皇上聖鑒訓示謹

p.9

奏

再臣等前因剿辦游匪經費擬在海關酌留尾
數項下支應已於七月二十四日具
奏在案嗣因匪勢披猖續調兵勇較多兼以西省
大兵雲集復恐西匪紛紛逃竄所有交界之十
餘廳州縣均須嚴密防堵度支浩繁若僅尾數
實恐未敷合無仰懇
聖恩准其暫撥粵海關稅銀二十萬兩以資要需一
俟虎門城寨捐輸得有成數仍即行撥還關庫
歸款仍解部庫庶軍務得以速濟而部款不致
虛懸臣等為籌防地方起見是否有當伏乞
聖鑒訓示謹
奏

P 1

FO.682/391/2(121)

軍機大臣　字寄
兩廣總督徐　廣東巡撫葉　廣西巡撫鄭
道光三十年十月十四日奉
上諭御史姚福增奏粵東防夷團練章程簡易可行已著成效請飭發廣西酌量施行並鈔録章程呈
覽上年粵東籌防㗲夷由紳士議行團練據稱不旬日間得衆十萬得餉八十餘萬是廣東省城團練著有成效現在該省韶州廉州及廣西平樂等屬均有盜匪滋擾屢經飭令激勵士民舉行團練據鄭　覆奏現已試行並據徐　等奏明已照廣西橫州博白兩處團練章程通飭辦理該御史所奏上年省城章程與該二省現在情形諒可

P 2

仿照變通辦理著鄭　督同藩司勞崇光悉心酌覈並俟林　到後會同熟籌妥辦其廣東韶州等處並著徐　葉　參酌辦理總期因地制宜仿堅壁清野之法使游匪無從擄掠閭閻得遂安居行之既久必有實效原摺均著鈔給閱看所録廣東團練章程著鈔給鄭　閱看將此諭令徐　葉　鄭　並傳諭勞崇光知之欽此遵
旨寄信前來

十一月初三日丑刻奉到

F.O.682/391/3(58)

P.1

軍機大臣 字寄

兩廣總督徐 廣東巡撫葉 道光三十年十

月二十二日奉

上諭徐 葉 馳奏廉州擒獲匪黨並英德一

帶剿辦情形一摺據稱八月二十二日護高廉道彭

錞會高州鎮總兵楊昌泗等探知賊匪方晚一股

竄匿合浦縣之常樂墟該鎮道等督飭兵勇追剿

於二十四日經護理海口營叅將黃開廣施放連

環大礮轟斃賊匪二十餘名殺斃四十餘名生擒

三名受傷後死者一百餘名僅傷亡壯勇一人等

語此股賊匪最為強悍且與粵西處處毘連該鎮

道等剿辦尚屬得手該督等趁此機勢仍宜諄飭文

P.2

武併力圍拏毋稍疎懈其英德一帶賊匪經南韶

連鎮總兵崑壽偵探匪徒由山徑闖出意欲越河

搶渡親督兵勇極力抵禦斃賊多名剿辦頗能認

真守備瞿驌文身先士卒奮勇殺賊一百二十餘

名生擒十餘名因窮追遇伏受傷陣亡實屬忠勇

出力為國捐軀殊堪憫惜瞿驌文著照遊擊例議

卹以慰忠魂外委馮光亮當瞿驌文殞命之時猶

能精放大礮轟斃一百餘賊亦堪嘉獎署南雄協

副將王浚既已失利於前又復偷生於後庸懦無

能著即革職枷號兩個月在軍營示衆該督撫等

仍當悉心籌畫將廉州英德兩處匪徒盡力搜剿

不可因偶有獲稍涉大意文武各員及紳勇中

P.3 end

有能殺賊立功者據實保奏候朕施恩儻有臨陣
退縮貽悮軍機者立即嚴參懲辦至廣西横州博
白兩處團練章程前已有旨令徐　分飭兩省
仿照妥辦茲據奏稱業經通飭各州縣因地制宜
並刊刻學政許　所輯鄉守團練之法通行辦
理著即飭令各屬實力奉行毋致有名無實是為
至要將此由四百里諭令知之欽此遵
旨寄信前來

十一月初七日巳刻奉到

一件具奏拏獲巨匪鍾亜春及分路剿捕情形

道光三十年十一月初八日具

奏稿

由驛三百里 齎

奏

咸豐　年　月　日奉到

硃批

奏稿

奏為廣西貴縣拴獲巨匪飛飭確審究辦併現在
分路剿捕情形恭摺奏祈
聖鑒事竊照巨匪鍾亜春糾聚多人在東西兩省之
合浦貴縣等各沿邊地方搶刦肆擾抗拒攻城
併擁入遷江縣城搶刦衙署實屬罪大惡極覆

P2

載不容先據各文武及各鄉團練先後殲拴夥
匪數百名而首逆尚未就獲節經臣飛咨廣西
撫臣鄭　提臣向　及札飭各府縣嚴密捕
拏去後茲據署貴縣知縣張汝瀛稟報探聞該
匪首有糾匪復圖薄城之信當即購覓妥線飭
隨訓導吳裕紳巡檢劉裕琨及各府營縣丁壯

奏稿

兵練於十月十八日前赴陂頭村地方四面圍
拏該匪胆敢拒捕經訓導吳裕紳等飭令丁壯
兵練極力攻擊格斃賊匪十餘名将該犯鍾亜
春及夥黨梁亜習李亜忌二名一併拏獲並奪
獲刀械十餘件提訊各犯均供認攻城抗官搶
刦殺人多次不諱又購線另獲李四一名供認

P3

聽從鍾亞春攻城刦署搶刦殺人多次又起意
糾黨攻入來賓縣城戕官刦獄並在馬平縣拒
戕官兵多命屬寔已批飭署臬司楊彤如速飭
確訊錄供分別處以極刑以彰
國法而快人心惟查慶遠潯州各府屬尚有另股
匪徒亟應赶緊剿洗提臣向　已於十月初六

奏稿

日統帶湖南官兵八百名併貴州古朗兵八百
名馳赴慶遠府屬剿辦併經撫臣鄭　酌調
續到之貴州鎮遠兵一千二百名迅赴潯州府
屬之桂平各縣會剿現計平樂府屬先後接仗
殲斃生擒盜匪多名餘匪零星逃竄隨時搜捕無須
重兵撫臣鄭　已親督官兵由平樂至梧州

P4

移營前進臣復飛飭各文武趁此大兵雲集之
時務即熟商机宜合力剿捕切勿遷延觀望致
稽時日至太平府屬隸於極邊半係土司所轄
該處各廳州縣本多改土為流地方荒僻土城
多已坍塌以致賊匪猝至堵禦為難據報寧明
州衙署先於七月初九日被匪擁入滋擾印信

奏稿

倉穀監犯俱無損失又左州萬承土州均於九
月十二十九等日被匪擁入州署搶掠旋即竄
逸其龍州同知王淑元現據署左江道彭瑛查
稟該同知於匪徒擁入廳署之時督飭丁勇抵
禦被匪砍傷擡至河邊上船業已氣絕該匪等
即將屍身丟棄入河經伊家丁李升在旁目擊

P5

後經撈獲棺殮被匪擄去同知關防一顆尚未
查獲查該同知王淑元抗節捐軀殊堪憫惻相
應請
旨敕部從優議恤以慰忠魂惟據龍州照磨朱濂稟
報署龍憑營都司譚永德於匪徒逼近州境時
竟將該都司關防及軍裝等件發交該管把總
看管先自出營不知去向以致王淑元甚為惶
急等語臣接閱之下不勝駭異現批該署都司
於事後飾詞謊稟冀圖卸罪寔屬喪心昧良可
恨已極現已嚴飭左江鎮道確查該署都司譚
永德如何逃避出營寔情嚴行揭報並咨撫臣
鄭　提臣向　一體查覆以憑據寔

奏稿

P6

奏參從重治罪又廣西南太兩府屬與廣東廉州
府界址毗連當此合力圍捕之時必致東奔西
竄臣已飛飭高廉鎮道督飭該府縣多派兵勇
在於欽州靈山各要隘処所不分畛域寔力堵
拏以免竄扰所有據報捦獲巨盜匪及各州署被
擾并現在分路剿捕情形理合恭摺由驛馳
奏伏乞
皇上聖鑒訓示謹
奏

奏稿

P.1　F.O.682/391/4(16)

一件奏請廣西武職暫緩給咨事

奏稿

道光　年　月　日奉到

硃批

看稿
對摺

道光三十年十一月初八日具

奏

借撥摺弁莫名亮賚

繕摺

奏為廣西省應行引
見武職請
旨暫緩給咨並將陞任副將先給署劄恭摺奏（仰）祈
聖鑒事竊照廣西現在剿辦土匪武職差遣需人所
有陞任本省應行引

P.2

見人員均經臣陸續咨部展限內有限滿人員不經
奏明加展且並非陞任應行引
見各項人員亦經隨時分別咨部暫緩給咨各在案
茲准兵部咨陞補義寧協副將伊三圖前因楚
匪滋事擾及粵境防堵緊要咨請展限送部查
楚匪滋擾業已事竣請將該員展限送部之處
應毋庸議應令給咨赴部引
見等因臣查楚省匪徒雖已辦理竣事而廣西現在
剿辦土匪正值軍務喫緊之時前經欽奉
諭旨派調各省官兵馳往剿捕所有本省各營員弁
或帶兵堵禦或防守要隘在在需人調遣所有
應行引

見人員實難依限給咨若逐案奏咨展限未免徒煩
褻瀆合無仰懇
天恩俯念軍務緊要差遣需人將廣西省前經奏咨
展限及此後續有陞任並一切應行引
見各武職准其一律暫緩給咨並請將陞補義寧協
副將伊三圖先開底缺給與署劄統俟軍務告
竣再行陸續辦理其有陞任他省之員亦請查
照道光二十一年廣東省辦理防夷成案免其
先開陞缺
飭部即行給劄俾支陞缺廉俸以示體䘏而昭鼓勵
出自
聖主逾格鴻慈除咨明兵部外臣謹恭摺具

奏伏乞
皇上聖鑒訓示謹
奏

P.1　F.O. 682/391/4(33)

遵
旨確查署清遠營遊擊吳德新委係因病服毒並無別情

三十年十一月十六日

撫標把總胡永和賚

兩廣總督臣徐
廣東巡撫臣葉　跪
奏為遵
旨覆奏事竊照署清遠營遊擊吳德新因病服毒自
盡取具親供甘結一摺臣等於十一月初三日接
准九月二十七日由軍機處封咨奉到
硃批另有旨欽此同日又內閣奉

P.2

上諭徐　葉　奏遊擊因病服毒自盡一摺廣
東署清遠營遊擊事委用遊擊吳德新前曾督兵
防堵浸潭賊匪何以因痰疾舉發旋即自行服毒
身死著該督等確切查訪有無別情據實具奏欽
此查吳德新係由頭等侍衛揀發廣東委用遊
擊於本年正月初六日到省自三月初十日接
署遊擊任至七月十三日身故業經四月有餘
此聞英德一帶地方游匪滋事往來過境皆其
所轄已覺憂慮莫釋嗣因南韶連鎮左營守備
葉恩詔被戕以後遊匪復由浸潭逸去該署遊
擊前往防堵行僅數里墜馬跌落河邊旋即回
署身發燒熱不止兼聞匪勢日漸猖獗風鶴之

聲不絕於耳病勢愈加沉重以致痰證復發自
行服毒灌救不效此前委即用知縣賀桂齡會
同署清遠縣知縣馬映階傳集該遊擊之親友
家丁逐加訊詰僉供如一業經稟報並無別故
之實在情形也臣等因思吳德新偶因出署墜
跌即使舊病復發何至遽爾輕生追賀桂齡回
省銷差時又復面詢據稟曾向該署遊擊之親
友家丁再三追究共稱該署遊擊在京雖當差
有年至於出兵防匪之事本未曾經過因墜馬
以後嘗言出門不利每聞警報即在署中膽顫
心迷實由於此如有他故豈有代為隱飾之理
且臣葉　現在駐軍清遠業經兩月明察暗

訪正復相同復又飭委隨營之署督標中軍副
將懷塔布在外旁諮密採俱與前情無不脗合
所有吳德新實係起於驚懼痰疾復發服毒殞
命並無另有別情疊經查詢既屬相符自應可
信所有遵
旨確查緣由謹據實恭摺覆
奏伏乞
皇上聖鑒謹
奏

道光三十年十一月二十日内閣奉
上諭徐　葉　馳奏勦辦翁源境内竄入各匪大獲勝仗一摺廣東賊匪自在石角壚擊敗之後復分股竄入翁源縣屬各壚計有四千餘人經該督撫等派委文武員弁遴選精鋭兵勇合力圍勦於十月二十一日在雪廟墩遇賊迎撲抗拒經兵勇登時擊退該匪竄入樹林奠圖設伏誆誘我兵排列五陣分路前進賊匪三千餘人亦分三隊抵禦迭經官兵奮力夾攻左右環擊自辰至申殲斃賊匪三百七十六名生擒一百六十七名受傷倒斃者一百六十八名各路捕獲者三百零二名奪獲該匪祖傳之太公旗一枝並大小旗幟十一枝

P.2

銅鉄砲五十九位子母砲十八位抬槍二十桿鳥槍一百三十桿火藥十五擔藤牌一百五十面刀槍义矛三百餘件並驗明殲斃頭目十二名訊明生擒頭目八名該匪横行肆擾罪不容誅此次大加擒勦洵足寒賊胆而快人心惟賊股衆多難保不潰而復聚該督撫等務當督飭文武員弁趁此聲威益加奮勇殲滅羣醜力净根株切勿以偶獲勝仗稍存大意增城营条将趙如勝永靖营都司賈運盛撫標右营守備李道森廣州協右营千総黄曜吉感恩縣知縣許錫勲候選千総孔継堯或統領官兵或管帶壮勇分隊攻勦奮勇可嘉並此次在事出力文武各員弁等著即查明俟事竣分

P.3

別保奏侯朕施恩傷亡兵勇查明照例議卹另片
奏籌撥經費等語著准其暫撥粵海關稅銀二十
萬兩以資要需餘俱著照所擬辦理該部知道欽
此

P.1　F.O. 682/391/3(59)

道光三十年十一月二十日内閣奉
上諭徐　葉　馳奏勦辦翁源境内竄入各匪
大獲勝仗一摺廣東賊匪自在石角墟擊敗之後
復分股竄入翁源縣屬各墟計有四千餘人經
該督撫等派委文武員弁遴選精鋭兵勇合力圍
勦於十月二十一日在雪廟墩遇賊迎敵抗拒經
兵勇登時擊退該匪竄入樹林蕉園設伏誆誘我
兵排列五陣分路前進賊匪三千餘人亦分三隊
抵禦迭經官兵奮力夾攻左右環擊自辰至申殲
斃賊匪三百七十六名生擒一百六十七名受傷
倒斃者一百六十八名各路捕獲者三百零二名
奪獲該匪祖傳之太公旗一枝並大小旗幟十一

P.2

枝銅鉄礮五十九位子母礮十八位抬槍二十桿
鳥槍一百三十桿火葯十五擔藤牌一百五十面
刀槍叉矛三百餘件並驗明殲斃頭目十二名訊
明生擒頭目八名該匪橫行肆擾罪不容誅此次
大加捦勦洵足寒賊胆而快人心惟賊股衆多難
保不潰而復聚該督撫等務當督飭文武員弁趁
此聲威益加奮勇殲滅群醜力淨根株切勿以偶
獲勝仗稍存大意增城營叅將趙如勝永靖營都
司賈運盛撫標右營守備李道森廣州協右營千
總黄耀吉感恩縣知縣許錫勲候選千總孔繼堯
或統領官兵或管帶壯勇分隊攻勦奮勇可嘉並
此次在事出力文武各員弁等著即查明俟事竣分

P.3

別保奏候朕施恩傷亡兵勇查明照例議卹另片
奏籌撥經費等語著准其暫撥粤海関税銀二十
萬兩以資要需餘俱著照所擬辦理該部知道欽
此

道光三十年十一月二十二日具
奏由驛四百里
道光　年　月　日奉
硃批

奏稿

兩廣總督臣徐
廣東巡撫臣葉　跪
奏為廉州疊次殲擒巨匪並將勾結之土匪一併
拏辦凡與西省交界各處現在一律添調兵勇
分別防剿恭摺奏祈
聖鑒事竊照前因西省將張家檣蘇三謝剛潑李士
奎四頭目一併招安深恐黨衆蔓延為害豫為防堵嗣因

李士奎業已拏辦其夥黨方晚最為強悍現在總期
設法務獲緣由業經先後分別具
奏各在案查方晚先本與李士奎為同夥既又與
鍾亞春同夥自與鍾亞春分夥以後先至欽州
之牛江墟再至靈山之陸屋墟後至合浦之常
樂墟焚刦淫掠不計其數剽悍異常黨羽尤衆自八

月二十四日經護海口營參將黃開廣及署海
安營守備吳全美用大礮轟擊以後其強有力
者多已傷亡被脅入夥者亦自解散復因與另股
匪徒劉八分贓不睦自相殘殺方晚力不能敵
即帶同護身之梁亞四李亞二老色鄧晚四名意
欲竄回西省行至銅鼓坡地方先經該鎮道府懸立重賞遂有多

蕉墟鄉民於九月十五日探知蹤跡中路邀截
先將老色鄧晚上名殺斃即將巨匪方晚綑送
並梁亞四李亞二一併解送現據該道府親提訊
供方晚罪惡萬狀擢髮難數而敢圍城抗拒官兵稟請核辦前
來應即分別淩遲斬梟就地正法以彰
國憲而快人心先於九月十一日有西省先撫後

叛之蘇三糾眾數百人由來靈山縣之北
莊村焚刦滋擾當被團練鄉民格斃數十名蘇
三揚言即欲復仇旋經職員丁傑靈許以重利
取和誘至同心墟豫伏鄉勇登時殺斃並將首
級呈報驗當即重加犒賞又於九月初五日代
理靈山縣知縣甘槐聞知廣西宣化縣之樓墟

地方有匪首陶安仁糾黨千人在彼嘯聚與靈
山縣之西鄉緊相接壤初十日該代理縣甘槐
會同署雷州營守備陳瑞麟各帶兵勇並約相
近之練勇齊至垌村內有紳士鄺魁春引入
巢穴絕其歸路各兵勇分路夾擊先經礮斃百餘
名連斃執旗匪目三名又復殺斃三百餘名賊

首率衆抵死抗拒被雷州兵丁開礮轟斃割取
首級呈驗嗣因鎮道府分委員弁時亦赶至開
礮轟斃數十名生擒八名所有一帶賊巢盡行
焚燒奪獲礮械馬匹多件其夥匪黃大竄至三
隆地方藏匿經署高州營守備何遇龍在城聞
信督同外委何正光等各帶兵丁前往茶子嶺

堵緝祇因衆寡莫敵何正光受傷殞命兵勇紳
練亦均有傷亡該鎮道府因外匪如此披猖必
有土匪為之勾引接濟復據署欽州知州呂銓案稟稱
查明并獲鍾廣陳仕才潘朝傑裴高唐源李和
龐芝華六名查鍾廣曾為李士奎代辦火藥當
方晚來欽州時先索千金指引攻城並邀同陳

仕才潘朝傑裴高唐源李和出郭親迎留為住
宿以便遞濤消息並謀殺帶領壯勇之紳士陳國綱
陳國謨陳清泗一家三命甘心助逆種種不法
尤堪髮指現經該署州訪拏解審業經該道府
逐一研訊所有屢次通賊以及設計害命等情
均各承認不諱應即飭一併分別凌遲即行先

正法以昭炯戒臣等查廉州府屬之
貴縣興業博白與合浦縣交界南寧府屬之宣
化橫州上思州與靈山縣欽州交界現在西省
大兵雲集更恐此拏彼竄復添調潮州兵丁一
千名潮州壯勇五百名羅定協兵丁三百名前
赴廉州以資調度而免疎虞所有未獲各匪總

當與西省併力會辦務期淨絕根株勿留遺孽
以仰副我
皇上廑念民依除惡盡之至意所有廉州殲擒巨匪並
將土匪拏辦以及交界各處添設兵勇各緣由謹合
詞由驛具
奏伏乞

皇上聖鑒訓示謹

奏

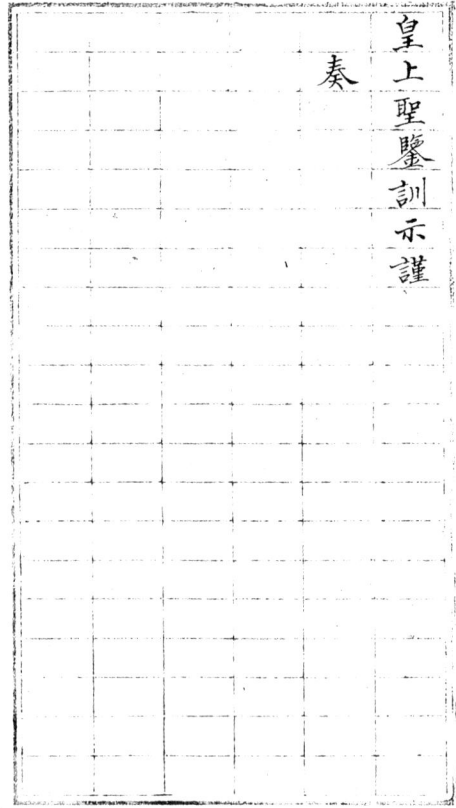

P.1　F.O.682/391/3(25)

一件覆奏廉州英德匪徒極力剿辦已札飭委解王浚來省枷示查明東西兩省交界處所嚴防及廣寧防堵守備馬兆彬害業經獲犯緣由

奏稿

道光三十年十一月二十二日具

奏　由驛四百里

摺弁　賫

硃批　道光　年　月　日奉到

P.2

兩廣總督臣徐
廣東巡撫臣葉　跪

奏為遵
旨覆奏現在廉州英德匪徒極力剿辦並查明東西
兩省交界各處一體嚴防肇慶府屬業經獲犯
恭摺仰祈
聖鑒事竊臣等於十一月初七日承准軍機大臣字
寄道光三十年十月二十二日奉
上諭徐　葉　馳奏廉州拴獲匪黨並英德一
帶剿辦情形一摺據稱八月二十二日護高廉道
彭舒萼高州鎮總兵楊昌泗等探知賊匪方晚一
股竄匿合浦縣之常樂墟該鎮道等督飭兵勇追
剿於二十四日經護理海口營參將黃開廣施放

P3

連環大礮轟斃賊匪二十餘名殺斃四十餘名生擒三名受傷後死者一百餘名僅傷亡壯勇一人等語此股賊匪最為强悍且與粵西處處毘連該鎮道等剿辦尚屬得手該督等趁此機勢仍宜諄飭文武併力圍拏毋稍疎懈其英德一帶賊匪經南韶連鎮總兵崑壽偵探匪徒由山徑闖出意欲越河搶渡親督兵勇極力抵禦斃賊多名剿辦頗能認真守備翟鵬文身先士卒奮勇殺賊一百二十餘名生擒十餘名因窮追遇伏受傷陣亡實屬忠勇出力為國捐軀殊堪憫惜翟鵬文著照遊擊例議卹以慰忠魂外委馮元亮當翟鵬文殞命之時猶能督放大礮轟斃一百餘賊亦堪嘉獎署南

P.4

雄協副將王浚既已失利於前又復偷生於後庸懦無能著即革職枷號兩箇月在軍營示衆該督撫等仍當悉心籌畫將廉州英德兩處匪徒盡力搜剿不可因偶有殲獲稍涉大意文武各員及紳勇中有能殺賊立功者據實保奏候朕施恩儻有臨陣退縮貽誤軍機者立即嚴參懲辦至廣西横州博白兩處團練章程前已有旨令徐　分飭兩省仿照妥辦茲據奏稱業經通飭各州縣因地制宜並刊刻學政許乃釗所輯鄉守團練之法通行辦理著即飭令各屬實力奉行毋致有名無實是為至要將此由四百里諭令知之欽此竊照廉州現因疊次殲擒巨匪並將土匪拏辦凡與西

P.5

省交界添調兵勇以資調遣又英德一帶遊匪
於本月初二初九等日復在佛岡廳英德縣境
叠獲勝仗各緣由均經另行恭摺分別具
奏在案至於屢次文武各員及紳勇中殺賊立功
者容俟事竣第其勞勣分案據實保奏籲懇
恩施倘有上不和衷下不用命抑或始勤終怠輕進
易退以致貽誤軍機者即當遵
旨嚴參懲辦似此勸懲兼施功罪立判該文武亦必
互相戒勉感畏循生已革南韶連鎮左營遊擊
署南雄協副將王浚庸懦無能現已札飭南韶
連鎮總兵崑壽委員前往提解速赴清遠軍營
當堂枷號兩箇月示衆使各營將弁共睹周知

P.6

更可儆玩心而生銳氣至於團練之法原在因
地制宜便民乃可以集益現有許乃釗鄉守外
編一書無法不備各任取裁果能實力奉行自
可漸次成效所有廣州英德剿捕事宜臣等晝
夜籌思往來調度斷不敢稍涉大意致勞
聖廑凡與西省交界更當嚴密巡防查高州府之茂
名石城化州信宜肇慶府之封川開建廣寧
德慶羅定州之西寧連州之陽山及連山廳皆
與西省緊相接壤務令匪徒先不與之勾結方
可杜其蔓延如連山陽山等廳縣大軍現駐清
遠自可就近堵禦至茂名石城化州信宜各處
廉州業已添調兵勇該鎮道亦當權其緩急通

P.7

為策應惟有肇慶一府為西江往來門戶水陸交衝尤應加意防範水路除前委督標水師營參將崔大同會同即用知縣黄慶護馳赴封川督帶兵勇駕駛巡船常川駐緝外現又添派候補知府李敦業雇募多船配足礮火分扼要口恐其連檣東下先期設備足壯聲援至於陸路前委督標左營參將左炘分駐廣寧以防竄入適於十月初十日該參將派委督標後營守備馬兆馳赴附近之潭步地方一帶巡緝行至妙岡嶺猝與賊遇所帶弁兵無多先用鎗斃數名該守備亦復手刃數賊旋被衆賊從旁突出用刀砍傷登時殞命署廣寧縣知縣程兆桂會同

P.8

督標左營參將左炘聞知各帶兵勇星馳追剿已於十八日約齊四會縣營趕至馬鞍岡分路進攻該匪又竄赴星子岡竟敢負嵎抗拒該縣營當即用礮轟斃數十名生擒六名連日追獲四十餘名所有下手戕官之卓亞四一併搜獲是日奪獲大小旗三枝鐵礮五位藤牌鳥鎗長槍三十餘件查此股匪徒本係在賀縣懷集蒼梧昭平富川各處滋擾之犯自西省擊潰以後紛竄潛逃甫經入境即行往拏堵緝本應如是惟守備馬兆猝遇被害情殊可憫應請交部照例議卹再據羅定州西寧縣各稟稱已前諭令附近鄉民實力團練共保無虞猶恐要隘兵單難

期得力業經會營添帶兵勇隨時堵截臣等竊
查兩省交界均係要區疊經諭飭各縣營全在
務須協力同心不准稍存畛域且西省一日在
不靖東省一日難安唇齒相依休戚與共尤當
恪遵疊奉
P.9
訓諭兩省匪徒切不可合而為一遇有防剿斷不能
分而為二庶匪黨難以潛蹤而良善漸臻安堵
矣所有西省交界一律嚴防業經獲犯緣由謹
合詞由驛恭摺覆
奏伏乞
皇上聖鑒訓示謹
奏

P.10

P.1　F.O.682/391/3(26)

奏廉州疊次擒獲巨匪方晚蘇三等並將勾通土匪拏辦凡與西省交界添調兵勇防剿緣由

道光三十年十一月二十二日具

由驛四百里

P.2

兩廣總督臣徐
廣東巡撫臣葉　跪

奏為廉州疊次殲擒巨匪並將勾通之土匪一併
拏辦凡與西省交界各處現在一律添調兵勇
分別防剿恭摺奏祈
聖鑒事竊照前因西省將張家牆蘇三謝剛溵李士
奎四頭目一併招安深恐黨衆蔓延為害豫為
防堵嗣因李士奎業已拏辦其夥黨方晚最為
强悍總期設法務獲緣由業經先後分別具
奏各在案查方晚先本與李士奎同夥既又與鍾
亞春同夥自與鍾亞春分夥以後先至欽州之
牛江墟再至靈山之陸屋墟後至合浦之常樂
墟焚刦淫掠不計其數剽悍異常黨羽尤衆自

P.3

八月二十四日經護海口營叅将黄開廣及署海安營守備吳全美用大礮轟擊以後其强有力者多已傷亡被脅入夥者亦自觧散該匪勢成孤立復因與另股匪徒劉八分贓不睦自相殘殺方晚力不能敵帶同護身之梁亞四李亞二老色鄧晚四名即正欲竄回西省行至銅鼓坡地方先經該鎮道府懸立重賞遂有多蕉墟鄉民於九月十五日探知蹤跡中路邀截先将老色鄧晚殺斃即将巨匪方晚綑縛並梁亞四李亞二一併觧送現據該道府親提訊供方晚稔惡萬狀擢髪難數而屢次圍城抗拒官兵謀殺練長尤為罪大惡極梁亞四李亞二甘心從

P.4

逆同謀共濟亦屬法無可貸稟請核辦前來應即分别凌遲斬梟就地正法以彰

國憲而快人心所有另股匪徒劉八仍飭速拏懲辦先於九月十一日有西省先撫後叛之蘇三糾衆數百人由横州博鴿墟来至靈山縣之兆莊村滋擾當被團練鄉民格斃數十名蘇三揚言即欲復仇旋經職員丁傑靈許以重利取和誘至同心墟豫伏練勇登時殺斃並将首級呈報經該鎮道府驗明屬實當即重加犒賞又於九月初五日代理靈山縣知縣甘榥聞知廣西宣化縣之樓墟地方有匪首陶安仁糾黨千人在彼嘯聚與該縣之西鄉緊相接壤初十日該

P.5

代理縣甘槐會同署雷州營守備陳瑞麟各帶兵勇並調相近之練勇齊至上垌村内有紳士鄺魁春引入巢穴連日各兵勇分路夾攻先經礮斃百餘名内有執旗匪目三名又復殺斃三百餘名賊首陶安仁率眾抵死抗拒被雷州營兵丁開礮轟斃割取首級呈驗適値鎮道府分委員弁一同赶至又經開礮轟斃數十名生擒八名所有賊巢盡行焚燒奪獲礮械馬匹多件其夥匪黄大寛至三隆地方藏匿經署高州營守備何遇龍在城聞知督同外委何正光等帶領兵丁前往茶子嶺堵緝因眾寡莫敵何正光受傷殞命兵勇紳練亦均有傷亡臣等因思廉

P.6

州三屬頻來外匪如此披猖必有土匪為之勾引接濟亟應嚴密訪拏早除肘腋之患旋據署欽州知州呂銓禀稱業經訪獲鍾廣陳仕才潘朝傑裴高唐源李和麗芝華七名查鍾廣曾為李士奎代辦火藥及方晚來欽州時索取千金指引圍城先邀同陳仕才潘朝傑裴高唐源李和麗芝華等出郭往迎代覓住宿以便透漏消息並為謀殺帶領練勇之紳士陳國綱陳國謨陳清泗一家三命甘心助逆種種不法殊堪髮指現經該署州訪拏解審業經該道府逐一研訊所有屢次通賊以及設計害命等情均各承認不諱飭令該鎮道將鍾廣等七名一併分別

P.7

淩遲斬梟先行正法以昭炯戒所有廉州前後
獲辦匪徒供招容俟剿捕事竣再行咨部臣等
查廉州府所屬各州縣無不與西省地方犬牙
相錯如潯州府鬱林州屬之貴縣興業博白均
與合浦縣交界南寧府屬之宣化横州上思州
亦與靈山縣欽州交界除前經調集兵勇已有
一千餘名分撥防守外現因西省大兵雲集更
恐此拏彼竄復添調潮州兵丁一千名潮州壯
勇五百名羅定協兵丁三百名前赴廉州由該
鎮道相機分別防剿以資調度而免疎虞所有
未獲各匪飭令隨時約同西省文武併力會拏
務期淨絕根株勿留遺孽以仰副我

P.8

皇上釐念民依除惡務盡之至意所有廉州殲擒巨
匪並將土匪拏辦以及交界添設兵勇各緣由
謹合詞由驛具
奏伏乞
皇上聖鑒訓示謹
奏

道光三十年十一月十二日內閣奉
上諭李星沅著作為欽差大臣頒給關防馳驛迅赴
廣西辦理勦捕事務現在平樂一帶賊匪疊經搶
勦漸就殲除惟左右江各屬股數尚多亟應乘勢
撲滅著該大臣會同署巡撫周天爵勞崇光提督
向榮張必祿等督飭文武實力勦辦綏靖岩疆以
副朕望欽此

十一月二十五日未刻

FO 682/391/3(56)

軍機大臣 字寄

兩廣總督徐 道光三十年十一月十二日奉

上諭據徐繼畬馳奏林 遵旨前赴廣西在途病

逝已有旨命李星沅為欽差大臣頒給關防馳驛

前往廣西剿辦逆匪矣林 行至廣東普寧縣

途次病逝其欽差大臣關防並歷次所奉寄信諭

旨各件著徐 派委妥員迅速賫送廣西交李

祇領毋稍遲悞遺漏至廣州南韶等處剿捕

捕事務亦關緊要徐 仍遵前旨籌辦廣東軍

務以專責成將此由五百里諭令知之欽此遵

旨寄信前來

十一月二十五日未刻

道光　年　月　日具
奏　道光　年　月　日奉
硃批

P.1

奏摺

兩廣總督臣徐　　　　跪
奏為遵
旨覆奏事竊臣承准軍機大臣字寄道光三十年八
月十一日奉
上諭有人奏廣西提督閔正鳳係由武巡捕出身專
講應酬於紀律運籌一無所知駐劄柳州按兵不

P.2

出賊匪逼近府城住及一月目無提督可知等語
著徐廣縉秉公確查該提督於土匪肆擾之時如
果縱賊養寇畏葸無能即行據實嚴參懲辦毋稍
瞻徇至所稱兩廣土匪日熾分夥勾結二萬餘人
之多若不及早撲滅勢恐滋蔓難圖該督務當通
盤籌畫迅速剿辦其團練保甲諸事宜尤應隨地

布置使賊匪不敢肆行庶不至釀成鉅患原摺著
鈔給閱看將此諭令知之欽此臣查廣西提臣閔
正鳳在粵數年並未接見其人因該處一帶地
方每多不靖曾經函詢廣西撫臣鄭祖琛僅據
覆稱有暗於斷制一語其餘多類周旋復經臣
訪聞該提督當土匪肆擾之時逼近府城按兵

P.3

不動一月有餘實有如此情形以共相聞見之
事何敢稍為瞻徇其為畏葸無能不問可知至
於西省之縱賊養寇又非獨該提督一人貽誤
之咎也現在兩廣土匪各股大小衆寡本不相
同幸而彼此互有猜忌尚非一氣相通自應及
早撲滅恐致滋蔓難圖惟原奏所稱在廣東則

謂自廣西而至在廣西又謂自廣東至相推諉
不能通籌合辦以致賊匪肆行無忌而廣西之
縱賊養寇地方之被蹂躪為尤甚等語臣兼轄
兩省責無旁貸本屬無可推諉其所以廣西之
被蹂躪為尤甚者不得不為我
皇上陳之由於西省田畝凡有新開墾者多係廣東

P.4

無業之民前往耕種相沿既久厥後日聚日多
安能盡行得所始而東來偷竊甚至糾衆搶掠
在所不免一由於西省水路直由粵赴滇往來
商販必經之路水手縴夫不計其數一旦失業
無所依歸亦必群相攫食一由於東省盜賊犯
案查拏嚴緊無可容身潛逃西省如入無人之

境不獨倖逃法網更可肆行無忌甚至寄信回
家呼類引朋成群結隊趨之如鶩無不視西省
為利藪相習成風莫敢過問以上三者若果該
管文武隨時查拏認真究辦何至明目張膽大
肆披猖無如上下相蒙工於諱飾不問該匪之
現在犯事地方轉追該匪之究係原籍何處無

P.5 end

怪手遷延貽誤以致各路匪徒之相率效尤毫
無忌憚也臣受
恩深重忝領兼圻現值地方多事上厪
宵旰有疚五中寢食俱廢總期通盤籌畫不致釀成
鉅患至於團練保甲諸事宜業經通飭照辦尤
當加意圖維以靖邊陲而弭後患謹繕摺由驛
覆
奏伏乞
皇上聖鑒訓示謹
奏

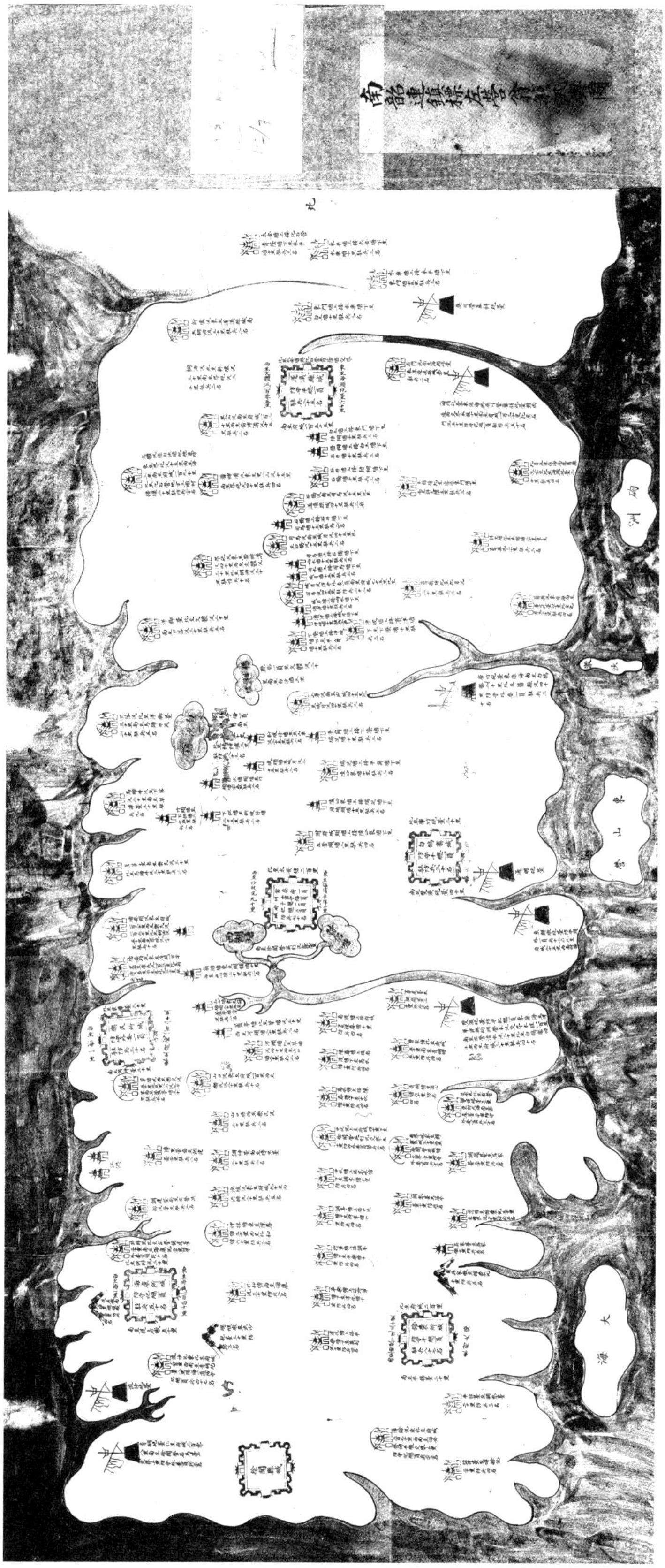
北
大海

[redacted]

謹将奉委查明九龍香港地方大脚婦人及訊供緣由列摺呈

電

卑職等密查大脚婦人名何三嫂又名李三嫂常在九龍香港等處往來詢之該處土人均稱聞得該婦曾與匪徒間有熟識行踪靡定並未招募民勇支給錢米用護身印牌惑衆誘人之事先經新安縣派撥丁役在長洲地方将該婦拿獲解縣等情

卑職等當即由九龍馳抵新安縣署會同王令提訊據該婦何李氏即何三嫂供稱電白縣人現年三十八歲前夫伊姓道光十二年夫故孀守一向住在省城二十一年因夷人滋事改嫁與壯勇頭人何三發即何德標為妻隨往澳門居住後因何三發常與匪人黎冬九等往來被香山縣訪聞拿獲在押病故伊貧苦無依針黹度日并因伊夫生前來往之人伊亦有認識不時遇見告貸間獲佽助本年五六月内聞得各大憲有招安賊匪之事適伊有事赴裙帶路遇見熟識之人即向傳説勸令投誠因無人聽信亦即回省八月内復至裙帶路尋人借貸不遇隨往長洲即被丁役拿獲委無捏造護身印牌招募壯勇支給錢米之事亦非鄭一之媳等供據此再三究詰矢口不移伏查該婦何李氏現經卑職等查訊明確委無前項情事其為好事者張揚傳播似屬無疑該婦現經新安縣帶候可否徑由該縣取保約束之處伏候

憲臺察核示遵

FO.682/253A/3(63)

[redacted]

謹將查明西省近事並各縣匪徒姓氏住址列摺恭呈

憲鑒

查得九月十六日官兵進勦賊匪至昭平天門嶺地方被賊放火燒山攔截出路前隊帶官兵白縣丞胡巡檢黃外委三員技効武舉二人均被戕害並斃兵壯數十人該賊由昭平竄回賀縣馬峯地方經官兵於十月十一日進勦獲勝殲除賊匪多人生擒數十人餘匪逃往老鴉寨思洞兩逸首匪葉天良逃往昭平狀元山於十月十九日經昭平縣拏獲解辦其另股賊匪陳三豗等由富川稱陀山敗走賀縣沙田墟復又折回富川太平墟盤踞十月二十一日官兵進勦獲勝殲斃賊匪多人生擒數十人並斬取首匪陳三豗首級解驗餘匪逃散

又聞潯州府桂平縣屬大黃江平南縣屬武林江口及白馬墟一帶有巨匪大頭羊等頭目數人糾黨七八百人搭蓋棚厰並駕波山船盤踞江面打單刼擄勢甚猖獗

又聞鬱林州先有會匪二三千人在該州屬沙田地方屯聚滋擾現又在平南花洲桂平紫金山屯聚七八千人聞築土垣拒敵官兵勢甚猖獗

又聞　向提督帶兵在柳州慶遠一帶勦匪兩獲勝仗

附列各縣匪徒姓氏住址

植春禮 即春麗
陳亞木
周南枝 以上五人俱住詩洞墟充米飯匪首
錢黎緒 佾生

陳明新
李麗榮
植昌齡 革生
錢十五

錢華國
黃萃籍 生員 黄村人
莫土生
高啓時 梁坑人
龍應齡 詩洞人
孔繼獻 革生
黃長妹 藍洞人 以上十六人俱匪目
錢治平 萬安寨人
植麗性 鳳苑人
徐亞七 寒乪村人
孔樹明 下沙人 以上八人俱係賊匪旗頭
梁朝幹 沙木岡新寨人
陳亞挽 竹坪村人
錢子理
植識文 以上四人俱住萬安寨
植三齡

徐丙子 以上五人俱住詩洞萬安寨
孔濵賓 革生 永固人
伍亞丁 即李亞丁又謂剃頭刀 藍洞竹墟人
梁亞品 梁坑口人 以上四人俱匪首
黃三禮 革廩生
錢禮治 佾生 以上四人俱住詩洞
植丙文 萬安寨人
植鴻文 鳳社人
植源達 大岡嘴人
黎亞藍 白崖大尚村人
孔繼芹 詩洞人
梁學典 沙木岡老寨人
徐國典
錢達國
植紹齡
植欽樹

孔官賢
錢勇江
孔惟賢
孔始端
孔朝端 以上三人俱住岩坑
林曲茂
徐勤彥 沈南坑人
王恒修 以上二人俱住萬寧寨
李齊賢 以上二人俱住大墟心
高御江 以上二人俱住鳳凰村
譚二寶
孔昭君
吳茂華
王秀都
植明庭
仇維章 白崖人

孔亞滿
孔志達
孔昌寶 以上九人俱住下沙村
孔維端
植超漢 西牛灣人
石文光 以上二人俱住上沙
王順修
朱亞泰
高御慶
譚國寶
譚三寶 以上三人俱住勝堂寨
孔昭懋
徐儒勝 以上二人俱住横水嶺
王啓贊 以上二人俱住獨岡
植居先 以上二人俱住乾村

以上首夥賊匪柒拾壹人俱住懷集詩洞一帶

羅　毒 即羅叶化哎子人 前在公會墟乞食
范亞美 常在公會墟一帶來往
莫狗五 公會墟六村人
謝亞醜 公會墟心田村肇橋頭人
梁德邦 監生寺坪村人
盧馥堂 即有芝 縣學增生洲塘寨人
羅昌延 縣學武生雙頭寨人
賴亞凝 住白菊冲
羅大揚 鶴村人
嚴維常 江平渡頭大圳村人 以上拾人均土匪頭目
温亞保 封川人常在鋪門官潭整鞋工作 非已獲白菊冲之温保
陳遇珠 野鵓寨人
鍾天申 鋪門墟石脚寨人
何國琇 官潭墟人
石亞德 信都司草役 住信都繁華廟邊
陳有煥 芙蓉墟人

以上賊匪拾陸人俱住賀縣屬

侯世統 侯村人住南豐墟 引大夥巨匪入開賀二縣境即此匪
侯亞接 侯村人常到賀縣鋪門墟
吳亞舉 長安墟人
梁亞格 望高村人
亞金 不知姓 南豐墟人
大神 不知姓 南豐墟人
金　陽 南豐墟人 以上三人俱常到賀縣鋪門墟

以上柒人俱係開建縣土匪

温大貨伍 匪首
温八秀
温亞才
温亞滿
温新科
温木保
温亞狗
温華養
温上標
温亞三
温亞四
温亞五 以上十二人俱住星仔岡
曾四 即土生 匪首
曾　三
曾亞昌
曾水生 以上四人俱住江谷村
馮聯潰 即連桂 旗頭
蔡洪基
鍾亞興
陳亞海
王亞大
温亞呀
鍾得金
王二得 以上八人俱住石澗村
王連青 大旗頭
陳亞潤
陳觀養 旗頭
馬壯大
陳亞二
陳亞稔

陳亞敬
李亞英
李亞林
李幅慶
李兆保
周之安 輋生旗頭
羅九經
羅亞燕
陳琼林
羅乾馬
羅亞仲
俞二嬌
黃炳先

陳英枝 即亞妹
李亞沅
李連嵩
李亞保
陳閏瑞 以上十六人俱住江眷村
林北生
羅九幅
羅亞壯 即仙洞壯 以上六人俱住容村
陳亞高 以上二人俱住葫蘆坑
羅亞潤
羅亞水 以上四人俱住排沙村
俞亞牛
黃二妹

姚亞二
鄭亞元 以上六人俱住大東坑
謝亞寬 飛鵞塘人
羅亞養 扶洛人
以上賊匪陸拾人俱住廣寧縣屬
謝亞都 匪目
謝才泰 匪目
謝亞三
謝亞四
謝亞七
謝亞丁
謝亞奴 即大王奴
謝亞興 即銅鼓興
謝亞福 即兜頸福
謝大花面
謝矮佬
謝仲興
謝三興
謝良松 以上十四人俱住蓮塘村
廖亞奇 柘村人
以上賊匪壹拾伍人俱住高要縣屬
大頭羊
大鯉魚
孿嘴狗
闌亞巳
呂洪傑 以上五人俱係盤踞潯州府屬大黃江武林口一帶打單賊首

P.1　F.O.682/391/3(34)

奏

奏為酌擬建修虎門廣海各城寨及添築礮臺後
路要工並置造拖風船隻請
旨勸捐興辦並擬酌裁戰船籌添防兵口糧恭摺
奏祈
聖鑒事竊照廣東地處海疆撫夷衛民首重防守而

P.2

防守之道不外乎城郭完固礮臺拖罟及船隻
適用兵力足恃數大端自應擇要修葺籌辦庶
可有備無患臣等業將沿海情形及應辦各事
宜於道光二十九年五月二十八日均經
奏明在案欽奉
硃批覽奏均悉欽此查虎門城寨築於康熙五十七
年周圍僅止一百八十六丈卑隘單薄日漸傾
圮該處為由海入省門戶且係水師提督駐守
之處近年添建礮臺多撥兵丁軍裝火藥較昔
倍增城內不敷貯頓城外又恐踈虞亟宜添建
新城以資捍衛又新寧縣屬之廣海寨城濱臨
大海設有遊擊守備等官駐紮自乾隆五年動

P.3

項修葺之後迄今百有餘年多有殘缺坍塌當
此海防喫緊之時亦宜赶緊修復至南北岸固
及沙角各礮臺形勢最為扼要而後面空虛毫
無屏障現擬分別建築圍墻庶防守更為得力
又原造貞吉戰船十六隻現查止有第六七號
及十二三號船四隻係照米艇式樣加寬製造
駕駛甚為得力堪以留營巡緝外其餘船十二
隻或仿照夷船製造或原買外夷舊船船身笨
重駕駛不靈一切上桅拋椗等事船兵學習數
年仍未嫻熟平時既未能緝捕臨事更何能禦
敵實屬徒飾外觀不適於用擬即裁撤該船每
當屆修概行停止均已朽壞並有沉溺者將來

P.4

酌量估變舊料惟各營巡緝船隻較少如將從
前停造米艇等船概行補造足額核計用項甚
鉅臣等與水師提督臣洪　公同妥商酌擬
添造較米艇畧小之拖風船五十隻統由提臣
監工驗收分撥各營管駕以節糜費而資實用
其虎門十四臺配兵尚覺單薄現擬酌為添撥
即內河外海各礮臺前定防兵口糧較少尚不
敷食用並擬酌量加增所有添兵及加增口糧
幷管駕拖風船之弁兵口糧及逐年燂洗修造
各項即以擬裁貞吉戰船節省經費撥支計有
不敷再將前已停止米艇撈繒三十四隻節省
（倘再有不敷另行籌款支給）
修造銀兩一併撥抵惟建修虎門廣海各城寨

p.5

及礮臺後路要工并造船買礮等項現經委員
逐一勘估統共需銀二十萬餘兩此外如剿捕
清遠英德匪徒用銀四萬七千餘兩係（雖）
奏明在九龍捐輸尾項下動支尚有二十九年二（未敢遽請部銷亦當設法歸款）
三兩月防夷用銀一（三）萬五（二）千餘兩剿捕洋匪用
銀四萬六千餘兩西洋兵頭被殺防堵用銀一
萬六（七）千餘兩高廉兩府剿防廣西橫州灘匪用
銀三萬餘兩皆係暫挪別款支應既未敢遽請
動項而九龍捐輸備貯三十萬兩久早經戶部
提撥無存實屬無可籌補以工要需廣東紳宦
商民人等均願報捐應用惟因順天捐輸停止
臣等未敢冒昧

p.6

奏請今籌賑例既於二十九年十一月十九日奉
旨允行在案合無仰懇
天恩俯准將前項需用銀兩由廣東紳民報捐備支
一俟捐有成數開列捐生姓名查照新定章程
三月一次一面具
奏一面咨部歸入籌賑新例一體獎勵以昭激勸
將來捐項無論贏餘若干統於截止之日解交
戶部備用臣等為防守海疆籌補要需起見謹
會同水師提臣洪　合詞恭摺具
奏並開列清單恭呈
御覽伏祈
皇上聖鑒敕部議覆施行謹

p.7. 49

奏

謹將酌擬建修虎門廣海城寨各工及礮臺後路添築圍牆并裁撤戰船另造拖風船隻暨虎門十四臺添派兵丁內外各臺防兵酌加口糧所有估計各工程銀兩分晰開列清單恭呈

御覽

一查虎門城寨於康熙五十七年建築磚城周圍一百八十六丈水師提督及兩營守備衙門均在城內叅將遊擊住在城外近年外海添建砲臺多撥兵丁按月操演軍裝火藥較昔倍增城內未能多貯若置之城外又恐疎虞且叅遊各官與提督相隔一城策應亦多未便現勘該城單薄低隘日漸傾圮不足以資捍衛而壯聲威

今擬於舊城外添建新城周圍共長七百二十丈內東西北三面湊長四百八十丈裏外兩面共厚一丈連垛墻共高一丈七尺南面長二百四十丈係沙田密釘樁木填築基址裏外共厚一丈二尺入土三尺出土一丈二尺連磚垛共高深二丈城上敵臺築做三合土并城樓更樓城門橋拱挑挖水渠連添建兵房堆卡火藥局以及拆除民房備買民田鋪砌石路共估需工料銀七萬五千餘兩

一查廣海寨城坐落新寧縣屬四面濱海地勢最為扼要設有廣海營遊擊等官駐守該寨城築於前明洪武三十年周圍九百三十二丈九尺

P.3

高二丈二尺自乾隆五年動項修葺之後迄今
百有餘年海濱地勢低潮屢被風雨吹淋以致
城楼敵楼窩鋪俱皆坍塌城墻大半傾卸陸汛
塘鋪及演武廳倒為平地必須逐一修復以資
防守估計共需工料銀一萬餘兩
一查南北鞏固兩砲台建於海崖形勢孤单三面
高山隨處皆可登岸上山後路俯攻左右受敵
今擬自南台後墻起至北台後墻止共長一百
九十四丈築做三合土墻一道高九尺五寸厚
三尺開小砲眼二十個山頂起望楼一座又於
南台至北台前面臨海空潤處所接估連台長
五十一丈三尺前臨海四十丈砌石脚五行高

P.4

一丈零四寸後用土舂填寬二丈零八寸面鋪
石板以作敵台上築三合土砲墻長五十一丈
三尺高六尺八寸開大砲眼三十個并修盖兵
房吏楼等項共估需工料銀八千餘兩
一查沙角砲台逼臨大洋係出入門戶最為扼要
該台與大角對峙而大角水淺凡夷船均由沙
角海面行走形勢孤懸四面受敵今擬自該台
舊望楼起至東山脚下三婆廟迤北海旁止築
三合土後圍墻一道周長一百七十六丈高自
七尺八寸至九尺二寸不等兩山中間平地及
東山頂圍墻各開砲眼十個閘門圍墻開砲眼
四個又東山起望楼一座并海旁砌石脚連修

P5

造兵房火藥局砲臺舊台望樓共估需工料銀
二千餘兩
一查原造貞吉戰船共十六隻內第六七號及十
二三號船四隻係前任廣州府知府易長華及
紳士馮椿劉廷揚等捐造均係仿照大米艇式
樣量加長寬製造水師將備俱稱駕駛得力應
留營巡緝一切仍循其舊毋庸置議外至第一
號船一隻係陞任碣石鎮總兵曾進年承造全
照夷船式樣船底用廢砲數十位及石塊壓載
上下兩層安設砲位豎桅三條分為三截隨時
視風接續脫卸製法雖極精巧無如船兵艄舵
日久未能嫻熟如有緊要駕駛固不便捷或遇

P6

颶風亦難收泊淺港且戧風行走壓底之重載
及上下兩層砲位均覺翻騰側卸且下層砲眼
時有巨浪潑進常虞沉沒其第二號船係前任
粵海關監督文
報効第三號船係紳士潘仕成
捐製又第四五號及第十號十一十四十五十六號
各船均係潘仕成承造一律上下砲眼兩層其
下層離水不過六七尺桅有三枝俱係單枝直
豎舵照夷船式樣兩船頭又非夷式以致移舵
則舵頭不應且船頭高聳每於外海逆風折戧
則下層砲眼灌水入艙而喫水又深船身笨重
不能收泊淺港平日尚難駕駛何能救急禦敵
又第八第九號船係洋商伍秉鑑潘正煒所買外

夷舊船報効木料本已陳朽且一切用法悉照
夷式所有上桅抛椗繫水等事船兵皆未諳練
而修理又須夷匠工費浩繁更非所計以上戰
船共十二隻平時既不能緝捕臨事又未能禦
敵現既查明不適於用應請概行裁撤將朽壞
舊料酌量變價以節糜費

一查各營停造米艇等船經前督臣耆 於道光
二十五年十月間奏明將來或應補造復額或
改造別項以資適用之處察看情形另行核辦
等因在案茲擬裁戰船十二隻水師巡緝船隻
較少若將停造米艇等船概行造復計每船需
銀六七千兩未免用項較多現與水師提臣洪
公同酌商擬添造拖風船五十號內分撥
提標各營十四號碣石南澳陽江瓊州四鎮每
鎮各撥船十號約計每船需用工料銀一千七
百餘兩以五十號核計共該船價銀八萬餘兩
另添買砲位器械各項約需銀二萬餘兩統共
需銀十萬餘兩該拖風船隻式樣雖較米艇畧
小而每船可配砲十餘位撥兵三十名駕駛靈
便堪以出洋巡防其修造價值較之米艇節省
三分之二洵足以資實用而節浮費仍俟造該
船隻由水師提督逐一驗明分撥各營駕回出
具切結再行酌議配砲撥兵數目以收實效

一查虎門十四臺原派兵丁一千六百五十名尚

P.9

形單薄前因新設戰船配兵倍于米艇額兵不敷分派是以新涌蕉門兩臺不另添撥今已擬裁戰船十二隻并於南北鞏固及沙角等臺建築砲墻圍墻堵截後路既須添配砲位自應加派兵丁現擬添兵三百五十名照現議各臺防兵一律給發口糧連前湊足二千名庶兵力較厚防守益臻嚴密至內河外海砲臺共三十六座除永康一臺逼近省垣毋庸置議外實計三十五座曾於二十七年

奏請配兵三千零六十九名每名每月准給口糧銀五錢每日僅攤銀一分六厘零各兵專駐砲臺別無生計殊覺食用不敷今擬每名每月添

P.10

給銀四錢連原定月給口糧銀共有九錢仍按日每名給銀三分遇閏即於小建內匀支俾兵食不致缺乏可以安心操演矣

一查現擬添建虎門寨城估需工料銀七萬五千餘兩估修廣海寨城工銀一萬餘兩估築南北鞏固及沙角各砲臺工程共銀一萬七百餘兩添造拖風船隻置買砲械約需銀十萬餘兩統共約需銀二十萬餘兩零擬勸諭在粵紳宦商民人等捐輸應用

一查現擬裁撤戰船十二隻逓年可節省口糧燂洗等銀二萬一千二百餘兩又匀計大小修折造每年可匀節銀二萬七千九百餘兩統共每

P.11

年節省銀四萬九千餘兩查內河外海各臺防
兵二十七年
奏明每名每月議給口糧五錢共銀一萬八千四
百餘兩除籌各款銀一萬五千八百八十餘兩
外尚不敷銀約二千五百餘兩即在當時屆修
貞吉船共五號停支口糧內通融撥給現將貞
吉船節省全數撥用自應扣算祇能將前項另
籌各款作抵所有虎門十四臺添兵及內外各
臺防兵加增口糧除原加口糧仍照舊動支各
款銀一萬五千八百八十餘兩外尚不敷銀二
萬一千餘兩即請於前項節省銀內撥支約尚
剩銀二萬八千餘兩應請撥支新造拖風船弁

P.12 end

兵口糧及遞年燂洗修船等項之用計有不敷再將前已
停止料艇撈繒另行籌款支給三十四隻節省修造銀兩一併
撥抵倘有不敷另行籌款支給

P.1　F.O. 682/391/4(23)

謹將校閱廣東省城旗綠各營官兵鎗箭中靶
成數繕列清单恭呈
御覽
滿漢八旗官兵箭枝中靶成数
馬步箭中靶計八成以上
督標六營官弁箭枝鳥鎗成数
馬步箭中靶計八成零
鳥鎗中靶計九成零
撫標左右二營官弁箭枝鳥鎗成數
馬步箭中靶計八成零
鳥鎗中靶計九成零
廣州協左右二營官弁箭枝鳥鎗成数

P.2

馬步箭中靶計八成零
鳥鎗中靶計九成零
督標兵丁箭枝鳥鎗中靶成数
馬步箭中靶計八成零
鳥鎗中靶計九成零
撫標兵丁箭枝鳥鎗中靶成数
馬步箭中靶計八成零
鳥鎗中靶計九成零
廣州協兵丁箭枝鳥鎗中靶成数
馬步箭中靶計八成零
鳥鎗中靶計九成零
督撫標及廣州協各營兵丁擡鎗中靶成数

P.3 end

督標擡鎗中靶計九成以上

撫標擡鎗中靶計九成以上

廣州協擡鎗中靶計九成以上

[redacted]

捐輸行之屢矣法亦盡矣且彙於一時則數多而財匱出於一人則力竭而怨興故可暫而不可常也今擬管見似尚有一報効之法可補捐輸之不逮行之可以取之不竭不煩敦勸不須催促而其財自聚雖為數不多而積纍以成自有可觀所謂日計則不足歲計則有餘由一邑而推於一省及
天下之廣倘能行之更未必不可備
國家一項之用請試言之古來制賦有力役之征
本朝賦役率沿前朝之舊力役之征丁銀是也丁銀內有優免一項不復征輸盖所以優禮士紳免其力役意良厚矣自攤丁入地稅出於地丁不復諗而優免亦止故此後生齒日繁士紳日益多而優免之丁數著有定額觀通年奏銷冊報可知夫
國家優禮士紳既免其力役矣而為士紳者不農不商食毛踐土身被
皇仁當此多事之秋寧可不思所以報効而展其葵藿雖頻年捐輸業已不少然捐輸須有成數非大有力者不能而急公親上之忱人所同有則凡力之稍次而却身衣冠者自宜不乏輸將特因政教之所未及遂爾有志莫伸然有力無力卒焉難辦則士紳之中但係由捐資而得頂戴者無非有

力之人使其報効當必盡人而能報効云何應請
大府通行宣示俾可遵從所有章程具列於後
一凡有頂戴之文武監生貢生未入流從九品每名
每年報効銀六錢正九品八錢從八品一兩二錢正
八品一兩四錢從七品一兩六錢正七品二兩從六品二兩
四錢正六品三兩二錢從五品四兩正五品四兩八錢
從四品六兩四錢正四品八兩從三品十二兩正三品十
六兩從二品二十四兩以上毋論官職文武及在籍
出仕并承辦軍需工程因而議叙但係由捐資而
得官均一律照前品級銀數赴原籍州縣官完納
其由廩增生捐納教職及恩拔副貢就州同州判
鹽課大使等職者均以捐納論以上士紳俱有名
籍在官如有欠至三年不赴輸納是其不知大義
已可概見不應濫廁衣冠地方官即查開職名

詳請革除追照送銷州縣官征收此項隨同錢粮
上下忙及奏銷批解
按粤東藩庫捐監向來每年約有一千名之間
部捐者不計以三十年為率則現存監生一項
通省當不下三萬餘人其餘各項近年捐輸議
叙覃繁有徒宜亦不減此數藩司檔案不難按
籍而稽毋虞脱漏報効之銀多寡牽算至少亦
有六七萬兩一省如此推之十八省則終歲可得百
餘萬矣行之有常何莫非度支之一助蓋其人
既因有力而得與於衣冠斷不因此區區而為
難亦斷不因吝惜而甘褫革是可以安坐而收
而絕異於朘削也此第言其大旨倘果欲行尚
有應議收納及杜弊諸條容再詳陳

[redacted]

廣州府候補縣
廣糧通判督同候補縣為詳咨事案奉

憲臺轉奉

廣東爵撫部院葉　憲牌咸豐元年閏八月十六日准

湖廣督部堂程　咨為照本部堂於咸豐元年八月二十四日會同

南撫部院
湖南提督　由驛具

奏粵東股匪竄撲宜章縣邊卡傷斃備弁旋據稟報擒獲頭

目賊婦及夥匪七名口現已飛飭該管鎮道馳往剿辦並將失

(2)

察之地方文武各官附參一摺除俟奉到
硃批恭録另咨外所有摺稿相應抄送請煩查照嚴飭該處文武合
力會剿施行計抄摺稿一本等因到本爵部院准此查該匪由葵首
拒捕戕官之後於八月十六日竄至曲江縣地方業經官兵擊敗殲
擒匪犯多名其餘均已四散逃竄當經札飭各該縣及營委員并
嚴密擒拿務將未獲各餘匪悉數捜捦淨盡不准一名漏網倘敢
稍涉鬆懈致留餘孽復貽後患定將該地方文武從嚴參辦
等因並奉抄湖南摺稿一本到府奉此遵查本案先奉
院憲暨

(3)

憲臺訪聞飭派員弁督帶兵勇會同該處文武嚴密緝拿隨經
文武員弁協同曲江等縣營先後拿獲匪犯張觀姑等解經韶州
府訊供稟解聲明李亞獨及歐朗保等或因傷或病故等情將張觀

姑等解奉

憲臺飭發審辦卑府等遵即提犯研訊據張觀姑供連平州人年
二十八歲向在曲江乳源各縣屬傭工咸豐元年七月初間伊起意
糾同現[illegible]之黄五枝刀亞東黄節洸鄧缺嘴小潘潘朱觀幅吳亞林
王三妹[illegible]亞旺朱亞苟曾亞月劉亞石羅亞苟鄧亞清王亞蘭周勝藍
滿蕭添保鄒亞羅徐亞京巫亞戥邱亞佑潘亞之李三育繆翠桃劉九
張剔婆朱升詳歐所生謝亞奎山歌劉郎劉滿余麻蹤侯伊發歐亞遂
潘過坳二張汶輝周石泳鄺觀斗歐從喜唐亞羅江新有張亞灶羅金
養林觀幅郎福建林被火藥燒斃之李亞獨未獲之潘細平古亞禮并
不記姓名數黨一共二百餘人到曲江縣屬向不識姓名居民鋪戶打單
索詐不記次數謝亞奎等隨即逃回是月十三日伊與黄五枝等至曲
江縣屬仁和圩被鄉勇圍拿刀亞東等拒斃鄉勇九人是月十九日

(5)

與黃五枝等到乳源縣屬羅坑塘底村索詐又被鄉勇查拿曾丞月等[illegible]死鄉勇三人并燒燬房屋數間是月二十五日伊與黃五枝等又[illegible]乳源縣屬坪蔸地方索詐適遇官兵查拿小潘滿致傷武官一員落崖身死伍三妹致斃鄉勇二人張別婆致斃鄉勇一人張別婆朱升詳歐所生隨即逃回伊與黃五枝等潛至陽山縣屬逃過湖南宜章縣人王滿及現獲之張高三吳丞林謝丞四謝滿已獲病故之歐朗保及不記姓名夥黨各道貧難王滿稱其稔知宜章縣屬王姓事主家有積蓄起意商同前往行叔伊與黃五枝等及張高三等應允一同前往行至中途張高三等因患病或畏懼隨即走回八月初七日伊與黃五枝等及王滿到宜章縣屬南坪庄地方被官兵查拿小潘滿與朱觀幅二人戕斃戴水晶頂武官一員[illegible]戕斃戴白石頂武官一員古丞禮戕斃戴金頂武官

(6)

一員劉[illegible][illegible]等致傷兵丁十餘人吳亞林等及不記姓名夥黨行走落
後並未隨同拒捕嗣吳亞林等赶上伊與黃五枝等同至南坪庄行劫不
識名王姓事主家銀物跑逃八月十二日逃至宜章縣屬巴黎鋪地方又
被鄉勇查拿吳亞林等畏懼先逃吳亞林等拒斃不識姓名鄉勇三人
李亞獨拋擲火藥罐自行燒傷身死王潚亦被鄉勇致斃伊與黃五
枝等乘間逃走沿途又逼脅現獲之温勝廖來孫吳六仁保蕭吉祥謝黃
喜賴來欣何蒂嬌歐石保張潤清林子如王乙苟劉順溥范杲古徐古
潘五古廖泳奴綦高連潘親眼邱亞友鄒伸養楊椏尾謝何淌劉亞
才賴椄盛周李康歐亞欣何求源何純舉及已獲病故之楊亞嬌刘
不記姓[illegible]人分挑行李是月十六日伊與各夥逃到曲江縣屬地方即
被獲[illegible][illegible]外並無另犯別案亦無謀為不軌情事至湖南所獲王蕭

(7)

氏等各犯並非伊同夥伊與劉亞沅楊得勝並不認識等語質之黄亞五
枝等供亦無異查該犯張觀姑等所供行刼及拒敵官兵各情核與
奉發湖南省摺稿内情節不符恐該犯等所供尚有不實不盡惟王
蕭氏等遠在楚省既难提質而張觀姑等人數衆多更未便紛紛
解楚自應咨查明確以成信讞理合録供詳候
憲臺察核俯賜轉請咨覆
湖廣督憲并移咨
湖南撫憲轉飭查明現在有無續獲匪犯所有審辦王蕭氏等原
案及宜章縣勘驗通詳一併抄録咨覆來東並請檄飭曲江乳源
各縣將伏開索詐及拒斃官兵鄉勇各案赶緊訊驗通詳一併
飭發下府俾得核審詳辦寔為公便為此備由具申伏乞
照詳施行

現奉准
部咨擬撥廣東秋撥定存地丁等銀一十一萬六千五百兩清查案內完觧銀二十
四萬八千六百兩捐輸銀一十三萬四千九百兩太平關約征稅銀六萬兩計共銀
五十六萬兩解赴西省以備軍需之用等因除秋撥地丁等銀一十一萬六千五百兩
實存在庫其太平關稅餉僅征存正稅銀一萬七千四百餘兩尚不敷銀四萬二千
五百餘兩即在征存關稅羨餘項下湊足起解至奉撥捐輸銀一十三萬四千餘兩
查粵東自上年英德游匪滋事加以高廉肇羅等府州屬地方在在與西省地界毘
連調派弁兵雇募壯勇分段堵剿一切兵勇口糧船夫價脚等項需用浩繁所收
捐輸銀兩隨收隨支（現又無存）現僅存銀一萬九千餘兩又奉撥清查案內完解銀二十四萬
八千餘兩查道光二十九年十一月內奉准
部咨飭將清查提存銀內酌提銀若干萬兩解部備支因清查銀兩尚須追補

(2)

當經在于庫存封儲及地丁扣存平餘米耗盈餘粵海關酌留稅餉尾銀各款
內撥銀三十萬兩委員解
部投納旋准
部咨令俟清查追補有銀歸還各款業將先後追完銀二十四萬八千六百餘兩
除列入道光三十年春秋二季冊報撥銀三千九百五十九兩零外尚銀二十四萬四
千六百九十餘兩陸續補還前次預解部庫銀兩及歸各本款支用現在英德
游匪雖經剿滅而高州等屬之凌十八等股匪尚未盪平西省游匪復時虞竄
越防剿正當喫緊之際軍餉刻難遲緩司庫存款無多半已借墊實屬無
項籌撥惟查有收存鹽餉銀三萬兩扣平銀一萬五千兩堪以撥解同秋撥實存
地丁等銀一十一萬六千五百兩太平關正稅羨餘銀六萬兩捐輸存銀一萬八千
五百兩共銀[illegible]萬兩先行委員解赴西省以備軍需之用其不敷銀五十
萬兩應請

(3)

奏明敕部改撥俾免貽悮謹具節略呈
電

再正在繕摺間探報賊匪分股千餘竄至永安逼近州城該逆始竄平南既為
朋化團練所扼又爲蘭泰尾追從山攻出不得遂其回竄花州舊巢踞守之謀
已清德向榮失利後紮駐離平南數里大將橋又不得遂其經由平南浮江東
下之志因分股從山僻小徑出至永安州境該州城小守單乃據報稱尚能于
賊匪來時傳集壯練預于城外數里設伏將匪擊敗殲斃執旗賊目十八賊黨
百餘人旋聞賊衆經撲州城未識該文武等能否嬰城固守以待應援奴才現
駐省垣自省標存兵及四鄉團練外其餘調來兵將盡數遣出適有與永安接
界之荔浦縣官紳招得該處福勇千名頗稱驍悍稟請經費前來並云此項壯
勇如有經費尚能即時添募當經奴才刻即飛飭糧台運給經費銀一萬兩令
其迅速即將此項福勇添募二千名星馳由永荔要隘地方一路前赴永安救

(2)

援又奴才先期曾派已革知縣甯城前赴平樂昭平一帶雇集本地潮勇帶由修荔一路前赴永安堵賊北竄又飛飭向榮派札調署總兵松安帶領駐双髻山界頂之皖兵五百名亦由修荔出至永安迎賊北路合計新招團勦各營兵勇二萬有餘賊亦分股旁竄間道豕突遠至前截後追皆不能及不勝憤切迭經奴才嚴飭並派親弁持令督催惟是地里所限或亦竟有未能繞出賊前之勢再恐後追各路正與大股相持查惟松安駐兵之所由修荔而出尚當便捷刻下如與荔浦福勇及甯城所招潮勇先後繼至則永安城守或猶不至失援至省城目下閭閻安帖風鶴不驚四鄉團練衆稱數萬奴才現派隨帶各員逐日分往驗查酌為賞犒均尚踴躍如不調之他出僅令四郊固守紳民咸無虞具見衆心固結自新墟賊竄現又稍萌變局奴才不敢稍涉大意亦不敢不隨

時鎮定妥為籌度合先附片密陳謹
奏
辦理軍務按察使司姚　為移咨事咸豐元年閏八月初九日奉
撫部院鄒　札開咸豐元年閏八月初五日承准
欽差大臣大學士賽　咨開本閣部堂於閏八月初三日在桂林省城拜發具奏前
事除俟奉到
諭旨再行恭錄外相應抄錄原奏移咨貴撫部院查照可也等因到本部院承准此
合就札飭備札仰司即便移行查照毋違特札計粘抄奏片稿共一紙等因奉
此合就札飭為此仰府官吏即便移行查照毋違特札
計粘抄奏片稿共一紙

扣留西省餉銀二萬兩備支代雇潮勇經費摺

遵查咸豐元年分先後奉行代西省雇募潮勇四千名内管帶委員日給銀七錢勇壯頭目每名先給安家銀二兩每日給口粮銀一錢四分壯勇每名先給安家銀一兩三錢每日給口粮銀七分所需經費在于應解西省軍餉銀内扣留銀二萬兩備支嗣據潮州府劉守稟報共墊用過安家薪粮製械等項銀九千八百九十餘兩又據廣州府請領此項壯勇薪粮銀五千八百九十餘兩均經支給在案計扣留銀二萬兩除支外尚存銀四千二百一十餘兩茲據南番二縣三水封川陸豐海豐歸善等縣共報墊用應付過境船價夫價銀九千兩零其餘未報各縣尚不在内謹呈

謹查道光三十年十二月內起捐輸虎門工程共收官紳報捐銀四十一萬九千六百零六兩內除

各官捐輸銀二萬零七百二十兩不收解費外

尚收各捐生報捐銀三十九萬八千八百八十六兩每百兩隨繳解費銀三兩共收解費銀一萬一千九百六十六兩五錢八分

另第一次奉駁程崧年補捐銀八十四兩應解費銀二兩五錢二分

二共解費銀一萬一千九百六十九兩一錢內

支各處劄匪經費銀一萬一千八百兩

給匠人刊刷例冊工料及局書飯食銀一百五十八兩九錢三分四厘

寔存銀一十兩零一錢六分六厘

奏為遵
旨查明據實具奏事竊臣等接軍機大臣字寄咸豐元年九月
初三日奉
上諭程矞采奏遵查湖南會匪現獲多名究獲頭目左家發
起獲旗幟陣圖書信偽照各物據供聽從廣東人李丹入會
旗幟等件係李丹由廣東寄來現接李丹自西來信囑
其糾人入夥派伊偽衡州總管各等情李丹係由廣西致
信左家發是該匪現在匪首已有端倪此時竄匿何處夥黨
若干如何勾通衡州齋匪匪應嚴查勒捕淨絕根株又據左
家發供聽從李丹入會以廣東老萬山即狗頭山之朱九濤為
會首朱九濤自稱太平王李丹稱平地王張添佐稱徐先王合旗
用印寫有老萬山三字等語前據賽 奏獲犯供詞有太平王
出轄進永安州城之語是否即係朱九濤抑係串匪並洪秀全
是否即係狗頭山朱九濤之匪黨俱著確查具奏再達洪
阿諒已起程來京巴清德現在梧州養病計當痊愈永安
攻剿情形現在如何張敬修前次遣散壯勇是否安靜回籍不
致滋事顏品瑤雖經就戮其弟顏三及其夥黨竄擾何處仍
應乘勢殲滅毋令賊勢復熾又前據單開容縣梁二十大興葉
縣黃亞佐等賓州麥二郎二嫂各股匪俱多至二千餘人其餘
股匪亦復不少着即嚴飭該處文武併力堵截所調各省之
兵何省最為得力何省疲弱一併具奏程 奏摺鈔給閱看等
因欽此臣等查達洪阿起程回京巴清德現已帶兵在永安進
剿臣賽 已於前次奏摺及片內聲明張敬修遣散壯勇
據張敬修馮玉衡稟稱已遣回籍現有招充並新招者
合計千餘在於藤縣六排防守以堵逆匪由水竄南竄之
路現在軍前進剿各省官兵雖有強弱不齊總在將領得
人則皆可轉移為用即如黔兵李瑞帶之遇賊即潰烏蘭泰
帶之則居然勁旅湖南兵李伏帶之動即敗北向榮帶

之不肯前進長瑞帶之則屢次前敵四川兵達洪阿帶之前後不進劉長清帶之則奮勇爭先實為千古不易之理惟是南中地氣蒸濕又值时令不正數月諸營病疫傷亡幾居其半其能出隊奮勇打仗不過十之五六是以兵數雖多實難盡恃目前天氣漸覺爽健各營將士屢經振刷亦俱皆有起色從此或當較前得力粤西股匪雖多本以金田會匪最為頑狡屢經竄易地方各路兵勇將士全力注之數月選来始痛加勦洗搗其巢此股会匪与他游匪迥不相同死黨眾千盈萬固结甚堅不惟設謀用間解散未從即疊經擒斬芟薙之餘而所過地方如有愚民陸續煽聚一經入会從逆輒皆愍不畏死所有軍前臨陣生擒及地方拏獲奸细加之刑拷毫不知所驚懼及哀求免死情收奉其天父天兄邪謬之説至死不移觀此頑愚受惑情形使人莫可用哀矜尤堪長慮湖南獲犯左家發所供聽從廣東人李丹入會又有李丹自廣西致信是該匪理宜現在西省查西省此时各處匪徒未有李丹名姓又據供李丹會内以廣東老萬山即狗頭山之朱九濤為会首朱九濤自稱太平王李丹稱平地王張添佐稱徐先王合旗寫有老萬山字其老萬山是否即狗頭山匪首何人應由廣东查奏自得其詳惟金田逆匪自稱太平天國雖有歷次所獲犯供及偽示偽印可憑其匪首雖係稱太平王惟其偽太平王究係韋正抑係洪秀全供詞往往不一且等各路密訪偵探適有報稱匪首洪秀全以下八人稱二哥至九哥其大哥賊黨所妄稱為上帝又曰天父又有稱洪秀全馮雲山二由廣東九頭山賊匪差来其大哥即九頭山賊李榮華者查閱程矞釆奏片内稱李丹又名雲懷（懷）人呼為丹先生是李丹者本非其名榮華雲懷聲本相近或係楚粤口音輾轉傳偽至稱偽太平王多有指為洪秀全者緣此會匪本由洪秀全馮雲山煽韋正傾家赴餉始推韋正為首後仍推洪秀全為首而洪秀全又一姓朱則向有此說乃其詭託前朝後裔供字即係假洪武字樣以為煽惑之由因係衆口傳聞之詞

未經入奏况此等兇邪名姓本無一定洪秀全又曰姓朱但
未聞有朱九濤之名至張添佐一名屢获犯供匪党内
未有其人亦未聞有平地王徐光王等名目既据左家發
所供且有各種違悖什物為證臣等未敢以疑似之説
遽為凴信當即密札各地方官訪查一面飛咨楚省再
提左家發研訊李丹之信係何時由西省何處寄去
寄信人係何姓名李丹現在廣西何處夥党若干迅
速咨覆俾有踪跡較易跴緝並飭各營及地方文武
凡有生擒逆党及拏获奸細逐層研鞫一有確実
再行奏
聞其餘股匪自劉八温大貨五两股臣等甫經到省已由東
西两省兵勇合力剿除首夥殲擒殆盡其麥二即二嫂
等股亦已于横州貴縣等处剿滅又有後起之桂平
縣土匪梁亜介等一股及此次片奏之白山土司乃利中
等一股皆已旋行撲散現飭各屬搜捕餘党至歷次單
開南太一方匪股最多經派令布政使勞崇光帶領
兵勇前往調集各処團壮剿办各股匪聞風多有

附入顔品瑤大股希圖合力抗拒者自顔品瑤就戮其
弟顔三及其餘党勞崇光會同德亮等迭加剿創
芟夷殘已過半餘党逃往廣東欽靈所屬峙岭長
灘等处派員督帶兵壮踰境窮追並會東省文武
協同堵捕均經臣賽　前後具摺附片奏明在案
嗣据勞崇光續禀現在两省合剿顔匪餘党正當吃
緊之際其中脅從大半解散有其心悔過而尚無兇
悪情状者紳耆並保酌量收團亜王山貝一帶數十村
莊向為賊巢現已一概廓清飭令汛弁帶兵駐紮並
壮勇千餘名堵截田寮之路餘匪各起現均竄聚靈
山地面那勤新鋪一帶棟派得力兵勇越境前往与
東省兵勇合力會剿凡有路可通村圩及横州永淳
各隘口均飭集團守禦如此嚴密布置所調雲南練
勇頭起適已到來加以該布政使極意經營正奇
互用剿办自更得手不難悉就蕩平惟容縣梁二千

大股本与何明科凌十八等股或離或合向于東
西兩省高廉梧鬱交界地方出入滋擾現在督臣徐
出駐高州專攻凌十八等股迭經圍會剿捕获
勝當即嚴飭各屬于毗連地方嚴密堵截並派五
品銜前道林士傳專往梧鬱一帶協同助剿現據
北流容縣岑溪各縣稟報堵剿各有斬獲列單附
奏又據林士傳稟稱馳詣岑溪水汶地方查得何
梁股匪竄至岑地界者早已出境現其大夥俱由
扶參竄往東鎮一帶距水汶地方百里而遥當飭嚴
嚴防至與業縣黄亞佐与梁亞花四為一股今梁亞
花四股已于桂平縣合同土匪梁亞介等為署桂平
縣李孟羣等率團撲散惟首匪未獲黄亞佐是
否仍在股内當飭各該縣妥密搜查而與業交界地
方後[復]又有貴縣匪徒徐亞二股竄越查各縣屬惟貴
縣零星股匪較多皆由客土一案爭鬪之時紛紛乘
閒百起現在客民土人均聽地方官安撫各匪亦迭經
剿創地方肅[漸]亦肅清至如此次單開安定土司及李
士清潘七餘党等股皆亦剿捕窮竄統計粵西各
處零股數月以來業已掃除十之六七餘股自何梁
凌逆及顏大餘党外多已敗残通籌大局惟有永安逆
匪實為元惡大憝臣等殫竭心力務將此股及早殲平使
各股敗残之党聞風潰散大軍各路兵勇得以分投撥
用雖有餘股亦當較易剪除即東之梧鬱何梁等
股南之南太顏匪餘党能分遣諸軍相助當亦更
可迅速蔵事現在各局團練亦第舉行均尚踴躍
如横州桂平等处遷將能將冥起大股游匪協同兵
勇一鼓剿除臣等優加獎勵益形鼓舞並一面諄飭
各地方文武率同紳董務期有匪必誅凡諸剿捕
必令根株淨絕毋致蔓延以慰我
皇上綏靖巖疆宵旰勤勞之至意所有遵
旨查覆情形謹合詞具奏伏乞
聖鑒謹
奏

[redacted]

茂名縣通稟獲犯潘青受等二名供詞
據潘青受供信宜縣人年二十七歲父親潘建
林母親陳氏兄弟四人小的居三並沒妻子
據李十一供信宜縣人年二十八歲父母都故
弟兄三人小的居長並沒妻子
又據同供小的們四月間同到廉州潛入方晚
夥黨到張皇各墟打單焚劫拒傷鄉勇所得
贓數次數都記不清楚後因方晚被拏正法
小的們逃回信宜縣安鷟地方復聽從何明
科何明昭張老晚梁亞花九等糾邀連不識
姓名一共有四百多人十一月內不記日子
同到信宜藥根垌盤家鄧家行劫得贓分用
十二月初九日有彭老大彭亞摇六即亞胃
六由羅鏡地方帶同夥黨七百餘人同到安
鷟嶺地方與小的們合夥共有一千數百人
十二日辰刻小的們引帶到黃塘大坡垌兩
處行劫小的潘青受拏雙刀小的李十一拏
单刀餘人各帶刀棍該處鄉勇攔阻小的們
上前抵敵各用刀拒傷鄉勇四五個後被官
兵圍住把小的們打傷當場捉獲是實
豐埔團練獲犯陳二李沅相二名供詞
據陳二供年二十九歲羅定州松木村人父親
已故母親黃氏並無弟兄娶妻謝氏未生子
女小的於去年十月初六日到岑溪縣城彭
亞摇六處充當壯勇本年四月初間隨同彭
亞摇六到水汶彭亞摇六向與何明科相好
故着小的通信來往並送洋烟等物與何明
科不記次數何明科前在岑溪縣塘梢梁家
打单得銀四百兩交與彭亞摇六處收存何
明科的夥黨有羅定西寧等處人三百餘名
係羅定人曾七管帶於八月底散馬回家閏
八月初二日路過水汶彭亞摇六處領回何

明科原存銀一百五十両後聞曾七的夥党回至泗綸附近地方被西寧縣排埠團練頭人陳楮粮七捉去十五人彭亞掘六吽小的通知何明科何明科忿恨要往北流招人馬報仇彭亞掘六又把存剩打单銀二百五十両吽小的於十二月送還何明科並囑小的問何明科現在如少夥伴他情願招人帮助何明科回信交小的带轉十五日與温源等走到豐埇地方就被練勇等獲的小的止於八月初間到金垌何明科處連日帮同焚刦各村此外並未在場是寔

獲犯陳二搜獲何明科寄彭亞掘六原信

啓者屢蒙厚愛愧無寸酬致於拜托交帶諸事全望週全照料昨聞得手足在泗綸失手寔感激悲切望勿怪責一聞此事欲起馬減此仇恨奈関山阻隔即趕過北邑招馬再回侯至九月尾方回相叙今付回牛胆一只交與陳二带回望為查收是幸餘言不盡肅此達

上

彭六兄照　　知名恕具

據李沅相供年三十二歲信宜縣六垌村人父母俱故弟兄三人小的居長並沒妻子本年七月初間有素識的陳二邀小的到廣西容縣黎村投入何明科夥内自後代何明科到岑溪縣水汶彭亞掘六處要洋烟並帶信來往不計次数在外探聽官兵鄉勇消息亦不計次数前後用過何明科銀約四十両何明科夥党内有羅定西寧等處的人馬約有三四百人為頭的是曽七他們這一夥于八月底要敵馬田家何明科因彭亞掘六處有代存打单銀両吽曽七們到水汶尋彭亞掘六要出銀両作為盤費回家曽七們于閏八月初二日到水汶得了銀子領衆走了彭亞掘六放了幾個空砲把曽七們丟下空砲一位假作奪獲的报官請賞経岑溪縣賞給花紅銀牌等項這都是小的知道的十五日小的送陳二往水汶走到豐埇地方被練勇等獲的是寔

信宜軍營解到劉亞稻供詞

據劉亞稻供年二十一歲容縣楊梅墟人本年正月十七日小的聽從同村鄒晚邀入何明科夥內派在呂字館就是鄒晚管下四月攻信宜縣城五月在容縣山嘴閏八月在扶竹逕賀垌魚梁陂黃泥塘九月在紅花坡陳錦墟懷鄉墟與兵勇打仗八次小的俱在場助勢殺斃練勇二人九月初十日復在懷鄉墟外與兵勇打仗敗走十四日走到容縣水汶墟彭亞骨六放空砲二門並送何明科火藥十担洋砲二門何明科又丢大砲一門與亞骨六報勝仗十七日在容縣石寨墟被兵勇攻敗小的逃回家中被獲的鄒晚現藏匿彭亞骨六處當壯勇是實

信宜軍營解到唐亞九即王司野供詞

據唐亞九即王司野供年四十四歲信宜縣懷鄉新墟人父母俱故並無弟兄妻子小的姓名實係王紹綱因隨母改嫁唐姓改名唐亞九小的向與何明科相好道光三十年十二月二十六日小的投入何明科夥內就在何明科同義堂大館管理米穀每日每人散米升半何明科多與小的議事因叫小的為王師爺大館內管錢銀的係三水人謝可林謝老倍他們亦稱兩人為師爺其餘管炮的係大堂人黃鐘即充軍鐘管火藥的係何明怡何九一管火藥色鉛子的係楊金七月間何明科買凌十八大砲二十餘門去銀一百五十餘兩小的于九月初十日由懷鄉墟隨同何明科逃走十三日過容縣水汶墟彭亞骨六並未攔阻何明科丢炮一門與彭亞骨六報勝仗二十一日到北流新墟被兵勇殺敗小的分逃到欝林州沙塘藏匿同夥李十家被李十族人拏獲的何明科三兒子何九三八月在金垌病故其餘兄弟子姪婦女人等都已獲案是實

一件
廣西提督追賊屢獲勝仗

奏稿

道光三十年十二月十三日具

奏

由驛三百里賫

咸豐　年　月　日奏到

硃批

奏稿

奏為廣西提臣追剿賊匪屢獲勝仗及各州縣弁兵團練合力助剿情形恭摺奏祈

聖鑒事竊照廣西賊匪竄入思恩府屬之武緣縣經該縣團練奮勇剿捕大獲勝仗經臣於十一月十八日恭摺由驛奏

P.3

聞在案惟查此股賊匪在武緣敗竄以後勢必潛赴
附近各縣滋擾當即飛飭該府屬之賓州上林
遷江各州縣嚴密防堵去後茲據思恩府知府
馬麗文遷江縣知縣嚴正圻上林縣知縣清泰
先後稟報十月二十三日有賊匪數百人由武
緣白山竄至賓州之鄒墟地方經該州會營傳
奏稿
齊各村團練開砲轟斃賊匪一百餘人先後傷
斃及落水溺死者各計百餘人奪獲刀械旗幟
併賍物牛馬多件生擒夥賊陸治滢等十七名
據團長獲送鄒桂枝等六名又遷江縣屬亦於
十月二十三日有賊匪分股竄入掛榜山地方
經該縣會營督帶團壯堵剿先後用鎗礮轟斃

P.4

賊匪二百二十餘名奪獲器械多件生擒何特
還等七名又上林縣屬於十月二十二日探有
賊匪由武緣竄入山口地方經大豪甲團練擊
斃十九人又在亭亮墟燒斃五人各團相繼赶
至奮力窮追沿途鎗斃五十三人又戳斃躲入
亂石中賊匪一名奪獲刀械多件牛五隻是賊
奏稿
匪自武緣敗散後迭經鄰境之賓州遷江上林
各州縣團練殲斃擒獲甚多實足以懲兇暴而
快人心至新任提臣向　到任後即統帶官兵
馳赴慶遠府屬剿捕現據宜山縣稟報十月三
十日提督在索潭地方開仗獲勝餘匪奔竄後
復統兵追剿十一月初四日辰刻經過獨山村

P.5

賊匪由山坳擁擊後隊提督由中隊復回接戰
轟斃賊匪數十名賊於茅茨中埋伏拋擲火罐
我兵分路截殺自辰至未殺斃賊匪二百餘人
賊勢大潰奪獲鎗砲刀械多件生擒王亞五等
數名餘匪渡紅水河竄逸提督於初九日卯刻
由北山墟拔營追剿又據上林縣稟報索潭獲

奏稿

勝後該縣會營帶同兵練搜捕餘匪十一月初
二日拿獲賊匪覃昆等四名初十日午刻賊在
鶩灘渡河而來兵練鎗斃賊匪七名馬三匹又
拿獲黄賴祖一名十一日在弄揀村傷斃賊匪
十一人殲斃賊首邱亞柄一名奪獲刀械多件
賊復向遷江縣逃竄又據遷江縣稟報十一月

P.6

十四日提督追剿賊匪由忻城土縣入遷江大
里墟十五日寅刻拔營追剿至秦村地方開仗
擊斃賊匪數百名生擒數十名奪獲大砲二位
刀械等項無數追至貴縣之泰塘地方紮營等
情又接據署臬司楊彤如稟稱據署來賓縣知
縣趙啓昀會同城守署千總鍾慶猷巡檢李邦

奏稿

祿等於十六日聞提臣向　追賊至遷江獲勝
該令等即帶同兵壯至白牛崗地方堵剿適遇
匪黨逃來即督飭兵壯團練格斃五十餘名生
擒李亞仁等十四名復分投截拏至新墟石牙
古蓬山合龍山等處又擊斃逃匪一百數十名
該縣首先督飭將首匪陳香晚即覃香晚生擒

統共連斃賊匪二百餘名生擒覃香晩等八十四名署武宣縣知縣劉作肅等會同營弁殲斃覃香晩等夥黨數十名生擒一百六十餘名署貴縣張汝瀛會同署守備莫咸榮等擒獲陳亞潰之父陳勝即矮古二陳亞潰之母陳何氏等四十六名臣查提臣向　到任未及一月由慶遠府属追剿賊匪直至潯州府属之貴縣地方聞其統領官兵日行百數十里遇戰身先士卒且追且剿所向克捷沿途殲斃賊匪無數似此勇往神速實足大振軍威現在該提督在貴縣暫駐稍紓兵力俟探明賊踪再行馳往剿捕而各該州縣團練見官兵奮勇亦復同仇敵愾各思報與實属激於義憤深堪嘉尚除將生擒各匪飭令分别審明正法并查明實在出力員弁團練據實稟報請獎并飛飭在事各文武乘此聲威實力堵剿勿稍鬆勁外所有提臣向　剿賊屢獲勝仗及各州縣弁兵團練合力助剿情形理合恭摺由驛馳

奏伏乞

皇上聖鑒訓示謹

奏

P1

FO.682/391/4(1)

奏修竣二十六年分屆限師船工竣

奏摺

道光二十六年十二月十二日具

附件 摺片

奏為修理屆限師船工竣循例具奏仰祈
聖鑒事竊照水師各營出海緝捕設有大小米艇及
撈繒船隻照例歷屆修造驗報工竣通年彙奏
上屆道光二十五年分修造各艇船用過銀兩
並工竣日期業經臣等會摺具

P2

奏在案茲據廣東布政使柏貴會同在省司道行
據各府廠將道光二十六年分應行修造米艇
七隻撈繒船六隻共船十三隻業經竣工已據
結報通共工料銀三萬二千一百二十兩零七
錢六分俱係動用關鹽盈餘等款核實支給領
辦復經委員確切驗明委係工堅料固並無減
卒浮冒情弊業已分別交營管駕配用合將各
艇船屆應修造年分及竣工日期分晰開列清
單詳請彙
奏并聲明潮州府廠並無屆應修造船隻等由前
來臣等覆查無異謹會同循例恭摺具
奏並繕清單敬呈

御覽伏乞
皇上聖鑒敕部查照施行謹
奏

謹將道光二十六年分廣東修造各營屆應大
修拆造各米艇撈繒等船竣工日期開列簡明
清单恭呈
御覽

一陽江鎮標右營廣字十六號撈繒船一隻查
該船於道光二十三年正月十九日由廣州
府廠大修竣工起計至道光二十六年正月
十九日已歷三年屆應拆造於二十七年二
月二十七日由廣州府廠拆造竣工

一水師提標左營第六號撈繒船一隻查該船
於道光二十三年正月十九日由廣州府廠
大修竣工起計至道光二十六年正月十九

P5

日、已歷三年、屆應拆造、於二十六年九月初四日、由廣州府廠拆造竣工、

一水師提標左營第七號撈繒船一隻、查該船於道光二十三年正月十九日、由廣州府廠小修竣工起、計至道光二十六年正月十九日、已歷三年、屆應大修、於二十六年九月初四日、由廣州府廠大修竣工、

一大鵬協右營第二號大米艇、原配陽江鎮標右營第二號大米艇一隻、查該船於道光二十三年正月十九日、由廣州府廠小修竣工起、計至道光二十六年正月十九日、已歷三年、屆應大修、於二十七年二月二十七日、由

P6

廣州府廠大修竣工、

一碣石鎮標右營第四號中米艇一隻、查該船於道光二十三年八月二十二日、由廣州府廠大修竣工起、計至道光二十六年八月二十二日、已歷三年、屆應拆造、於二十七年十月十二日、由廣州府廠拆造竣工、

一碣石鎮標中營第一號大米艇一隻、查該船於道光二十三年八月二十二日、由廣州府廠小修竣工起、計至道光二十六年八月二十二日、已歷三年、屆應大修、於二十七年十月十二日、由廣州府廠大修竣工、

一東山營第二號撈繒船一隻、查該船於道光

P7

二十三年九月二十一日由廣州府廠小修竣工起計至道光二十六年九月二十一日已歷三年屆應大修於二十七年七月十五日由廣州府廠大修竣工

一碣石鎮標中營第五號小米艇一隻查該船於道光二十三年九月二十一日由廣州府廠小修竣工起計至道光二十六年九月二十一日已歷三年屆應大修於二十七年二月二十七日由廣州府廠大修竣工

一廣海寨第七號撈繒船一隻查該船於道光二十三年十月二十六日由廣州府廠小修竣工起計至道光二十六年十月二十六日

P8

已歷三年屆應大修於二十七年十二月二十五日由廣州府廠大修竣工

一廣海寨第二號大米艇一隻查該船於道光二十三年九月二十一日由廣州府廠大修竣工起計至道光二十六年九月二十一日已歷三年屆應拆造於二十七年十月十二日由廣州府廠拆造竣工

一平海營第二號大米艇一隻查該船於道光二十三年十二月二十日由廣州府廠小修竣工起計至道光二十六年十二月二十日已歷三年屆應大修於二十八年六月十九日由廣州府廠大修竣工

一碣石鎮標右營第三號中米艇一隻、查該船於道光二十三年十二月二十日、由廣州府廠大修竣工起、計至道光二十六年十二月二十日、已歷三年、屆應拆造、於二十八年十一月二十八日、由廣州府廠拆造竣工、

一儋州營配海口營第三號撈繒船一隻、查該船於道光二十三年正月初四日、在瓊州府廠大修竣工起、計至道光二十六年正月初四日、已歷三年、屆應拆造、於二十七年十一月初十日、由瓊州府廠拆造竣工、實共修造完竣各營米艇撈繒等船一十三隻、

P.1　F.O.682/391/4(31)

硇洲營都司請以黄開廣越級升補

附摺

奏為外海水師都司員缺緊要懇
恩越級陞補以資整飭恭摺
奏祈
聖鑒事竊照廣東硇洲營都司係外海水師題補之
缺接准部咨輪用預保該省現無預保人員行

P.2

文於現任應題人員内照例揀選題補等因當
即會同水師提臣洪　逐加遴選粤東外海
水師守備二十七缺除業已陞轉及懸缺未補
准補尚未給劄與籍隸本府外雖有合例應陞
之員惟於此缺人地未宜實無堪以題補之員
恭查道光二十二年七月内欽奉
諭旨内開該督撫平日留心人材因地器使各展所長
預儲大器特恐為資格所限不能及時自效着勤加
訪察如有才能出眾民心愛戴深通韜畧者隨時酌
量何人與何地相宜不拘資格即行奏請升調等因
欽此今硇洲營都司缺駐劄吳川縣地方硇洲
城管轄洋面遼闊港汊紛岐現在洋面甫靖巡

防不容稍懈玆查有調補海口營左哨千總黃開廣年二十六歲廣東廣州府順德縣人由鄉勇洊拔海安營右哨千總調補海口營左哨千總於道光二十八年四月二十六日接海安營右哨千總劄該員熟習海道巡緝勇幹前於二十九年剿辦洋盜案內該員在瓊州合浦各洋面節次防剿出力擊斃擒獲洋匪甚多本年八月內調赴廉州剿辦土匪又復奮勇接仗斃匪多名經臣會同撫臣葉　迭次奏

聞在案且查該員自代理海口營參將以來辦理營伍一事務均能不避嫌怨極力整頓洵為水師中不可多得之員自應優加升擢以昭激勸而獎有功雖都司無越級請陞之案惟水師人材難得向來參將遊擊出缺均准越級請陞則都司似亦事同一律況才能出衆人地相宜誠如

聖諭應不拘以資格俾展所長合無仰懇

天恩俯念員缺緊要准將硇洲營都司缺即以海口營左哨千總黃開廣陞補洵於外海要缺有裨如蒙

俞允該員係未經引

見之員俟部覆到日給咨送部所有揀員陞補外海都司緣由臣謹會同廣東水師提督臣洪

合詞恭摺具

奏伏乞

p.5 end

皇上聖鑒訓示謹
奏

p.1 F.O.682/391/3(36)

一件　　事

奏稿

硃批　道光　年　月　日奉到

看稿　對摺

道光三十年十二月二十四日具

由驛三百里

奏

摺弁　賫

繕摺

奏為廣西桂平縣屬會匪抗拒官兵傷亡將弁現咨提臣向　帶兵馳赴剿辦恭摺仰祈

聖鑒事竊照廣西桂平縣屬之金田村屯聚會匪多人先經署廣西撫臣勞　咨會副將李殿元等帶兵馳抵思旺墟駐紮十一月二十四日黎

p.2

明有賊匪三千餘人由金田蜂擁而來該副將等督令弁兵開砲轟擊傷斃賊匪數十人該匪旋分三股撲回放槍抗拒傷斃兵壯十餘名並燒燬帳房草寮兵勇力不能禦退至官村該匪等擁至思旺墟適巡檢張鏞帶同團練防禦該匪等將團練衝散并將巡檢張鏞及家丁蒙升戳斃（戕害）殞命巡檢印信亦即失去該文武退回縣城防守二十五日參將成安等督帶兵勇趕至匪已竄回金田經巡檢浦鐏偵有零匪在公簡地方藏匿帶同團練往拏格斃匪黨數人拴獲賊目朱士儉並其子姪朱兆瀛朱兆全及夥匪黃德李亞九等共五名解交平南縣訊明錄供

P.3

稟送署撫臣勞　核明飭即就地正法二十
九日貴州署（鎮遠）總兵周鳳岐派令文武員弁督帶
兵勇團練直抵賊巢分路攻擊該匪約有萬餘
人蜂擁而出兵壯開放槍砲擊斃匪（賊）數十人忽
忽有數賊手執紅巾披髮持劍率匪拚死直撲
副將伊克坦布親督官兵力戰殺斃賊匪甚多
該匪等恃衆圍裹我兵衆寡不敵該副將奮不
顧身往來衝殺立時陣亡把總潘繼邦劉洪海
保定清何其莊揚萬福外委王興黃建勛等上
前救護亦均被戕千總田繼壽外委彭昌鏞各
手刃數賊力盡被害兵勇均有傷亡署總兵周
鳳岐從後督兵赶援槍斃賊匪數十人且戰且

P.4

退該匪尚敢來勝追襲我兵施放連環槍砲傷
斃賊匪一百餘人奪獲大砲刀矛藤牌一百餘
件拒戰一日一夜之久賊始遁去臣查該（會）匪等
膽敢糾聚多人抗拒官兵戕害副將大員並傷
斃官弁兵勇實屬罪大惡極深堪髮指現經署
撫臣勞　飛咨提臣向　親督楚省官兵由
橫州馳往剿辦諒能激厲兵勇設法進攻殲此
醜類所有此次堵禦不力及陣亡各員弁業經
署撫臣勞　會摺請
旨分別辦理臣仍嚴飭在事文武隨同提臣向　認
真實力剿捕務將此股會匪迅速捕除淨盡不
得稍事鬆勁合將會匪抗拒官兵傷亡將弁及

p.5 end

浴請提臣帶兵往剿緣由恭摺由驛馳

奏伏乞

皇上聖鑒訓示謹

奏

P.1　F.O.682/391/3(37)

一件　　　事

奏稿

硃批　道光　年　月　日奉到

看稿　對摺

道光二十年十二月十七日具　由驛三百里

奏　摺弁　賫

繕摺

奏為廣西提臣在橫州地方剿匪大獲勝仗並生
擒賊首及委員格斃另股首匪恭摺奏祈
聖鑒事竊照廣西提臣向　前在慶遠潯州各府屬
追剿賊匪屢獲勝仗經臣於十二月十三日恭
摺馳

P.2

奏在案茲據署橫州知州黃輔相等稟稱賊匪謝
長腰四等竄入州屬之陶墟一帶滋擾稟經提
臣向　於賓州遴次督帶楚兵一千八百名於
十一月二十七日巳刻馳抵陶村地方該匪謝
長腰四等率領四千餘人排列馬隊槍礮藤牌
由陶墟迎至陶村撲擁前來我兵分作三起開
放槍礮攻擊先後傷斃賊匪四百餘人該匪等
恃衆輪翻出敵抵死抗拒提臣向　親督指揮
令中路官兵暫退誘匪離巢並令副將和春等
分路抄殺焚燒賊巢該匪等見官兵退後蜂擁
而來提臣向　即督令官兵折回匹馬當先向
前衝殺家丁李安邦緊隨馬前刺倒執旗賊首

P3

名、奪獲先鋒大旗一枝、乘勢衝入賊隊追殺、該匪等勢怯、紛紛丟棄砲械逃避、我兵追殺三十餘里、殺斃賊匪三百餘人、生擒一百餘人、其帶傷滾崖跌斃燒斃者、不計其數、奪獲銅鐵砲、鳥槍刀矛旗幟藤牌多件、家丁李安邦身受重傷、及把總馬子超、外委謝光祖、均奮勇殺賊、各被戕傷殞命、其餘陣亡兵丁及受傷弁兵、各止數名、並經各村團練連日格斃逃散餘匪四百餘名、綑送二百餘人、署永淳縣韓鳳梧督帶壯練、于青同地方堵獲二百餘名、署橫州知州黃輔相、署同知曾紹瑆、廩生向繼雄、各帶兵壯分路搜緝、在木格村、殲斃賊匪四十二名、生擒賊首

P4

王玉珍、即九江三一名、夥犯五十一名、均解赴大營訊明、於軍前正法梟示、其另股賊首張嘉盛、即土狗二一夥、先經提臣擊敗以後、潛赴安定土司屬之牛崗地方躲匿、經署同知曾紹瑆、帶同兵勇、馳往搜捕、該匪等持械拒捕、登時將首匪張嘉盛格殺、割取首級、並生擒夥匪溫三等十一名、解赴大營驗訊核辦、現在提臣向在陶墟相距二十餘里之灵竹墟暫駐、俟搜緝事竣、即往潯州會剿、等由、臣查該匪謝長腰四等、糾衆至四千餘人之多、在橫州陶村地方肆行劫掠、滋擾、經官兵前往剿捕、尚敢恃衆抗拒、藐法肆橫、莫此為甚、所賴提臣向　智謀忠勇、

在事員弁兵練均各効命爭先俾大股賊匪於數日間剿除殆盡併將另股首匪張壹盛登時格殺洵足以震軍威而寒賊膽除仍飭該文武搜捕餘匪不留餘孽并將出力文武員弁兵練據實稟明請核明

奏請獎勵其陣亡弁兵丁勇亦即分別列册照例請恤外所有提臣剿匪大獲勝仗並生擒賊首及格斃另股首匪緣由理合恭摺由驛馳

奏伏乞

皇上聖鑒訓示謹

奏

再前奉

諭旨飭查廣西署永康州知州高汝霖有無臨時逃避情

之事據實覆奏等因欽此臣遵即密飭該管左江道確

查去後茲據署左江道彭燦稟稱經委員馳往

查明永康州城垣早已坍塌署知州高汝霖當

各處賊匪滋擾之時因永康所轄之隴東地方

與崇善縣之駄盧墟接壤探聞大勝忠義兩堂賊匪

撲攻郡城誠恐竄入州境當帶壯丁二百名前

往隴東防守不期另有喜勝廣義兩堂賊匪數

千人于八月二十六日由新寧州過羅陽土縣

往逼州城城守外委劉鳳懷等督帶兵壯團練

抵敵不住該匪等乘勢入城直撲州署滋擾該

二十年十一月廿四日由驛三百里

署道恐委員查稟不實復札飭崇善縣世炘復

行確查并遣人往訪均屬相符等情臣查署永

康州知州高汝霖於州城失守之時雖據查明

先期督帶壯勇赴隴東地方防堵另股匪徒尚

無臨時逃避情事而城池失守罪實難辭且賊

匪係走而不守入城搶掠以後旋即自行他竄

並非由該署知州擊退克復未便稍事輕縱該

員已奉

旨革職係屬咎所應得合將查明緣由附片覆

奏伏乞

聖鑒謹

奏

P.1　F.O. 682/391/3(41)

一件　事

奏稿

硃批

道光　年　月　日奉到

看稿　對摺

咸豐元年正月廿二日具

奏

摺弁　賫

繕摺

奏為瓊州外洋追捕盜匪人船全獲並起出被擄
婦女幼孩及火藥刀械多件恭摺仰祈
聖鑒事竊照廣東海面遼闊緊接夷洋自剿盜首黃白
苴張開平等分別就撫以後海道雖漸臻平靖
而貧漁窮蛋人數眾多難保不復滋萌蘖臣等節經

P.2

分飭沿海文武認真實力巡緝去後茲據瓊州
鎮總兵黃慶元雷瓊道江國霖瓊州府知府林
鴻年會稟道光三十年十一月十二日探有盜
船四隻由狗頭山外洋遊行伺刦該道等即飭
縣雇募民船四隻配撥丁勇砲械扮作商船在
前誘敵該總兵飭令護叅將黃開廣署千總李
新明把總布文光等帶領拖船八隻由西路繞
至東路堵緝并親督署守備黃彬吳全美千總
李茂階等分帶營拖各船由東路一帶兜拏十
六日黎明各船駛至崖州洋面該匪船一見誘
敵民船不知其為誘敵即来追赶漸次引近師船加槳上迎各
匪望見師船皆向西而遁直追至感恩縣屬北

二

P3

黎外洋正與護叅將黃開廣所帶拖船相遇該
總兵亦即赶上民船均回帆夾攻放砲轟擊該
匪船膽敢放砲抵禦時有署崖州協副將吳元
猷坐駕師船帶領署守備溫康及各州縣所雇
巡緝民船陸續赶到合力圍拏該匪且拒且逃
護叅將黃開廣親自擊械操舵吧令弁兵奮勇
兜拏并與署千總李新明俱手點大砲轟擊盜
匪紛紛落水淹斃該總兵即令弁兵上前拏拏
隨有護叅將黃開廣署千總李新明首先過船
生拏盜匪三十餘名署守備吳彬吳全美把總
李元清外委卓國泰合力拏獲十餘名千總李
茂階拏獲四名各民船拏獲二十餘名盜匪一

P4

無免脫是役也自辰至申生拏盜犯共九十一
名內大頭目黎亞佳一名小頭目姚大連張亞
仲梁亞幅三名另船戶水手二十四名婦女幼
孩一十四名口起獲盜船四隻大砲二十五位
刀械一百三十六件并火藥封口群子當將各
船收泊點驗弁兵水勇內千總李新明左膂左
手腕各受羣子傷記委何大忠等及水勇水手
共二十五名各受傷輕重不等又傷重殞命水
勇二名於十一月二十六日解犯行抵瓊郡由
該道府按名查點交瓊山縣收明督同赶緊審
訊稟解等由到臣等伏查廣東海道綿長且與越
南國花封屬之狗頭山夷洋毗連每遇師船巡

P.5

緝捕拏各盜船即竄赴夷洋潛匿上年張開平
等悔罪投誠臣等面加詰詢據稱狗頭山洋面
大山環抱可避風浪東與內地瓊洋緊接北與
廉州海面相連商民船隻絡繹伺劫較便且越
南國近年緝捕廢弛並無官兵巡緝是以盜船
得以出沒自由此係投首盜匪面稟自屬實在
情形此次所獲盜船四隻亦由夷洋而來該鎮
道等一聞探報立即會督弁兵分駕師船赴至
感恩縣屬北黎外洋將該盜匪全數擊斃拴獲
並無一名漏逸捕務尚屬認真而護參將黃開
廣及署千總李新明手燃大礮首先遇船尤屬
奮勇可嘉所有出力員弁兵丁由臣等確切查

五

P.6 end

明分別存記獎拔弁將傷斃各弁兵等照例造
冊咨部分別辦理一面飭令將現獲各犯趕緊
錄供解省審辦並飭該文武會督弁兵實力巡
緝務期有匪必獲以靖海洋外合將外洋追捕
盜匪全獲緣由謹會同水師提督臣洪　恭
摺具
奏伏祈
皇上聖鑒訓示謹
奏

六

一件　事

奏稿

道光　年　月　日奉到

硃批

看稿
對摺

咸豐元年正月十三日具

奏

摺弁　賚

繕摺

奏爲營弁妄拏良民誣指爲盜請
旨革職從重發往新疆効力贖罪並請將輕聽堅執
轉稟之都司一併交部嚴加議處恭摺仰祈
聖鑒事竊據總巡護理香山協中軍都司吳榮邦稟
據外委石鈺福般亮明稟稱憑線石亞喜於道
光三十年六月初一日督率兵丁在香山縣鷄
頸外洋拏獲盜犯周先喜周長達馮亞喜馮廣
齊周亞得李亞七周引帶馮亞受何瑞成梁亞
米孫官亮袁亞七梁旺帶梁亞帶馮亞尾孫亞
安孫信章十七名等情經臣徐　訪聞外委
石鈺福等有妄拏情事飭行提省審辦旋據該
護理都司吳榮邦將周先喜等十七名解省當
即發司飭委廣州府等確審提訊周先喜等堅
不認案稟經行提原拏線人石亞喜及石鈺福
等發府提集質訊供情各執隨據詳經批行將
外委石鈺福等革審茲據委員廣州府等訊明
議擬由藩臬二司覆審招解前來臣葉　前

P.3

往清遠縣督辦游匯經臣徐　親提覆加研
訊緣石鈺福殷亮明與石亞喜均籍隸香山縣
石鈺福由行伍拔補香山協左營左哨外委千
總調補該協右營左哨外委千總殷亮明由行
伍拔補香山協右營左哨二司外委把總奉派
巡洋與周先喜等均不認識石亞喜與周先喜
素識無嫌周先喜與父周長達自置漁船一隻
赴永寧通判衙門領有船照雇馮亞喜馮廣齊
周亞得李亞七周引帶馮亞受何瑞成梁亞米
孫官亮袁亞七梁旺帶梁亞帶馮亞尾孫亞安
充當水手與孫信章合夥出海赴電白縣屬販
賣鹹魚道光三十年五月內石鈺福風聞周先

P.4

喜等有在洋為盜情事起意商允殷亮明往拏
希圖邀功又因與周先喜等素未謀面探知無
服族弟石亞喜與周先喜熟識隨向告知前情
囑令引拏許俟事竣酧謝石亞喜貪利允從六
月初一日石鈺福與殷亮明帶同石亞喜督率
兵丁駕船前往是日午候駛至香山縣屬鷄頸
外洋適周先喜船隻由該處經過石亞喜瞥見
即向石鈺福等告知將船攏近一齊過船將周
先喜等連水手馮亞喜等共十七名一併拏獲
石鈺福當向周先喜等詢問是否盜犯周先喜
等答稱並無行劫情事石鈺福疑其狡賴即與
殷亮明捏以憑線拏獲盜犯周先喜等回營具

P.5

稟該護理都司吳榮邦誤信為實轉行稟報經
臣訪聞該外委等有妄拏情事飭行提省該護
都司備具稟陳辯如有妄拏願甘認罪當經行
提原拏線人石亞喜到案質明周先喜等俱屬
良民訊據石鈺福等各供認前情不諱嚴詰石
鈺福等堅稱委係邀功妄拏並無私行拷打及
嚇詐得贓情事質之石亞喜亦稱周先喜等平
日並無為盜伊實係圖得謝資聽囑引拏復因
石鈺福殷亮明恐審出實情有干叅處教令指
証令蒙提到周先喜對質不敢狡賴等語究鞫
不移案無遁飾查例載誣指良民為強盜者發
邊遠充軍等語此案已革香山協外委石鈺福

P6

因風聞周先喜等在洋為盜並不確切查明輒
起意將周先喜等妄拏誣指為盜希圖邀功自
應照例問擬石鈺福合依誣指良民為強盜者
發邊遠充軍例發邊遠充軍已革香山協右營外
委殷亮明聽從妄拏誣良為盜石亞喜明知周
先喜並未為盜因圖得謝資輒敢聽囑引拏即
屬為從應與殷亮明均合依為從減一等律應
於石鈺福軍罪上減一等杖一百徒三年石鈺
福殷亮明以巡洋武弁妄拏良民非尋常誣盜
可比復敢教令線人到案指証冀免叅處尤屬
非提省審辦幾至陷良民於重典
狡詐若僅照例擬以軍徒尚覺情浮於法相應
請

旨將外委石鈺福殷亮明革職從重發往新疆効力
贖罪以為營員妄拏邀功者戒石亜喜至配折
責安置護理香山協中軍都司事大鵬協右營
右哨千總吳榮邦雖無通同妄拏情弊惟於該
外委等誣良為盜揑情混稟不加確查率行轉
稟已屬冒昧迨經提省審辦猶復具稟陳辯堅
執原拏不妄尤屬有心迴護應請交部嚴加議
處周先喜等訊係良民即予省釋石亜喜口許
虛贓未經入手請免着追除備録全案供招咨
部外謹會同水師提督臣洪　合詞恭摺具
奏伏乞
皇上聖鑒訓示謹

奏[redacted]

廣西巡撫部院會同
欽差大臣附片具
奏梧州匪船滋擾飭令勞藩司暫駐梧郡整飭各緣由
奏再梧州河道為西粵來往要津商船雲集且係東
省鮮餉至西必由之地自去冬屢有東勇藉軍營
投効為名撞閧滋擾累及商民不止一時一事經臣與賚

屢次嚴飭地方文武並咨會東省督臣撫臣飭
屬截回遣散此時復有波山艇匪自東省駛至徃來
梧潯兩郡擾害閭閻而本地之盜匪剿餘之會匪
根株未淨難保不勾結滋蔓亟應痛加剿辦庶以
清河面而通餉道因思臣自上年五月抵粵後察看
通省情形除金田剿匪之外南太數郡羣盜如毛
民受荼毒最久最深不得不先其所急是以
奏明遴委藩司勞崇光駐扎南寧督飭該司膽識
出衆謀勇兼施已將各郡著名巨匪先後剿滅
十之八九現接來禀復稱那勤新鋪兩處賊巢均

已揑渠掃穴其餘未了事宜有左右江二鎮及署
南甯府知府黃輔相太平府知府顧諳庚等精
明強幹選以次第整飭該司即可酌撤兵勇回省
辦事等語查藩司勞崇光於道光三十年冬間在
梧駐剳半年剿滅游匪鄧立奇等數股威名久
振現在梧郡艇匪滋擾關係緊要即飭該司暫
緩回省先由水程順赴梧州督率剿辦事竣後仍令
暫駐梧郡再加一番整飭肅清河道亦可非常得
力至南甯各屬督辦團練捕除餘孽整飭邊防
一切未盡事宜仍關緊要勞崇光既已來梧須有
大員會督左右江鎮臣加勁接辦以善其後查左
江道駐劄南甯府城太平泗城鎮安各府均歸管
轄本任道員楊彤如穩練樸誠實心任事前經調
辦潯州轉運糧台今大軍均駐永安事務已簡應
令該道即回本任接辦南太善後諸事以專責成
如此一轉移間似與兩處要務均有裨益臣與賽
往返函商至再至三均屬意見相同除分飭遵照
外謹會同
欽差大臣大學士賽　綏靖陳明附片具
奏伏祈
聖鑒訓示謹
奏

[redacted]

廣西撫部院鄒 准

欽差大臣賽 移送附片會

奏勞藩司等勦捕南太賊匪業已蕩平札調該司赴梧

督辦艇匪緣由

再南太股匪前經藩司勞崇光惠慶督飭各兵勇于

上年十二月三十日攻破那勤賊巢業經具奏在案其新

鋪賊巢前據勞崇光稟設計進攻即日可克顏三亦必

就擒等因今據該藩司飛函二月初四日丑刻各路兵

壯到齊寅刻進勦外攻裏應登時破栅首匪顏三已被

宣化縣壯勇臨陣生擒衆匪黨舍命來奪該壯勇頭目

恐被奪去登時將其砍斃割取首級馳回餘匪大潰

分股剿殺殲斃無數生擒一二百人奪獲砲械不可勝

計兩省兵壯及附近團練一齊赶到將賊巢毁爲平地
惟巨匪蘇凝三不知下落是否已經殲斃抑係脱逃現
派人將賊屍逐一查驗一面四路搜尋俟查確再行稟
報正作稟間探報寧明州及龍州一帶巨匪黄東太
瞿二及其偽軍師陳樹禮均經吳德徵于前月二十
二日擒獲新鋪賊既掃平止須酌留兵勇于要隘防
守撥將滇勇川勇逐一挑選汰去疲乏先行遣回留其
精鋭分派委員管帶赴永安協剿並飭張國樑將伊
手下壯勇精加挑練或二千名或千餘名由水路馳赴
永安協剿等語查新鋪賊巢既經攻破首匪就擒南
太一路已可肅清前于接到該藩司設法進攻之信臣
等函商現在波山艇匪未平一面札令該藩司俟南太
事竣即行馳往梧州一帶以乘勝之師前來督辦庶潯
梧兩府河面可以大加整飭而左江道楊彤如亦可回任

接辦防守事宜令既將顏三股全行撲滅臣等復行飛
飭該藩司選帶精壯由水路速赴梧藤以資得力至
波山艇匪于正月三十日抵又復上駛戎墟藤縣張鵬
萬集團堵禦臣賚 所派弁兵六百名已於二月初二
日行至該縣臣鄒 派兵勇七百名于初八日到梧潯州
兵練亦于上游住紮貴縣張汝瀛自帶勁團一千二百
八十餘名亦已于初三四等日分起自潯啓行該匪在戎
墟停泊尚無動靜一俟各路兵壯會齊自當協力夾攻以
消兇燄所有南太蕩平及札調勞崇光督辦艇匪等情
理合會銜先行馳奏其詳細情形俟該藩司具稟到
日再行專摺奏
聞至該藩司勞崇光自赴南太將匪黨悉數埽平僉無仰懇
天恩賞給頭品頂帶之處伏候
聖裁謹附片具
奏

咸豐元年二月初八日由驛四百里具
奏
咸豐　年　月　日奉
硃批

奏稿

兩廣總督臣徐
廣東巡撫臣葉　跪
奏為高廉一帶防勦兩省交界匪徒先於靈山縣境殲斃多名復於石城縣境大獲勝仗現在仍飭跟蹤追勦並知照西省一體會辦恭摺由四百里馳
奏仰祈

聖鑒事竊照廉州前因竄入匪首方晚陶安仁均已捦殲尚有夥匪劉八及黃大分踞滋擾添調兵勇前往剿辦等情已於上年十一月二十二日由驛具
奏在案查劉八與黃大各分黨夥本非一股鬨鬧劉八由合浦縣之公館墟竄入石城縣之青平墟並欲糾合黃大由靈山縣之三隆墟併入青平相助抗拒且訪知米穀火藥多由廣西博白縣之龍潭村暗中接濟若不及早撲滅深恐滋蔓難圖先於上年十二月十一日經代理靈山縣知縣甘槐會同護理廉州營遊擊曾廷相督帶兵勇齊至三隆墟分路進攻黃大等亦率黨

P.3

分投拒敵我軍奮往殺賊一百餘名生擒三名
礮斃者尤多兵勇已攻至三隆墟頭賊又由墟
尾兩路包出甘棍率勇先向前面阻截曾廷相
督兵在後開礮轟斃十餘名賊從旁徑出適逸
因連日陰雨載道昏夜未及窮追維時正值添
調之潮州兵勇業已按程前進臣等查劉八本

方晚之同夥餘党仍衆且青平為高廉往來之
要路即令該兵勇道出石城先將此股殲滅無
可勾結再赴靈山剿辦署高州府知府胡美彥
聞賊至青平即駐化州防堵因飭署廉州營遊
擊張遇清在事日久深悉賊情先期會商一俟
兵勇齊集即當併力攻剿適於本年正月初八

P.4

日申刻各文武分帶兵勇行抵石城縣之長岡
嶺相距青平僅十餘里前見松林恐有埋伏正
擬劄營未定突有賊匪乘馬張旗驟來衝撲張
遇清會同管帶潮勇之州吏目陳嘉禮典史陳
義作為前敵署潮陽營遊擊王山署惠來營遊
擊何萬興署黄岡協左營都司饒成龍署潮州

鎮中營守備饒永福督率官兵布為圓陣四面
抵禦施放連環鎗礮共轟斃紅衣賊首十餘人
奪獲馬五匹賊勢稍却又復另出兩股賊匪並
於山腰暗藏大礮乘間轟發玉山饒永福即帶
弁兵由山脚左邊直上何萬興饒成龍亦帶弁
兵由山脚右邊直上一齊抄後分兜先將此兩

P.5

股賊匪擊散共奪獲大礮九位子母礮二位礮子二簍火藥二簍仍回大隊齊督兵勇奮力擊斃賊匪二百餘名生擒二十餘名由長岡嶺追至涼水井轉戰兩時之久天已昏黑即收兵回營徹夜巡防初九日卯刻復由長岡嶺前進經張遇清會同陳嘉禮陳義先督潮勇鎗斃賊首二名擊斃賊匪三十餘名餘賊負傷逃逸正在追剿間遥見大夥賊匪踵至玉山何萬興饒咸龍饒永福分督兵勇整隊環列以待旋見有騎馬賊首目数十人率賊二千餘名蔽嶺而来分作三股以拒我師玉山等率帶兵勇亦分三路迎擊彼此相持不下直至午刻擊斃二百餘名

P.6

奪獲大礮六位並火藥礮子旗幟器械多件該匪始行退去即飭兵勇輪替造飯以備再戰一面堅守營壘復於未刻賊衆又至先開大礮勢甚兇猛令人不敢逼近我軍散而復合奮不顧身鎗礮齊發轟斃三百餘名竟至酉刻羣匪仍復不退捨命相拼該文武見事機緊急天色已晚乘上風呼譟各将弁兵勇無不吶喊並進盡力攻擊勇氣百倍該匪紛紛自亂盡行潰散生擒三十餘名又復奪獲大礮五位礮子二簍火藥一簍馬六匹連日三戰三捷途中見有賊巢盡行焚燒查驗兵勇受傷者十二名彼時護高廉道彭舒萼與護廉州營遊擊曾廷相帶領兵

P.7

勇正在白沙地方堵剿亦復截殺一百餘名生擒五十餘名署高州府知府胡美彥會同署化石營都司張敏和並督同署石城縣知縣邱在濂署高州府經歷朱用孚先後拏獲逃匪二百三十餘名惟劉八因疊受挫衄率其餘党乘夜潛遁探聞業已竄回廣西博白縣地方臣等現復諄飭各文武赶緊跟蹤追剿一面知照西省協力會拏釜底遊魂諒難久逸即黃大現在靈山亦須迅即殲除現計提臣陶煜文暨高廉道宗元醇將次行抵高廉各處更可同心協力設法籌辦務使聲威克壯方期醜類畢除所有高廉一帶防剿交界匪徒先獲勝仗緣由謹合詞

恭摺由驛馳
奏伏乞
皇上聖鑒訓示謹
奏

P.9 end

再現准部洛增城營叅將趙如勝奉
旨補授湖南寶慶協副將查該員現委分帶弁兵隨
同提臣前赴高廉一帶聽候差遣容俟事竣再
行飭赴新任理合附片陳明伏乞
聖鑒謹
奏

P.1 F.O. 682/391/3(57)

咸豐元年二月二十七日内閣奉
上諭徐 葉 奏殲斃靈山縣境匪徒並於石
城縣境大獲勝仗一摺據稱逸匪劉八與黃大分
踞滋擾劉八竄入石城縣之清平墟糾同黃大相
助抗拒先於上年十二月十一日經代理靈山縣
知縣甘棿署遊擊曾廷相帶兵勇殺賊一百餘

奏稿

名生擒三名復前後夾擊砲斃多名本年正月初
八日於距青平墟十餘里之長岡嶺遇賊衝撲經
文武各員合兵會勦署潮陽營遊擊玉山署惠來
營遊擊何萬興署黃江協左營都司饒成龍署潮
州鎮中營守備饒永福督率官兵布為圓陣四面
抵禦施放連環鎗砲轟斃紅衣賊首十餘人賊勢

P.2

稍卻又復另出兩股賊匪於山腰暗藏大砲乘間
轟發玉山等由山腳左右直上擊散奪獲砲位火
藥復奮勇擊斃賊匪二百餘名生擒二十餘名初
九日卯刻復由長岡嶺前進大夥賊匪分作三股
以拒我師玉山等亦分三路迎擊斃賊二百餘名
奪獲大砲旂械多件該匪於是日未刻糾衆開砲

奏稿

復犯營壘我軍奮不顧身鎗砲齊發又轟斃三百
餘名羣匪拚命相拒時已薄暮將弁兵勇吶喊並
進盡力攻擊該匪始行潰散生擒三十餘名又奪
獲砲位火藥馬匹多件賊巢盡行焚燬護高廉道
彭舒萼等在白沙地方亦復截殺百餘名生擒五
十餘名署高州府知府胡美彥會同文武奪獲逆

P.3 end

匪二百三十餘名此次進勦匪徒連日三戰三捷
玉山何萬興饒成龍饒永福奮勇爭先均著賞戴
花翎其餘在事出力文武各員著該督等查明保
奏候朕施恩受傷兵勇著查明咨部議䘏現在該
處匪黨叠受挫衂惟劉八黃大仍復竄匿著該督
等嚴飭文武赶緊跟踪追勦並著李星沅周天爵

奏稿

向榮速飭接界員弁協力會拏毋令漏網以期淨
絕根株該部知道欽此

謹將查獲匪犯馮雲山即馮乙龍之胞弟馮亜茂訊過供詞列摺呈

電

計開

據馮亜茂供年三十四歲住縣屬禾樂地庄父親已故母親胡氏年五十餘歲兄弟二人哥子馮乙龍年三十餘歲哥嫂練氏生有姪子三個大姪子馮癸方年十二歲業已出繼二姪馮癸茂年九歲三姪馮癸華年七歲小的居次娶妻黎氏兒子一個女兒二口哥子馮乙龍先于道光十四五六年在本省城往來抄寫藍本二十七年二月回家閑住到五月間前往廣西地方二十九年十月內帶有夫笋二三勳王桂四五勳回家說伊在紫金山曾姓教讀每年約束修銀十餘千是年十月哥子復往西省至本年正月初七日有八瀝坤村袁亜二自西省回來到家稱說哥子向在廣西臨桂縣大墟地方開張酒米店生理寄有口信說該西省地方賊亂平靖田地無人耕種招示徠民承耕叫小的與伯叔子姪前往墾耕的話小的隨于本年二月初六日遂携同母嫂姪子在家起行初八日到佛山地方初八日晚小的與母親嫂姪并袁亜二落歇店寄住至十一晚袁亜二對小的說知現在廣西紫金山尉元觧在金田地方為大哥聚有千餘人常往刦搶小的哥子馮乙龍也同夥搶刦的小的聽聞害怕到十四晚搭渡回省十五日袁亜二與小的母嫂各自回家小的平日耕種為生實無傳習邪教結黨拜會為匪不法情事如查出願甘治罪

所供是實

現[illegible]案內西北清冊

P.1

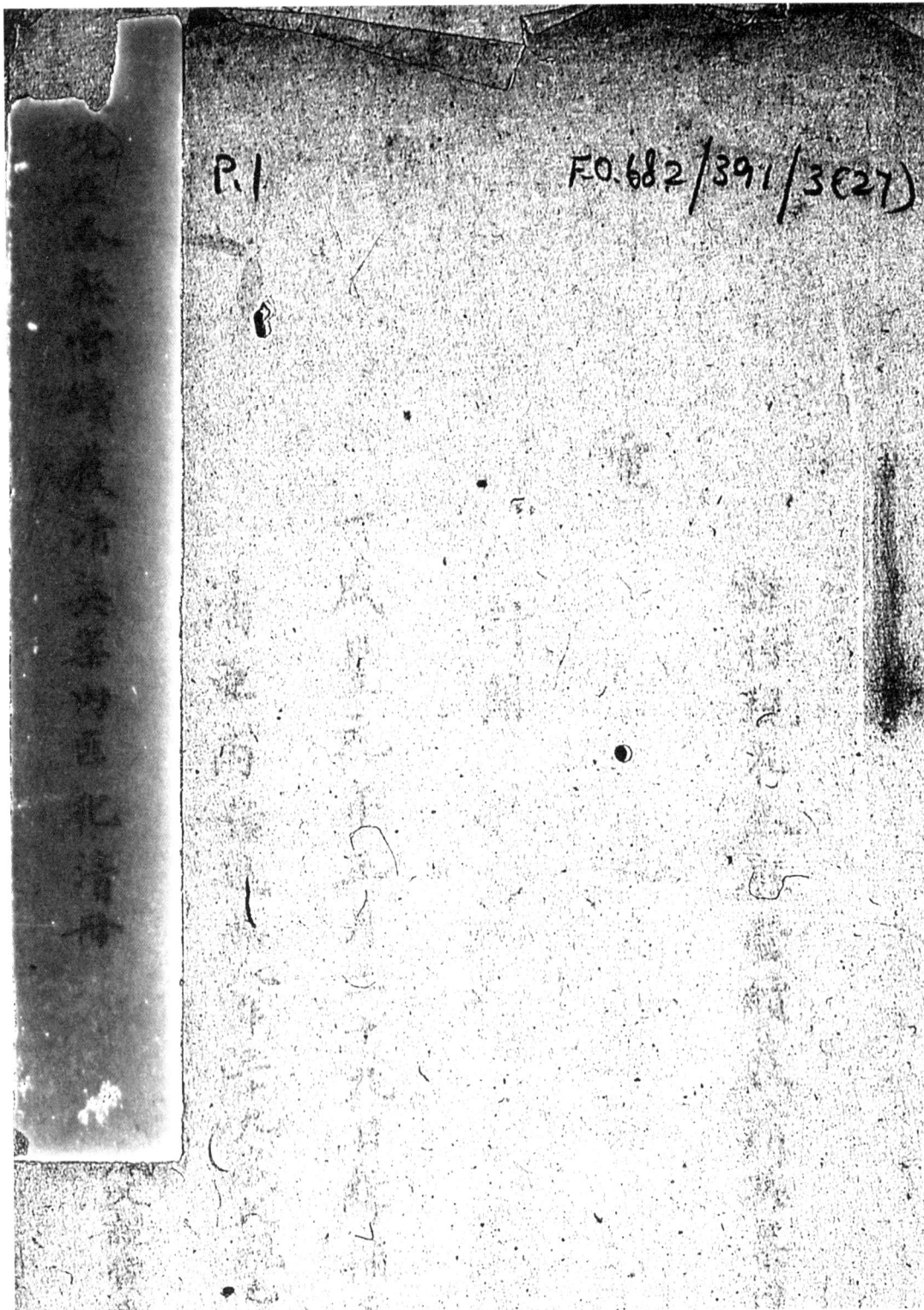

F.O.682/391/3(27)

謹將現在各縣屬續獲續辦各案內匪犯共四十六名簡供列冊呈

前地方非賊官兵一次大三十年八月初九日在清

電

計開　官兵一次大三十年八月初三日在清遠縣屬闈

一咸豐元年五月十九日緝捕委員獲解匪犯羅容　非賊

潘亞丙　籍隸縣今年二十六歲父親已故母親祝氏兄弟妻子　大

黄亞帶　係南海縣人年四十三歲父親黄連沅母親陳氏並無弟兄妻子　非賊

2

黄亞帶均供認於道光叁拾年七月初間聽從在清遠英德
謝亞丙各縣屬向未識姓名舖户索詐得贓不記次數又
道光三十年七月十三日在英德縣屬羅家營拒敵
信關 官兵一次又三十年八月初三日在清遠縣屬關
前地方拒敵官兵一次又三十年八月初七日在清
謹將現在遠縣屬官窰與鄉勇打仗傷斃十五名蘭洪利冊呈
以上二犯審擬斬梟業經備具供招解奉正法

P.3

一咸豐元年二月初四日緝捕委員獲解匪犯一名

謝亞酉即張廣東英德縣人年三十二歲父親已故母親曾氏並沒弟兄妻子

供認於道光三十年七月初間聽從在英德清遠翁源

各縣屬向不識姓名舖戶家詐得贓不記次數又三十年

九月廿六日跟隨在清遠縣屬官庄關前地方與鄉人劫

使一次又三十年閏八月十二日在佛岡廳屬水頭墟行劫

不知字號店舖二間并索許不識姓名鄉民銀三百兩
拒敵官兵圍捕拒敵伊殺斃轎夫二人未曾幫務抬轎官員
又三十年十月二十二日在英德縣屬大坑口拒敵官
兵一次又三十年十一月十五日在英德縣屬河頭地方拒敵
官兵一次該犯審擬斬梟解奉正法

一咸豐元年二月初四日緝捕委員黃[illegible]一名

P.4

一咸豐元年二月十三日緝捕委員獲解匪犯一名
鍾幅成　英德縣人年三十六歲父母都故並沒弟兄妻子
供認於道光三十年七月內在清遠英德各縣屬向不識
姓名鋪戶索詐得贓不記次數又三十年七月十三日在
英德縣屬[illegible]拒敵官兵在塲助勢一次又三
十年八月初二日在清遠縣屬關前地方與官兵打仗

R5

一□文三十年八月初七日在清遠縣屬官莊與鄉民打
仗一次被犯着擬斬梟解奉正法

鍾聞洪 英德縣人年二十六歲父母俱故兄弟□人

一咸豐元年二月十三日經捕委員獲解正法一名

一咸豐元年二月二十一日和平縣獲解正犯七名 又三十年正
盧觀瀾 年二十四歲父母俱故弟兄六人我居長並娶妻
凌亞五 年四十三歲父母俱故弟兄二人我居長娶妻梁氏未生子女
凌觀帶 年四十歲父母俱故並無弟兄娶妻周氏生有三子
葉有姐 年四十六歲父親葉緝遠母親梁氏並無弟兄娶妻何氏未生子女
凌巳佩 年十九歲父母俱故並無弟兄妻子

P.6

羅卜蘭 年三十九歲 交無稱故並沒弟兄妻子

葉井養 俱和平縣人 年三十五歲 父親葉亞王 母親陳氏 弟兄三人 義居長 娶妻周氏 未生子女

均供認于道光二十年十二月十七日在連平青州興鄉

民行伐伊盧觀鳳殺死鄉民一人又焚刦不識名稱

姓房屋一次又三十年十二月十九日在和平縣屬熱水

地方行刦不識姓名居民十餘家一次又三十年十二

月二十一日在和平縣屬涮頭地方行刦不識姓名居

民鋪戶十餘家一次又三十年十二月二十五日在和

平縣屬涮頭地方拒敵官兵一次

以上七犯審擬斬梟解奉正法

P.7

一咸豐元年三月二十五日南海縣票解匪犯一名

林亞得南海縣人年二十歲父母都故並沒弟兄妻子

供認于道光三十年四月十九日在清遠縣屬抗口地方
行刦不識姓名人家四間一次是夜又在清遠縣屬抗
尾地方行刦不識姓名人家四間一次又三十年四月二十二
日在清遠縣屬横石地方向不識姓名鋪戶索詐米石

茲又三十年四月廿四日在清遠縣屬白廟地方行劫不知字號店鋪三十餘間一次是日午後又在清遠峽地方拒敵官兵一次又三十年五月初二日在英德縣屬滃洸地方拒敵官兵在場助勢一次該犯審擬斬梟解

林亞春南海縣人年二十九歲父母俱故並無兄弟妻子

一咸豐元年十二月二十五日南海縣解匪犯一名

P.8

一咸豐元年十二月二十八日開平縣獲解匪犯一名

李亞地新會縣人年三十歲父親已故母親梁氏並沒弟兄妻子

供認於道光三十年五月初十日在英德縣屬滃洸塝拒敵官兵一次又三十年九月內在翁源縣屬周陂地方與鄉民打仗并劫不識名甘姓房屋一次又在始興縣屬司前地方行劫劉馮蓁家並在藍子墟

P.9

一

索詐一次又三十年十月十六日在始興縣屬清化地方圍劫官兵詳泰未成索詐得銀一次又三十年十月二十一月在翁源縣屬雪廟墩與官兵打仗一次又咸豐元年正月二十四日在長寧縣屬瑤田墟與官兵打仗一次

一該犯審擬斬梟解省正法

一咸豐元年十一月十五日候補府史守獲解匪犯一名

南監鼓 鄺亞保清遠縣人年二十五歲父親鄺上清母親鄧氏弟兄三人我居長並沒妻子

供認於道光三十年七月內聽從賴大貴在英德等屬向來識姓名舖戶索詐得贓不記次數七月十五日在英德縣屬羅家營拒敵官兵陝伊在場勢並未傷人八月初三日在清遠縣屬關前地方拒

P.10

敵官兵一次八月初四日搶劫清遠縣屬官莊地方不
識姓名事主店鋪擄贓一次八月廿七日搶劫清遠
縣屬石角墟不識姓名事主店鋪擄贓一次九月初
五日在清遠縣屬石角墟拒敵官兵一次伊在場助
勢並未傷人
查該犯供開在英德羅家營拒敵官兵一次已有報案
其餘行查未覆該犯罪應斬梟

P.11

一咸豐元年三月十三日緝捕委員獲解匪犯一名

番監故鄧亞晚，英德縣人，年卅歲，父親已故，母親廖氏，弟兄二人，哥子鄧曹孫，我居次，並沒妻子。

供認於道光三十年三月內聽從鄧十富在英德等縣屬擄詐劫掠，不記次數。五月初二日聽從在英德縣屬滑魚水地方拒敵官兵一次。七月十六日聽從在英德縣屬羅家窖拒敵官兵一次。八月廿一日聽從在佛岡水頭

據拒敵官兵一次九月十九日聽從在英德曲江交界
之大坑口地方拒敵官兵一次十月初間聽從在翁源
縣屬周陂地方與鄉民打仗一次并焚劫甘姓殺斃多人
十月廿二日聽從在翁源縣屬雷廟嶺地方拒敵官
兵一次該犯羅應斬梟

番禺縣鍾亞

一咸豐元年三月十三日緝捕委員獲解匪犯一名

P.12

一咸豐元年四月初七日緝捕委員獲解匪犯一名
黃亞庚 曲江縣人年三十一歲父親黃逸保母親駱氏弟兄二人哥子黃亞娣戒居次並沒妻子
供認于道光三十年八月內聽從在英德等縣屬向不識
姓名舖戶索詐得贓不記次數九月十五日聽從在英
德縣屬望夫岡拒敵官兵一次伊在場助勢並未傷
人九月廿九日聽從在曲江縣屬石角大坑口地方拒敵

官兵拒傷鄉民二人一次誣扳葉經署被斬梟首俗惧
擒聽候提訊正法

一咸豐元年四月二十三日候補府史守獲解匪犯五名

南監故 梁亞三即整木三清遠縣人年五十二歲父親已故母親馮氏弟兄二人我居長並沒妻子

供認被何亞社糾邀入夥道光三十年七月十四日聽從
在清遠縣屬橫石潤前索詐得贓又在官庄地方與
鄉民打仗一次八月十二日在佛岡冰頭搶拒敵官兵一
次又在翁源縣屬周陂地方與鄉民打仗一次并焚

P.13

P.14

劫不識名甘姓家及許姓當店又在始興縣司前從劫
劉禹養家一次十月十六日又在始興縣屬圖劫官之
祥家未成勒索得賍一次後到翁源縣屬雪廟塹
地方與官兵打仗一次

陸亞全英德縣人年五十七歲父親已故母親鄧氏弟兄二人僅存陸亞肥我居次娶妻已故生有一子

供認被李亞秀糾邀入夥道光三十年七月二十六日
擄艇在清遠縣屬横石圍前廟詐劫擄人在灣頭地方
與鄉民打仗一次又八月二十九日又到佛岡石角地方索
詐劫搶八月十二日在佛岡水頭圩與官兵打仗致傷
官員一名九月十五日在英德縣屬望夫岡地方與官
兵打仗一次九月廿九日在曲江縣屬大坑口與官兵打
仗一次又在翁源縣屬周陂地方與鄉民打仗十次並焚

刦滃㙜文在始興司前行刦劉禹養家一次十月十六
日又在始興縣屬閩村害定祥家未成勒索得贓
一次十月二十一日在翁源縣屬雲岡地方又與官兵
打仗一次

陳觀佑 佛岡廳人年三十歲父親陳滄母親已故弟陳亞東我居次並沒妻子
供認道光三十年五月十四日聽從拜英德縣屬羅

P.15

家營與官兵打仗一次伊刀傷壯勇二人八月十二日又
在佛岡水頭圩與官兵打仗一次伊拒傷兵丁一人九月
十五日在英德縣屬望夫岡地方與官兵打仗一次九月
十九日在曲江縣屬石角太𣲖口與官兵打仗一次又在
翁源縣屬周陂地方與鄉民打仗一次并焚刦滃㙜文
在始興司前行刦劉禹養家一次十月十六日閩刦害

寔辯家朱成勒索得贓一次二十二日到翁源縣屬雷
簡墊墟方參與官兵打仗一次
以上三名罪應斬梟現在查辦供摺

P.16

一咸豐元年三月二十二日奉
憲台發下和平縣解到匪犯一名

番監故

葉亞科 和平縣人年五十八歲父親已故母親梁氏弟兄三人我居長娶妻已故生有二子

供認於三十年十二月十七日在連平青州地方與鄉民
打仗焚劫賴姓房屋一次十二月十九日在和平熱水地
方行劫居民十餘家一次十二月廿三日在和平剃頭

P.17

地方行刦不識姓名居民舖戶十餘家一次十二月廿五
日在和平涌頭拒敵官兵一次該犯罪應斬梟

一咸豐元年二月十三日緝捕委員獲解匪犯一名
廖賤妹 江西信豐縣人年四十九歲父母都故並没弟兄妻子
供認被匪黃毛五逼脅挑運行李數日得受工資並
無帮同拒捕情事查該犯罪應擬流

P.18

一咸豐元年二月二十九日緝捕委員獲解匪犯一名

南監收

温亞珠 佛岡廳人年二十四歲父母都故並沒弟兄妻子

供認三十年九月十二日被張亞遂脅在羅思滌

夥內挑担得受工資並無隨同詐索行刦拒捕情

事查該犯罪應擬流

P.19

一咸豐元年三月二十二日奉

憲臺發下和平縣解到匪犯十一名

南監故 朱亞蘭 和平縣人供認被脅挑担得受工資並無隨同刦詐情事 年二十三歲父親已故母親陳氏並没弟兄娶妻葉氏未生子女

查該犯罪應擬流

南監故 周亞瑞 和平縣人供認被脅挑担得受工資並無隨同刦詐 年十八歲父母都故並没弟兄妻子

查該犯罪應擬流

陳文彬 和平縣人年四十五歲父母都故並没弟兄娶妻葉氏生有一子

南監故 葉亞灶 連平州人年二十七歲父母都故並没弟兄妻子

P.20

南監故 李石妹 連平州人年二十九歲父親已故母親汪氏並沒弟兄妻妾白氏未生子女

南監故 曾亞火 連平州人年三十四歲父母都故並沒弟兄妻子

南監故 葉亞成 和平縣人年二十八歲父母都故並沒弟兄妻子

南監故 黎黄安 和平縣人年四十四歲父母都故並沒弟兄妻子

黄井齊 和平縣人年二十一歲父母都故並沒弟兄妻子

一黄亞海 和平縣人年二十五歲父親黄亞帶母親陳氏並沒弟兄妻子

謝觀錦 連平州人年二十七歲父親謝亞保母親已故弟兄二人我居長並沒妻子

俱供認被匪盧觀鳳葉亞科白觀泰等逼脅服役

為日無幾並無得受工資及從劫拒捕情事

查該犯等罪應擬徒

P.21

一咸豐元年四月廿三日候補府史守獲解匪犯一名

陸崇信 英德縣人年四十六歲父親已故母親鄧氏弟兄二人我居長並沒妻子

供認于三十年十月內被陸亞貴糾邀未久僅止

被脅挑運行李並無隨同行劫拒捕情事

查該犯罪應擬流

P.22

一咸豐元年二月十九日緝捕委員獲解匪犯二名

鄒亞池 年三十四歲父親已故母親譚氏弟兄二人我居長娶妻陳氏未生子女

番監故 鄒亞江 俱龍川縣人年二十九歲父親已故母親譚氏弟兄二人我居次並沒妻子

各供認被匪陸亞一逼脅駕船挑担隨同在清遠河面打單索詐不記次數並無拒敵官兵情事

查該犯等罪應擬遣

P.23

一咸豐元年正月二十九日緝捕委員獲解匪犯一名

番監故 蘇亞勝 英德縣人年三十七歲父母都故弟兄二人我居長娶妻譚氏遂沒生子

供認于三十年七月內投入鄧十富夥內聽

從迭次打單索詐又三十年八月初三日

在清遠關前地方拒敵官兵一次又三十

年八月初七日在清遠官庄地方與鄉民

打仗一次護殺罪應斬梟

一咸豐元年五月二十九日[illegible]一名

P.24.

一咸豐元年五月廿一日候補府史守獲解匪犯一名

南監故 李亞木 清遠縣人年四十四歲父親已故母親陳氏並沒弟兄娶妻周氏還沒生子

供認三十年八月內投入周亞華股內走打單

索詐及八月二十九日在清遠官庄行劫店舖

一次又本月初一日在清遠石角地方行劫蘇

杭店一間一次又十二月初二日在英德坳下行

P.25

劫不識姓名家（下）又於十月初二日在英德
墈下與官兵打仗一次又于十一月初四日
在從化屬白地方與鄉民打仗一次又于
五月二十八日在翁源縣屬與鄉民打仗一次
查該犯供開在從化翁源打仗二次查無報案其
餘各案行查未覆致未正法該犯現已病
故在案

一咸豐元年四月二十三日侯補府史守獲解匪犯一名
南監故譚亞帮 英德縣人年三十歲父親已故母親楊氏並洨弟兄妻子
尚未訊供據報病故隨提同獲之陸亞全查
訊據稱該犯曾在清遠官庄與鄉民打仗
一次罪應斬梟

P.26

一咸豐元年四月廿八日奉

憲臺發下龍川縣解到匪犯八名內林亞潰一名解省

中途病故

徐東生 龍川縣人年三十九歲父親已故母親沙氏並沒弟兄妻子道光二十年十二月二十四日在龍川縣岩下地方被歐成秀逼脅入夥

陳甲秀 龍川縣人年五十二歲父母都故並沒弟兄娶妻葉氏生有一子道光三十年十一月二十日在龍川車田地方被吳壽逼脅入夥

該二犯均供認被脅挑擔什物各得受工價

P.27

三百文並沒隨同搶奪索詐及抗拒官兵情
事罪應擬流

謝觀石 龍川縣人年二十九歲父親已故母親駱氏並沒弟兄妻子
供認道光三十年十一月二十日在龍川黃石地方
被謝亞斗糾邀入夥並沒分立旗幟在黃石
方聽從械搶恍盛字號等店鋪五間十二月
閻又聽從在龍川東田岩下黃石各處地方械
搶不識姓名居民鋪戶并打單索詐不記次數
並沒隨同抗拒官兵情事罪應擬遣

王高真 龍川縣人年四十五歲父親王隴寬母親已故並沒弟兄妻子
供認道光三十年十一月內在龍川縣屬被謝亞
四糾邀入夥並沒分立旗幟聽從謝亞四在龍川

岩下地方械搶連與伙店鋪及到龍川埠及潭洛
處聽從械搶不識姓名店民鋪户并擄勒贖詐
不記次處並沒隨同抗拒官兵情事罪應擬遣
陳北英和平縣人年二十五歲父親陳亞晚母親石氏並沒弟兄娶妻鄧氏並沒生子
供認道光三十年十二月内在龍川縣屬被黃亞蘭
糾邀入夥並沒分贓聽從黃亞蘭在龍川
縣屬岩下黃石各處械搶不識姓名事主衣物
二次並沒隨同豪詐抗拒情事罪應擬流

P.28

南雄故
鄧卒孖即鄧亞閏龍川縣人年三十五歲父親鄧世清母親已故並沒弟兄妻子
供認道光三十年十一月二十日在龍川官天嶺地方
被陳亞光糾邀入夥並沒分贓聽從陳亞
光在龍川茶田地方械搶彭建中家衣物一次又

P.29

到湯湖頭地方聽從械搶不識姓名店鋪布疋
衣物一次並沒隨同索詐及抗拒官兵情事罪
應擬流

南監故 朱花頭滿龍川縣人年三十六歲父親已故母親陳氏並沒弟兄妻子
供認道光三十年廿月內被吳駋盛糾邀入夥
並後分立旂幟隨從吳駋盛在龍川縣屬湯湖頭地
方械搶楊觀生家一次又在龍川岩下地方聽從
械搶中和堂及大順號店鋪一次又在龍川黃石
地方聽從械搶黃亞華店物一次並後隨同索詐及
抗拒官兵情事罪應擬流

在逃病故 林亞潰即林癸發福建上杭縣人年四十六歲父母都故並沒弟兄妻子
供認道光三十年十二月二十一日被黃瀾嘴糾邀

P30 end

入夥就在龍川縣屬聽從黃潤嘴徒搶張攄與

店內錢物一次並沒另犯別案

該犯林丑潰解至中途即行病故今查龍川

縣屬供罪應擬徒合併敍明聽候核辦

咸豐元年五月初九日具　由驛四百里
奏
道光　年　月　日奉
硃批

奏稿

奏為遵
旨覆奏仰祈
聖鑒事竊臣等承准軍機大臣字寄道光三十年十
二月十二日奉
上諭有人奏廣東高州土賊肆擾委員專事彌縫一

摺據稱廣東信宜縣有土賊淩十八聚黨二三千
人肆行刦掠該縣知縣官步霄率同紳勇捕得賊
弟淩十四署知府胡姓委茂名縣知縣胡宗政查
辦聞有欲將伊弟送還即不攻城刦庫之說該委
員畏懼講和捏稱賊為良民旋將淩十四送回並
給淩十八銀四百兩該府據所稟僞詞通詳以致

賊勢猖獗終〻放尤又據片稱欽州平山墟亦有
汛兵通賊之事等語廣東匪徒蔓延該管各官宜
如何認真查辦若如摺內所指姑縱偷安養癰貽
患尚復成何事體著徐　葉　按照所奏各
情秉公訪查嚴行懲辦毋得稍事姑容將就了事
是爲至要原摺片著鈔給閱看將此諭令知之欽此

查信宜縣居民向分舊園新園舊園皆係該縣
土著新畬為大寮蓮塘多係廣西種山客民兩
園構衅尋仇積不相能已非一日又原摺內所
稱信宜縣土賊凌十八在該縣大寮寨地方聚
党二三千人拜上帝會打造器械肆行劫掠經
該縣知縣官步霄捕獲賊弟凌二十四復領紳

勇往攻賊寨被賊殺斃練勇余士楨等二百餘
人一層查上年九月間有信宜縣生員李文明孔
傳東等來省控告現有大寮凌十八於本年正
月由西省拜上帝會回家打造器械拆毀廟社
神像七月經街鄰許孟紹等呈縣查拏適凌十
八復往西省未回拏獲其弟凌二十四帶縣看

押凌十八回家凌扶其街鄰攻詰之急搶掠駱
名勳陳文祥各家傷斃人命經該縣會營帶
同練長余士楨等往捕被凌十八拒殺余士楨
等及鄉勇等數十人並傷孔傳東家人三命又實
有殺斃練勇二百餘人之事該生員等呈詞豈
皆減多為少又又原摺內所稱署知府胡煃委

茂名縣知縣胡宗政查辦該匪聲言攻城劫官
及將伊弟送還即可不劫該委員畏懼講和赴
府稟覆捏稱賊為良民親送凌二十四回寨並給
凌十八銀四百兩該府據其偽詞通詳以致賊
勢猖獗一層屢據茂名縣知縣胡宗政稟稱信
宜縣新舊兩園搆隙本係凌十八即不安分其

聚族而居者未必全係匪徒既經奉委查辦不
得不區分良莠旋據該處紳耆聯名具保凌二
十四實不為匪是以令其保出並無聲稱攻城
封官妄圖扶制此係信宜之案該縣不過奉委
查辦與伊無涉何謂給銀四百兩賄和了事曲
為彌縫且案情未定並未據署高州府知府胡

美彥通詳催而據所拏情形係匪勾結西匪蔓
延為害是以臣等特派調潮州兵勇先除青手
劉八一股再查明次剿辦旋於本年正月據代
理信宜縣知縣夏雲和等稟稱凌十八因潮州兵
勇到高心懷猜懼遂於正月初九挾仇搶掠生
員張汝翼家指殺其家人王伴三十一命該匪

等亦被殺傷多人迨聞官兵擊敗劉八恐被誅
戮遂於正月十四日燒燬匪巢扶老攜幼約有
二三千人盡族逃往廣西甚致到金田入夥又
聞該處官兵雲集匪勢漸敗無所依歸移竄廣西
博白陸川一帶屢經鬱林州牢報亦大略相同
現已由臣徐　札飭廣西鬱林州文武合力

堵剿毋任滋蔓至原片所稱欽州平山堡土匪
業經陳長梁宅中等拏獲竟被汛兵梁朝後等
中途搶脫一屬此案臣等查上年秋間據訪聞
有廉州營已革外委馮雲邦馮浦揚及世職蘇
子琦三人有與賊往來之信早經拏辦現已密
飭高廉道府確查欽州平山堡汛兵有無通賊

據實查復再行覆奏總之臣等奉肩重寄正值
西省軍興調兵募勇竭力剿洗惟期除惡務盡
何敢任聽府縣賄賊偷安養癰貽患再蹈廣西
覆轍自干咎戾所有遵
旨訪查實在情形謹合詞恭摺覆
奏伏祈
皇上聖鑒謹
旨
奏

P.1　F.O.682/391/3(43)

一件　廣海寨遊擊請以潘慶陞署事

奏稿

硃批

道光　年　月　日奉到

看稿　對摺

咸豐元年三月十七日具

奏

奏銷　摺弁　楊振升　藍名亮　賞

繕摺

奏為外海水師遊擊員缺緊要揀員奏懇陞署以
重海疆恭摺仰祈
聖鑒事竊查廣東廣海寨遊擊係外海水師題補之
缺接准部咨輪用預保人員該省並無預保之
員行令於現任應題人員內揀選題補等因查

P.2

廣東通省外海水師都司共九員臣會同水師
提臣洪　逐加遴選除業已陞轉及准補尚
未給劄請補未准部覆並因案降調外寔無合
例堪以題補之員即例准越缺保題陞用之守
備遍行揀選亦無堪陞此缺之員查例載外省
題調武職各缺如因員缺緊要人地相需將不
合例人員保奏於摺內聲明請
旨交部核覆恭候
欽定等語今廣海寨遊擊駐劄新寧縣屬廣海寨城
地方管轄洋面遼闊且時有夷船在外洋寄泊
防範稽查均關緊要必須熟悉情形緝捕勤能
之員方克勝任茲查有准陞吳川營都司潘慶

P.3

年四十歲廣東羅定州人由行伍遞陞今職道
光三十年十二月二十四日奉文准陞行令給
咨赴京引
見該員才識深稳洋務熟諳現護水師提標右營遊
擊辦理裕如以之陞署廣海寨遊擊實堪勝任
准陞都司尚未引
見給劄與例稍有未符但人地實在相需例准專摺
保奏且外海遊擊員缺緊要一時不得其人即
守備亦准越缺陞補令由都司請陞較之徑由
守備保題者究屬官階相近合無仰懇
天恩俯念水師員缺緊要人地實在相需准將准陞
吳川營都司潘慶陞署廣海寨遊擊洵於海疆

End

P.4

要缺有裨如蒙
俞允俟部覆到日併案給咨送部引
見仍俟扣滿年限另請實授所遺吳川營都司係外
海水師題補之缺俟部覆開缺時查明照例辦
理臣為水師要缺需員起見謹會同廣東水師
提臣洪　合詞恭摺具
奏伏乞
皇上聖鑒敕部核覆施行謹
奏

P.1　FO.682/391/3(94)

一件　水師提標中軍叅將請以沙兆龍升署　事

看稿　對摺

咸豐九年三月二十五日具

奏稿

奏

摺升

賫

道光　年　月　日奉到

硃批

摺

奏為廣東水師叅將員缺緊要揀員懇
恩陞署以資整飭恭摺仰祈
聖鑒事竊照廣東水師提標中軍叅將係外海水師
題補之缺按准部咨輪用預保人員該省現無
預保行令於現任應題人員內揀選題補等因

P.2

查水師提標中軍叅將隨同提臣駐劄虎門為
通標各營領袖每遇提臣公出一切營務均應
該叅將代為折辦且為民夷商船出入處所防
範稽查在在均關緊要必得精明強幹熟悉洋
務之員方克勝任粵東外海水師遊擊共八員
或已陞叅將或准補尚未到任及懸缺未補外
實無合例堪以題補之員查例載外省題調武
職各缺如因員缺緊要人地相需將不合例人
員保奏應於摺內聲明請
旨交部覈覆恭候
欽定等語茲會同廣東水師提臣洪　詳加揀選
查有准陞碣石鎮中軍遊擊沙兆龍年四十六

P.3

歲、廣東肇慶府陽江縣人、由行伍、遞陞香山協
中軍都司、道光三十年七月內、經臣於保奏水
師人員摺內聲明該員堪膺儲備之選、欽奉
諭旨、着送部引見、是年八月內奏准陞署今職、十二
月二十四日、接
部咨、奉
硃批准其陞署欽此、業經併案給咨赴部引
見、該員熟諳洋務、巡緝嚴明、以之陞補水師提標中
軍叅將、實堪勝
惟陞署遊擊、尚未實授、歷有
俸次、與例稍有未符、第水師人材難得、人地實
在相需、合無仰懇
天恩、俯將水師提標中軍叅將、准以碣石鎮中軍遊
擊沙兆龍陞署、俾海疆要缺得人、營務藉資整

P.4 end

飭、如蒙
俞允、該員於陞署遊擊案內、甫經引
見、毋庸再行送部、仍俟扣滿年限、另請實授、其所遺
碣石鎮中軍遊擊、係外海水師題補之缺、俟部接准
覆開缺時、查明例辦理、臣為水師要缺需員
起見、謹會同廣東水師提臣洪　合詞恭摺
具
奏、伏乞
皇上聖鑒、敕部核覆施行、謹
奏、

P.1　F.O.682/391/3(45)

一件香山協右營都司請以徐汝鬼升署事

看稿
對摺

奏稿

咸豐元年三月二十四日具

奏

摺弁　賫

硃批

咸豐　年　月　日奉到

繕摺

奏為外海水師都司員缺緊要揀員奏懇陞署恭
摺仰祈
聖鑒事竊查案准部咨廣東香山協右營都司廖振
起降調遺缺係外海水師題補之缺輪用預保
人員該省並無預保人員亦無改用人員行文

P.2

於現任應題人員內揀選題補等因當即會同
水師提臣洪　逐加遴選粵東外海水師守
備二十七缺除業已陞轉及懸缺未補准補尚
未給劄與藉隸本府并親丧未滿外雖有合例
應陞之員惟於此缺人地不甚相宜查例載外
省題調武職各缺如因員缺緊要人地相需將
不合例人員保奏於摺內聲明請
旨交部核覆恭候
欽定等語今香山協右營都司缺逓年春冬分駐香
山縣屬小欖小河洲汎夏秋分駐黃梁都土城
管轄地方洋面遼闊港汊紛岐必須精明幹練
熟悉情形之員方克勝任茲查有擬補碣石鎮

P.3

右營守備徐汝彪年四十八歲廣東肇慶府陽
江縣人由行伍遞陞今職該員熟諳洋務緝捕
勤能以之陞署香山協右營都司實堪勝任惟
擬補守備尚未授劄與例稍有未符但水師人
材難得現值整飭洋務之際未敢稍事拘泥謹
遵人地相需之例專摺具
奏合無仰懇
皇上天恩俯念水師員缺緊要准將擬補碣石鎮右
營守備徐汝彪陞署香山協右營都司洵於海
疆要缺有裨如蒙
俞允該員甫經引
見毋庸送部仍俟扣滿年限另請實授其所遺碣石

P.4 end

鎮右營守備係外海水師題補之缺俟部覆開
缺時查明照例辦理臣為要缺需員起見謹會
同水師提臣洪　合詞恭摺具
奏伏乞
皇上聖鑒敕部核覆施行謹
奏

P.1　FO.682/391/3(48)

一件 特參畏葸狡獪總兵王鵬年事

看稿
對措

咸豐元年三月二十日具

奏

措弁

賞

奏稿

咸豐　年　月　日奉到

繕摺

硃批

奏為特參畏賊不（玩）捕具稟窺探居心狡獪之水師
總兵及在洋（追）捕盜被擄忍辱偷生之護都司（把總）等
請
旨一併革職嚴審恭摺仰祈
聖鑒事竊查上年十一月訪有護碣石鎮標都司諸

P.2

文標等在洋捕盜被賊擄捉失去船械印信之
事即經臣節次嚴檄該管總兵王鵬年妥速查
拏復由水師提臣洪　特派署理中軍參將
何芳交卸遊擊沙兆龍等督帶舟師出洋掩捕
旋據何芳等跟踪追至香山外（洋）擊沉盜船一隻
隻盜匪紛紛落水復追至平海洋面攻獲盜首
孫幅連船一隻起出諸文標之義子黃亞有及
匪犯砲械贓物等項並稱盜首孫幅連被剿窮
蹙挾同諸文標赴平海營投首據署平海營參
將黎志安稟同前由當飭黎志安將諸文標孫
幅連解省審辦因何芳巡洋期滿復派護水師
提標右營遊擊潘慶出洋偵緝先後拏獲黃富

P.3

仔等共十九名發司研訊委係擄捉諸文標師船之犯均已恭請
王命先行正法梟首示衆查護都司諸文標身任營員不能奮勇捕盜致被擄捉已屬庸懦無能乃被擄後復忍辱偷生為賊逼脅差同時被擄之把總劉尚高持信回營為賊乞恩免罪並稱如不准投首即將該護都司殺害張揚賊勢以期苟延旦夕尤堪痛恨而該管總兵王鵬年以專閫大員於該管洋面出此重案節經撤催一味畏葸遷延犯無一獲復敢抄呈諸文標由賊船寄回信稿意存窺探希圖將就了事居心狡獪無恥昧良殊出情理之外若非何芳潘慶等先

P.4

後偵捕殲至盜首漏網尚復成何軍政再查該鎮之禀匪船不過六隻及新造拖船共有十餘號較匪船已多至兩倍孫幅連被剿窮蹙逃至平海僅有一隻而劉尚高又由匪船回見該鎮自更確知賊情何以觀望不前並不圖捕追何芳等擊獲匪船之後始行帶船駛到似此畏葸取巧實屬罪無可逭相應請
旨將碣石鎮總兵王鵬年及護都司諸文標把總劉尚高先行革職以便嚴切根究從重治罪所遺碣石鎮總兵之缺請
旨迅賜簡放以重職守現有龍門協副將吳元猷請咨來省已飭前往碣石鎮摘印護理合並陳明

P.S. and

五

臣謹會同水師提臣洪　　合詞恭摺恭

奏伏祈

皇上聖鑒訓示謹

奏

P.1 FO 682/391/3(46)

一件 謝作高拏獲鄰境盜犯請獎事

奏稿

硃批 咸豐 年 月 日奉到

看稿 對揩 咸豐元年四月 日具

奏

揩弁 賞

繕揩

奏為千總拏獲鄰境迭刦巨盜多名籲懇
天恩以守備遇缺即補仍賞加都司銜先換頂戴以
昭激勸恭摺奏祈
聖鑒事竊照廣東省南海縣屬之西關地方為財賦
聚集之所亦為盜賊窺伺之區緝捕巡防最為

p.2

緊要茲查該處防汛廣州協左營右哨千總謝
作高到任以來募勇購線實力巡緝奸宄歛戢
閭閻乂安該千總自道光二十九年正月十三
日起至三十年七月二十三日止共獲盜匪一
百六十二名均解交地方文員審辦除未經審
結及本境應拏人犯不計外實計首先拏獲鄰
境已結首夥盜匪四十三名內斬梟盜首三名
斬梟夥盜六名斬決盜首五名斬決夥盜六名
擬遣盜犯九名擬軍積匪三名擬流匪犯十一
名先後
奏題咨結俱係千總謝作高首先拏獲並未開列
職名附請議敘各犯籍貫及犯事地方均非該

P.3

千總管轄係屬拏獲隣境人犯並非本境應拏
該千總任內亦無承緝逃盜未獲之案茲據南海
海縣查明該弁任內拏獲盜犯名數由藩臬二
司核明列冊詳請
奏獎前來查定例官員拏獲隣境迭次起意行刦
盜首一名併罪應斬梟斬決盜犯數至三名以
上者本任内並無承緝逃盜未獲之案准送部
引
見又道光二十八年三月內准兵部咨千總以上官
員尋常獲盜僅與例符者俱循例題請議叙叙
如迭獲隣境大夥案犯並拏獲重案盜犯多名
准督撫專摺保

P.4

上
奏又是年十一月內准兵部咨欽奉
諭水師陸路將備拏獲鄰境斬梟斬決盜犯四名以
上均准督撫會同提督奏明遇有應陞之缺即行陞
用先換頂戴毋庸送部引見俟補缺時再行送部欽
此又兩廣督標中營左哨千總羅逢濤拏獲鄰
境斬遣盜犯四十二名經臣等於三十年三月
內奏奉
諭旨准以廣東陸路守備遇缺即補賞加都司銜先
換頂戴在案今千總謝作高首先拏獲鄰境斬
梟斬決遣軍流盜犯四十三名核與羅逢濤獲
盜之案相同較之拏獲斬梟斬決盜犯四名僅
與例符者已逾數倍且所獲潘亞九潘亞均潘

P.5

亞駒係迭刦五次至十次重案盜首潘亞熾陳
亞力潘亞靜陳近灘陳亞窮譚寬連係迭刦三
次至五次著名巨盜陳告猷黃亞勝盧亞新李
亞四厪亞蔡係糾衆刦搶首犯寔屬勤奮出衆
為武弁中不可多得之員現當捕務吃緊之時
自應優加奬拔藉以策勵人材相應循例奏懇
天恩俯准將廣州協左營右哨千總謝作高以廣東
陸路守備遇缺即補仍賞加都司銜先換頂戴
仍俟補缺後再行送部引
見以昭激勸臣等為整頓捕務鼓勵人材起見除將
獲犯案由罪名列冊咨部查核外謹會同廣東
陸路提督臣陶　合詞具恭摺具

P.6 end

奏伏乞
皇上聖鑒訓示謹
奏

P.1 F.O.682/318/1(11)

一件 覆奏籌撥廣西軍餉及隨時將兩省會剿情形飛咨 賽大臣查照

咸豐元年四月三十日具

奏

奏稿

馳驛四百里 賫

咸豐 年 月 日奉到

硃批

奏稿

奏為遵

旨覆奏仰祈

聖鑒事竊臣承准軍機大臣字寄咸豐元年四月初

六日奉

上諭據李　等馳奏進剿賀縣匪徒官兵遇伏致

P.2

有挫衄並瀝陳兵餉支絀情形廣西賊氛日熾節

經調兵籌餉以期源源接濟惟各省道路遠近不

一猶恐緩不濟急現在廣東剿辦匪徒已經得手

該督務即遵照前旨激勵將弁移得勝之師迅赴

廣西會同剿辦並著曉諭該省士紳如有捐資募

勇隨往剿捕出力者朕必優加獎敘該督所派副

奏稿

將齊清阿參將左炘等前赴賀縣協剿均能奮勇

殺賊為國捐軀實堪憫惻已降旨加等賜恤可見

東省兵勇無遷延退縮惡習仍須鼓勵士心再接

再厲勿令賊勢蔓延勾結至廣西軍餉前經兩次

飭部撥銀一百八十萬兩昨又特發內帑銀一百

萬兩但長途護解遲速難定廣東接壤西省如廣

P.3

西現有急需著該督仍遵節次諭旨無論何款何
項務即迅籌解往毋致稍失事機該督職任兼圻
責無旁貸總當事事兼權並計俾兩粵早就肅清
以慰朕廑現在賽　　等已於四月初旬先後出
都所有東西兩省會剿情形該督一面奏聞一面
沿途飛咨該大臣查照可也將此由五百里諭令

奏稿

知之欽此查廣東清英一帶軍務業經告竣高廉
亦連獲勝仗軍威大振賊勢漸蹙力圖殲盡未
敢稍涉鬆勁而前竄廣西賀縣之匪又復折回
廣寧之江谷墟現飭黃岡協守備鍾慶瑞管帶
潮州兵勇進駐江屯以扼其西竄之路並派護
新會營參將衛佐邦督帶新順兩營兵勇由下

P.4

茅直搗江谷四月十四十七二十二等日皆接
仗獲勝該匪逃往鵝涌一帶屯聚已將江谷賊
巢焚燬仍飭衛佐邦約會鍾慶瑞乘此軍威鼓
勵士心前後夾擊以期迅就撲滅免致蔓延查
高州府屬之信宜化州石城地方與廣西容縣
陸川博白鬱林北流皆緊相毗連時有匪徒出

奏稿

沒俟廣寧剿辦竣事方能抽撥兵勇移往殲除
彼處肅清再行全師會於廉州約會西省文武
由南而北以次剿洗此現在辦理之大概情形
也至於捐資募勇東省所在多有要皆假公濟
私有名無實道光二十年以後當辦理夷務之
時冒領翎項濫邀保舉者不一而足其實並未

P.5

見陣聞風即逃不但不能藉壯聲威反致擾亂
軍律此等情形臣察之已久知之最悉上年東
省軍務方興具呈投効者甚多先已一概屏絕
以杜虛糜而免貽誤至廣西軍餉前截留點餉
十三萬兩又東省解往部撥銀四萬三千兩及
各省陸續解到者約有三十餘萬兩是以四月

奏稿

初九日曾將近月支放不致遽形短絀情形由
驛具
奏在案除先將司庫每年酌留海關尾數奏明動
支外復請暫撥廣東自軍興以後粵海關本年
首季銀二十萬兩及第一次捐輸銀十二萬餘
兩均已支銷無存現在各路勦捕方殷亦須隨

P.6

時籌畫不敢上瀆
聖廑總思勉圖兼顧茲查有粵海關二季稅銀將近
屆滿尚可撥用昨已函詢署廣西撫臣勞
如有急需即當迅籌解往聽候分撥該署撫臣
現駐梧州公牘往返不過數日斷不致有誤事
機再臣前接准西省來咨欽奉

奏稿

諭旨特派大學士賽　等辦理軍務即將廣西賊
匪實在情形及文武之可用者切實縷晰函開
於四月十二日派都司常瑞守備黃紫亮沿途
迎投現復恭奉
寄諭自當遵
旨將兩省會勦情形一面具奏一面飛咨該大臣查

照辦理合並陳明所有遵辦緣由臣謹恭摺由

驛覆

奏伏祈

皇上聖鑒訓示謹

奏

崑臣仁弟大人萬福：十二、十三連奉兩日手書並另錄

硃批及摺片稿各一件，均已謹悉。以後尤要

批摺既仍寄省署，文金中收存萬感。羅鏡賊巢先割去稗

子十二萬餘斤，復失又受力傷，釜底游魂，當可計日

殲除。艇匪自經沈營三次擊敗，不敢盤踞潿洲，翠士

日已刻竄至潿洲之長洲，雖距我砲船不過廿里，而

風逆溜急，勢難逆剿，正好靜鎮以待。至未刻忽轉

東南風，我軍揚帆駛上，砲毒齊發，奪獲大匪艇共

隻，擊沉、燒燬大匪艇四隻，又奪獲小艇四隻，又擊斃、

燒斃、淹斃者約計千名以外，生擒不過四五名，又鄉獲

送者十餘名。我軍僅受傷一人[illegible]，可謂大快人心。可惜

小艇各隻乘風上竄，因日暮灘多風急，遂息兵回

收隊。此番痛剿大匪艇殲除幾盡，雖有小艇數隻

幽匿於局各戰之所，暢游江面，如鷹水陸一種截拿
計亦一網打盡也。奪獲砲位甚多，家伙查明再當會
列
台衙及 本院，後鄉接實馳奏，西南各閘已經沈塞
擊斃賊文西坐船，眼見燒沈賊艇、帆船，併再行佈
閘大河，並召兵勇奪船，搜得紫稿錢架一副，皆揭
杖之物。三年之懼，而又有棄中之喜，可謂要悉不
作者矣。現容搜捕賊餘，再定砲船撤回江口及往四
鄉搜道，匪仍踞莞城，兵勇十餘日未經接仗，亦足永
安局面。容後再圖。專請
台安
愚兄縉頓
六月十三日未刻

崑臣仁弟大人萬福：昨晚接讀十六日申刻

手書，備悉種切。都中奉二十四月二十日摺，係上年三月究日處

奏覆，聞照奉

寄諭，並將抄稿寄呈壽張兩鎮，今日已發札。宗小棠本係奏

留，自應請

旨飭令北上。沈芝昨日來稟，稱奉兵納順後，日方能到齋，而當

川兆字營恩福鎮到此，尚須時日，定於派沈芝之兵

先行馳赴當川，福鎮來時即移剿北海，寄知譚林

在王匯。又因沈芝威望君熟，擬令在梧總籌糧台，兼籌

西路。恩仍派五營繫為翼長，再飭鄭牧會同前往

請示肯酌，而仍更費放心，雖未護本路之兵勇，本

軍於陸現已飭回清口。沈芝之兵止有一千五百名，當

川稍嫌，而實屬單弱，擬令佛勇一千五百名

閱下，分派往南韶，雖思康擬或更已有兵勇，手跡在本

者，即佛勇亦裁五百兵，添派當川兵力稍厚，宗棠

本特此以為本邦即由

尊委札飭藉將剛迅速常末不勝服切專肯尤要上

有摺兩件並將圍封書摺賚送（貼正摺及稿底並呈）

尊委附進並望代懇中丞速白[illegible]批[illegible]帶來建[illegible]為叩

憲再由[illegible]封寄看情懷剛將發交摺差也專肯再請

台安

弟見[illegible]頓首 [illegible]日[illegible]刻

F.O.682/769/1(7)

崑臣仁弟大人萬福：廿八日辛刻、廿六日申刻
手書（並陳承忠、黃漢收到）備悉。一切羅鏡會匪已到，而嚴用不清，敘招附
尚須大費
籌筆也。連日訊辦艇匪已過重者一千四百零九名，
尚有七千餘名未辦。而南長吓（二李元茂江）已拿到，爰以極
刑，觀者如堵，大快人心。今早辛刻

批摺及
密諭一道，另備公牘恭錄抄密呈，即冀
查悉。蓋見林北密之役，不密，稍緩也。手肅，佈請
台安。
愚兄鍾頓首　六月廿二日未刻

P.1 FO.682/769/1(8)

崑臣仁弟大人萬福本日午刻迭奉七月廿三十日兩次
手書並承
枉駕敝署未見爲歉謁見
憲將關懷銘感曷既另紙抄
示與他族往還照會措詞得體佩服良殷細閱江
藩兩次來諭一則彼委兩不藉口矣一力該夷仍以
安挿水勇布圍領賞一則當以道府議章程如
與該夷有礙事隔幾年何以早不言及似皆無一面
照會一面照發篇見如斯書也

P.2 FO.682/769/1(8)

昨晚接羅宗信云云
酌定初二日之捷衛佐邦因無勇來請重不近而說
已殲賊幾百奪械多件似應先行馳奏以聲
垂廑並擬就摺稿寄呈候示
核定十六十七兩日皆無接仗昨接實信之信似接劉
前寄劉八條摺皆有懊悔請奏將其三意抑文

P3

FO.682/769/1(8)

不肖昭雪兄貴部勵度不隻字不提惟朱韜韓因

團練一事勵無仍然負章不能度函已照世兄未辨

謂將帥生一層閡隔矣通商章程奏稿江蘇尊

諮並撤手函奉請

台安並賀

節喜不莊

愚兄繹壽首

望日中刻

P4

FO.682/769/1(8)

再啓者劉年兩妻貞在營甚不出力勵勇國藉驍銳於

各須賢者有人該妻夫等何以先勇後怯以鄙意揣之

此等抑其坐擇寬恩星季投慈存以挽隆札飭不得不

爲權宜之詞訓騙並施以觀後效文牘附呈鑒

高明定能洞鑒也 文又

P2

Encl

F.O. 682/769/1(10)

又西路業經省在省圍再續此再查以道陳首寧專

懷城軍務已有眉目另單特條開極文章已批飭

毋庸議奏手此並請

台安

惠先謹啟 月十三日巳刻

P1

F.O. 682/769/1(10)

再啓者現在派劉鎮匡前赴殲除西路股匪與梁廿

大人號信宜全調發步勝隊雖常兵勇手在附城西

該軍不堪多難一戰若任已詳之非調撥城隨江兵

亦不在也並望特再調東莞吉勝回汎繼竟選募

歸以壯勇並再呈撫臺查會劄取多先陳行眾三匝

以免牽掣大兵之勢大營咨行花地委員頗多望

取支東莞吉勝未奉牒

飭懷協趕為報備數日得以備進兵之用專此奉令日

FO682/327/2(37)

元　八　十七　由驛四百里具

奏為恭報七月三十八月初二等日兩次進勦凌十八股匪先經小捷繼獲大勝殲斃四百餘名奪獲旗幟砲械二百餘件恭摺由驛四百里馳

奏仰祈

聖鑒事竊臣徐　於七月十四日行抵高州即將調派兵勇速籌進勦情形於七月二十三日由驛具

奏在案適逢大雨時行二十四日漸見晴霽各隊兵勇於二十五日由信宜拔營前進山高路滑軍行不易至七月二十九日始至分界扎營距羅鏡賊巢約十餘里查羅鏡分東西兩墟中間有舊城一座進兵之路適當該墟之西前面環以池塘後面一帶水田惟有小路數條皆係一線塘基田塍窄曲兵勇難以成列七月三十日巳刻我軍整隊前進午刻直逼羅鏡分為三路進攻該匪凌十八亦分數十隊每隊數十人分路迎拒帶兵各官指揮攻擊兵壯奮勇向前當

即擊斃五十餘名賊始却奔正在進攻之際忽大雨如注該匪退守不出我軍火砲亦俱淋濕結隊退回分界大營惟黄岡左營把總蕭振聲身先士卒中砲陣亡兵勇亦陣亡二名受傷者八名回營後查點割獲賊匪首級二十顆其殺斃不及割取者尚有三十餘名奪獲擡槍擡砲八杆籐牌竹紮槍七件當將陣亡兵勇收埋受傷者妥為調治八月初二日辰刻我軍復行進攻該匪因曾小受懲創不敢出壚迎拒惟於墻眼路口開放鎗砲近壚之處地雷轟起幸我軍先有探備未中奸計相持至未刻帶兵各官熟商緩緩引退誘之離巢將次回營登高瞭望果見賊巢分隊擁衆而來漸行漸退其前隊約五百餘人有戴藍頂水晶頂金頂者有和尚道士禹步持劍念咒者並有婦女數人赤身跳躍手中不知拋擲何物者醜態百出帶兵各官預飭兵勇整隊伏於營中以待俟其將近營盤鎗力可及齊開連環鎗砲登時擊斃一百五十餘名都司饒成龍游擊劉開泰守備鍾慶瑞飛馬衝出揮兵直前奮擊潮州府司獄牟考祥候補縣丞劉鎮率勇張左翼而出壯勇頭目馮子材率勇張右翼而出各包其後刀矛並舉血肉濺飛頃刻之間割取首級一百四十二顆賊衆奔潰我軍乘勝追剿沿途又殺斃一百三十餘名屍

徧地持劍念咒之和尚道士及婦女數人均殺斃在内逃出者惟騎馬賊目一名及隨行數十人其後隊見前隊敗北早經退入墟内天已昏黑未便窮追回營查點奪獲黄布大旂四面藍布大旂二面紅綢小旂五面鐵砲十二位銅砲兩位抬鎗二十二桿鳥鎗二十六枝刀矛籐牌竹紥槍二百零二件陣亡提標外委駱雄超一員兵丁二名受傷兵勇十一名此七月三十八月初二兩次進剿獲勝之實在情形也再查護新會營叅將衛佐邦管帶兵勇於八月初五日始赶到羅定先因該處兵力尚單止可扼守羅鏡東墟外之大鑼營要隘以堵爲剿現在兩路

兵勇已齊賊勢已蹙即當激勵將士東西夾攻以期迅速蕆事除飭查明陣亡弁兵照例咨部議卹外所有兩獲勝仗緣由臣等謹恭摺具

奏伏祈

皇上聖鑒訓示謹

奏

一第大人萬福昨晚已封到高要弁旗信知湖南竟
以陽英餘匪千餘人糾合竄擾具奏今擬覽鎮戒
字將該匪在官軍剿戕首議兵攔截勢已入告我們
必須將桂陽如何知會東省首兵幾時已到桂陽商
同將及現擾人數詳細奏報為禱
速寄下閱再折夜奏已蒙復手足否新印
酌定再十二日函公函聖恩調增兵湘勇至今未見撥狀

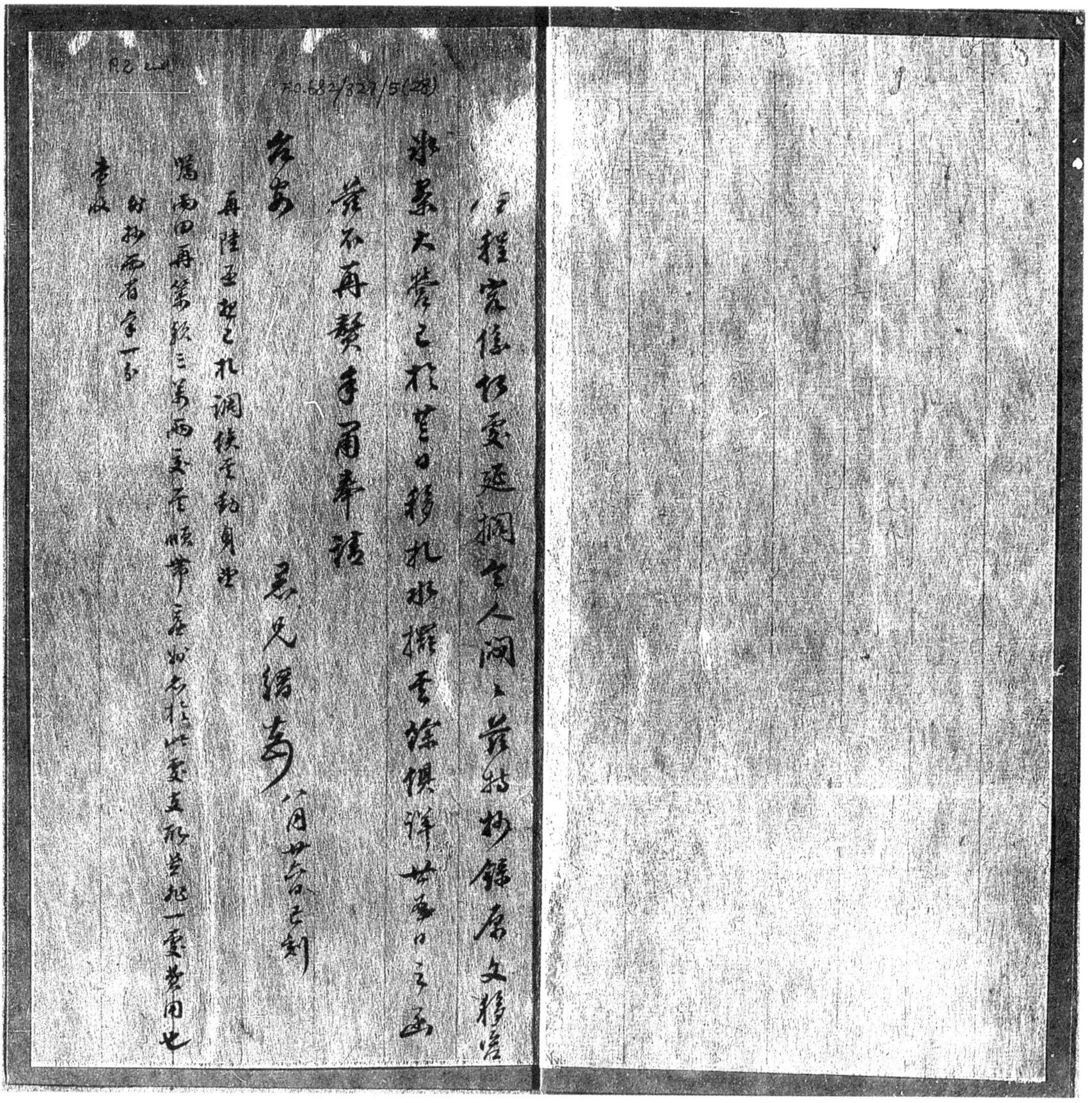

FO.682/327/5(28)

行程密信姑爱延搁至人閒閒，蘿特抄錄原文稍為

承蒙大誉之於吉日移札，承擬委諒慎詳，甚為日子函

並不再赘，手肅奉請

台安

愚兄緒考　八月廿六日巳刻

再陸丞之札調饒至動身矣

備兩田再篤銀三萬兩交在順帶，庶收存於此，雯交所發起一票費用也

附抄兩省官一道

查收

奏為八月初十二十一二十五閏八月初一等日
四次進攻淩匪生擒殲斃各情形恭摺由驛四
百里馳奏仰祈
聖鑒事竊查七月三十八月初二兩次攻勦淩匪獲
勝已於八月十七日由驛具

奏在案嗣據升任順天府府尹高廉道宗元醇節
次稟報八月初十日分界派定兩營將備約會
夾攻西墟田滕窄狹賊匪約有數百在墟外二
三里要路把守我軍甫開槍礮擊斃十餘名賊
即奔回於墟口牆眼用礮外轟兵勇冒烟搶上
則路口均有暗埋鐵釘竹簽足心多被扎傷未
能攻進東墟路徑稍寬淩匪分數隊擁出我軍
亦分隊迎擊殲斃五十餘名賊旋逃回墟內兵
勇搶至墟前亦為釘簽扎傷腳踝足心兩營各
結隊而回以後連日陰雨直至十九日始漸放
晴二十一日我軍復約期夾攻東西兩墟俱不
出一賊於牆壁之堅厚者多開礮眼由內擊外

P3

鉛子如雨百計誘之總不離巢一步惟將其附
墟所伏釘簽起挖殆盡竟有二十餘擔之多墟
外之賊寮帳房全行燒燬二十五日分界兵勇
移營水擺逼近羅鏡復約會羅定直抵賊巢堆
積稻草燒其房間引其出墟救火連開槍礮轟
斃五十餘名生擒五名羅定兵勇搶工墟外東
山廟外委戴文英被槍子中傷右手腕正在相
持之際署督標後營守備薩國亮順德記委梁
國瓚督帶兵勇橫開槍礮將匪隊截斷首尾不
能相顧薩國亮揮兵奮力攻擊被槍子打穿右
膝股即拉過兵丁號衣將腿裹住依舊喝令追
殺鏖戰逾時殲斃三百餘名生擒十五名賊匪

P4

敗回墟內堅匿不出連日偵探該匪用磚將西
墟大街口砌住惟留東墟街口出入我軍於西
墟狹巷要路分派兵勇堵截防其竄出兩軍俱
會於東墟搶工山梁施火箭火花乘高下擊總
因秋雨過多屋瓦皆溼一時未能焚燒其出撲
救之賊擊斃四十餘名生擒二十三名均經訊
明分別正法梟示此四次進剿之大概情形也
查淩十八與新墟會匪韋正本係同教匪影四
千餘人皆其死黨非比他盜烏合一經懲創即
易潰散羅鏡東西兩墟長約五里市肆殷繁錢
米充足是以該匪拚命拒守且賊匪所踞頗得
地利據險設礮便於轟擊而我軍由低處仰攻

水田沮洳礮位頗難安置現在該匪勢窮不敢
輕出我軍已用蒲包裝土在近墟田中堆起礮
臺逼墟攻擊以期得力惟該匪火藥何以如許
之多必有奸民接濟屢飭大營嚴察先後拏獲
偷賣之陳榆舉等六名其每斤價值竟至制錢
一千文貪利通賊殊為可恨當飭於軍前梟示
以儆其餘惟有晝夜巡查斷其接濟一面赶緊
攻剿務期掃穴擒渠再查羅鏡迤東有兩路可
達泗淪一到該處即可旁通蒼梧岑溪深恐情
急圖竄已節次檄飭羅定兵勇及梧鬱兩府州
扼要嚴防以防奔突統計四次圍攻兵勇雖間
有傷亡不過百分之一二又容飭查明造冊咨部

照例卹賞所有近日剿捕淩匪情形臣等謹合
詞具
奏伏乞
皇上聖鑒訓示謹
奏

三七

F.O. 682/391/2(100)

吾弟行

尊藏昨午渺函，有云晴空中刻，又雷電交作，大雨如注，

尊處大好雨，群營均不無阻滯矣，手肅奉請

吉安

鳥新蕤函附繳

愚兄繡蕃閏月廿日午刻

老伯大人前祈代請

又

閱函稱例擬明晰，三函望即

飭令弟由驛為成文寄付下為荷

妥送

P.1

咸豐元年閏八月廿日具

奏

咸豐元年九月十六日奉

硃批

同日又奉閏八月廿六日內閣奉

上諭一道

稿

兩廣總督臣徐

廣東巡撫臣葉　跪

奏為遵

旨覆奏事竊臣等承准軍機大臣字寄咸豐元年六

月十九日奉

上諭據徐　等馳奏剿辦廣寧匪徒生擒要匪連

獲勝仗及奏參升任總兵趙如勝違延各情業已

P.2

分別明降諭旨矣逆匪温大貴五業經擒獲其夥

匪曾亞淐尚有數百之衆難保不因首匪就擒鋌

而走險至劉八淩十八及何明科各股賊犯雖據

疊次追拏而逆首尚未擒獲剿辦不容鬆懈現在

周天爵已飭令東京賽尚阿等業已馳抵軍營事

權歸一該督兼轄兩省尤當不分畛域合力兜拏

庶可速圖蕆事以副朕望至所奏蔡振武拏獲逆

匪温大貴五一名著即查明據實保奏將此由四

百里諭令知之欽此竊曾亞淐劉八業經先後生

擒業經由驛具

奏在案至現在剿辦淩十八及何明科兩股匪徒

各情形另行恭摺具

所有西省剿辦各匪俱係廣西[illegible]自當與臣賽尚阿[illegible]隨時咨商[illegible]會同究辦

奏至蔡振武前在肇慶府任內當上年冬間溫大
貸五滋擾之時曾督飭各縣營先後緝獲夥黨
一百餘名並獲匪首溫大貸五一名本年春間
溫大貸五
因搜捕嚴緊復竄西省該員僅止越境尾追未
能預為妥計以致武職大員被賊戕害籌劃無
方本屬咎無可辭現准部議降二級調用應以
鹽提舉知州赴部候選惟於未經卸事之先懸
立重賞購覓的線復將著名首要剋期就擒尚
知愧奮可否量予
恩施之處出自
聖主逾格鴻慈臣等未敢擅便謹據實覆
奏伏乞

皇上聖鑒訓示謹
奏

P1

崑臣仁弟大人萬福 十六廿兩日連佈兩函諒邀
鑒入 昨奉十五日酉刻
惠函恭讀
上諭一道 [illegible]謹
旨要分咨移行自可毋庸重鑄矣 惟匪仍在往昔
北界一帶昨接黃開廣等密稟現患足疾不能赴
專帶江□潤往羅兩營兵勇七百名由劉開泰

P2

統領來往廿六日可到 求援太平兩處尚有兵勇
五千名 不為單也 大礮因日內方齊 故尚遲滯
雲權集守之牛蒔洞具字報之 高論實皆擇一
[illegible]之處 藉自曾經調度為由兩路□因狂狀
分撥不振函轄謂至有粵界設防者固以為之手
而握戒整頓軍械已於翌日馳赴昭平一帶為
爲遠者爲犄角之勢 既使嘅劉並防東寬封

F.O. 682/291/2(99)

則比日更為放心矣。暌接鶴相來書，覆奏
憲諭諸書藩司暨英翰各同力辦有中傷之要，始知章
摺請赴南郡之早有所見，今南郡辦理大有起
色，唯鶴相亦不能不為揄揚矣。手肅肅請
崇安
愚兄璐頓首 閏月廿二日午刻
老伯大人前謹此請

P.3 end

奏 祁 等

十月初六日

大學士兼署管理戶部事務臣祁寯藻等謹

奏為粵省軍需孔亟請

准該省商民出資助餉由該督撫等奏請加

恩恭摺奏祈

聖鑒事竊照咸豐元年閏八月二十七日奉

上諭前經降旨准撥廣東關稅銀兩並戶部籌撥廣

東各款並由廣督葉名琛按照所撥銀數星速解赴

廣西軍營以溝要需此外正雜各款並司款內有可以
通融協濟之項籌議務持盡心籌畫寬為儲備並
籌借議費維於商稅應解項內無論何款酌量議
備一面籌照一面知照賽費何以有急需即行
飛咨調撥銷此款經於玖月二十九日接准督黃
照得部前撥各款內除地丁銀兩係實存左庫
堪以動撥其餘指撥清查商稅約徵等款有
俟收得用並非常留左庫者有應俟追繳歸
還原款者有尚未撥報徵富者因請將專撥
急需監撥拟平等項是請委解仍將冬季商稅
濟之以將成安立撥明來省與西省毘地遠方幾二
千里各匪時竄越防剿正當吃緊之際本省
軍餉待支孔亟等因臣等伏查兩省軍餉均因
緊要請撥等前來自係實在情形節維我

國家深仁厚澤二百餘年浹髓淪肌無遠弗届凡
在食毛踐土之民睹此小醜跳梁勞師糜餉莫
不志切同仇共深義憤願糜頂踵以期一鼓蕩
平溯查道光二十年以來辦理夷務粵東商民
多有捐資助餉之舉固由該省殷富易於急公
實其好義之忱不容自已茲者粵西軍務方殷
而東西兩省均須籌備該省民等情殷桑梓其
願出資助餉者諒不乏人臣等公同酌擬該兩
省士民紳商士庶有捐銀捐米捐備團練者应
如何奬勵仍照臣部奏案由
欽差大臣及該督撫等酌量辦理外其有深明大義
國家忘家出資助餉自数萬兩至数十萬兩者
就尋常急公可比較其銀数多寡量予奬賞除例
合無仰懇

天恩准由該督撫等秉摺奏請破格加
恩以昭激勸該省督臣徐廣縉撫臣葉名琛素能同心
協力撫民辦公撫馭粵東以來官民聯為一體當
此軍需孔亟之時自不憚剴切詳明妥為曉
諭恭候
命下由臣部咨行該督撫等盡心籌酌妥協辦理而
務嚴防所屬毋得稍有抑勒致滋弊端此外各
省如有情願出資助餉自數萬兩至數十萬兩
者並聽其便由各該督撫仿照辦理臣等為軍
需緊要起見是否有當伏乞
皇上聖鑒訓示謹
奏
咸豐元年十月初六日

[redacted]

查旗營兵米每年會計共撥各州縣解省本色米八萬六千餘
石遇閏之年由南番兩縣添解三千餘石各州縣隨征隨解向
俱收存永豐倉以備關支康熙四十七年因每歲青黃不接之
時恐州縣批解或有遲誤不敷支放奏明另款籌撥米六萬石
名為積穀以供融支除支用不還外實存五萬七千餘石後又
有節年旗營未領米三千餘石謂之流存米此二項共六萬餘

石每年出陳易新俟新糧入倉仍補還融支之數立法至善倉貯無虧原可行之經久又查乾隆三十七年因八旗裁減幼丁食米並歷年存賸米共二萬餘石以久貯恐致潮濕折耗奏明於市價踴貴時設廠糶變每石價銀二兩零並定嗣後倉存截曠米積至一萬石以上即奏明隨時發糶其米價銀兩解交藩庫充餉亦歷來辦理之章程也乃查自道光二十年後州縣應解省米偶有延欠至近歲以來五月奏銷時上年應解之米所短竟多至三四萬石以致自二十六年起至本年九月止先儘積穀流存米融支已完並將截曠米五萬二千餘石亦俱顆粒無存原俟各州縣按年征解歸補倉款以州縣所欠之米抵倉內應存之款為數雖屬相符而倉儲終歲虛懸州縣之疲玩日甚恐倉存十萬餘石徒有空名無裨實用思之真為寒心復查

咸豐元年正月恩詔豁免民欠粵東共豁免民欠本色省米四萬二千餘石業已謄黃曉諭應解省米豁免實有若干即倉內實虧若干若不將現在融支截曠米五萬二千餘石內扣除豁免米數倘戶部咨催糶變既無米可以出倉而州縣批解遲延又無米可以融放則旗營兵米更為棘手難辦矣如能於此時奏明融支截曠米因豁免後無可歸補如數抵除其餘甫存一萬石亦請暫緩糶變此後所收之米除放外一有餘賸即次第歸還倉款或可毋虞支絀是否有當恭候鈞裁

F.O.682/253A/3(40)

P.1

崑臣仁弟大人萬福上月廿九連佈兩函諒均達
覽昨晚接郭牧來字以永安逆匪現竄大廣桂花迤近
永路而對河首黃大兵攔截恐竄過河已入賀縣境
開廣一帶情形吃重請先調兵　防此自係應有之
籌畫
閣下必有佈置矣惟同日接李集昭來字則稱沿河船
隻早經調開遠處對河兩隣均有兵勇堵禦與郭

40

210

P.2

F.O.682/253A/3(40)

牧所言互異且稱賊匪不過携帶數日之糧現在古東
富玉佃四等處追迎擊之兵不少較之永安情形
似易得手查該逆此種生擒難保不竄出遠竄回東
招碼則捕獲李北社等犯似應照案具奏免落後
手至西省前路逆匪改由開廣懷賀等路此刻賊
既竄出該處正宜嚴防自來便蹈險來省兵船現駐
梧州似應辦飭到梧駐西省如何分撥營恩此移

2

40
F.O.682/253A/3.(40)

P3

尚祈
卓裁。趙署鎮忽患中痧，灌救適時，已乃醒，精神恍季
到任以後亦以疑忌接切未竟係痧掌用事已妨請
係醫調鎮署事件日令海游擊代拆代抄計稿
賊我营忽不久可到矣。昨廿兩日大營聯砲攻墙，雖
倒墻壁數匆，賊雖堅匿不出，我軍搶近墙邊，則搶
林小巷，搶砲齊發，兵勇受傷者卅餘人，糧實的

3

40
F.O.682/253A/3(40)

P.4 end

麥再蓬茲日不患不駢首就誅也。手肅，奉請
台安
愚兄謹啓 三月初四日巳刻
老伯大人前祈叱請

4

F.O.682/2534/3 (41)

崑臣仁第大人萬福昨日申刻寄呈一函計日諒邀

鑒入羅匪已解到清遠府此賊實為積慝設謀之計

以及打單擄帖皆出其手史守被陷後據東西

四鄉龜河各皆擄掠存為積賊該擒全人拜快數十

富其之物不可勝計悉屬匪首區權後

閣下並蒙即撥四府隊劉參之貢呈差以酬勸撥為之

示知該犯有無是否擬辦未知何日擬發費特附呈

閱後仍望發還多爲奉禱

台安

名正肅 三月十三日未刻

崑臣仁弟大人閣下：昨日申刻甫佈一函，旋奉廿日午刻
手書，備悉一切。復奏摺回，遂獲廿四名之改為四字
今日午刻派發夫許先統約齋兵勇分路進剿
甚為穩當，必收萬全之效也。
來示吳務殄滅此股，以後用兵更有把握，周亟畢
該叛既係快報，自須設法偵獲，方除後患，總之
屢次奏報所有首要均未錄名，須考訪的確
方可放心。兄營弁隨處亟切實遠誅，洋匪一壘
貴弟營旗變色，並將原函寄

2　F.O.682/253A/3(42)

閱後仍望發還。又手摺一扣及李嗣宗訪稟兩呈者
懷賀兩紙，各匪姓名住址已照抄一分，送勞辛
階寓閱。廣三處茲飭蔡守暗緝，此摺處即留
營處備查。又十六及本日抄發摺稿四件並繳，現擬摺
稿三件，祈
核定發還（即附一箋回書包封內也）。甫繕至此，又接廿一日戌刻
惠函，恭讀
寄諭一道，批摺一件，何萬興等赴處札稿現已飭縣李守
須候艇洗船隻完備到封，擬在月底矣，情協才

虛小主人作箋

2

208

3 End

F.O.682/253A/3(42)

具過軟，竟難勝此重任，是以揭西不得不斟酌至

祠考語即用年終密考，一字不移。佛南雄趙協年

前四省擬即令委接署

卓見以為何如？手函奉請

台安

愚兄績啟 廿二日未刻

3

P.1 F.O.682/253A/3(43)

崑臣仁弟大人萬福 廿日卯刻奉到十六日申刻

手書及摺片稿五件均已領悉 兄駐軍將及一年不能

迅掃妖氛以紓重勞

雖魔殊覺抱慚來地荐蒙

忠藎為懷不分畛域俾乃抽手赴援工符

聖意下順輿情雖至好不多謬詞而接褒獎名感助惟願

咤淮入壘旌旗變色一鼓搗巢乃以遄返會垣

43 207

P.2 end F.O.682/253A/3(43)

鎮接有度足則私心所翹祝者耳 餘詳摺稿并不

贅陳備陳備公牘抄呈

耑此布手肅奉請

台安

愚兄繙寄 四月廿日辰刻

43 2 206

謹將司庫奉撥廣西軍需兵餉銀兩開列呈

閱

道光叁拾年拾月初伍日奉撥銀壹拾萬兩

咸豐元年正月拾伍日奉撥銀壹拾叁萬兩

咸豐元年正月貳拾伍日奉撥銀壹拾伍萬兩

又借 咸豐元年叁月初拾日奉撥銀伍萬玖千玖百叁拾陸兩柒錢陸分伍厘

咸豐元年叁月貳拾伍日奉撥銀肆萬叁千兩

兵借 咸豐元年閏八月貳拾壹日奉撥銀肆萬兩

咸豐元年玖月初貳日奉撥銀貳拾捌萬兩

以上共奉撥廣西軍需兵餉銀捌拾萬零貳千玖百叁拾陸兩柒錢陸分伍厘

F.O. 682/137/6 (3)

仲升二兄大人麾下日前連函應本計先後可達
典簽遙想
龍旂載驅福曜星移東望
青雲可勝延跂日來諸寇黠者已及探報逆匪在全被擊
窮竄直遁永州該處憑瀟江固守堅壁清野賊無所
掠又不能攻且見賊首蕭朝貴在全被殲現已戮屍梟
首有偽馮雲山羅亞旺聞亦受傷甚重難逃泉槁矣
擒誅渠魁尚有數人而在全大船之餘棄其舟船輜
重而遁情形似真窮蹙及至永州又不得進現由道
州竄走勢已就衰惟道州路通湖南寧遠藍山江華
又可直達之粵全灌查江華與粵西之富賀粵東之
連山陽山處毗連灌陽亦連界恭城可達平賀賊勢
既衰多思迴向兩粵蕃圍牆遙現在赴永諸軍咸

只即尾追賊如再竄而北我軍與楚省防兵均可迎
堵惟慮回向兩粵交界諸處必須預為布置和
則已飭西省富賀等處預防其東省聯連如連山等
處尤望
三兄大人飭加防範各路進兵緊緊跟踪剿賊所到我軍
而為能先後接續而至也又探報賊自永竄於永州上游
又擄民船數千隻水陸並行恐由永至道係屬連郴
計我追兵我當追及不識能於路要擊之否和營
駐桂林前路賊蹤未定請君皆請暫留以駐軍情
專候字報明實再圖進取如賊由江灘竄走則
須旋回北面來可知照以附
閣專泐馳布即頌
捷祺不盡

愚弟賽尚阿頓首

12

332

F.O. 682/253A/3(25)

自四月二十一日起至七月十五日止共用過銀拾肆萬捌千玖百伍拾玖兩零零壹厘捌毫

内除肇慶府李繳回軍營餘存經費銀叁千伍百兩

又除西路支應局繳回餘存經費銀拾伍兩貳錢叁分

又除夫價局繳回餘存經費銀柒拾玖兩零陸厘

又除扣回西路墊發　福鎮台隨往西省弁兵夫船並油燭等價共銀柒百叁拾肆兩玖錢叁分肆厘

又除扣回西路墊交　福鎮臺自發兵勇口糧並置辦號褂等項銀叁千兩

以上二項均由　督憲委員候補知縣胡湘繳還

共除繳項銀柒千叁百貳拾玖兩壹錢柒分

實用去銀拾肆萬壹千陸百貳拾玖兩捌錢叁分壹厘捌毫

除用實存銀壹萬捌千叁百柒拾兩零壹錢陸分捌厘貳毫

内紋銀壹萬柒千兩已繳府庫　餘存番銀壹千叁百柒拾兩零壹錢陸分捌厘貳毫呈繳

另西路軍營卸高州府彭守收過署高州府兼護高廉道劉守報効銀伍千兩應用印領補具存局因未經局内收發故不列入合併聲明

謹將四月二十一日起至七月十五日止領過經費並支發各款銀數細目列摺呈

覽

一領過經費

四月二十一日 領 發下銀叁萬兩 由廣州府給領

五月十九日 領 發下銀叁萬兩 委員阮鴻鈕解到

二十七日 領 發下銀叁萬兩 委員陳斌解到

六月初九日 領 發下銀叁萬伍千兩 委員丁申解到

二十三日 領 發下銀叁萬伍千兩 委員李宏錦解到

以上共領銀壹拾陸萬兩

一支發各款

四月二十日　署標下右營豫遊擊領統帶官游擊一員　千把總八員　記委二十名　兵丁三百八十名　廣州協帶兵把總外委三員　記委八名　兵丁九十二名　戈什哈記委二十名　戈什哈二十名　薪糧三十日自四月二十日起至五月二十日止共銀壹千叁百陸拾叁兩貳錢

二十二日　廣州府傳供書辦彭珠等四名領工食十日自四月二十一日起至三十日止共銀肆兩

二十九日　署提標中軍齊參將領統帶官參將一員　千把外額十四員　跟丁七名　守備二員　記委一百四十四名　兵丁四百五十六名　薪糧十五日自五月初一日起至十五日止共銀捌百玖拾兩零伍錢伍分

五月初二日　廣州府傳供書辦彭珠等四名領工食十日自五月初一日起至初十日止共銀肆兩

初三日　發賞本標兵四百名　廣州協兵一百名　戈什哈四十名　提標兵六百名　端節賞銀共伍百柒拾兩

署肇慶府李守領東路軍營應用銀壹萬兩

委員文昌縣青藍頭司巡檢徐溥文領五月分薪水銀拾捌兩

委員候補府經歷鄢日楚領五月分薪水銀拾捌兩

管帶營夫委員章坤　李宏錦　錢壎　吳步春領總夫頭二名　百長夫頭十名　散夫一千名口糧十五日自五月初一日起至十五日止共銀壹千陸百壹拾壹兩

委員候補府經歷李宏錦領五月分薪水銀拾捌兩

委員茂名縣竹山司巡檢錢壎領五月分薪水銀拾捌兩

委員候補從九品章坤領五月分薪水銀拾捌兩

委員候補未入流奕步春領五月分薪水銀拾捌兩

標下廣州協左營守備何遇龍領守備一員 跟丁二名 薪粮二十九日 自五月初一日起 至二十九日止 共銀拾肆兩伍錢

標下廣州城守右營記委周彪領記委一名 餘丁二名 劊子手二名 口粮二十七日 自四月二十四日起 至五月二十日止 共銀拾壹兩陸錢壹分

初四日 陞任順天府尹高廉道宗 帶往西路軍營應用銀伍千兩 領未具

初七日 提標記委祝翰勲等領記委十二名 兵丁三名 口粮二十八日 自四月十八日起 至五月十五日止 共銀伍拾陸兩貳錢捌分

初十日 南韶連鎮標左營把總李廷章等領把總外委四員 記委七名 兵丁一百九十三名 薪粮四日 自五月二十六日起 至二十九日止 共銀陸拾叁兩零肆分

提標記委祝翰勲等領記委十二名 兵丁三名 口粮十四日 自五月十六日起 至二十九日止 共銀貳拾捌兩壹錢肆分

十一日 署羅定州彭牧領截提標並南韶鎮標弁兵赴陽山用沙扁船三隻 本江大船六隻 中船四隻 小船七隻 共銀陸拾柒兩柒錢伍分

十二日 廣州府傳供書辦四名領工食十日 自五月十一日起 至二十日止 共銀肆兩

十五日 守備銜候選千總孔繼堯領佛山壯勇一千五百六十名口粮九日 自五月二十一日起 至二十九日止 共銀壹千玖百玖拾叁兩

又領管帶官千總一員 把總三員 記委四名 兵丁十名 薪粮九日 自五月二十一日起 至二十九日止 共銀貳拾叁兩肆錢

十六日 管帶營夫委員李宏錦等領總散夫共一千零十二名口糧十日 自五月十六日起至二十五日止 共銀壹千零柒拾肆兩

又領押夫回省用大小船六十隻共船價銀叁百玖拾兩

督標左營把總劉繼輝等領 把總外委六員記委二十名兵丁三百八十名 薪糧七日 自五月十四日起至二十日止 共銀貳百壹拾玖兩捌錢

督標六營管帶官馬雄英等領 把總外額九員記委二十八名兵丁五百七十二名 薪糧五日 自五月十六日起至二十日止 共銀貳百叁拾肆兩柒錢

標下廣州城守左右營劊子手宋見雄等領行刑賞銀拾伍兩

署羅定州彭牧領載運督標弁兵至肇慶船四十四隻共船價銀叁百伍拾貳兩

十八日 標下廣州城守右營記委周彪領行刑兵丁賞銀拾肆兩肆錢

十九日 卸高州府彭守領西路軍營應用銀捌千兩

二十日 標下左營外委把總杜文芳等領 把總外委四員記委九名兵丁二百九十一名 薪糧九日 自五月二十一日起至二十九日止 共銀貳百零陸兩貳錢捌分

標下廣州城守右營記委周彪領 記委一名劊子手二名餘丁二名 口糧九日 自五月二十一日起至二十九日止 共銀叁兩捌錢柒分

二十一日 廣州府傳供書辦四名領工食九日 自五月二十一日起至二十九日止 共銀叁兩陸錢

轅下武巡捕翟錦齡崔連陞領 戈什哈記委二十名戈什哈二十名 口糧九日 自五月二十一日起至二十九日止 共銀叁拾玖兩陸錢

二十二日 署肇慶府李守領東路軍營應用銀壹萬貳千貳百柒拾伍兩捌錢肆分

又領東路軍營應用銀壹萬兩

二十六日 署羅定州彭牧領送封川辦公挑接夫五百名 幫夫十九名 四日飯食自五月二十六日起至二十九日止 共銀壹百叁拾肆兩玖錢肆分

二十七日 署羅定州彭牧領遞解犯人十八名至三水船四隻共價銀拾壹兩貳錢

又領遞解犯人男婦二十九名口至高要船三隻共價銀拾柒兩

又領載運挑夫往封川江口大船三隻 中船四隻 小船十三隻 共價銀伍拾捌兩壹錢

六月初一日 轅下武巡捕翟錦齡領戈什哈記委二十名 崔連陞領戈什哈二十名 口糧十五日 自六月初一日起至十五日止 共銀陸拾陸兩

標下左營外委把總杜文芳等領 把總外委四員 記委九名 兵丁二百九十一名 薪糧十五日 自六月初一日起至十五日止 共銀叁百肆拾叁兩捌錢

標下廣州城守右營記委周彪領 記委一名 劊子手二名 餘丁二名 口糧十五日 自六月初一日起至十五日止 共銀陸兩肆錢伍分

卸高州府彭守領西路軍營應用銀壹萬兩

廣州府傳供書辦四名領工食十五日 自六月初一日起至十五日止 共銀陸兩

南番二縣奉撥書辦三名領工食十五日 自六月初一日起至十五日止 共銀肆兩伍錢

初三日 標下廣州城守左右營劊子手朱見雄等領行刑賞銀捌兩柒錢

初四日 又領行刑賞銀肆兩捌錢

初六日 卸高州府彭守領西路軍營應用銀伍千兩

又領西路軍營應用銀伍千兩 印領于初九日補到

標下廣州城守左右營劊子手朱見雄等領行刑賞銀拾肆兩柒錢

初九日 轅下武巡捕崔連陞領製皮擋牌六十面工料共銀肆拾伍兩

署肇慶府李守領東路軍營應用銀貳萬兩

又領東路軍營應用銀肆千伍百捌拾貳兩零捌分陸厘捌毫

署羅定州彭牧領委弁護解犯人男婦四十名口赴新會用河頭三隻 大船一隻 共船價銀叁拾陸兩叁錢

又領解犯赴德慶用大船一隻 中船二隻 共船價銀伍兩柒錢

十二日 標下廣州城守左右營劊子手朱見雄等領行刑賞銀拾壹兩肆錢

十三日 署羅定州彭牧領運大砲往封川用中船一隻 大船二隻 小船一隻 共價銀拾陸兩捌錢

卸高州府彭守領西路軍營應用銀壹萬兩

十四日 標下廣州城守左右營劊子手朱見雄等領行刑賞銀拾陸兩捌錢

十五日 卸高州府彭守領西路軍營應用銀壹萬兩

轅下武巡捕瞿錦齡、崔連陞領戍什哈記委七名、戍什哈二十名口糧十四日（自六月十六日起至二十九日止），又戍什哈記委何其煒口糧五日，共銀伍拾捌兩壹錢伍分

標下左營外委把總杜文芳等領把總外委四員、記委九名、兵丁二百九十一名薪糧十四日（自六月十六日起至二十九日止），共銀叁百貳拾兩零捌錢捌分

十六日 廣州府傳供書辦四名領工食十四日（自六月十六日起至二十九日止），共銀伍兩陸錢

南番二縣奉撥書辦三名領工食十四日（自六月十六日起至二十九日止），共銀肆兩貳錢

標下廣州城守右營記委周彪領記委一名、劊子手二名、餘丁二名口糧十四日，共銀陸兩零貳分

標下廣州城守左右營劊子手朱見雄等領行刑賞銀貳拾柒兩

十七日 又領行刑賞銀拾伍兩陸錢

十八日 又領行刑賞銀拾伍兩陸錢

轅下武巡捕崔連陞領製木擋牌叁拾壹面工料共銀拾柒兩肆錢肆分

又領添製皮擋牌貳拾面工料銀拾伍兩

二十日

標下廣州城守左右營劊子手朱見雄等領行刑賞銀拾陸兩捌錢

標下左右營千把總陳宗余清兆領薪水二十日自六月初十日起至二十九日止共銀拾貳兩

二十一日

管帶順德壯勇新會左營把總馮元亮領把總外委二員記委一名六品頂戴壯勇六名壯勇一千名薪水行糧六日自六月二十一日起至二十六日止共銀叁百零伍兩柒錢

二十三日

署羅定州彭牧領送戍什哈記委何其煒往三水公幹船價銀伍兩

又領送齊參將回省用大船三隻水手共四十八名中船一隻水手八名船價并水手四日飯食共銀貳拾玖兩壹錢貳分

又領送壯勇一千名回順德用渡船三隻每隻水手十六名本江大船十九隻每隻水手十名中船十隻每隻水手八名小船八隻每隻水手六名共船價并水手四日飯食銀貳百伍拾叁兩陸錢

二十五日

管帶揭勇即補縣丞劉鎮領七月分薪水并壯勇三百八十九名口糧三十日自七月初一日起至三十日止共銀壹千陸百陸拾肆兩壹錢

又領陣亡傷亡壯勇十六名殘廢壯勇六名賞恤銀壹千叁百叁拾兩

管帶普勇潮州府司獄牟考祥領七月分薪水并壯勇二百名口糧三十日自七月初一日起至三十日止共銀捌百捌拾捌兩叁錢

又領陣亡壯勇三名殘廢四名賞恤銀叁百伍拾兩

署西寧縣王景瀛領船夫口糧銀壹千捌百兩

二十六日

署羅定州彭牧領裝載人犯大船一隻中船一隻水手共二十四名委員李宏鑾等押犯赴順德并四省坐船三隻又差官高鵬揚回省用船一隻船價并水手七日飯食共銀肆拾捌兩伍錢玖分

標下廣州城守右營千總補用都司黃曜吉領記委十名兵丁十名東莞壯勇八百零九名行糧四日自七月初一日起至初四日止共銀壹百陸拾伍兩捌錢

二十七日

署羅定州彭牧領潮勇回省大船十隻中船十七隻太平營載運軍裝小船十三隻另撥高要來船九隻載潮勇回省船價飯食共銀叁百貳拾柒兩肆錢叁分

又領送東勇八百名至東莞用高要來船四十六隻水手共七百零六名船價坐糧共銀柒百壹拾柒兩伍錢伍分

二十八日

卸高州府彭守領西路軍營應用銀陸千兩

署羅定州彭牧領還高要縣第一／二起雇船三十三／二十隻代發過船價飯食共銀叁百叁拾兩零壹錢貳分

又代東安縣領船夫口粮銀壹千兩

標下廣州城守左右營劊子手朱見雄等領行刑賞銀貳拾壹兩陸錢

二十九日

又領行刑賞銀拾玖兩貳錢

轅下武巡捕翟錦齡崔連陞領戕什哈記委十八名戕什哈二十名口粮十五日自七月初一日起至十五日止共銀陸拾壹兩伍錢

標下左營外委千總陳宗等領千把外委六員 記委九名 兵丁二百九十一名 薪粮十五日自七月初一日起至十五日止 共銀叁百伍拾貳兩捌錢

守備銜候選千總孔繼堯領佛勇一千五百六十名八日行粮自七月初一日起至初八日止 共銀陸百貳拾肆兩

又領記委四名 兵丁十名口粮八日自七月初一日起至初八日止 共銀拾兩零肆錢

七月初一日

署羅定州彭牧領載外委黎安瀾等觧火藥往封川江口用船二隻來回船價飯食共銀拾陸兩伍錢

又領千總孔繼堯等帶佛勇一千六百名回佛山用高要第三起來船十八隻 南海第一起來船五十五隻船價飯食共銀柒百陸拾叁兩陸錢捌分

潮州鎮標右營閻遊擊領千把外領六員 記委守戰十二名 統帶官遊擊一員 守備一員 兵丁三百三十四名 餘丁五十名 薪粮十五日自七月初一日起至十五日止 除曠粮坐扣不領外實共銀肆百柒拾叁兩玖錢伍分

標下廣州城守右營記委周彪領記委一名 劊子手二名 餘丁二名 口粮十五日自七月初一日起至十五日止 共銀陸兩肆錢伍分

廣州府傳供書辦彭珠等四名領工食十五日自七月初一日起至十五日止 共銀陸兩

南番二縣奉撥書辦譚芳等三名領工食十五日自七月初一日起至十五日止 共銀肆兩伍錢

督標左前營外委鄧安瓣 林大邦領外委二員 跟丁四名 記委三名 兵丁九十四名 薪粮五日自七月初一日起至初五日止 共銀肆拾肆兩柒錢伍分

督標水師營記委黃兆龍領（記委一名 兵丁九名）口粮五日（自七月初一日起至初五日止）共銀叁兩玖錢

初二日

新會營守備衛佐邦領（總帶官守備一員 把總外委四員 記委十二名 兵丁一百八十名）新粮七日（自七月初一日起至初七日止）共銀壹百拾陸兩陸錢貳分

又領順德協營帶兵官千把外委四員（記委十二名 兵丁一百八十三名）新粮七日（自七月初一日起至初七日止）除臑粮坐扣外實共銀壹百壹拾兩零肆分

署督標後營守備薩國亮領（記委一名 兵丁六十三名）口粮五日（自七月初一日起至初五日止）共銀貳拾貳兩捌錢

新會營守備衛佐邦領給故兵李朝合賞恤銀除長支口粮坐扣外計銀叁兩伍錢壹分

署提標後營守備陳國輝領（守備一員 把總外委十員 跟丁二名 記委六十四名 兵丁二百七十一名）新粮三十日（自七月初一日起至三十日止）共銀玖百陸拾貳兩壹錢

初三日

黃岡協左營把總連明領（把總外委共二員 記委二十八名 兵丁四百十五名 領帶壯勇三十名內記委名頭人八名 餘丁一百四十二名 隨丁二名）新粮十五日（自七月初一日起至十五日止）共銀陸百玖拾壹兩零伍分

署高要縣李鼇領還應付過南海縣封雇赴羅船二百四十七隻水手飯食銀陸百伍拾肆兩零捌分

標下廣州城守左右營劊子手朱見雄等領行刑賞銀貳拾壹兩

初四日

肇慶協左營分防封川城汛記委鄧元彪領（記委一名 兵丁十一名）口粮五日（自七月初一日起至初五日止）共銀肆兩陸錢

署羅定州彭牧領送委員涂陽麟等押解火藥并犯婦等（三十二名口）往封川用船四隻船價飯食共銀叁拾兩零柒錢伍分

又領載運新順官兵并軍裝回營用船十七隻（船夫共二百六十八名）船價并水手二日坐粮共銀貳百零貳兩叁錢肆分

FO 931/1308

又領督標各營弁兵一百十員名另六十四名并軍裝回肇慶用胥江艇十隻艇夫九十九名船三隻船夫三十七名船價坐糧共銀陸拾伍兩玖錢陸分

又領載運提標兵四百名回連州船二十一隻水手三百四十名船價并水手三日坐糧共銀伍百陸拾壹兩肆錢肆分

初五日 又領還高要縣發過第三四五起封雇船二十四三十二十三隻共船價飯食銀叁百柒拾伍兩零陸分

署督標中軍懷副將領辦過備賞碎礫項五十顆全項三百顆共價銀叁拾柒兩伍錢

署標下中軍參將濟遊擊領辦過備賞碎礫項二百顆全項伍百顆共價銀捌拾叁兩伍錢

初六日 標下廣州城守左右營劊子手朱見雄等領行刑賞銀拾伍兩陸錢

初七日 署標下右營徐遊擊領遊擊一員千把外委七員記委字識十九名兵丁一百八十一名薪糧五日自七月十一日起至十五日止共銀玖拾兩零陸錢

署羅定州彭牧領載運軍裝火砲赴省用大船三隻小船五隻又載犯五名中船一隻共船價飯食銀伍拾柒兩零零伍厘

又領南海第一二三起存船一百零四隻四隻三十三隻水手一千七百四十名八十五名五百九十二名四日坐糧又高要第四五起存船十四隻二十三隻水手一百三十五名四三百三十名二日坐糧共銀叁百捌拾柒兩叁錢陸分

署提標右營守備春元領守備一員跟丁二名記委四十三名千把總四員兵丁一百五十七名薪糧三十日自七月初一日起至三十日止共銀伍百柒拾肆兩貳錢

潮州鎮標右營閻遊擊領遊擊一員守備一員記委字識十三名千把六員兵丁三百二十名餘丁五十名隨丁三十六名薪糧三十日自七月十六日起至八月十五日止共銀玖百伍拾伍兩伍錢

黃岡協左營把總連明領把總外委二員記委二十八名兵丁四百十五名餘丁一百四十一名隨丁二名壯勇三十名內記委一名頭人一名薪糧三十日自七月十六日起至八月十五日止共銀壹千叁百捌拾貳兩壹錢

初八日 置辦硨磲頂四十九顆共價銀拾叁兩柒錢貳分

又置辦硨磲頂十二顆共價銀叁兩叁錢陸分

署羅定州彭牧領載送提標官兵往連州船十五隻把總杜文芳等往南江口接偷船三隻共船價銀叁百伍拾陸兩肆錢

又領座船並標下廣協弁兵各委員等四省船四十五隻應付船價並初六至初八日各存船坐粮共銀捌百叁拾陸兩零伍分

初九日 又領薩守備帶兵隨高州鎮臺赴梧州船十一隻余委員解火藥大砲子往肇慶用三板船七隻嚴委員解軍裝往肇慶用小船二隻船價共銀捌拾柒兩叁錢

又領押犯往省用渡船一隻運砲用小中船共十隻水手共八十八名初五至初八四日坐粮并船價標下左右營千總陳宗等運大砲鉛子用中船二隻船價共銀陸拾陸兩捌錢陸分

又領赴梧州官兵壯勇用船一百零三隻委員用船八隻船價共銀柒百捌拾叁兩肆錢伍分

又領辦潮州官兵回省船隻銀捌百兩

初十日 署高要縣李鼇領還封雇船二十隻支過水手飯食銀壹百壹拾捌兩捌錢陸分

又領還封雇河船二十隻赴羅定支過船價飯食銀壹百壹拾肆兩貳錢肆分

十五日 又領還封雇河船叁拾隻赴羅定支過船價飯食銀壹百柒拾伍兩玖錢捌分

廣州府書辦彭珠等四名南番書辦譚芳等叁名領紙筆費自五月初一日起至七月初八日止每日肆錢共銀貳拾陸兩肆錢

FO.682/327/2(1)

署右江道事潯州府張敬修

敬禀者新墟逆匪屢經兵勇敗挫又因鹽粮不濟窮蹙思竄卑府逐日派練丁壯勇晝夜埋伏路口防其竄逸日來該匪捉夫扛抬木簰聲欲渡石嘴卑府商同候選知州馮玉衡一面飭防員嚴加堵禦惟該匪詭詐異常恐其聲東西並函致防堵各營一體加意嚴防卑府仍不時派人偵探八月十六日亥刻忽據報該匪由上沙坪村一帶魚貫而出離卑府營盤約八九里當專丁飛報烏都統及李鎮王副將各營卑府等即親帶東勇團練赴梘村迎頭攔截又派委員率同勇練由古秀河入陳村分作兩路截殺卑府等銜枚急走行至水梘村已交子初月色正明見該匪鳴金擊鼓搖旗吶喊源源而來即飭壯勇攔腰攻入槍砲並施該匪猝不及防頃刻即敗逃奔竄殺斃數十名生擒男女賊共四名奪獲大砲一[illegible]抬砲四口藤牌刀矛多件我乘勝追捕該匪且戰且行後至賊匪俱不[illegible]正路而來明月之中見沿山遍野皆賊卑府復指麾壯勇左右擊殺賊皆棄其輜重包囊扒山越澗行走如飛卑府追至十餘里轉一山背四圍松林深茂峻嶺險惡小路崎嶇其時月色雖明較不如晝賊忽伏匿不見卑府因路逕不熟正追殺忙亂之際至被樹挂墜馬右腿跌

傷幸不甚重仍負痛乘騎該匪分匿林内實恐
中其埋伏及抄尾詭計遂傳令撤回抵營已及
辰正欲諭壯勇畧為造飯歇息旋用千里鏡窺
見遠山有賊匪旗幟又據探報該匪將進新羅僚
令出隊卑府右足疼痛即檄馮牧督飭各委員
文效人等帶勇往追經太坪小坪等處約二
餘里皆山嶺仄徑將至新羅村見該匪男婦
約五六千人在於山附坡地食飯餘匪亦見遠
山之頂壯勇齊聲大喊一鼓直前該匪還砲迎
敵鏖戰之間殲斃騎馬賊目一名頭戴紅色風
帽身穿黃馬褂又斃黃衣賊婦一口生擒長髮
男賊五名賊婦共十三名奪獲大銅砲一口子
母砲一口抬砲十五杆鳥鎗七枝藤牌二十一
面火藥鉄彈十六桶大小黃旗十四面其餘刀

矛逆書偽服無算屍橫滿地約計四百餘名賊
勢大挫沿途遺棄包裹意欲藉誘壯勇各委員
嚴飭投効人等督飭追殺不許絲毫撿拾追至新
山之上又六七里山澗之中賊盡藏匿居深
險勢成負嵎未便令其輕進時天氣酷熱壯
勇飢渴過甚離營既遠接濟稀粥稍覺遲滯其
時李鎮滇兵接應亦至小坪地方度賊難以去
遠遂傳飭壯勇暫行撤回留兵追赶勇到營後
練丁夫役亦陸續將賊所棄輜重運回堆如山
積查陣點壯勇陣亡一名受傷者二十餘名卑
府復諭壯勇赶緊食飯又於申刻出隊仍由原
路往追酉刻至新羅山内探知該匪擇林深箐
密之中仍前伏匿守至二更將勇撤回五更又
令出隊追剿現在尚未回報此連日夜截剿逆

臣兩次獲勝之情形也其時烏都統帶兵在平
寬冲口堵禦向提督巴都統帶兵駐佛子坳
入山堵其竄思旺之路西面兜拴賊勢已
經所有十七日奪獲輜重變價充賞其餘皆物
俟查明詳細稟報至卑府札營下窑距賊稍賊
遠除咨請烏都統擇要移營防守再行稟聞外
合飛稟
聞恭請
勳安除稟
中堂
撫憲外卑府敬脩謹稟

[redacted]

謹將逆犯凌十八即才錦等家屬列摺呈

電

計開

凌玉超年六十六歲係凌十八之父生子六人該犯

業經獲案斬梟

凌盧氏年六十歲係凌十八之母于六月十二日大

兵破墟時該氏即同其孫凌亞六投井身死
凌二十即帖錦年三十三歲係凌十八之次弟已在
羅鏡被官兵致斃該犯無子
凌二十四即標錦年三十一歲係凌十八之三弟去
歲已被官兵致斃
凌二十八即揮錦年二十八歲係凌十八之四弟業
已擒斬
凌二十九即進錦年二十五歲係凌十八之五弟身
高瘦面長白無鬚現在平南不知有無子女
凌三十即扶錦年十九歲係凌十八之六弟身肥大
面圓色微紫無鬚現在平南不知有無子女
凌張氏係凌十八之妻去年正月在蓮塘病故
凌賴氏年約三十餘歲係凌二十之妻已故

凌彭氏年三十二歲係凌二十四之妻已獲案斬梟
凌黃氏年約二十六七歲係凌二十八之妻現在平南
凌陳氏年約二十四五歲係凌二十九之妻現在平南
凌廖氏年十七八歲係凌三十之妻現在平南
凌亞九係凌十八之子去年正月內已在蓮塘病故
凌七妹係凌二十之女現在平南
凌士得即亞三年十六歲係凌二十四之長子已獲案斬梟
凌亞七係凌二十四之次子過繼與二十為子已在羅鏡病故
凌亞十年七歲係凌二十四之三子業經獲案擬遣在監病故
凌四妹年十二歲係凌二十四之女已獲案擬遣
凌八妹年約三四歲係凌二十八之女現在平南
凌亞六係凌二十八之子已于六月十二日大兵破墟
同其祖母凌盧氏投井身死

F.O.682/378B/1(62)

復祁相國

敬啟者昨奉

手書如聆

面命此次英逆一帶匪徒仰荷

天威幸得剋期蕆事至於調度一切悉全賴

幼章世好同心協力勉合機宜昨荷

聖恩稠疊

逾格鴻施感激涕零無言可喻優蒙

獎飾溢分愧悚倍增廣東羅定匪徒指日可期掃蕩

欽州南寧太各屬毗連之匪來往靡定尚須併力殲除

至於西省實在情形 撫帥忠藎棐篤奚不和衷

籌畫但恐各將未必盡能用命是以遲遲若善後事

宜必須俟克復以後方能定議緣軍情賊勢變幻多

端此時竟難懸擬廣東藩庫業已告匱非獨

籌之無可籌墊之無可墊挪之亦無可挪祗因軍

興以來除藩關兩庫撥解廣西不下二百七八十萬兩

此存款一空而廣東軍務僅動用庫存海關關留

尾數二十餘萬兩暫撥海關稅餉二十萬兩又三次捐
輸四十一萬餘兩共銀八十餘萬兩皆由各州縣先行墊
發均已筋疲力盡勢難再支原因接濟廣西總思
設法自行籌撥無如日久事繁分圖並顧終有未逮徹此
尊諭東省亦有三窮之勢也本此接濟團練一節
或可稍為補苴客臘尚屬踴躍現因卸丈者
有盡數撥解廣西並俟廣西報銷後方准請
獎之議由是竟年一邀呈
者並將行捐資助餉可以奏請破格施
恩亦皆裹足不前現經各紳士再四敦勸亦舌敝唇焦竟難集
議極撥駁至方以投各屬多事工塵
宵旰遠勞。盡籌五年循省寢饋難安現因饋餉孔亟至
從設措愈覺罔所寬叨承
俯詢用敢縷述統祈
垂鑒極了又啟

敬字告案奉

憲台札開欽奉

上諭此次德量吳德徵粮地方著名賊目停留太平土州等處並不實力勦辦反行飾詞容送回籍實出情理之外其所稱兵力不足之處是否飾詞推卸抑係太平一帶兵力本屬單薄仍宜酌撥弁兵協勦現在勞崇光已抵該處著該督飭令該司察看南太等郡賊勢應如何添兵分勦並知會賓　應酌派何處將弁兵丁前往會勦務須通盤籌畫不可稍分畛域該督接勦逆匪劉八之後現在籌勦潯十八一股若能速獲渠魁即可移兵廣西會同陶　等與廣西太平等處文武會合全力兜捕庶可剿滅肅清等因欽此欽遵行飭

本司察看南太等郡賊勢應如何添兵分勦悉心籌畫詳細稟命以憑核辦等因奉此遵查南太一帶賊匪股數繁多如顏品瑤黃春晚蘇潤三清化大梁大經渠晚李大蘇大陸五吳晚阮亞丁晚黃細興晚李士清李士芳等或三四千人為一股或一二千人為一股不下十餘起東竄西竄時分時合惟顏品

瑤為名匪張魁黃春晚蘇浙三等從而附合嘯聚五萬餘人
盤踞離南寧府城七十里之橫義墟竊為摽擄貨餘名販皆
與匪相響應狼狽為奸此外土匪盈千累百成群搶掠者更
不可數計又右江山心墟地方有匪徒梁利中陳亞冬陸鵬理張
覺千餘排船列砲攔截江心搶害商旅又有浙匪李二卯二
婆等為聚衆一二千在貴縣搶擄意欲竄至橫州此奉司旨
於初到邕時賊匪實在情形也本司 出省時常帶標兵一百名
墨軍勇三百名隨營練勇五百餘名投効四川候補直隸
州周德祉捐雇壯勇二百名署右江道張敘修撥給壯勇二
百名到邕後添調右江官兵三里營官兵共三百名其時賊
勢甚張而陸續撥之兵勇尚皆未到隨營兵勇共止一千餘名
右江鎮駐扎新寧隨帶本標兵四百五十名張國樑甯正剛
壯勇一千四百名共亦不滿二千人實有賊衆兵單之患惟各省
客兵勦辦會匪正當吃緊雖多分發另請撥調未免

FO 931/1312　②

援不濟急，能不能不藉口兵單，坐視賊匪之猖獗而按兵
不動。當即添募壯勇，鼓舞團練，一面飛籌方略，計惟有用間
出奇，以少擊眾，使賊鋒挫而賊膽寒，能復有可措手，業仰叨
福庇，於八月初旬出奇兵制勝，將頭品瑤職艷諸匪之弟頭三一
黃春曉等，明敢肆赴新寧攻城，復恐其分派夥黨沿途
埋伏，以阻援兵。德鎮親率兵勇在城中極力守禦，本司所
派援兵程兩由間道趕至，將賊擊退，新城保全，旋續派黃
州兵以勇及府調各屬練勇陸續到邑，援及新捷咸寧
惠鎮統帶前往會同德鎮，探明賊蹤，乘勝進剿，連捷勝
仗。東省陶提軍及廣州府沈守督帶兵勇在小董等處
迎截，亦迭獲勝仗。本司復繕發簡明告示，四處張貼，剴
切曉諭解散脅從，並多用反間，使之自相戕殺。現在匪黃
春曉已經殲斃，梁大恒、梁晚均被生擒，匪黨日散，將各匪
匪遁歸那勤、新鋪、青梁一帶，深山窮谷之間，德鎮惠鎮

及署宣化縣李天鈺督率兵勇伐山開道入險窮搜附近
團練皆踴躍用命協同圍捕東省兵勇團練亦在東面
扼要處截仔墟截察看賊勢已經窮蹙各文武同心戮
力桐機鵬勒當可克日掃除李士芳一股自欽州墟回之
後由上思州竄至宣化縣飭南寧府宣化縣馳赴那樓
痛勦將吳晚殲斃漏網不過二三百人四散竄逃現飭各路
搜捕李士清一股屢經太平團練擊敗由土忠州竄至上
思州現派練勇一千三百名馳赴會同該處團練與太平鎮
進兵勇合力勦辦貴山心江西乃利中等一股會商右江道
鎮督率兵勇勦捕連獲勝仗殲斃多名各匪竄散甚衆
飭署隆安縣高廷祉設法將首匪陸鵬理殲斃李二一股
竄至横州皆飭署横州黃輔相調集團練將首夥一千七
百餘名一概殲擒即二婆一股亦經貴縣殲除張老女餘各

土匪皆懾於兵威，或伏而不動，或散而歸農，罷遣兵壯團練不動聲色，隨時隨地偵緝，已陸續拿獲著名巨匪何崩牙四、溫文寬、滕加謨、鍾玉堂、劉進之、李賜業、黄大隻晚、班啟蘭、蘇元順、方順選、方特廣、李明新等多名，因先獲之巨匪張建甫、方玉標、何兆田等均訊明處決，並陸續拿獲股匪數百名，訊明分別辦理，現仍飭嚴密偵探，並飭各紳耆鄉保團長將各村積匪自行查明綑送懲辦，其偶爾附和為匪，尚無兇惡情節，又復真心改過者，亦由各紳耆等查明切實具保，准其自新。此又本司現在籌辦寬嚴情形也。以現在情形而論，已為粗有頭緒。本司惟有殫竭愚忱，會督在事文武實心實力，次第籌辦，博採輿論，以廣方畧；嚴明賞罰，以作士氣；激勵團練，以助兵力；撫卹難民，以固人心；解散脅從，以孤賊勢；多維

FO 931/1312

(3)
2nd

及问以捕贼党，清查保甲以杜内奸，并饬营练以清盗源。兵不足以勇佐之，力不足以谋运之，不敢张皇，亦不敢迟缓，致将地方渐就肃清，仰纾

廑念。如果东安会匪刻日荡平，而南太一带此时尚未蒇事，再当酌量禀请分拨重兵，来省协剿。至钦灵与南太密迩，犬牙相错，陶提军现在小董大寺统队驻扎，庶可杜匪东窜，复可资策应，而壮声援，似未便移师深入，倘致要隘空虚，顾此失彼。如果情势紧迫，需兵甚急，当再当就近会商陶提军，随时定夺。是否有当，伏候

训示遵行。缘奉饬查，理合缮牍禀复，敬请

勋安，伏祈

垂鉴。本司崇光谨禀

[redacted]

咸豐二年分關稅內

上年湊撥廣西軍需銀十萬七百十兩一錢三分八厘

本年撥解廣東　藩庫銀五十萬兩

撥解廣西軍需銀二十萬兩

應支解費銀六千五十三兩二錢六分

以上共動用銀八十萬六千七百六十三兩三錢九分八厘

應解　內務府廣儲司公用銀三十萬兩　隨加平銀一萬二千兩

應解　造辦處倫貢銀五萬五千兩　隨加平銀二千二百兩

應支解費銀二千七百六十九兩

應解　藩庫正額銅斤水脚 粮道普濟堂公用　等銀八萬三千餘兩

例支通關經費約銀七萬四千餘兩

二共約應支銀一百三十三萬五千七百三十二兩三錢九分八厘

其餘均應分款支解　部庫

[redacted]

謹將剿捕羅鏡淩逆西路文武委員始終勤奮出力倍著辛勞
各員開具名摺恭呈
鈞鑒
遇缺即補府經歷劉式恕自咸豐元年春間委赴高廉軍前聽
候差遣在事一年零七箇月辛劬最著曾擒獲劉八之偽先鋒
温大綸保舉加六品銜賞戴藍翎後淩逆踞羅鏡委管軍裝局

製造火藥並火攻器具極爲勞瘁此次攻滅賊巢能購線先入
會同巡檢徐溥文督飭壯勇首先搶燒炮台入墟殲殺首逆淩
十八生擒天母陳葉氏及首逆之弟淩十三尤爲出力伏查該
員於上年六月應補潮州府經歷因與海陽縣知縣王治溥係
兒女姻親迴避扣除即與已補人員無異可否請免補本班以
知縣遇缺即補

文昌縣青藍頭司巡檢徐溥文才具開展踴躍趨公自到軍營
凡委查訪事件認眞辦理購線覓諜處處留心巡防匪竄獲犯
最多破賊時會同府經劉式恕督領壯勇首先搶燒炮台入墟
殲殺首逆淩十八生擒天母陳葉氏及首逆之弟淩十三尤爲
出力可否請開缺以縣丞不計班次遇缺即補並賞給六品頂
戴賞戴藍翎

捐班前先用縣丞鄢曰楚才具諳練辦事勤謹偕千總孔繼堯
等督飭佛山壯勇前帶嚮導甚為出力查拿接濟監割稗草巡
防匪竄獲犯多名可否請以免補本班以知縣補用並賞給六
品頂戴賞戴藍翎
遇缺即補縣丞劉鎮補用府經歷潮州府司獄年考樣管帶潮勇
在事一年身經數十戰始終勤奮督同焚墟並獲斬首逆之弟
淩二十八勞績最著平日防守濠圍亦極嚴密獲犯不少劉鎮
可否請免補本班以知縣儘先補用年考祥可否請以府經歷
不計班次遇缺即補俟補缺後以知縣升用
三水縣三水司巡檢陶人杰茂名縣典史劉超於咸豐元年追
剿何名科案內保舉以縣丞補用辦理隨營支應雜項極著辛
勤巡查濠圍地段多有獲犯可否均請開缺以縣丞遇缺即補

並賞給六品頂戴賞戴藍翎
捐班前先用從九品童鈺於咸豐元年正月因何名科肆擾茂
名信宜等處即隨營聽委馳驅泥瘁旋於八月隨營至羅鏡辦
理夫役供應辛劬甚著處置安詳委派夜巡認真盡力可否請
俟補缺後以縣丞遇缺即補並賞給六品頂戴賞戴藍翎
石城縣淩祿司巡檢梁采麟於元年剿捕劉八案内保舉以縣
丞儘先補用隨　宗圩道辦理文案研訊犯供才具明敏謹慎
精詳可否請以縣丞遇缺即補並賞六品頂戴賞戴藍翎
歸善縣平政司巡檢段綖傳隨同在營敏捷詳慎兼熟悉廣東
地方情形任事亦極奮勉該員現丁母憂可否請俟服闋後仍
留廣東補用
信宜縣懷鄉司巡檢陳榮在營一年之久催趲柴米一切轉輸

勤練特著委派夜巡亦極認眞（該員願歸外奬應請飭司註冊儘先調補傢缺）
陽春縣黃坭灣司巡檢汪曾裕委派監守擒獲賊犯隨同研鞫均
極盡心夜間巡防濠園亦殊出力洵屬老成勤練（該員願歸外奬應請飭司註冊儘先調補傢缺）
廣協右營守備何遇龍久歷戎行能得士心派委查拿接濟巡
防匪竄看守炮位監割稗草俱能盡力盡心偕同千總孔繼堯
等攻入賊壚勇敢特著可否請加都司銜賞戴花翎
守備銜候選千總孔繼堯廣州協六品軍功頂戴把總蔣朝剛
督領佛山壯勇一千五百六十名由封川江口調赴大營馭衆
嚴整精悍稱最首先破壚焚燒炮台十二座不吝私賞所領壯
勇樂爲用命孔繼堯可否請以守備儘先補用並賞加都司銜
賞換花翎蔣朝剛可否請以千總儘先補用並賞戴藍翎

六品頂戴候選訓導張掄芳捐職州同張士榮捐職千總張
璣捐資管帶尚義勇二百四十名
生員張汝翼監生張樞捐募林垌勇一百名
監生陳仲祺捐募安樂堡練勇三百名
軍功八品頂戴張泰運捐募椽子山練勇二百名
候選從九品李步龍捐募隨營壯勇五十名
六品藍翎新選陽江縣教諭陸達務捐募水口勇七十名
以上紳衿皆捐貲出力在事日久協同官兵防守圍基並隨
同打仗俱極奮勉應請
核保

[redacted]

奏為特參剿堵不力玩泄遷延之文武各員請
旨分別革職留任摘頂查詢以肅捕務事竊照梧州一帶
河面近有波山艇匪竄入滋擾經臣會同
欽差大臣大學士臣賽　將檄飭文武各員實力堵捕
各緣由恭摺具
奏在案查該艇匪先係影射投效東勇船隻於上年
臘月間闖入梧州竄赴潯郡大黃江勾結土匪漸
肆鴟張經左江道楊彤如等實力堵擊折回藤縣
及蒼梧縣境本年正月二十四日順流駛至梧州府

城外焚掠鋪戶民居截搶官商船隻梧州府知府
湯俊於二十六七等日會營兜捕擊斃夥黨固守
郡城該匪即於三十日乘夜避泊上游離郡數十
里之戎墟河面尚復流連賊踪未定臣與賽
業已飭調貴縣藤縣平南縣團練數千名並飛飭
左江道楊彤如馳赴督剿務期悉數殲除以清河道
惟該管文武帶領兵壯團勇攻擊雖屢有獲勝小
挫其鋒郡城得以保全而遷延時日未能速行撲
滅致該匪仍留近地停泊民情驚駭實屬剿堵不
力若即概予撤參轉得置身事外除署任蒼梧縣
知縣張榮組已報丁憂外相應請
旨將梧州府知府湯俊署梧州協副將事廣東廣州協
副將伊什札木蘇先行革職留任勒限上緊剿辦
倘再遲延滋蔓即行從重嚴參又候補同知徐堉
經臣派令管帶兵勇七百名於正月二十五日由省

馳赴梧州會同剿捕水程計僅衹六百里計期數日可到軍情緊急臣曾當面諄飭不准片刻稽遲乃據報因配帶火藥失水曬涼耽延行至二月初二日始抵昭平並擬暫駐相距梧州六十里之道水地方探聽賊情再行前進等語粵西吏治不振遇有差委每多畏難苟安疊經諮誡不啻三令五申今徐堉委辦捕賊重務濡滯行程所稟火藥失水是否託詞飾混必須確切根究應將該同知徐堉請

旨先行摘去頂帶仍撤回省城聽候查詢以杜玩泄遷延

懇習臣謹會同

欽差大臣大學士臣賽　兩廣總督臣徐　恭摺具

奏伏乞

皇上聖鑒訓示謹

奏

壬子科武場應行事宜摺

頭場

一頭場開考日清晨各官俱穿補服先至教場候

主試大人至司道各官叅謁畢

主試大人揆帖差官請

監臨大人臨教場公揖各官叅謁畢禮生稟請祭

帥旂查上科係委

撫督二標中軍副將叅將行禮應請

主試大人派委

一外屯房書吏送點名冊堂吏稟請陞堂

一堂上聽事分送點名单官襍職二員分呈馬单

一馬箭靶高五尺六寸濶一尺四寸每靶各離三十五弓馬箭

二面地毯一面共七箭以中三箭為合式其馬弓以三力為率

一射馬箭以二十名一牌頭廠點過即牽馬二廠點過即上

馬下照墻聽候廣州協副將點名堂上掌號一聲藍旂

一招即挨次發馬射箭

一催掌號及搖旂官三員內文職一員武職二員

一堂上站立傳事官六員內文職三員武職三員

一紀箭監鼓官六員開三廠每廠派佐雜一員武職一員有
中靶者令中軍擊鼓鳴鑼搖旂
一派撥各標兵弁五十名挨次傳報騎射武生姓名
一催報名官武職二員站立堂前催各生赴堂稟報中
箭矢数
一報箭官六員內雜職三員武職三員文武各一員輪流更
替如有中箭者文職官高聲報明某名武職官接聲
報明一馬幾箭堂上照記馬單
一上籌官武職四員遇有中箭將若干籌交本生持赴堂
上跪稟某姓名一馬幾箭本生登印卸籌復回考射查
上屆各科射完馬箭二回另射地毬若馬箭止中二矢

地毬得中一箭者仍准合式
一堂上記名印臂官二員用文職如有准入二場者領本
生前去印左臂
一記准入二場缺箭違式戳印小臂紀冊并每晚查明缺箭
違式武生数目繕摺繳查官雜職二員內司理馬單官一
員先紀各生射中箭數將射過馬單交付戳印小臂官
又司理戳印小臂官一員查明如係准入二場者則用馬
箭准入二場戳子于本生左手小臂戳印即令本生前
赴關防印臂官處加用左臂印信又司理紀冊官一員查
明如係准入二場將准入二場戳用在紀箭冊下倘或缺
箭則用馬箭缺一矢戳子其冊頁二萹共二十名此款
冊頁係南番二縣兵房預備

一印臂官佐雜一員將奉發布政司經歷印信用在本
生左臂
一印臂紀冊官二員用文職將頭場印臂訖小戳用在印
臂冊內本生姓名之下
一監督驗書官二員驗字官四員將驗書冊一樣二本令各
生于格眼冊姓名下第一行親書年貌籍貫二本每晚
射畢各供事官將各冊戳訖包封入箱將冊箱封鎖交
提調堂收掌其箱鑰交監試堂
一管馬畫道官千把一員
一執鞭東西攔阻閑人官千把二員

一供事各官詳明係布政司會同提調堂監試堂將供事
各官預日派定先行繕寫送判
一開闈入場日期今科詳奉批行九月二十二日卯刻開射計
五日可完馬箭地毬七日可完步箭四日可完技勇外場
試畢即令吏書收卷造冊刻期進貢院順卷編號點名給
卷照寫武經再查各科有十三四五六七八九二十二十一日揭曉
不等上屆辛亥
恩科係九月二十二日開射十月十一日入闈十二日揭曉合註明
二場
一點名以十名為一排由東邊點進

崑臣仁弟大人萬福十五日申刻所寄一函並恭錄
批摺兩件諒已達
覽十六日戌刻奉到十七日酉刻
手書備悉種切對守之事誠如
來示擬使羅鏡藏功開入請獎單內此刻自以不奏
爲妙也十七日巳刻奉到
批摺兩件併三件

[redacted]

今將中營威遠等九臺於道光二十八年八九兩月内被風損壞城樓各處所

及逓年逐月演砲頓爛隨炮器具等項理合備開呈

電

計開

修整威遠炮台壞爛處所内

大官廳一間壞爛　小官廳一間壞爛

兵房十六間壞爛　武帝廟一間壞爛

照墻一道兩邊鬆裂倒塌　石馬頭一道被水淥爛

東西二轅門木柵倒塌

以上壞爛各處所係於道光二十八年八九兩月被風損壞

藥送鉄鈎八枝壞爛

火杆五枝壞爛

蔴把藥撞三十枝壞爛

車子棍一百五十三条折斷

砲子手七十五個霉爛

砲口木塞六十五個壞爛

砲口杉二十四条折斷

砲尾欃五十四張霉爛

披簷十七度倒塌

大小砲架八個壞爛

水池八個裂漏

木藥櫃三十八個霉爛

砲口繩三十四条損斷

以上壞爛各項俱於遞年逐月演砲損爛

修整靖遠砲台壞爛處所內

大官廳一間壞爛　　小官廳一間壞爛

神廟三間壞爛　　兵房三十二間壞爛

旂杆一枝折斷　　軍装二間後墻倒塌

厨房一間壞爛　　火藥局一間壞爛

以上壞爛各處所係於道光二十八年八九兩月被風損壞

木藥櫃三十四個霉爛　　砲口杉十九枝折斷

砲子斗六十六個霉爛　　車子棍十八枝折斷

砲門垜口外邊肩石跌下十条　　披簷二十四度倒塌

砲架四個壞爛　　砲口繩二十七条頓斷

以上壞爛俱逐月演砲頓爛

修整鎮遠砲台壞爛處所內

官廳一間壞爛　兵房二十間壞爛

石馬頭一度被水澡爛

以上壞爛各處所係於道光二十八年八九兩月被風損壞

披簷九度倒塌　砲口杉木七条折斷

砲鏈十枝銹爛　砲撞十五枝枯爛

砲架鉄鍊十二条銹爛　砲架一個壞爛

砲口繩十九条斷折

以上壞爛各項俱於遞年逐月演砲頓爛

修整水軍寮砲台壞爛處所內

神廟屏門一副壞爛　旂杆一枝折斷

以上壞爛各項係於道光二十八年八九兩月被風損壞

砲垛墻洞額灰沙鬆裂崩爛額石眉倒塌

乘砲石二位壞爛更換　砲架五個霉爛

砲子手十個霉爛　木砲櫈四張霉爛

葯撞十条断爛　砲口繩二条頓斷

以上壞爛各項俱於連年逐月演砲頓爛

修整蛇頭灣炮台壞爛處所內

神廟一間後墻一幅壞爛　城門望樓一座瓦面擊爛滲漏

砲洞額共四位垛墻灰沙鬆裂崩爛　兵房八間瓦面擊爛滲漏

旂杆一枝折斷

以上壞爛各處所係於道光二十八年八九兩月被風損壞

砲床底石共五位灰沙俱低陷　砲子干十個壞爛

砲尾車輪櫈四張壞爛　小砲鏈六枚銹爛

砲架一個壞爛　砲口杉四条枯爛

以上壞爛各項俱於近年逐月演砲頓爛

沙角砲台壞爛處所內

武帝廟一間壞爛　官廳二間壞爛

旂杆一枝折斷　兵房五間瓦面滲漏

以上壞爛處所係於道光二十八年八九兩月被風損壞

砲繩十二条頓斷　披簷十四度倒塌

砲架三個壞爛　子干二十四個霉爛

砲口杉十一条折斷

以上壞爛各項俱於近年逐月演砲頓爛

沙角山頂望樓壞爛處所内

舊圍墻並砲臺俱壞爛

城門頭上面壞爛

木砲蓋八個壞爛

砲架八個壞爛

螺絲砲鏈十六枝銹爛

以上壞爛各項俱於逓年逐月演砲頓爛

竹洲砲台壞爛處所内

武廟前房門六扇壞爛

武廟兩邊兵房四間瓦面板磚俱裂爛

望樓窗扇二對霉爛

旂杆一枝折斷

石馬頭一道被水渰爛

以上壞爛處所係於道光二十八年八九兩月被風損壞

披簷二度倒塌

小葯櫃門二十對霉爛

望樓門一對霉爛

以上壞爛各項俱於逓年逐月演放頓爛

九罕砲台壞爛處所內

神廟一間壞爛　　兵房三間壞爛

石馬頭一道被水濼爛　　旂杆一枝折斷

以上壞爛處所係於道光二十八年八九兩月被風損壞

葯櫃門二十一對朽爛　　望樓窗門四扇朽爛

砲洞口五個兩邊垛墻裂爛　　砲口杉三条朽爛

水池二個裂爛　　葯送四枝壞爛

以上壞爛各項俱於逓年逐月演放頓爛

新涌砲台壞爛處所內

官廳一座壞爛　　拱篷一進壞爛
望樓二座壞爛　　天后廟一間壞爛
兵房十三間壞爛　　城墻一座壞爛
以上壞爛處所係於道光二十八年八九兩月被風損爛
砲架十四個於逓年逐月演放頓爛
以上九台於道光二十八年八九兩月内被風倒壞城樓廟宇官廳兵房各處所
及逓年逐月演砲頓斷敵台石塊併砲架隨砲器具各項前經委員勘估
共需工料銀二千三百零八兩零五分六厘當經咸豐元年十一月内領項
回營購料雇匠修理于咸豐元年十二月初四日興工修整至咸豐二年
六月十六日工竣合併聲明

[redacted]

今將右營上橫檔等六臺於道光二十八年八九兩月內被風損壞城樓各處所及逓年逐

月演砲頓爛隨砲器具等項理合備開呈

電

計開

修整上橫檔砲台壞爛處所內

官廳一座三間壞爛　兵房七十一間壞爛

葯局二間壞爛　城樓二間壞爛

東西望樓二間壞爛　武帝廟一座三間壞爛

旂杆一枝枯爛　石馬頭二個被浪擊塌

以上壞爛各處所係於道光二十八年八九兩月被風損壞

木葯櫃四十七個裂爛　披簷三十八度倒塌

敵台石塊十四處頓斷　敵台石塊二十七處頓低

砲架九個裂爛　砲尾櫈一百二十張裂爛

前後砲攝三百一十七個枯爛　砲口塞一百四十五個枯爛

砲子手二十九個枯爛　砲眼鉛掩十一塊裂爛

火杆十八枝裂爛　大葯角五十三個崩爛

皮巴掌十九枝穿爛　引針五十枝斷爛

鉄砲鏈二十八枝斷爛　撬砲木棍九十六枝枯爛

砲撞八十二枝斷爛　砲口衫五十二條斷爛

砲口繩一百二十五條斷爛

以上壞爛各項俱於逓年逐月演砲頓爛

修整下横檔砲台壞爛處所内

官廳一座三間壞爛　兵房四十間壞爛

葯局二間壞爛　城樓一間壞爛

望樓一間壞爛　武帝廟一座三間壞爛

旂杆一枝枯爛　石馬頭一個倒壞

以上壞爛各處所係於道光二十八年八九兩月被風損壞

葯櫃三十七個壞爛　小池二十五個裂爛

披簷十六個倒塌　敵台石塊二十處頓低

砲架六個枯爛　大葯角六十個穿裂

皮巴掌十九個穿爛　引針六十一枝斷爛

火杆二十二枝裂爛
鉄砲鏈五十七枝斷爛
砲撞二十八枝斷爛
砲眼鉛掩三十塊裂爛
砲子斗二十三個枯爛
鉛星斗二十七副崩爛
麻達子十三枝霉爛
撬砲木棍四十三枝枯爛
砲口杉四十七條斷爛
砲口繩七十一條斷爛

以上壞爛各項俱係連年逐月演砲頓爛

修整大虎砲台壞爛處所內

官廳一座三間壞爛
兵房六間壞爛
望樓一間壞爛
武帝廟一間壞爛
旂杆一枝斷爛
石馬頭一個倒壞

以上壞爛各處所係於道光二十八年八九兩月被風損壞

披簷二十八個倒壞
敵台石塊七條頽低
磨盘車輛砲架二個裂爛
大藥角五個崩爛
砲口繩十八條斷爛
敵台石八條頽斷
砲架十二個枯爛
砲子手十二個枯爛
撬砲木棍十五條枯爛

以上壞爛各項俱於逓年逐月演砲頽爛

修整鞏固南砲台壞爛處所内

官廳一座三間壞爛
藥局一間壞爛
武帝廟一座二間壞爛
武門脚一對壞爛
兵房十四間壞爛
城樓一間壞爛
官廳窗扇四幅壞爛
石馬頭一個壞爛

以上壞爛各處所係於道光二十八年八九兩月被風損壞

水池四個壞爛　敵台石塊數處壞爛

砲子斗十個朽爛　火藥角四個裂爛

撬砲木棍四十七條朽爛　麻達子十五枝霉爛

砲尾攝八個朽爛　砲口杉五條朽爛

砲口繩二十條斷爛

以上壞爛各項俱於近年逐月演砲損爛

修整鞏固北砲台壞爛處所內

官廳一座三間壞爛　兵房十二間壞爛

藥局一間壞爛　城樓一間壞爛

廟宇二間壞爛　石馬頭一個倒壞

以上壞爛各處所係於道光二十八年八九兩月被風損壞

水池二個裂爛　披簷二十度倒壞

砲架五個枯爛　砲子千十一個枯爛

砲尾㩮七張裂爛　砲擂二十五個枯爛

撬砲木棍二十條斷爛　砲口杉六條枯爛

砲口繩十五條霉爛

以上壞爛各項俱於進年逐月演砲頓爛

修整大角砲台壞爛處所内

官廳一座三間壞爛　兵房八門壞爛

葯局一間壞爛　城樓一間壞爛

望樓一間壞爛　廟宇二間壞爛

石馬頭一個倒壞

以上壞爛各處所係於道光二十八年八九兩月被風損壞

披簷二十個倒塌　敵台石塊二處頭斷

砲子斗十四個枯爛　砲尾櫈七張枯爛

砲口杉九條枯斷　砲口繩十三條霉爛

以上壞爛各項俱於遞年逐月演砲頭爛

以上六台於道光二十八年八九兩月內被風倒壞城墻藥局兵房各處所及

遞年逐月演砲頭斷敵台石塊併砲架隨砲器具各項前經委員勘估

共需工料銀二千八百零四兩六錢二分四厘一毫當經咸豐元年十一月內

領項回營購料雇匠修理於咸豐元年十二月初四日興工修整至咸

豐二年六月二十四日工竣合併聲明

覆奏遵 旨察看准令商民出資助餉並現在地方情形今昔迥殊緣由

兩廣總督臣徐
廣東巡撫臣葉 跪

奏為遵
旨妥辦察看准令商民出資助餉並將現在地方情形
今昔迥殊緣由恭摺據實覆具
奏仰祈
聖鑒事咸豐元年……承准

軍機大臣字寄咸豐元年十月初六日奉
上諭本日據戶部奏粵東省軍需孔亟請准該省商
民出資助餉一摺已依議行矣從前辦理夷務粵
東商民多有捐資助餉之舉現在東西兩省軍務
方殷均應寬為籌備着徐　葉　察看地方
情形如有急公好義捐資較多者不妨專摺奏請
俟朕破格施恩以昭激勸想該督等必能妥協辦
理力求寔濟不致稍滋流弊也原摺着鈔給閱看
將此由四百里諭令知之等因欽此臣等先因接
奉部咨現開籌餉事例停止各省捐輸而粵東
省軍務需用正殷且所需龍城寨工程
及防夷剿匪一切經費均無着落焦慮方深正

P3

在籌議接辦團練奏請量為推廣以資歸補
現經另摺奏懇
恩施在案茲復欽奉前因當即轉行司道欽遵查照
遴舉公正紳士設局勸捐一面由 臣 等出示剴
切勸諭妥為辦理惟查道光二十二年間因辦
理夷務需費浩繁經前督撫 臣 祁𡎴等設局勸
捐隨據洋行各商捐銀八十萬兩鹽行各商捐
銀四十萬兩此外紳商殷富陸續捐輸又不下
十餘萬兩其踴躍情形為向來所未有固由
粵省殷富好義急公亦實因洋商生計最優鹽
商亦勉力襄事相率爭先集資較易今則相距
幾及十年洋行自道光二十三年裁撤以後各

P4

商已歇業其中有本商陸續物故者亦有家
業中落者間有一二好義急公勉圖報効者恐
未必能如曩時之踴躍至於鹽務各埠在粵西
地界行鹽者居其大半乃西省地方連年不靖
銷售疲滯不問可知其餘各埠尚旺明非久經
理不善者亦有恣意驕奢任情浪費者近年每
屆奏銷必須多方設法僅保無悞其負欠給息
公項則視為故常在在皆是即勉強亦所甘概
見此時事變遷今昔迥殊之實在情形 臣 等要
詳加體察現在情形雖不及曩日而急公報効
捐資自一萬兩至數萬兩者亦嘗有人若以一
人而捐至數十萬兩者則恐難預定查道光二

十二年捐輸軍餉至三萬兩以上者經靖逆將
軍奕山奏請擬照准在
案賞戴花翎有案惟今昔異宜不得不量為通變臣等
擬請此次出資助餉但捐至一萬兩以上者即
專摺奏請破格
恩施其捐資在一萬兩以下者仍照例核明請奬歸
於新班遴補俾各紳富聞風興起踴躍輸將仍
委員赴局會同紳士收捐經解藩庫不經胥吏
之手並准令紋銀與洋銀並收以免市價居奇
有畸輕畸重等弊臣等仍當督同司道及地方
官隨時查察總期殷富樂輸毋使抑勒致滋弊
端請而軍餉得資寔濟以仰副

聖主籌備邊儲衛護民生之德意所有遵
旨妥辦並察看現在地方情形暫難迴殊緣由臣等
謹合詞恭摺覆
奏伏乞
皇上聖鑒訓示謹
奏

P.1

嵩仁弟大人萬福本日未正甫專差賚呈一函諒未

函二刻奉到

惠函並恭閱

批摺雖未見

諭旨漏封耶現在函徑國專思迅趕辦誠恐

不行能往查再肆蔓延殊難札函並叢請

等語書有以報

天保九如許應□稿

35

36

2

P.2 end

鐵也峯翁

倳華發存收單訖請兩回專署察議後寄由（兩日全閱）

署邑封寄請手函奉請

晨安

愚兄繆壽 十一月初四日刻

天保九如 許盧白齋

一件　　　事

奏稿

硃批

咸豐　年　月　日奉到

看稿

對摺

咸豐元年十二月二十九日具

奏

摺弁　　賚

繕摺

奏為遵

旨查明剿除何名科全股之文武各員覈實保

奏恭摺仰祈

聖鑒事竊臣等為奏報剿除何名科全股一摺於咸

豐元年十一月初二日內閣奉

上諭昨據徐　葉　奏越境窮追捦獲首匪何

名科等本日又據賽　奏首匪何名科現已就

捦各一摺逆匪何名科等由廣東信宜縣被官兵

痛剿之後竄至廣西境內經藤縣容縣北流鬱林

貴縣各文武員弁沿途截剿並廣東派令遊擊劉

開泰千總國安等越境追拏懸賞購線於九月二

十七日在貴縣所屬之郭南里將何名科何名怡

梁十八李大頭四即李四並夥黨朱四黃七曾三

黃亞三等捦獲又續獲匪犯多名奪獲旗幟砲械

無數首匪何名科一股嘯聚數千人奔竄兩粵交

界地方滋擾日久罪大惡極茲經廣東廣西兩省

官兵練勇合力兜剿將首夥各匪悉數捦獲訊明正

法餘匪翦除殆盡辦理甚屬可嘉其首先擒獲逆
匪者何人協力追剿購線接應者何人著賞
徐　等會同確切查明據實保奏兩省出力文
武各員並著賞　徐　等分別查明保奏務
期覈實毋稍歧異現在竄踞永安州之洪秀泉等
及羅鏡墟之淩十八等均係著名會匪豈容日久
逋逃該大臣暨該督等仍當激勵將士併力圍攻
迅速殲除以慰朕望欽此查何名科結黨數千滋擾
東西兩省交界地方罪惡貫盈擢髮難數該文
武奉調剿捕或躬冒鋒鏑斬馘擒渠或身效馳
驅轉糧濟餉即紳士激於義憤亦復自備資斧
募勇協剿均屬著有微勞自應恪遵

恩旨覈實酌保仰副
聖主激勵戎行有功必賞之至意現在羅鏡墟之淩
十八本係著名會匪與洪秀泉等同惡相濟誠
如
訓諭豈容日久逋逃惟該逆狡黠異常進攻則踞險
負嵎誘擒則堅匿不出固由有鑒於吳三之全
隊奔逃斬擒殆盡亦因奸民貪生利輕生接濟
未除難望坐困是以得守且守現經嚴飭在營
文武於墟外空濠築牆設卡梭巡濠牆以內若
無將弁統領雖各營兵勇亦不准一人私往違
者按依軍法既可斷絕接濟亦免漏洩軍情該
逆屢次撲出均被兵勇擊敗回巢研訊臨陣生

搶之犯據稱巢內米糧將完油鹽亦缺不得不
鋌而走險是其計窮欲逃已有確據臣徐
於十二月初十日進駐信宜縣城文檄往來朝
發夕至就近督飭該文武攻圍蕙施杜其飛走
斷難再任窮寇苟延也至西省截剿何名科各
員弁稟報紛歧不確查則不能核實惟往返有
需時日應仍由大學士臣賽 廣西撫臣鄒
就近查明請獎以歸畫一除將東省酌保
員弁開單咨會外所有在事之出力文武紳士
謹另繕清單恭呈
御覽伏祈
皇上聖鑒訓示謹

奏
咸豐二年四月二十一日東撫咨四月初七日
准
兵部咨咸豐二年正月十八日內閣奉
上諭徐 葉 奏遵旨查明勦辦出力官紳核
實保舉開單呈覽一摺前因勦除何名科一股逆
匪當降旨令賽 徐 等將首先擒獲逆匪
之人會同確查保奏並飭將兩省出力文武各員
分別查明保奏茲據該督等將廣東省出力員弁
紳士奏請恩施自應量予甄敘廣東署增城營參
將惠來營遊擊劉開泰著交部從優議敘信宜縣
城守千總侯升守備梁國安著以都司補用先換

頂戴補用縣丞清遠縣湛江司廵檢章增耀着賞
換六品頂帶並賞帶藍翎開缺以縣丞遇缺即補
茂名縣典史劉超三水縣三水司廵檢陶人杰均
着以縣丞補用候選教諭陸達務着賞換六品頂
帶並賞帶藍翎以教諭遇缺即選高州府候委訓
導陸夏昌着以知縣歸部選用信宜縣武生余家
綸着以千總留營補用武生郭元英着以把總留
回河南本省留營補用新拔高州右營外委馮子
材陸路提標右營外委朱英超陸路提標中營額
外外委張揚保均着以把總即補並賞戴藍翎以
示鼓勵該部知道單併發欽此

計開

署增城營參將惠來營遊擊劉開泰
該將先於留坡地方督兵殺斃首匪梁二十
大追至懷鄉何名科等棄巢而逃復激勵弁
兵窮追至貴縣首匪就擒餘黨悉獲實屬調
度得宜除惡務盡該將先於清英案內保
奏以參將陞用並賞戴花翎應再請交部從優議
敘

信宜縣城守千總預保候陞守備梁國安
該弁統領壯勇先於懷鄉擊敗何名科大夥
賊匪復窮追至西省貴縣首先購線緝獲何
名科梁十八等最為出力應請免陞守備以

P9

都司補用先換頂戴
補用縣丞清遠縣湛江司巡檢章增燿
該員統率歸善壯勇先紮留坡軍城營何名
科乘夜撲營該員與茂名典史劉超先時探
知即督率各勇埋伏營房旁首先出擊各營
將弁併力向前得獲大勝追兵勇越境窮追
該員一路催儹并支應軍需米糧等項毫無
貽誤尤為出力應請
賞換六品頂帶並賞戴藍翎開缺以縣丞遇缺即補
茂名縣典史劉超
該員統率黄塘壯勇先同委員章增燿在留
坡擊敗何名科復隨營遠越西省窮追一路

P10

催儹兵勇妥速合宜查該員前在翁源典史
任内以首先拏獲鄰境盜犯兩次咨准以應
陞之缺陞用此次在營尤為出力應請以縣
丞補用
三水縣三水司巡檢陶人傑
該員隨營差遣管帶潮勇進剿何名科甚為
奮往越境窮追策應軍實錢米等項毫無貽
誤最為出力應請以縣丞補用
候選教諭陸達務
該員係信宜道光三十年恩貢就職教諭捐
輸本班儘先本年因何名科在信宜滋擾先
倡捐經費制錢三千串辦理軍務復帶勇二

P 11

百名隨同大兵越境窮追皆屬自備資斧甚
為出力應請
賞換六品頂帶並賞戴藍翎以教諭遇缺即選
高州府候委訓導陳虞昌
該員係西寧附生捐納訓導分發高州候委
自備資斧雇募壯勇二百名隨同大兵追剿
何名科遠歷西省就地購辦米糧得使兵食
無缺窮追到底全股殲除尤為出力應請
旨以知縣歸部選用
信宜縣武生余家綸
該生在信宜扶竹徑聚族而居父兄子弟實
力團練賊匪屢往窺伺均能堵禦得力未被

P12

蹂躪大兵進剿何名科飭調隨營帶勇打仗
奮勇又越境追至西省始終其事查該生居
鄉甚知自愛臨陣頗有機宜應請以千總留
營補用
武生郭元英
該生籍隸河南先在清英投營効力隨同提
標兵到高州行營管帶壯勇進剿何名科屢
有斬獲復追至西省貴縣首夥悉擒頗為出
力應請以把總咨回本省留營補用
新拔高州右營外委馮子材
該弁管帶歸善壯勇先剿羅鏡逆匪凌十八
屢次打仗甚為奮往追飭調進剿何名科先

於留坡擊退撲營賊匪次復進剿擊敗大夥

窮追至西省貴縣首匪就擒餘黨悉獲最為

勇往應即請以把總即補並

賞戴藍翎

陸路提標右營外委朱英超

陸路提標中營額外外委張揚保

該兩弁在懷鄉首先擊斃梁二十大最為奮

勇應請以把總即補並

賞戴藍翎

謹將司庫撥解過廣西省軍需自道光三十年十月起至咸豐
元年十二月止銀兩數目開列呈
電
計開
一支委員章增燿奕步春領解廣東省秋撥寔存地丁赴
廣西省軍需用銀壹十萬兩
一支給委員俞奉書楚湘涵領解廣東省春撥寔存地丁
赴廣西省軍需俻用銀一十五萬兩
一支給委員章增燿領解廣東省秋撥留俻地丁赴廣西
省軍需俻用銀四萬三千兩
一支給委員汪以增李宏錦張純孟魏斗領解廣東省襍
項各款赴廣西省軍需俻用銀二十八萬兩
一支給委員陳斌高邁領解廣東省襍項各款赴廣西省
軍需俻用銀一十五萬零八百一十六兩八錢九分七厘
一支給委員童源潤丁申領解廣東省襍項各款赴貴州
以為兵餉續廣西省截留軍需俻用銀一十三萬兩
以上司庫共撥解過廣西軍需銀八十五萬三千八百一十六兩八錢
九分七厘
又司庫奉行撥解廣西省辛亥年兵餉銀兩
一委員孫長恩領解銀五萬九千九百三十六兩七
錢六分五厘
一委員丁文煥領解銀四萬兩
合計通共銀九十五萬三千七百五十三兩六錢六分二厘

奏報勸辦二次清英匪徒節畧

各屬墊支經費銀數
司庫支撥銀款數目
奏〻官兵壯勇員名
冊

FO 682/137/1 (39)

謹查剿辦二次清英匪徒一案係于道光三十年四月内因西
省游匪竄入肇慶府屬封川、甯等處滋擾該府乃東省之門戶西
江之下游水陸俱通而于廣、韶兩府所屬尤為家通當即分飭
各縣營四路兜拏旋即獲犯二十餘名訊供均稱係李元寶亮
為首經南韶鎮道委左營守備葉恩詒把總彭耀才帶兵出境
行抵英德縣迎頭截擊適該縣孫成彥督帶兵役壯勇一路尾
追於五月初一日在英德三江村地方該匪埋伏樹林誘敵時
值天雨路滑兵丁尚未到齊守備葉恩詒等督率隨兵數十名
奮往致與彭耀才同時被賊戕害復即嚴飭新任南韶鎮道添
調兵丁馳往會剿并飭毘連各營縣認真偵緝五月二十四日
在南海縣貝底水經廣州協左營千總羅逢熹會同縣營多帶
兵役將首犯李元寶亮拏獲懲辦于是年五月二十五日
奏報嗣據南韶鎮道稟稱游匪在英德戕斃備弁後餘黨尚多奔
竄仍回西省難保其不去而復來出沒靡常土匪乘間竊發查
清遠英德陽山連山廳連州均與西省交界處處可通必須節

節嚴防業已飛調南韶鎮標守備兵丁一千九百名内南韶營
五百名三江協三百名南雄協一百五十名始興營一百五十
名連陽營一百名清遠營四百名並飭各州縣雇募壯勇或二
三百名至四五百名不等分佈要隘加意堵緝該鎮道駐札英
德相機調度等情查該匪本由西江竄入肇慶府屬為匪來路
檄委南雄州郭超凡會同督標水師叅將崔大同馳往西江駐
札封川先于水路總口堵截其肇慶府各屬境内一體嚴防兩
月以來各營縣先後獲犯三百餘名詎于七月十八日據南韶
鎮道稟報探得英德羅家營地方忽有匪徒竄入屯聚即委署
南雄協副將王浚帶兵馳往掩捕因該處山路崎嶇蠶叢鳥道
一線可通僅容隻身行走該署協督率兵勇前往追殺不料另
股匪徒從山巔撲下橫腰截住以致後路兵丁不能向前救應
該匪竟將該署協圍困不知下落兵勇聞有傷亡登即飛咨
提臺祥　選帶兵丁一千名飭委和臬司恭請
王命并添募潮勇四百名并調巡船二十隻各派兵勇配足砲械星

夜水陸並進至此次分調水陸各營將備弁兵以及先後雇募壯勇口粮並沿途各州縣運送軍裝夫船各價均飭藩司立即籌畫即在海關觧存司庫之酌留尾數項内動支復據臬司祁臬報查得該匪並未在羅家營久踞赴下游清遠闗前墟等處地方經清遠縣佛岡廳督率鄉民兵勇先後殺斃賊匪三百六十餘名該匪始覺畏懼分股竄匿于英德佛岡交界之鹿湖山上下跌新車洞茶坑山等處維時候補知府史樸帶壯三百名陸路提標前營遊擊蘇崇阿帶領兵丁三百名並先調三江兵丁二百名駐札佛岡城内聞新車一股匪徒負隅恃險已有旬日之久仍敢潜出滋擾應先剿捕并飭委提標叅將齊誠窺清遠營遊擊強其修帶兵五百名由後路繞道接應八月十二日有佛岡鄉民千餘人願為前隊帮同擊賊該文武即督率兵勇同往接仗至水頭墟地方該匪連放槍砲鄉民驚畏紛紛逃回不諳紀律以致衝散隊伍當將史樸及文武等官同時圍困至十五日回營而各股匪徒忽分忽合出没于數縣毗連之地游

伏在萬山叢襍之中胆敢迭次圍困文武寔屬形同叛逆至該匪等本由西省交界迤邐而來現經水陸各隘口加意嚴防難以復回舊路四面堵截盡行驅入深山若非厚集兵勇恐其挺而走險仍難撲滅即由省添撥督標兵丁三百名撫標兵丁四百名廣州協兵丁一百名惠州協兵丁四百名永安營兵丁一百名猶恐各路不敷調遣另募精健壯勇二千名馳往聽調查各股匪徒雖盡行驅入深山不敢窺伺城市但疊嶂環亘數百里之遥惟慮伏莽日久翻山越界潜逃飛洛廣西湖南江西等省各交界一律防堵所有續調兵勇將次齊集于九月初六日蒙

宫保爵憲葉　統帶兵勇駐節清遠督同剿辦查初次戕官匪徒首夥本多就獲仍有餘黨復回廣西懐集賀縣一帶大肆蹂躪復糾約數千人偽扮商民分起接踵前來希圖報復欲力求進攻之方必先斷其西竄之路節經密飭各營縣一律嚴防四路圍追盡驅入山守住一河為界及查明各要隘東岸則有湼江鷄坑口黄城口翁源水口望夫岡等處西岸則有黄洞口横石塘

黎洞口連州江口觀音巖等處即經分撥兵勇或二三百名至四五百名不等嚴密堵截協力巡防其餘偏僻路徑一体隨時查探不准偷渡夜行果于十五日即有匪徒百餘名闖出意欲越河搶渡經南韶鎮崑壽親督兵勇令投誠之張開平先駕一船暗伏大砲擊斃賊匪十餘名生擒十七名以後無敢偷渡先于十四日由清遠飭委撫標左營守備瞿黼文順德左營外委馮元亮管帶兵勇雇船馳赴上游進剿時值北風船難上行該守備等又易小船兼程前進至十九日始抵英德之石角墟聞有匪徒千人屯聚將兵勇分作兩翼而進守備瞿黼文翻山直前攻入馮元亮在後路繞徑從旁抄襲該匪見瞿黼文兵勇將至竟敢奔騰而來兵勇與之接仗數次殲斃匪徒一百二十餘名生擒十餘名并將沿途賊巢盡行焚燒匪即遁入藍家村瞿黼文身先士卒盡力窮追正過橋边不料另有埋伏將瞿黼文圍住戕害殞命適馮元亮兵勇赶到督率連放大砲轟斃匪徒一百数十名賊始大潰奔逃是役也殲擒賊匪幾至三百餘名旋即分股竄入翁源縣之六里新岡等處滋擾當派兵勇相機進剿并查得前在石角墟僅止一股擊敗後分竄翁源縣屬各墟併計各股寔有四千餘衆倘非厚集兵力終恐衆寡莫敵但賊匪奔馳靡定詭變異常專制既恐腹背受敵兼及衆股又慮首尾不能相應若聲東擊西必至疲于奔命總須全力兜擒方可分勢策應當即復加遴選擇兵勇精銳足恃者二千七百餘名委知縣許錫勳參將趙如勝等統帶于九月二十九日由英德即赴翁源復委總兵崑壽駐劄曲江烏石鎮以防該匪上竄查翁源縣境四面皆山險阻萬狀本非平坦大道可以長驅直入許錫勳趙如勝等督帶兵勇逐處窮追匪竟朝至夕移奔竄靡定業經旬餘總未能與賊相遇當即飭令該文武不必專事窮追或要其歸路以截或誘其近城而圍蓄我銳氣自可挫彼兇鋒該文武等探知各股匪徒于十月十八日復竄回距翁源縣城二十里之新岡墟適添派廣協千總黃曜吉帶領兵勇七百餘名十九日行抵翁源即令其暗伏城外許錫勳趙如勝等

督帶兵勇由旁路星夜折回該匪祇防大兵之尾追不意大兵之迎拒知城内之該倫不料城外之添援該文武于二十一日黎明進剿甫行数里在雲廟墩即遇賊匪四百餘人撲來接戦經兵勇登時擊退殺斃二十一名生擒十一名奪獲刀茅多件匪旋潛入樹林該文武知其前來誘敵後路必多埋伏當將兵勇排列五陣整隊而行分路而進甫至劉里塘果見賊匪三千餘分為三隊蜂擁而來中隊將籐牌疊作城勢遮護鎗砲經兵勇將籐牌擊破復即併合還放鎗砲抵禦又經兵勇攻破如是者数次中隊敗走左右兩隊齊來抄救我軍分六路圍攻齊放連環鎗砲該匪勢難再支左右兩隊亦復大敗轟斃二百五十餘名生擒一百一十餘名奪獲旂幟鎗砲多件我軍奮力齊進恐其繞後襲來分作三層互相接應該匪竟由州峯嶺兩旁抄回被我軍前後夾攻左右環擊復殺斃九十七名生擒三十餘名奪獲鎗砲多件并獲該匪秘傳之太公旗該匪横行肆擾幾于所至莫攖其鋒惟自望夫岡石角墟兩次擊退以後今復得此挫衂洵足以寒賊胆而快人心當于

奏報勝仗附片請撥海關稅銀二十萬以資支應查該匪在翁源縣屬雲廟墩等處大受懲創以後各股心多不齊尚有二千餘人忽聚忽散無非先圖紛竄冀可倖逃當即諄飭各文武倍加嚴防惟佛岡廳本係羣匪出沒之區前經委令惠來營遊擊劉開泰清遠營遊擊强其修帶兵八百餘名先駐防守復于十月二十七日派委外委馮元亮會同候補州判賈元永帶領壯勇六百餘名一併馳往佛岡會同官兵在埔下分隊剳營十一月初二日辰刻有大隊匪徒由鋪嶺而來該文武劉開泰等帶領兵勇迎剿至二渡水地方該匪分為數股佔據山頭居高臨下逆料不能仰攻恃衆可以逼壓我軍盡在平地列陣以待衆匪將擁下山麓鎗砲齊發吶喊交作該匪連壓三次各兵勇奮力攻擊立見披靡賊終不能壓下遂大潰敗砍斃賊目五名生擒賊目二名轟斃一百六十餘名負傷逃回者不計其數奪獲旂幟鎗砲刀矛数百件是時駐剳英德之知縣許錫勲參將趙如

勝爭聞該匪在佛岡被剿窮蹙勢必偷渡逃竄飭令兵弁節節偵探將全隊兵勇二千七百餘名折回魚子灣剳營果于初九日探知該匪將從燕巖竄出遂派委員弁分帶潮佛壯勇為前敵督撫標廣協各營弁兵為後應許錫勳趙如勝躬親督陣行至望樓坪各勇先與賊遇見其人數無多知必另有詭計有意不與接仗退入松林羣匪以為獲勝鼓噪齊來各勇藏在林內施放鎗砲轟斃數十名賊衆始怯意欲退回適官兵繞至後路包裹各勇復由深林衝出合圍夾擊殲捦倍多賊皆帶傷沿途丟棄器械自相踩擠兵勇盡力直追穿林五層翻嶺四次一路追殺至鴉鵲湖餘匪仍由原路遁去是日共計殲斃二百八十六名生擒十五名奪獲旂幟鎗砲藤牌刀矛等項數百件該匪疊次被剿兵勇逼近賊巢自應一鼓作氣四路進攻深入窮搜惟是路徑紛歧林箐叢雜每當陡峻盤折之處既不能用衆又不能施巧業已分飭文武員弁會同各該管營縣探明路徑節節進攻隨在巖搜陸續據報在佛岡廳之黃花堡大交洞秧坑頭英德縣之鉗石鄉鄭田鄉側塘鄉各等處先後獲犯一百三十餘名並起獲藤牌刀矛多件正在併力搜捕間接據各路探報前經迭次擊敗潰散各匪因屢受懲創未敢盡回巢穴現在連平州屬九連山一帶屯聚意圖北竄查九連山在連平州東環通九縣因有是名本與佛岡英德諸山蜿蜒一脉該匪數月以來總欲復竄廣西祇因各隘堵守嚴密未任兔脫連平州與江西接壤冀可北竄更須亟于撲滅俾免蔓延當即飭委文武員弁各帶兵勇由英德佛岡分路馳往并札飭該管地方文武先堵要隘以期易于得手隨後各員弁管帶兵勇分路進剿各文武齊抵連平州之忠信墟探明匪徒蹤跡隨分左右兩路駐剳防要隘而扼咽喉另由中路進兵該匪先在連平州屬之大坪墟經官兵連日窮追又復翻山竄越至十二月二十四日官兵追至雙卞水剳營探知相距十里之和平縣屬涮頭墟地方大夥賊匪盡在盤踞即于二十五日五鼓督率兵勇前進黎明馳至該墟各匪正在祭旂即欲遠竄廣協千總黃曜吉帶勇直

逼賊巢一擁而進該匪拚命分三股迎敵永靖營都司賈運盛
督率兵勇聯為四隊兜擒環擊各匪驚逃沿途仍敢還施鎗砲
田頭抵禦我軍齊力向前分途追殺翻山十二重接仗五次直
至二十餘里之王田大壩餘匪盡行逃散無踪計殲斃匪徒二
百五十九名生擒一百三十八名奪獲旂幟鎗砲刀矛共四百
餘件又據防守隘口之連平州吳昌壽及各營汛追獲逃匪九
十餘名此股潰散各匪已被我軍斬除殆盡正可全力擣其巢
穴所有調往各處文武應令督率兵勇星夜折回將佛岡英德
山內按圖周歷極力窮搜如尚有負嵎抗拒痛加勦洗即或伏
莽潛藏亦可設計誘獲并札飭守隘各文武寔力巡防以免竄
逸于元年正月中旬先後據調往各路兵勇次第折回推查佛
岡英德諸山環亘數百里層巒叠障高插雲天西控大河東接
從化南連長甯北距清英其幽徑則一線单微其懸磴則千盤
縈曲必須密布窮搜庶免顧此遺彼當即派定英德山內委署
南雄協副将通安三江協都司車定海候選千總孔繼堯由窑
步墟而進潮陽營遊擊閆恒瑞守備張騰蛟由大源洞而進署
永靖營都司賈運盛撫標左營守備李道森由青石塘而進准
補東莞縣海廷琛廣協右营千総黃曜吉由白河市而進吳川
縣知縣韓鳳翔由黃城口而進英德縣葉儁昌香山縣丞汪政
由上下砅而進佛岡山内分委清遠營遊擊强其修惠來營遊
擊劉開泰候補按經羅才綸由高岡墟而進署佛岡同知夏承
焜佛岡營千総張翰由龍潭堡而進清遠縣馬映階清遠營守
備羅璋由企壁山而進各帶兵勇均即馳抵山内剳营探聞各
頭目在山伏匿暫避鋒鋩仍結有死黨二千餘人明分暗合若
非縋幽鑿險烏能掃蕩廓清正在分路籌辦間正月二十三日
探有匪徒數百人由觀音山項返越長甯縣界經遊擊强其修
等會同文武督帶兵丁星夜尾追二十四日未刻赶至瑶田墟
各匪復擬分竄守備陳國輝首先迎擊殲獲多名守備夏得光
随即接應遊擊强其修復率大隊赶至併力合圍又殲斃一百
四十二名生擒十七名奪獲砲械一百四十餘件餘匪復逃回

山内經各文武將各要隘嚴密截住再行深入進攻務將首要并餘黨悉數就擒南韶鎮崑壽等又復雇覓熟悉山路嚮導購踊的寔眼線分隨各文武督飭兵勇按日輪進逐處排搜凡屬穴洞僅可容身之地聞有歷來樵牧不到之所無不扳蘿附葛發伏擒奸旋于二月内據各文武陸續報獲賊匪共計九百九十八名三月内共報獲賊匪一千餘名所有起意為首之總頭目周亞華李单眼任胡黃毛五鄧十富等均于二月内拏獲其餘偽軍師劉泰城偽先鋒羅恩澿及次頭目鄧三爵等十名并散頭目等一百七十四名亦于二三月内先後就擒并當場格斃及墜崖投澗畏罪自戕者均經地方官驗明傳屬取結存案從此大夥殲除地方綏靖所有兵勇均經陸續撤調前赴高廉並肇屬剿辦各股匪徒但查游匪所過之處總先有本地土匪為之勾引接濟始敢入境滋擾現仍飭委提標中軍叅將齊誠馥會督各該管文武親赴鄉村設法搜捕如有通盜匪徒及逃回餘匪罔不按名擒拏盡法懲辦根株盡絕永享昇平等因查本案自三十年四月起至元年三月止共計前後接獲勝仗七次入山搜剿六旬文武在事幾及一年殲擒賊匪六千有奇首要各犯不致一名漏網其先後剿辦情形均經歷次

奏報在案所有奉調官兵壯勇名數及司庫撥解經費銀兩數目各州縣墊支經費銀兩分晰開列于後再現在辦理報銷原應一律以元年三月事竣為斷惟各州縣搜捕餘匪及防堵官兵應須經費等項英德清遠佛岡以及附近英佛各州縣三月以後赴司請領經費時有支給蓋緣英清尚在搜捕之日即有西省匪徒竄擾廣寧江西匪徒竄入惠連其韶屬仁化曲江英縣匪徒又復乘間竊發各屬辦理防剿實係接續牽連無時間斷今分案辦理必須截清日期眉目方能清楚擬請自道光三十年四月起至咸豐元年十二月止所有領支墊用各項經費作為剿辦二次清英匪徒之用其自二年正月以後應防應剿領用墊發各項銀兩歸于防剿隣省逆匪及剿辦韶州股匪案内造報至司庫支發銀兩亦照此日期截清各歸各案合併聲明

通計共由司庫支發銀五十萬零七千二百五十五兩五錢八分八厘

清遠軍營委員賀桂齡自道光三十年七月起至元年五月內

止共領用銀四十三萬二千兩

郭守領用銀一萬五千兩內元年六月十三日支銀一萬兩七月初三日支銀五千兩

羅才綸領用銀二千兩元年閏八月十三日支

葉儁昌領用銀七千兩元年十月十三日支銀二千兩二年四月十三日支銀五千兩此數係元年內由該縣墊發續據請領歸款

委員江肇恩領用銀五千兩三十年九月初三日支

委員許錫勳領用銀一萬兩三十年八月二十九日支

清遠縣馬映階共領用銀九千兩內三十年七月十九日支銀二千兩又二年九月初三日支銀七千兩此數係該縣先經墊發續領歸款

從化縣謝遇清領用銀二千兩二年十二月二十九日支係該縣從前墊發續領歸款

英德縣孫成彥領用銀六千兩內三十年七月初九日支銀五千兩元年二月十六日支銀一千兩

翁源縣海廷琛領用銀四千兩元年二月十六日支係由道庫先給嗣准領還歸款

廣寧縣程令領銀二千兩元年三月二十三日支

歸善縣王銘鼎領用銀一千兩元年七月十九日支

連州德濬領用銀二千兩二年九月初九日支係該州先經墊用續領歸款

陽山縣周振麟領用銀六千四百七十一兩七錢三分八厘

內三十年十月初六日支銀二千兩元年六月十六日支銀二千兩二年五月十三日支銀二千四百七十一兩七錢三分八厘該令先已墊用續領歸款

佛岡同知夏承煌領用銀一千兩三十年七月十六日支

羅才綸領佛岡任內支用銀一千兩元年十月初六日支

綏猺同知張壽齡領用銀五百兩元年三月十三日支

督標中協領用弁兵口粮銀二百零六兩九錢

又領製造鳥鎗銀七百五十兩以上各數係三十年八九十等月支給

撫標營領用弁兵口粮銀二百八十六兩二錢三十年八九十等月支給

廣協領用弁兵口粮銀四十兩零七錢五分三十年八月二十六日支

以上共支司庫銀五十萬零七千二百五十餘兩內動支

海關解存酌留尾數項內銀八萬三千四百餘兩

兩次奏撥海關稅餉項內銀二十萬零三千四百餘兩

捐輸虎門項內銀七萬七千七百餘兩

勸捐助餉項內銀二萬六千八百餘兩

又借動司庫正雜各款尚未歸補銀一十一萬五千九百餘兩

各屬傾墊經費及已未准銷銀數開列

南番二縣壽馮令墊支應付各路官兵赴清剿匪船價銀一萬五

千三百五十兩零三錢零五厘

准銷

東莞縣華廷杰應付兵勇過境船價銀七百五十六兩零

增城縣呂應樞報墊雇勇防堵口粮准銷二成銀八百四十八兩八錢未領

三水縣文煥報墊應付官兵過境船價銀一千五百六十一兩八錢六分

又報墊辦理二次清英廣寧兩案匪徒雇勇防堵口粮銀八千一百

八十七兩七錢六分內應撥歸英清案內銀四千兩零

從化縣謝遇清報墊雇勇防堵口粮夫價銀三千二百八十二

兩七錢銀二千兩已領司庫尚墊銀一千二百八十二兩七錢

一分

周琦報墊雇勇防堵口粮銀二千二百六十一兩

龍門縣侯榮封報墊雇勇防堵口粮銀七百一十七兩

該縣墊應本案口粮夫價等銀若干請俟冊到查辦

清遠縣馮映階

准銷

花縣張崇恪報墊雇勇防堵口粮六折准銷列支銀二千九百

九十二兩六錢八分

前護南韶道劉[illegible]二次清英匪徒墊支兵丁口粮等項詳准

歸入本案造報銀八千兩

曲江縣陳應聘報墊應付官兵船價銀五千四百一十四兩六

錢二分

又添設腰站銀二百四十七兩二錢

又雇勇防堵口粮銀三千四百六十四兩

以上共墊銀九千一百二十五兩八錢二分已領銀四千兩在軍營支應局領

尚墊銀五千一百二十五兩八錢二分

英德縣孫成彥報墊防剿官兵口粮銀六千二百九十九兩九

錢六分

又船價銀七千二百零四兩二錢七分

又夫價銀七千五百四十九兩三錢五分

又雇勇防堵口粮銀七千三百六十七兩九錢五分

又獲犯花紅船户飯食銀四百兩零八錢

又添設腰站書役工食銀八十四兩三錢七分五厘

以上共墊銀二萬八千九百零六兩七錢零五厘已領銀一萬七千一百九十九兩內司庫支銀六千兩軍營支銀一萬零三百兩又銀八百九十九兩

尚墊銀一萬一千七百零七兩七錢零五厘

翁源縣車任重[illegible]防剿壯勇官兵口粮夫價等銀四千六百四十七兩四錢四分

該縣應付清英案內夫價等銀若干俟冊到查開

海廷琛墊辦防城官兵薪粮銀四百三十二兩四錢

又防堵[illegible]口粮銀九百一十一兩三錢六分

又兵勇夫價銀一萬零八百一十九兩一錢

又搭廠探差賞犒各項共銀五百九十五兩一錢零六厘

又腰站役食銀七十三兩八錢

以上共墊銀一萬二千八百三十一兩七錢六分六厘領訖

司庫銀四千兩尚銀八千八百三十一兩七錢六分六厘在軍營領訖

准銷

乳源縣李錫鉞墊辦防剿兵勇口粮夫價船價銀四千三百兩

此案詳奉院憲批飭准其開銷已在軍營領銀一千兩尚應由司庫支銀三千三百兩未領

連平州吳昌壽報墊雇募壯勇防堵口粮銀八千零一十三兩二錢

又解犯經費銀四千六百六十七兩三錢五分

二共銀一萬二千六百八十兩零五錢五分內七千兩在軍營領

尚墊銀五千六百八十兩零五錢五分

歸善縣王銘鼎應付兵勇過境口粮船價銀一千七百零九兩三錢[illegible]尚墊銀七百零九兩三錢

博羅縣

海豐縣朱庚[illegible]應付[illegible]兵一千名過境口粮夫價銀五千五百四十三兩四錢一分

又應付潮勇一千名夫價口粮銀八百二十一兩零五分一厘

又修整橋樑道路共銀三百四十五兩八錢五分二厘

共墊銀六千七百一十兩零三錢一分三厘

該縣應付清英案內夫價等銀若干俟冊到查開

陸豐縣

河源縣

惠來縣張邦泰報墊應付潮勇夫價銀二百八十七兩九錢六分四厘

又應付潮鎮等營官兵赴清口粮夫價銀二千五百二十四兩五錢零四厘

又借支惠來營行裝銀三百三十兩又錢四十五千文

又修橋樑道路銀一百一十九兩七錢
以上共墊銀三千二百八十四兩六錢六分八厘
潮陽縣李福泰應付潮陽營官兵赴清夫價口粮銀八十六兩
六錢一分
又借支行裝銀五百二十六兩五錢
二共銀六百一十三兩一錢一分
海陽縣王治溥報墊應付潮兵過境口粮夫價銀四千五百零
七兩七錢六分一厘
又借支前項兵丁行裝銀一千六百五十兩
又墊奉雇潮勇五百名赴清安家口粮及製造軍裝銀一
千三百四十五兩三錢六分五厘
共墊銀七千五百零三兩一錢二分六厘
和平縣戴廣仁應付官兵赴該縣防剿過境口粮夫價及解犯
脚價等項銀四千零二十八兩八錢一分六厘
普寧縣曾師海報墊應付潮兵赴清夫價口粮銀一千八百三
十一兩六錢五分四厘
饒平縣王皆春報墊應付潮兵夫價口粮約用銀一千零二十
一兩九錢
揭陽縣劉世淳報墊應付潮兵赴清口粮夫價銀一千五百七
十九兩八錢八分八厘
又借支行裝銀三百三十兩
豐順縣丁雲樟應付潮兵赴清口粮夫價銀三十八兩二錢一分九厘
高要縣李鼇報墊一次借支差赴清英口粮夫價銀九十六兩二錢一分一厘
四會縣薩保報墊辦理二次清英及肇屬溫曾等案支過雇募水陸
壯勇防堵口粮等銀六千五百六十四兩零四分應入
本案官兵薪粮銀七百五十四兩四錢四分
雇勇防堵口粮銀一千四百八十七兩
二共銀二千二百四十一兩四錢四分
廣寧縣程兆桂報墊弁兵壯勇口粮船夫脚價製械腰站伕食
等銀四萬八千八百九十三兩五錢四分內核入本
案開報銀一萬三千零二十四兩八錢九分二厘
已領司庫銀二千兩 尚墊銀一萬一千零二十四兩八錢九分二厘
南雄州孫福謙報墊應付官兵赴韶薪粮船夫價銀三百一十一兩零

連州德濂報墊雇勇口粮及獲犯花紅等項共銀二萬三千八
百九十八兩一錢八分已領司庫銀二千兩尚墊銀二萬一千
八百九十八兩一錢八分

陽山縣周振璘報墊官兵壯勇薪粮夫船脚價等項銀二萬一千
六百八十七兩七錢六分五厘已領銀一萬零四百七十
一兩七錢三分八厘內領司庫銀六千四百七十一兩七錢三分八厘 領軍營銀四千兩
尚墊銀一萬一千二百一十六兩零二分七厘

始興縣莫春暉報墊出勇防堵口粮銀六千六百零二兩三錢
八分五厘

綏猺同知張壽齡報墊防堵官兵壯勇薪粮夫價銀五千七百
查增城縣呂令花縣張令護南韶劉道佛岡廳夏故令乳源縣李故令共墊用未領銀一萬五千五百四十餘兩已核准銷外其餘各州縣尚墊銀一十四萬二千八百零兩俱未准銷理合貼明
銀五千二百三

准銷 佛岡同知夏承煜報墊銀二萬四千六百三十六兩已領銀二
萬四千二百三十六兩內在司庫領銀一千兩軍營領銀二萬三千二百三十六兩
尚墊銀四百兩詳明准銷 未領

連州德濂報墊雇勇口粮及獲犯花紅等項共銀二萬三千八
百九十八兩一錢八分已領司庫銀二千兩尚墊銀二萬一千
八百九十八兩一錢八分

陽山縣周振璘報墊官兵壯勇薪粮夫船脚價等項銀二萬一千
六百八十七兩七錢六分五厘已領銀一萬零四百七十
一兩七錢三分八厘內領司庫銀六千四百七十一兩七錢三分八厘 領軍營銀四千兩
尚墊銀一萬一千二百一十六兩零二分七厘

始興縣莫春暉報墊出勇防堵口粮銀六千六百零二兩三錢
八分五厘

綏猺同知張壽齡報墊防堵官兵壯勇薪粮夫價銀五千七百
三十三兩七錢一分已領司庫銀五百兩尚墊銀五千二百三
十三兩七錢一分

准銷 佛岡同知夏承煜報墊銀二萬四千六百三十六兩已領銀二
萬四千二百三十六兩內在司庫領銀一千兩軍營領銀二萬三千二百三十六兩
尚墊銀四百兩詳明准銷 未領

羅才綸報墊元年分防剿兵勇薪粮及獲犯花紅等銀一千
二百五十八兩二錢二分五厘已領司庫銀一千兩餘銀由軍營支應記
又領前辦清英委員支應留存餘剩交該員支用銀
八百七十六兩六錢五分九厘
尚餘存銀六百一十八兩四錢三分四厘
龍川縣王天錫報墊防堵官兵口粮夫價等銀三千七百四十
九兩零六八
以上各屬六詳墊銀二十四萬四千一百五十二兩零八
分八厘内在司庫領用銀二萬五千九百七十兩七錢三分八厘軍營支應局領用銀五萬九千五百二十四兩九錢九分一厘外
尚實各州縣墊用銀一十五萬八千六百五十五兩三錢五分
九厘查此清遠、博羅、陸豐、河源等縣墊支銀兩未據造冊繳銷容俟催齊核明墊支若干列入開報合併聲明

奉調各營官兵員名數目開列
提標中軍叅府鄭成穎統領提惠七營官兵共一千零五十
二員名
所各大帮弁兵及支薪粮日兵弁或因差到軍營隨即撤又均未列入合併貼明
增城營叅將趙如勝統領督撫標廣協官兵共八百四十一
員名
撫標營守備翟黼文統領督撫標官兵共二百五十四員名
督標把總劉繼輝統領督撫標官兵共二百零四員名
潮州鎮標營遊擊閆恒瑞統領潮州鎮官兵共五百一十六
員名另餘丁隨丁二百名
清遠營遊擊鄭良材統領本營官兵二百零八員名
清遠營守備羅樟統領本營官兵一百二十四員名
清遠營把總林國鏞統領兵丁二十一員名
又該營各處防堵及帶勇共調官兵四十九名
南韶連鎮崑　統領本標三營及三江南雄各營官兵共一
千二百四十二員名
撫標守備李道森帶護　王命兵丁十七員名
水師營遊擊黃慶統領水師提標各營官兵二百一十八員名
惠來營遊擊劉開泰管帶官兵三百八十一員名

佛岡營千總張翰音帶弁兵一百七十四員名

以上共[illegible]調各營官兵五千五百餘名

查現開列員名均期久遠明[illegible]其餘零[illegible]回營或支給口粮日期[illegible]

奉調各處壯勇

委員顧倪帶潮勇六十名

委員海廷琛帶潮勇二百九十四名

委員牟孝祥等帶潮勇五百零四名

委員張德和帶潮勇二百九十九名

委員張映奎帶潮勇一百九十六名

委員林兆熙帶潮惠勇壯一百六十名

廣協千總黃曜吉帶東勇七百零七名

千總馮元亮帶順德壯勇七百六十九名

千總孔繼堯帶佛山壯勇五百五十六名

委員劉光裕帶濱江壯勇一千零九十七名

以上共壯勇四千六百四十二名

奉調各營縣巡船巡丁數目

撫標左營把總熊雁榮帶巡船二隻水手六十名另官弁三員兵一名

順德協副將梁顯揚帶巡船三隻水手一百一十六名另官弁四員

順德協右營把總余殿榮帶巡船一隻水手四十名另官弁一員

順德協右營都司銜佐邦世巡船一隻官兵三十八員名

新會右營守備陳兵才世巡船三隻水手一百四十名另官弁七員

南海縣巡船一隻水手三十三名

番禺縣巡船三隻水手一百二十二名

東莞縣巡船二隻水手七十一名

以上共巡船十六隻共配水手五百八十二名

另官弁五十四員名

咸豐元　二　初八　由驛四百里具

兩廣總督臣徐
廣東巡撫臣葉　跪

奏為高廉一帶防剿兩省交界匪徒先於靈山縣境殲斃多名復於石城縣境大獲勝仗現在仍飭跟蹤追剿並知照西省一體會辦恭摺由四百里馳

奏仰祈

聖鑒事竊照廉州前因竄入匪首方晚陶安仁均已擒殲尚有夥匪劉八及黃大分踞滋擾添調兵勇前往剿辦等情已於上年十一月二十二日由驛具

奏在案查劉八與黃大各分聚黨夥本非一股嗣聞劉八由合浦縣之公館墟竄入石城縣之青平

P3

墟並欲糾合黄大由靈山縣之三隆墟潛進青
平相助抵抗拒並且訪知米穀火藥多由廣西博白
縣之龍潭村暗中接濟若不及早撲滅深恐滋
蔓難圖先於上年十二月十一日經代理靈山
縣知縣甘槐會同護理廉州營遊擊曾廷相督
帶兵勇齊至三隆墟分路進攻黄大等亦率黨
分投拒敵兵勇奮往殺賊一百餘名生擒三名
礮斃者尤多已攻至三隆墟頭賊又由墟尾兩
路包出甘槐率勇先向前面阻截曾廷相督兵
在後開礮轟斃十餘名賊從旁徑遁逸因天色
已晚連日陰雨載道未及窮追彼時正值添調
潮州兵勇業已按程前進臣等即令其道出石城先

P4

將劉八此股殲滅再赴靈山剿辦署高州府知
府胡美彥先馳化州防堵並督運糧會商卸署
廉州營遊擊張遇清因其在事日久深悉賊情
先期會商一俟兵勇齊集即當併力攻剿適於本年
正月初八日申刻行抵石城縣之長岡嶺相距青
平十餘里各兵勇見前有松林暫駐尚未劉營未定
突有賊匪乘馬張旗驟來衝撲張遇清會同管
帶潮勇之陳義陳嘉禮作為前敵署潮陽營遊
擊王山署惠來營遊擊何萬興署黄岡協都司
饒成龍署潮州鎮中軍守備饒永福督率官兵
布為圓陣四面抵禦施放連環鎗礮轟斃紅衣
賊首數人賊勢稍却又復另出兩股賊匪並於

P5

山腰暗藏大礮乘間轟發玉山饒永福即帶弁兵由山脚左邊直上何萬興饒成龍由山脚右邊直上抄後分兜各將礮匪擊散共奪獲大礮九位子母礮二位礮子二簍火藥二簍仍回大隊齊督兵勇奮刀迎擊賊匪二百餘名生擒二十餘名轉戰兩時之久天已昏黑即收兵回營徹夜巡防初九日卯刻兵勇復由長岡嶺前進先經張遇清會同陳義陳嘉禮分督潮勇鎗斃賊目二名擊斃賊夥三十餘名餘賊負傷逃逸正在追剿間遥見大夥賊匪踵至經玉山何萬興饒成龍饒永福分督兵勇按隊環列以待旋即見有騎馬賊目數十人率賊二千餘名蔽嶺而

P6

來分作三股以拒我師玉山等當即率帶兵勇亦分三路迎擊彼此相持不下直至午刻擊斃二百餘名奪獲大礮六位並火藥礮子旗械等多件該匪始行退去當即飭令兵勇輪替造飯以備再戰一面堅守營壘復於未刻賊衆又至先用大礮向前轟發我軍散而復合鎗礮齊發擊斃三百餘名竟至酉刻該匪仍復不退勢將拚命相拚玉山等見事機緊急天色已晚乘上風呼譟名兵勇無不吶喊並進勇氣百倍該匪紛紛自亂盡行逃散生擒三十餘名又復奪獲大礮五位礮子二簍火藥一簍連日三戰三捷查驗兵勇受傷者十二名彼時護高廉道彭舒萼與護

P.7

廣州營遊擊曾廷相帶領兵勇在白沙地方堵
剿亦復截殺一百餘名生擒五十餘名署高州
府知府胡美彥會同該管縣營協同先後拏獲
股匪二百三十餘名惟劉八因疊受挫衄率其
餘黨乘夜潛逃探聞竄回廣西博白縣地方
臣等現復諄飭文武趕緊跟蹤追剿一面知照
西省協力會拏釜底遊魂諒難久逸現計提
臣陶煜文暨高廉道宗元醇於五月廿四日亦可
行抵高廉各處更可同心協力設法督辦聲威
愈壯則邪慝畢除矣所有高廉一帶防剿交界
得獲勝仗緣由謹合詞恭摺具馳
奏伏乞

〔旁批：正；署化州知州署化營都司張敏和並督同署石城縣知縣…在籍署高州府經歷宋開霖等；逆；適；業已；各；即黃大現在靈山亦須迅即殲除；將次；各處；籌；務使；匪徒；方期醜類；克；先；由〕

皇上聖鑒訓示謹
奏

再現准部咨增城營叅將趙如勝奉
旨補授湖南寶慶協副將查該員現委分帶弁兵隨
同提臣前赴高廉一帶聽候差遣容俟事竣再
行飭赴新任理合附片陳明伏乞
聖鑒謹
奏

P.8 end

崑臣仁弟大人萬福昨日巳刻奉佈一
函諒邀
鑒入旋於午後接到廿二日午刻
惠書備悉兵勇進山民心極為安貼
此乃平定之易來糧充足逐日逼近圍
困掃穴搗巢計當不遠特啓者
量昨接西山等來稟知劉八已帶同
賊散夥竄逃回博白龍潭查案即
擒拿飛諮青蓮營將該防博白
游全何以意存瞻徇不行堵截之
札黏抄試問果誰當以姜鄒邴
彭洸兩多志有字到在白沙一帶

堵拿擊斃生擒者約有數名我
軍全壯賊膽已寒不獨高郡路
通即欽靈之賊亦當奪氣惟楊
鎮忽回高物議不可解已屆札黃
詢步帶勝白沙後以遏竄蹤矣手
肅奉請
升安
名先續頓 五月廿二日申刻

崑臣仁弟大人萬福廿六日接十七日
手書領悉一切前聞形偉之勳累十餘萬更改應章搶
法願竟照至難以取捨又因福山從未昭兩年適六旬
精神然有未周是以循至李前令讀
來示括知種種前函自毋庸議矣茲英兩路多營派出
恒辛同援出之弟亟九秉兩夜撲進賊之礮臺西壕
防守甚為難動手惟東山背新衛口礮臺自係弟

雖之人所守備深猶睹已定弟亟九潛勿內線有機 昨午探聞報暇東口開頭火焚未施
放手秉弓從此路搶攻大礮已運到英日韋扎到營暇覺
振奮緣此招為請之策弓兩路兵勇志皆不以為然
勞辛陵聯有字來甚特言
閱手悉那并一復之原函仍望見還手函手請
台安　愚兄瑨蒿　五月廿六日午刻
老伯大人前祈叱請

F.O.682/327/2(53)

[redacted]

西撫院容准
欽差大臣大學士賽　咨准兵部遞到
廷寄
上諭募勇不受節制招安巨匪大頭羊叚等仍在潯梧剽刼如常
著賽　密查懲辦欽此
軍机大臣字寄
欽差大臣大學士賽　咸豐二年正月十九日奉
上諭據孫鏘鳴奏廣西難平之患尚不在永安一處其名募之
廣勇及各處壯勇均不受節制戰不向前處不安靖並有暗中
通賊者間有裁汰遂肆刼掠新到潮勇尤節節滋事經過
梧州地方閉城數日其招安之巨匪如大頭羊大鯉魚等仍在
潯梧一帶江面包貨抽稅剽刼如常等語向來招募鄉勇
最難遣散現因兵力不敷不能不藉資練勇將來事平之

後或柚擇精壯充伍其出力得功者留營拔用其餘遣歸須
業或酌留若干派員管帶捜捕土匪防守地方一二年再行全
撤必應先事妥為籌計務期萬全無弊不致貽患將來即
現在各路募勇亦應嚴飭管帶之員堅明約束若如所奏
戰不向前處不安靖甚且陽奉陰違與賊暗通消息萬一
輕信誤用貽害無窮至大頭羊即張釗大鯉魚西田芳等
投誠以來是否真能効力現在如何驅使若仍在沿江刼掠抽
稅地方官隱忍姑容必致又釀巨患以上情節均著賽
嚴密訪查據實懲辦切勿受人朦混原片著鈔給閱看再
大兵雲集永安剋日收復前經降旨北路軍威雖壯南路及各路
要隘必須一律堵截其紫荆山等處逆匪舊巢尤應防其復踞
著再申諭帶兵各員嚴密攻圍斷不可再任竄逸儻不能遏其
出路查明賊自何路竄出朕惟有將該處帶兵大員重治
其罪決不寬貸將此由四百里諭知賽 並諭令鄒 知之欽
此遵
旨寄信前來
臣孫鏘鳴跪

奏再永安賊勢自提臣向榮再起任事以来北路軍聲頗振
若不再令竄逸不難克復盪平然似此大兵厚餉我
皇上不稍惜勞費者原為粵西億萬生靈為一勞永逸之舉
而廣西難平之患尚不在永安斷不宜專顧目前含糊了局
現在事之急當圖畫者一在招募之廣勇一在招安之
臣匯以近日情形臣所訪聞者言之各處募勇皆不受節
制指揮借賊自固戰不向前處不安靖並聞有暗中通賊
陽與陰違者間與栽汰遂肆劫掠兩月来新到之潮勇
尤節節滋事經過梧州地方閉城數日召募愈廣枝節愈
多其降匪大頭羊即張釗大鯉魚即田芳等党羽千百
仍在潯梧一帶江面包賃抽税剽劫如常為永安一股未
平不能兼顧上下隐忍效尤日衆當此大兵未撤便已虞
無顧忌將来更何所不至此皆無窮之隐憂臣既有所
聞為此據實密
奏伏祈
皇上聖鑒謹
奏

砲撬引門蓋等具並較準每砲斤重若干配藥
配子若干均在砲身砲架註明以免臨時舛誤
飛調水師提臣吳元猷揀調熟習演放大砲弁兵
帶同兵丁一百六十名於二月二十日管解起
程運赴湖南轉運湖北撫臣胡林翼軍營點收
以資配用除俟夷船續有運到再行購買陸續

解運俟准明禮部侍郎臣曾國藩湖南撫臣駱
秉章派撥弁兵接解及咨明湖北撫臣胡林翼
知照外所有遵

旨購運砲位派委弁兵解往湖南轉解湖北緣由臣
等合詞恭摺覆
奏伏乞

皇上聖鑒謹
奏

[redacted]

廣西督學臣孫爲辦理不善廢弛地方事廣西省自二十七
年雷再浩滋事後餘匪未盡殲滅守土者概以模稜了事致
地方良善被匪煽誘聚衆擾亂
皇上大奮神武不惜軍費
命大學士賽督師進剿原期一戰功成豈意賽某自到粵後毫不能
出奇制勝一味蒙蔽今日報捷明日奏保概屬虛誕永安州
彈丸之地該匪佔據數月各路兵壯圍繞不下十餘萬勢必
滅絕醜類乃不惟不能殲賊反使賊直出永安州一路到桂

林攻打省城該大學士悮國殃民辦理不善罪有應得伏乞
皇上聖明獨斷撫臣鄒某到任以來催練招壯勇盡務皮毛聽丁艱
御史朱琦虛妄之辭專辦團練糜費餉項毫無實用該賊於
二月十六日竄出永安官兵莫能阻攔二十六日到陽朔白
沙地方二十七日到六塘二十八日到良豐二十九日到省
連日攻打若無提臣向某於賊未到之先趕行赴省各門守
禦則廣西省城已被賊盤踞矣臣目擊時艱不得不據實奏聞
上諭據學政孫所奏辦理不善之大學士賽廢弛地方之巡撫鄒着交
部嚴加議處丁艱御史朱琦妄專軍務着即革職其以前保
舉各員概行停止俟平賊後再為敘用進剿事宜交兩湖總
督程湖南提督余辦理大學士賽巡撫鄒着隨營效力如再
不盡心督辦國法難容勿謂言之不早也

FO.682/137/6(46)

崑臣仁弟大人萬福：廿六日寄四一函，並抄呈張許兩道原字札

已達

覽。來書兩肩專告知陵山匪艇滋擾情形，業經具奏，茲

奉移知本協則江口十日之捷，似應趕緊奏報旦鄭，

已於廿日越境赴梧會剿，更覺聲壯坐以由

貴手撰稿，擇日拜發，並將原呈一併另錄呈，又

寄諭一件、孫學使原奏一件，均抄

鑒入閱。乃洪秀泉、楊秀清已生擒來亟（未）暹羅亞旺之識

覽，未審是否確實，使有的音再書續佈，手肅奉請

台安

名另具　二月廿二日巳刻

468-

P.1　F.O.682/391/4(39)

一件　片奏捐輸接濟團練首先倡率各捐廉銀一萬兩撥解廣西軍需一片

咸豐二年三月十七日具

奏稿

奏

摺弁　賚

咸豐　年　月　日奉到

硃批

P.2

再現遵
諭旨所有捐輸等項悉照原議章程辦理當即出示
曉諭數日之內凡接濟團練報捐一萬兩以下
者共已有五萬餘兩其捐資助餉數在一萬兩
以上者尚無其人臣等奉職封圻受
恩深重廉俸所入皆仰荷
生成所豢養茲當急於勸捐自應首先倡率俾各士
民咸知觀感更可及早輸將除臣等各捐廉紋
銀一萬兩解交藩庫收存先行撥解廣西軍需
外謹合詞附片奏
聞伏乞
聖鑒謹

P.3 end

奏

~~FO.682/391/3(31)~~

FO 931/1333

[redacted]

四月十三日接臨桂初四電

敬電悉本月初十日前修仁等縣防營扼守慶性

形稍已上除呈　台電外

中堂已四次陽翔駐荔浦　湖南各提軍亦經到

靈川往剿惟　烏都該團傷查陽翔亦當日

省兵出隊迭與係遠不出夜間潛來撲城碰卯

近者處調勞廣司四省合剿現當未到全至

鈞閱仰惟鈞鑒謹電

三月廿日申

[redacted]

四月十三日到

(1)

四月初二日准

欽差大臣費 咨四月初二日奏陽翔軍□具奏
奏為省城連日戰守情形仍未退奴才督飭剿辦並奉到
諭旨之處覆奏各情形仰恭摺仰祈
聖鑒事竊 奴才于本月二十四日賊攻省城我軍連日守禦
及出戰各情馳奏後仍催飭向榮督率城內外各兵勇
隨後戰守並飭張釗砲船飭由水路赴援並節次飛催
布政使勞崇光督帶張國樑等壯勇星速前來幫剿省
城被圍已經一月現除張國樑等勇未到外各路赴援
兵勇全數到齊向日以來雖據向榮等每日分軍

出戰小勝間有斬獲而賊仍未退剿滅寔難殊切焦灼
日深難安寢食昨于二十九日奉到軍機大臣字寄本月
十七日奉
(2)
上諭葉　馳奏連日督兵攻撲逆匪疊經獲勝一摺並陳
紅情形覽奏均悉惟近攻城之賊據云約有二三千人盤居
有逆首在內該逆自永安竄出故未全赴省城竟敢
分竄股屯聚仍處均未據該大臣與該撫詳細奏到現在程
矞采已撥兵一千名飭令余萬清統帶前赴桂林與廣西
各路兵勇分赴應援者共有若干賊匪揚言有六七千人
隨後踵至亦須時加偵探飭令各路團練嚴密豫防倘能
出奇制勝內外夾擊正可轉敗為功賽　尚阿尚在永
安數日未接奏到朕心甚為懸念該大臣駐劄要所與省城
必須聲息相通該處賊兵梗阻以致彼此不相聯絡去春廣
西至荔浦為[illegible]撤賽　奏烏蘭泰帶兵三千赴荔
浦退截賊匪今賊已至桂省城尚未至烏蘭泰現在何處
荔浦倘有疎失關係匪輕烏蘭泰[illegible]
等賽　查明迅速馳奏前次四鎮陣亡兵勇共傷亡若

（3）

□名並現在平樂梧州等處如何防剿之處伏乞查照兵

憲等因欽此竊奴才等由永安州撥援並函荔浦陽朔于

于八月十二廿四等日已經節次將逆賊全股竄逼省垣並

先後飭派烏蘭泰向榮等各路兵勇抽省兼援

守追剿及烏蘭泰因傷身故其情由馳奏

聞在案查此次逆匪竄出古束自烏蘭泰向榮等乘勝

銳進失機挫衄四鎮陣亡兵勇損傷數百幾經全軍

不能復振奴才當以荔浦糧餉重地且恐賊踞以窺大

軍與省城阻隔聲息不通維時正機危緊兼分當即

多方激勵派令向榮帶兵星速赴荔董防逆賊北

竄省垣之路又恐賊分股四出攻掠且于山內積有潛

藏屯聚當查永安州並鄉派委探偵又派諭寬亦

處之都司騎永寧忠守備周光碧等□□搜捕

賊全股分竄由古東山內之大崗等處進犯有稽

以由天平坳出山旋派都司李孟群帶勇往堵詎李孟

群勇到時賊已竄出天平坳直撲荔浦我等逆賊全

數北撲即飭烏蘭泰帶兵全軍分隊勁旅馳往荔浦

(5)

西內營將截殺逆賊至荔浦蒼茂營迎擊敗走
即棄荔浦由小路將竄馬嶺入省要道穿我防內
營派兵趕至馬嶺賊已竄至直撲省城垣向
營奴才飛飭星夜兼程由間道馳赴省垣所
領逃軍陸續將匪殘賊之將烏蘭泰繼至荔浦
內營已經拔營將引烏蘭泰探明賊蹤尾勦北撲
亦即星馳由後尾追向營于廿八日先賊進城住止
數時接寧當其未到之先城中人心慌亂紛紛逃竄
內營一到飭令將隊安撫居民大兵已到至時
安城布置守禦一切是以賊至未能撲入烏
蘭泰旋于廿九日由趕至省城之六
塘劄賊已撲省垣逆截馳至
省南門外之將軍橋追剿因勝銳進復為賊砲中傷挫退
并於初四日自永安拔營前至荔浦進間接到向榮先
賊入省守禦傳安及烏蘭泰將軍橋受傷之字當即
飛飭總兵秦定三常祿並代領烏蘭泰軍並飭向
榮策調查烏蘭泰于初一日在將軍橋擊賊受傷該

(6)

處距省數里接臣於初二初七等日連章入奏稱烏
蘭泰尚未趕到想未探聞其實并前至永安將王錦
綉於安等所帶派守平樂之滇皖兵及各勇飭救省
垣及到荔浦又將張敬脩所帶派守昭平之東勇許祥
光委員朱啓仁所派于山內尾賊之勇各路儘數均各
星馳前往省城救應并亦即綫帶親軍千餘由荔浦
即時翔各路赴援兵勇陸續前行節經嚴飭飛催
將弁先後到省而陽朔地方衝要為賊回竄之路且
與省城最為地近可以聲息相通并到朔連日布置
戰守確探荔浦平樂等處並未有賊分苗竄逼應坐
向綏雄等極言張釗水勇可用當自平樂由許祥光
將帶前來并因此勇前有浮言多不安靖當與許
祥光妥為商詢據許祥光稱其從前所不安靖之勇
業經遣散現在僅于四百餘人甚屬可靠并又以其人
數不多各船大砲數十餘口殊恐孤軍深入砲多人
少第一資敵所繫匪輕擬暫留陽朔嚴據臣及

(7)

向榮圍寧亟須此項砲船幫勦催前進並仍咨
令撫臣及向榮另須先期派兵由陸迎護以期有濟
合夾前接撫臣提臣亟復派葉萬明魁銀沅之勇前
至大塘地方迎護並有秦定三常祿一軍在省城東
門外對河扎營可以犄角相應又據委員寧祿該船
已至大塘上之三雖汛地方扎定向繼雄時已晉省候
其迎出　相機前進惟張國樑勇速今未到據勞
崇光等復稟到屢次亟扎以省城危急軍情至大
艇匪一時未能勦平仍著前扎飭楊彤如酌於二十三
日准由平南登陸兼程赴省參將德亮已帶張國樑
勇至潯江地方亦經飛函飭令即日由彼登陸趲行並
有新授宣化縣林等勇派顧瑞庚等陸續管帶前來
現在省城兵勇除向榮及劉長清等所帶湖南廣西
四川官兵在於城內分門防守外王錦繡松安等兵與
李孟群等勇均扎省北門外張敬脩勇前於福山腳
築營被賊來撲不能扎定已改扎北門外迤西之飛鸞
橋潮勇三千扎老西門外沿城地方秦定三常祿兵勇
扎省東門外對河之上閘提督余萬清已帶楚兵一

(8)

千名馳抵省城北门外扎營，惟南路官兵僅許祥光
委員朱澄仁等勇扎六塘一帶，遂為聲勢。賊於省
城正西门外之甘橋園门腳五里墟一帶將民房盡
行占據，是其大股。而南门文昌门外亦有賊衆分據錢
局等處，文昌门外之張氏宗祠及珠江之象鼻山上兩處
均有賊砲，處處賊砲向城內攻打，最為切近。又於象鼻山下
灣泊護將民船四十餘隻，婦女輜重悉載其中。圍门腳及
有伏牛山，賊於其上登高瞭望，可以窺見城中動息。賊
中頭目分住西南门外各處，逆首洪秀泉等來閩，有被
我兵殲斃及竄擾他處者。據原所奏攻城之賊僅止二三

(9)

千人，或係賊焰到时城內會匪未能確探其備。茲據
言尚有六七千人雖至等語，當係其时賊未全至，或
已全至，故為虛聲恫嚇之言。自十九日潮勇擊賊
福山腳獲勝後，二十日向榮令謝從超帶領提勇於獅子岩
蟆楊橋隅河安設大砲，遙对伏牛山轟打，該逆亦用砲还
擊，相持至午，計斃十餘賊，趕出獅子岩河邊，賊划渡河來

(10)

朴提勇預報準備，俟賊來近，開放槍砲，並轟斃數賊，賊
即奔潰，提勇乘勢過河，生擒一賊而還。二十一日李孟羣
督帶良勇與壽勝韓字勇，仍由禾寫橋進攻，先于福
山腳設伏，該守弁進至徐家村開放槍砲，誘賊出巢，該
匪始終不出，繼見多勇漸漸退歸，遂蜂擁下山來扑，該
守弁且戰且走，誘至伏中，揮令多勇四面圍殺，而弁
賊正擬死不退，經向榮發派向從雄、謝從疑帶領提
勇從獅子岩沿河沖出，開放大砲，狹擊其後，賊即紛
紛退走，李孟羣並乘勢追上，斃賊三四名，因賊于陸
隣村一帶伏有大砲，未便深入，遂撤回。廿六日張發倩
帶領本勇由禾寫橋進攻，打至陸隣村，有賊數百出來
接敵，該處有小澗一道，因連日大雨水漲，不能越過，與之
隔河對放槍砲，打傷數賊而回。從日亦因雨阻，未能出隊。
據鄰鳴鶴圍稱，現派陳瑞芝並派勇李孟羣良勇、
張發倩本勇、~~義~~泰定三帮，移并兵勇五為一軍，輪日更
番出戰。又向榮于墟內村象賁山地方添設砲台一座，
與賊山上對壘，亦為得力。近數日因賊之攻擊稍覺鬆緩

（11）

失詳細情形據臣函稱數日內由省城出隊一次兩次綫
是其深收守始以賊衆撤省乘其喘息未定務令各紳承
內崇彥良夫督帶可制勝祇各紳承中傷矣故軍心
又搖旋以紛紛援軍權篤到省連路向崇設法截守
留施仍必向各夫督方始破賊解圍現在紛紛兵勇令往
省城出賊再衆亦必須由省撥派兵勇追剿紛紛遠
方界各均不可令再有疎失及接向崇函季均以中怯兵
單兵勇禁驚難皆現在決軍務至固守尚不能以破
賊日唐張國樑張釗各勇到來合剿至于破賊限陳
追剿剿矣向崇處次函稱請商撫以恐賊即衆亦係調
佛岡山去而後來省城累要實在不能派定各語奴才
覆飭親軍札委陽朔鎮張蓟賊回衆一路賊如衆至
亦須追兵累即尾至方可勞後截以救即事且如省
垣東北路西全賴江平樂兵為靈川西北義寧永寧
永福各縣縣在在均防衆逸現在一俟勞崇光帶領

（12）

國樑各勇到來到即協由省率為路相機勦進仍成矣

(13)

擊之勢勞崇光自剿辦南邑各股匪悉數蕩平沉毅
有謀此次俟其到來與之面為商略出奇制勝之方仍防
向榮咨據內外諸軍于此次壯勇到後務留內應
陸路諸軍倚力痛剿滅賊不許稍有疏列參差貽
誤致干軍法計省城守禦已逾一月該處日久懈弛變
生莫測且此逆賊詭謀百出裹脅愈多又于村落險
隘更築堅圍以為持久援攻之計剿除更難為力
現在惟有西南兩面賊眾分布浮居破屋先與承為援
守時攻擊殺勇果敢諸軍合同定期速戰派定各路
廣勇高舉使賊彼此不能相顧未嘗不可斬渠獲醜一
鼓奏功至賊或裹蹤跟追擊之兵仍飭向榮預期派
定撫臣鄒鳴鶴屢次會奏所現在省城戒守一切由
其調度且稱與向榮志為和協收效即四面堵有合而崇
預期務為籌以重地方所有省垣逆賊未退現籌勸捐及
旨查照實在情形謹由驛馳奏伏乞
皇上聖鑒謹
奏

一件　　事

奏稿

硃批　咸豐二年五月廿日奉到

看稿　對摺　咸豐二年四月十五日具

奏

摺弁　　賫

繕摺

奏為遵
旨覆奏仰祈
聖鑒事竊臣徐　　於四月初六日在信宜軍營承
准軍機大臣字寄咸豐二年三月十八日奉
上諭前因廣西梧州一帶有波山艇匪盤踞已疊次
諭令徐　　等選派弁兵馳赴該處迅速合力兜
剿現在永安逆匪竄逼桂林省城經賽　　調撥
各路兵勇赴援堵擊其勞崇光帶赴梧州之兵勇
二千餘名亦經調赴桂林梧州兵力較單恐艇匪
乘機勾結愈肆滋擾著徐　　迅即督帶兵勇前
往剿辦毋誤事機至凌十八股匪或交葉　　或
交陶煜文專司堵剿仍遵前旨酌量辦理可也將
此由六百里諭令知之欽此遵查前因波山匪艇
滋擾梧州特派候補知府郭超凡叅將崔大同
管帶兵船進泊梧州之三合嘴扼要堵剿嗣因
逆匪竄出永安復調虎門拖船駛往封川以為
後勁兩處相距甚近聲息時通其陸路毘連懷

P3

集賀縣一帶又遴派文武會督兵勇二千餘名
駐劄江口等處互為應援業經節次由驛奏
聞在案惟廣東兵船吃水過重不能遡流而上利涉
險灘叠經飛飭藤縣平南於上游攻逼匪艇東
下廣東兵船即可迎頭邀擊昨據郭超凡等稟
稱屢次偵探上游兵壯並未跟蹤追剿查勞崇
光雖已調赴桂林而左江道楊彤如尚駐藤縣
惟有嚴飭楊彤如督帶兵壯跟追以便郭超凡
等乘勢迎擊併力合剿以除積蠹再查艇匪志
在刦掠與淩十八背逆死黨有不同不得不權
其輕重臣徐　惟有激厲將弁期於旬日之
內將淩逆埽蕩一俟馳報捷音即遵

P4

旨迅帶兵勇前往梧州力圖剿辦斷不敢稍誤事機
也至臣葉現已擬定出省日期另行恭摺
奏報外所有遵辦情形謹合詞由驛五百里馳
奏伏祈
皇上聖鑒訓示謹
奏咸豐二年五月十七日在新興舟次奉到
硃批知道了欽此

P.1

F.O.682/279A/3(43)

臣自當馳往羅鏡接辦防剿事宜旋即疊奉
諭旨無不仰承
指授機宜至周且備臣跪聆之下欽服靡既感悚尤
深現雖接據探報羅鏡淩逆圍困已久計日似可
可望有捷音臣竊以為行軍破敵千變萬化遲
速常出意料之外未敢預期勝負同在呼吸之
間尤難獨恃即使先事確有把握仍恐臨時未
必悉應指揮此惟在於心齊方得以氣壯一時
縱未能力取設法必當以謀勝者也羅鏡若果
立見掃穴搜渠尚有搜緝餘匪以及善後事宜
仍應前往接辦永除後患是羅鏡無論能否剋
日蕆事臣總當先期出省庶無牽掣之虞所有

P.2

F.O.682/279A/3(43)

署內應辦地方各事宜俱已移交升任河南撫
臣柏　妥為經理臣現於四月二十一日由省
星夜起程馳抵羅定相距賊巢不過數十里偵
探較切情形冀可周知方得以資調度俟抵羅
定後即熟商督臣徐　何項兵勇酌留剿辦
何項兵勇統帶赴西既不得顧此遺彼亦不可
前出後空且查羅定距封川江口四百餘里時
通消息並可遙為聲援現在沿途添設腰站即
省中遇有緊要事宜往來文報約計旬餘皆可
立達臣身雖趨赴手一隅心當通籌夫全局以
期仰副我
皇上廑垂兩省籌畫萬全之至意所有出省接辦羅

P. 3 end

鏡匯徒日期理合恭摺具
奏伏乞
皇上聖鑒謹
奏

1

F.O.682/327/2(36)

一件　事

看稿　對摺

咸豐二年五月　日具

奏稿

奏

由驛五百里　賫

硃批

咸豐　年　月　日奉到

繕摺

2

奏為遵
旨由驛五百里覆奏仰祈
聖鑒事竊臣於五月初一日承准軍機大臣字寄咸
豐二年四月十三日奉
上諭昨有旨飭令徐　馳赴廣西會同賽　督

辦軍務諒該督接奉此旨必已星馳就道惟前飭
揀帶精兵曾據奏稱廣東防剿處處喫緊兵力難
分自係實在情形本日已由六百里寄諭季芝昌
令簡派汀漳泉等屬精兵三千名以備該督調遣
閩粵壤地相連由潮州取道馳赴廣西較之四川
雲貴之兵可期早到或將閩兵留於廣東防堵而
以廣東得力獲勝之兵調赴廣西即由該督自行
斟酌辦理至桂林省城現尚被圍據鄒　奏賊
匪全幫連婦女在內約祇五六千人未知是否確
實省城兵勇二萬不為不多斷無株守坐困之理
已飭賽　督同勞崇光等由南路向榮率各處
援兵由北路相機夾擊該督如已馳赴粵西即會

同同妥籌辦理軍中事權責一儻賽 病体難支
自必遵旨將欽差大臣關防移交該督所有軍務
即統歸該督節制辦理一切軍需款目亦可嚴寔
稽查現當經費支絀之際部款籌撥甚艱且恐緩
不濟急昨據該督等遵旨覆奏妥辦捐輸情形如
果踴躍著有成效著與葉 酌商於粵東各款
內移緩就急通融撥解廣西約須百萬之數陸續
分起源源接濟一俟捐輸有項次第劃歸原款諒
該督撫定能兼權熟計無誤轉輸也將此由六百
里諭知徐 並諭葉 知之欽此臣因即日
馳赴廣西業於四月二十七五月初二等日兩
次由驛具

奏在案現准大學士臣賽 咨開逆匪於四月
十六日攻陷全州又圖他竄上月梧州一帶稟
報首逆就擒之說係屬訛傳荷蒙
聖慮周詳復飭福建簡派精兵三千以備調遣
籌預幾先無任欽服惟逆匪逃竄尚無定踪未敢遽
行逆料應否添調勁旅容臣到彼與大學士臣
賽 察看情形再行酌量奏
聞查該逆前踞永安原有男婦一萬餘人及竄出古
東經官兵追剿擊殺數千名追圍攻桂林一月
之中殲斃亦復不少所餘約止五六千人尚屬
可信至捐輸尚未據報有成數能否踴躍此時
亦無定在把握已恭錄照會撫臣葉 移緩就急通融

撥解以期無誤轉輸臣於五月初一日馳回高
州高廉道沈棣輝亦於初四日星夜來營所有
兵勇初八日約可到齊現就先到者陸續分起
由沈棣輝帶往桂平一帶迎逼波山艇匪東下
臣定於初九日起程由肇慶赶往梧州督飭委
員郭起九等預備兜拴先將此股殄除以清東
西兩省咽喉要路即當會齊馳赴桂林會商大
學士臣賽　專力勦辦逆匪現准撫臣葉
　函開已於初一日行抵羅定赶緊督勦諒不
至於久延再查那練在逃之首匪阮亞丁及其
護身死黨阮亞金徐二吳二等犯已先後在欽
州龍門等處偵獲解到高州由臣盡法懲辦合

並陳明所有臣起程日期及遵辦緣由謹恭摺
由驛具
奏伏祈
皇上聖鑒訓示謹
奏

各供係二年五月初六日[illegible]
梁繳應由道作為發訊[illegible]

羅十三供信宜縣平塘人年十三歲曾祖父母俱故父親羅亞四母親蔡氏並沒伯叔兄弟元年七月十一日父親帶同小的入羅鏡凌十八夥閏八月十九日父親在東山廟與官兵打仗被殺小的派在大館煲茶並沒打仗是實

F.O.682/137/6(4)

洪大全供出盗營逆匪名單

洪秀泉 年四十一歲身高面赤微麻黄鬚廣東花縣人封偽太平王

楊秀清 年三十五歲面麻有鬚洪秀泉姊夫封偽東王

蕭潮潰 年三十歲面白無鬚廣西貴新縣人洪秀泉妹夫封偽西王

馮雲山 年三十三歲面白微鬚廣東花縣人封偽南王

韋正即韋昌輝 年三十五歲身高面黑微鬚廣西平南縣人封偽北王

秦日昌 年三十七歲面白無鬚廣東花縣人封偽丞相左翼公

石達開 年三十九歲面黑微鬚廣東增城縣人封偽丞相右翼王

胡以晄 年三十餘歲身高面白微鬚廣西象州人封偽侍衛將軍

羅大綱即羅亞旺 年四十歲面黄有鬚湖南永州府人封偽前部副先鋒

朱錫琨 年三十二歲面黑有鬚係朱錫英之弟廣東花縣人封偽監軍

賴漢英 年三十七歲面麻微鬚洪秀泉妻舅封偽侍衛將軍

賴漢光 年三十四歲面麻微鬚廣東花縣人洪秀泉妻舅

曾玉秀 年三十餘歲身高面黑微鬚廣西鬱林州人封偽前部正先鋒

曾回 年三十餘歲面麻微鬚廣西鬱林州人封偽將軍

譚天順 年三十五歲面黄有鬚廣東（西）博白縣人

邱福恩 年三十二歲面白微鬚廣西鬱林州人

洪大全供出廣東廣西湖南會匪名單

李泉 年三十八歲面白有麻無鬚雜髮湖南長沙縣人湖南會匪

李丹 年四十歲面白無鬚湖南衡州府人在廣韶州府砣山居住湖南會匪

竇璧春 廣東人年四十餘歲住狗頭山廣東會匪

朱九濤 廣東人年四十餘歲住狗頭山廣東會匪

林十八 廣東人年三十餘歲住狗頭山廣東會匪

朱錫英 年四十二歲面黑有麻有鬚廣西會匪

邱合章 年三十八歲面黄微鬚廣西鬱林州人廣西會匪

卽高廉道謹將本年二月二十一日淩逆率夥撲營經普揭及各隊壯勇擊退

稟蒙

恩准分別賞給軍功頂戴茲開列姓名籍貫稟乞

賞給執照以杜混冒仰祈

鈞電

計開

普寧壯勇總帶頭目武生方雲程

總帶頭目李瓊德

揭陽壯勇總帶頭目李　勝

總帶頭目監生李士加

總帶頭目廖　魁

以上五名均請

賞給六品軍功頂戴填給執照

普寧壯勇隊目鍾芝貴

方美倫

盧　誠｜
方振起｜
鍾開琳｜
盧　璧｜
揭陽壯勇隊目張　悦｜
李　高｜
蔡　榮｜
李崇祥｜
王　榮｜
以上十一名俱請

賞給七品軍功頂戴填給執照
信城壯勇總帶頭目王成功
隊目黃河清
隊目甘勝安
隊目張邦乾
靈山壯勇隊目黃　勇
李松勝｜
以上六名應請
賞給八品軍功頂戴填給執照

大學士賽　跪

奏為接奉

硃筆嚴諭敬陳感悚下忱仰乞

聖鑒事竊奴才於桂林省城正在料理出駐陽朔堵戰摺稿奏報間

奉到軍機大臣密寄

硃諭一封當即遵

旨恭繹跪讀之下無任悚惶竊奴才受

恩深重自奉

特旨督辦粵西軍務夙夜兢兢惟懼稍有隕越乃自六月初四日至

桂林維時賊匪竄踞紫荊新圩負嵎恃險幸各路兜合剿捕新

調之兵陸續甫到堵禦風門奪其要隘竊冀該匪可以指日殲

除不料前後約將兩月會剿諸軍未掃穴擒渠更當大雨時行之

際莊之常走及其使渠竄越我軍堵截不力追捕不齊更兼巴清

德向榮官村之失遂致永安城陷賊勢散而復聚即奴才意料所

及之處而布置不能得其勢委任不能當其才皆屬辦理未善捫

心自問五夜難安上無以對

君父下無以保蒼黎雖則

天恩高厚不加嚴譴而奴才愧悚之懷無刻不深焦灼現在西安各
形勢賊以城垣為巢穴以水竇為門戶以菜村為樓店以各路
隘口為隄防各賊首俱在其中自二十日烏蘭泰獲勝之後倘再
令其進兵原不難小獲勝仗第因兵力太單每其營壘不能
分兵進扎更恐賊首脫逃或賊隊偷渡竄出則昭平藤縣等
處在在可危倘得一城再竄一城則不但兵力尾追辦形棘手且
李何奉遣員陸續令計於初七八等日我兵均可到齊烏蘭泰
軍其西南扼其水竇巴清德劉長清長瑞等軍其北逼近城垣
並防後路東西昭平有貴州兵及寶慶龍甯城之勇分防要
隘濛江一路有張敬修之廣勇劉繼祖之私勇張鵬等之團
壯其江以待並聞賊中頗有離貳者有可圖之機奴才亦未敢
預識烏蘭泰一軍極形整飭劉長清因前次攻城未能得
手與諸將兵推半較量督團勇濟長瑞等挑選強壯并
兵激以大義皆踴躍留心不與賊兩立欲此機會實有可圖並令
備乾糧並教眾人之用分帶身邊以備追襲奴才固不敢稍涉
畏葸尤不敢少有冒昧以致輕舉妄動上煩
宸廑目下天氣漸寒奴才極加保護身體如常所有兵壯人等

業已令其克期陸續進發搗其巢穴所望在此一舉即或一
時未能全清亦當迅速少延時日伏望
聖懷寬慰俾奴才相機從容妥辦尚不致無從措手惟經費浩繁
度支不易是則奴才每一念及倍深焦急者也猶幸各路土匪隨起
隨滅目下潮韶廣清英此股一旦蕆事則全省不難收拾
且郡縣鄉團均知自衛較粵西一省亂極思治於此已窺
轉機則惟仰賴
皇上威福廣被民免塗炭而登衽席所有奴才感悚下忱
謹繕摺具
奏並經懍悚所有欽奉
硃諭可否發謹照錄並呈覽
旨勦辦巴清德等一律懍遵辦理合謹封呈繳
硃筆伏祈
聖鑒謹
奏

咸豐二年五月二九日具、由驛五百里
奏、籌辦羅鏡逆匪情形
咸豐　年　月　日奉
硃批

P.1

奏稿

廣東巡撫臣葉　　跪
奏為遵
旨督辦廣東羅鏡等處剿捕事宜現抵羅定極力設
法迅期殄滅謹先將籌辦情形恭摺由驛五百
里馳
奏仰祈

P.2

聖鑒事竊臣前因疊奉
寄諭當將四月二十一日由省起程迨行至肇慶約
計五月初三日以前准抵羅定等因業經兩次
奏報在案旋即承准軍機處封寄咸豐二年四月
初六日內閣奉
上諭著派徐
揀帶精兵馳驛前赴廣西會同賽

辦辦理軍務廣東羅鏡等處剿捕事宜著葉
督辦欽此欽遵復在案臣已于五月初一日
戌刻馳抵羅定州城沿途備加探訪到境悉心察
看復委文武各員親歷要隘密為布置查羅鏡
墟距州城七十里層巒疊嶂幽徑深林墟內袤
長五里舖戶居民向有一千餘家市廛貿易水

P.3

陸流通為附近各州縣著名富饒之區家多蓋藏故米粮尤足久為凌逆所垂涎今一旦攄為已有更得餌誘鄉愚從逆者遂結成死黨皆聚而不散墟外周圍二十餘里砲台林立除前次攻破外大砲台尚有九座中砲台尚有十座小砲台尚有十二座多分作兩層三層者他如樹

林之內大塘之傍無不羅列砲位可以縱橫互應其掘地為坑以蔽身而放砲者謂之泥羅另有砲屋數間皆鑿穿墻眼盡伏抬砲抬鎗鳥鎗以數百計在外視之不見其人自內發之遠近皆及墟內又分東墟西墟新墟三處惟進墟各口非山徑迴環即水塘間隔本屬狹隘難行未

P.4

比直道坦衢便可一擁而進況多掘地成窄危險特甚倒插毛竹簽謂之竹樁滿布鉄蒺藜謂之地陷排列周密豎刺尖頭上用浮草浮土遮蓋鑿空坎窩視之與平地無異相離三五尺即設一處其內又有陷坑寬深五尺周繞于各砲臺間舉步皆成顛躓專為大隊不能長驅直入

即使強有力者蹶而復振彼已得乘間抵禦矣各匪出入行走自能辨認得以避趋若外間罔識路徑者冒然而進必致盡入罟阱之中賊巢名為大館小館大館則分內外二館尚有二百餘人小館現存十六排尚有一千數百人合計匪数仍在二千之內此凌逆自上年七月十一

P.5

日竄踞羅鏡以後竟敢日久肆意抗延之寔在
原委也東西兩路各營前後接仗八十餘次生
擒逆匪四百餘名殲斃三千三百餘名攻打尚
不為不力挖築濠基三千七百餘丈坐困合圍
儼如城寨防守更不為不嚴歷計陣亡傷亡備
弁七員兵勇三百餘名受傷二千九百餘名其

中並有至二三四次者將士似亦不為不用命
即如本年四月二十七二十八二十九並五月
初一等日焚燒雞母墳至新街口外一帶大小
砲台四座剷平坭羅砲基兩處墟內仍復未能
搶進陣亡兵勇五十餘名受傷兵勇九百餘名
所有督帶向稱得力之守備銜佐邦千總黃曜

P.6

吉薩國亮把總何振標外委陳應東皆能奮不
顧身先於士卒均各受傷衛佐邦身受鎗砲三
傷尤重陳應東業已因傷殞命總由該逆匪詭
謀太深設伏尤險果能出墟交仗早經得手無
如百計誘之總未離巢且每次進攻之時各匪
或暫伏溝內或遠匿穴中先總深藏不露又俟

我軍漸多逼近前後皆可轟擊鎗砲始行齊發
在彼能由暗擊明我軍皆居明轉暗若再不别
籌良策得有把握先自立於不敗之地但覺精
銳多傷恐難出奇制勝此東西兩路駐軍將及
一載圍攻不遺餘力未能盡行掃蕩之寔在情
形也目擊心焦難安寢饋何敢自存迴護再

P.7

任遷延然非妥計通籌終難制其死命惟有同心戮力庶期早日殲除一在嚴斷接濟以絕盜糧也羅鏡米麥固甚充裕今以匪黨數千經年累月坐食其間亦未有不日見匱之之理且自上年十月吳三一股竄出而後親提各犯僉據供稱糧食將盡至今又復數月何以殘喘竟能苟延若果各匪皆成枵腹近日接仗豈尚能多此猛力其中情形大可概見必有附近奸民貪利暗通現已訪拿二犯一據供稱上年代為打單米糧一千餘石一據供稱本年代買運送米糧多次似恐不止此一二人仍當飭令認真查拿一併從嚴究辦一在嚴防逃竄以褫賊魄也

P.8

圍困日久各匪急欲逃生勢所必至濠基以外本係各營分段駐劄現又嚴諭兵勇不准擅離寸步以備不虞濠基以內若非開仗之日並無該管員弁帶往所有各兵勇勿許私自攔入如敢故違即作奸細辦理從此禁令愈嚴則窮蹙甚雖大營動靜亦無由而知永杜弊端兼免漏洩復又添派文武員弁協同晝夜巡查梭織罔間尤於風雨晦明之候加意防範兩旬以來凡有逃出者均經拿獲並無一名漏網共計二百餘名督飭分別研訊各據供稱近日小館發給米麥多有不足或以私蓄自行添補或採野稗伴食充饑聞大館所藏仍敷三四月之糧火藥

P.9

現存有三千餘斤是該逆匪早為釜底遊魂尚存困獸猶鬥之心斷不敢稍涉躁忽以致拚命突圍而相機進剿更不得先有成算也一在添調生力以作士氣也羅鏡兵勇本多係清英凱撤移師到此業經兩載漸就疲乏兼受損傷更多殘廢不得不量予更替即本地投効各勇未能得力者亦即裁撤各營既無可再調各路更難以抽撥除由省隨帶本標兵丁四百名廣州協兵丁一百名仍覺不敷調遣不得已將原派駐劄封川江口之提標兵丁六百名佛山壯勇一千五百六十餘名暫行調至羅鏡會同協剿即各營兵勇間有先因挫折氣餒胆寒者使之

P.10

相觀而善鼓舞奮興亦可期再接再厲轉弱為強且羅定與封川相距較近聲息易通隨時皆可策應不致顧此遺彼一則速破砲台以通要路也凡破敵原以犁巢為先而犁巢又以奪隘為要查墟外現存砲台尚有三十一座原使我軍難以近前必應先奪其所恃方無意外之虞然非悉數毀如平地即使專攻一路有徑可尋倘該逆竟或誘入裏巢再復由外包裹反向回擊後路無從接應前軍勢不能支更屬可慮現已諭飭各文武激勵兵勇總當先行設法將前後左右各砲台一律蕩平方可併力攻墟乃為上策使聲東而擊西忽欲進而佯退出其不意

P.11

攻其不備從此當可勢如破竹矣一在多方設備以破奸謀也凡遇對陣之時彼有此盾皆能相見尚可隨機應變進退自如今則鎗砲多係破空而來坑陷又復隨地皆是我軍深入先無護身之方立足之地僅以肉身與砲火相撞難免不中心惴惴現在趕造檔牌或藏二人或藏三人先行試用必須砲彈鎗子不能穿入羣知有恃無恐循牆而進亦復步步為營又多製沙袋如遇坎險不能奮往向前者有此可以挨次次填平如隔墻垣不能憑空超距者有此可以堆砌直上其餘器具各法尚多備禦庶不致悞入網羅盡先為其所算一在密用内應以間匪黨

P.12

也該逆負隅抗拒由於黨衆心堅厥初原不過為妖言所惑墮入迷津以致傾家廢業挈妻帶子而來此時即欲翻然改悔全家皆為所錮繫含此別無可依業經迭次嚴密傳諭除元惡大憝固當處以極刑即甘心從逆亦復罪不容誅此外如有寔係被脅勉從真心痛悔自拔來歸者准其作為內應立功自贖稍有反覆仍當加等治罪不獨賊巢虛寔隨時皆可纖悉周知並令互相傳布離間其腹心吹散其羽翼使之内亂該逆亦必頓成孤立因思掃穴搗渠共成一事仍屬兩端大抵搗渠未有不可以掃穴者若僅掃穴未能搗渠攻之愈急倘再適之愈巧何止

FO 931/1342

p.13

前功盡棄更恐後患方長查淩逆在壚年貌何
似藏匿何處我軍無從辨識亦必須先有眼線
為之指引一俟大軍破壚或協同生擒或爭先
獻級凡壚內路徑亦皆得有嚮導不致靡所適
從矣一在和衷共濟以靖妖氛也夫師克在和
其所以能克者全在上下一心衆寡一氣心齊

氣壯鮮有不克之理況么魔小醜立見消亡屢
經面諭各文武督率兵勇申明紀律信賞必罰
艱阻備嘗自當甘苦與共凡疾痛痾癢無不休
戚相關平時既有以服其心臨陣自必咸思用
命至於該文武遇事均應虛衷商確定力奉行
勿得自恃逞長勿得居心取巧尤戒各懷己見

p.14

爭功妬能苟挾私而廢公必因小以失大一經
查出定行嚴參加以重譴總之兵凶戰危毫釐
千里無時不當以審慎為懷即無事不賴以參
謀相助集思廣益籌畫萬全而勝算所操基於
此矣臣身任地方責無旁貸茲復奉
命督辦敢不勉其分之當盡竭其力之所為總求百

計足恃自能一鼓成擒尤亟盼早拯生民一日
之墊隘仰紓
聖主宵旰一日之憂勤庶稍贖微臣一日之罪戾必
先應全局在握思深慮遠刻懷疎縱之虞尤不
僅銳意圖攻欲速反遲恐蹈推延之咎以期仰
副我

P.15 end

皇上垂諭諄諄迅奏肅清之至意所有遵
旨督辦緣由理合恭摺由驛具
奏伏乞
皇上聖鑒訓示謹
奏

[redacted]

謹將扣平彌補庫虧自咸豐元年二月初一日起至二年五月底止收存銀
兩數目開列呈
電
計開
一項扣平彌補庫虧自上年二月起至本年五月底止共收過銀五萬
七千二百八十二兩六錢一分四厘二毫零內除
支給委員孟逢威領解赴　部投納銀貳萬兩內在現收銀內支銀

壹萬零六百七十四兩

又支給委員汪以增等解廣西軍需銀一萬九千五百兩

又借支給羅定辦理游匪經費銀五千六百兩

又借支給委員丁文煥解赴高州辦理游匪經費銀五千五百兩

又借支給委員解京　部飯銀四千六百六十五兩六錢

又支給各營縣領遞俸薪公費等項多和平銀五百一十兩零八錢

三分五厘三毫零

實存銀一萬零八百三十二兩一錢七分八厘九毫零

咸豐二年六月初十日具，由驛五百里
奏，馳抵梧州勦辦波山艇匪獲勝情形
咸豐　年　月　日奉
硃批

奏稿

兩廣總督臣徐　　跪
奏為遵
旨覆奏先將馳抵梧州勦辦波山艇匪獲勝情形恭
摺由驛五百里馳
奏仰祈
聖鑒事竊臣於咸豐二年六月初四日在廣西梧州

行營承准軍機大臣字寄咸豐二年五月十七
日奉
上諭徐　　奏即日馳赴梧州及圍攻羅鏡情形覽
奏已悉前因廣西軍務吃緊迭經降旨令該督酌
量情形赴粵督勦復於四月初六日明降諭旨派
令馳赴廣西會同賽　　辦理軍務該督接奉此
旨定已起程前進現在逆匪竄至湖南道州失守
已諭令賽　　前赴湖南勦辦廣西巡撫勞崇光
出省防堵省垣重地總理之人着徐　　迅即馳
赴廣西沿途派委將弁將波山艇匪掃除所有該
省應勦餘匪及安撫各事宜均歸徐　　督辦賽
郎遵前旨馳赴湖南毋稍遲延至逆匪竄入

P.3

湖南經楚粵夾擊難保不竄擾奔田兩粵交界地
方尤宜認真防禦不可稍存大意該督統轄兩省
事權歸一諒必通盤度計出萬全羅鏡淩逆勢已
窮蹙葉　到後不難尅日殲除該督正可專辦
廣西軍務也將此由六百里各諭令知之欽此當
即恭錄知照撫臣葉　一體欽遵在案臣查

廣西一省自軍興以來處處糜爛現在逆匪雖
已竄往湖南而土匪乘機竊發如柳州慶遠思
恩鬱林等處糾聚滋擾之案層見迭出均應次
第掃除其波山匪艇肆擾梧潯兩府被東省砲
船在梧州迭次轟擊勢已漸衰無如潯州上流
一帶毫無堵禦該匪上竄後攻撲潯州及貴縣

P.4

等城打單劫獄愈肆猖狂現又糾添夥黨大船
至七十餘號小艇五六十號橫踞潯州城外及
三角嘴各處臣前派廣東高廉道沈棣輝督帶
兵勇往上游截剿已于五月二十七日到潯紮
營於嶺頭鋪以遏匪徒上竄左江委員吏目謝
效莊進城約會城中文武各員定於二十九日

進剿查賊艇分泊南北兩河及三角嘴而河南
匪艇尤多當經分派西省兵勇分堵北河并截
三角嘴之匪其東省兵勇專攻南河本日卯刻
參將劉開泰黄開廣遊擊蘇棠阿及委員陳嘉
禮陳義何慶齡等分帶兵勇由西山脚下經趨
南河該匪約三百餘人即駕小艇攏岸揚旗而

P.5

來我軍奮勇向前立將執旗賊目斬斃并槍斃賊數十名生擒三名該匪即退竄回艇開砲向岸轟擊兵勇未能近前佯作收軍該匪復駕小艇多隻蜂擁登岸我軍在岸上排列抬鎗連環施放擊壞匪艇篷板其登岸之賊經兵勇兜殺又傷斃多名生擒六名匪始紛紛驚竄我軍追

至河邊因無船砲可用祇得收兵回營查此次共斬首級三十七顆呈驗生擒九名奪獲軍械三十餘件我軍受傷十一名不過少挫其鋒至六月初一日午刻賊匪竟敢分撲嶺頭舖大營沈棣輝即指揮兵勇分投迎擊劉開泰及委員陳義身先士卒奮力直前其前隊之賊約有千

P.6

餘經潮勇登時擒斬數名槍斃數十名該匪即回身逃竄各兵勇盡力跟追沿途拋棄砲械物件均為我軍奪獲復擊殺多名匪徒至河岸或奪艇而渡或鳧水而走我軍抬槍轟發淹斃受傷者計亦不少又因匪艇大砲輪放恐兵勇受傷收兵回營查此次共斬首級九十三顆呈驗

生擒七名奪獲子母砲等十九位器械二百餘件我軍並未損傷一人該匪受此懲創勢已胆落惟水路勦匪全資船砲臣前在高州時即經札飭潯州文武預備乃玩延日久仍致臨時掣肘殊堪痛恨且查潯州城內現有兵勇四千餘名無如畏葸成風在事員弁又彼此推諉現在

兩次接仗據報二十九日之後泗城府李孟羣
遊擊麻長慶等督帶香山博白等勇一千餘名
出城接應其時北河匪船亦有三百餘人上岸
意圖抄襲經博勇截殺用火箭拈砲轟斃多名
匪始退回初一日之後匪被東省大營擊敗竄
回城邊亦經潯州兵勇擊斃數十名生擒四名
餘匪駛過對河等語惟查東省兵勇祇二千餘
名到後即屢獲勝仗如果潯城之兵能協力圍
勦已可得手乃一味諉卸布置毫無　臣已將潯
州府游長齡撤任即委李孟羣暫署以專責成
至此時攻勦艇匪全賴船砲下游梧州之拖船
硬艇因自梧至潯三百餘里灘多石險船身重
大駛上頗難　臣現飭郭超凡崔大同等設法探
水步步進勦一面仍飭沈棣輝李孟羣於上游等
處赶辦船砲總期上下并力夾攻庶令匪無漏
網至近日逆匪情形自竄入道州後挖壕築壘
布置甚密為久踞之勢又如去年在永安局面
賊匪聚則易殲此時惟有斷絕接濟嚴密圍勦
之法至其竄回廣西之路西則桂林為吃重東
南則自平樂至梧州可通之徑不少　臣接准撫
臣勞　來咨已回桂林可資鎮撫　臣現在暫
駐梧州與平樂之富川賀縣一帶聲息相通應
援較便俟艇匪辦有眉目謹當遵
旨通盤籌度將應勦餘匪及安撫各事宜悉心次第

P.9 end

清理斷不敢稍涉粗疎以冀仰副
皇上綏靖邊隅之至意所有復奏情形及勦辦艇匪
獲勝緣由理合恭摺具
奏伏乞
皇上聖鑒訓示謹
奏

P.1

咸豐二年六月十五日具由驛五百里
奏勦辦波山艇匪全股殲除
咸豐　年　月　日奉
硃批

奏稿

兩廣總督臣徐　跪
奏為勦辦波山艇匪上下游合力夾攻將匪船全
股殲除恭摺由驛五百里馳
奏仰祈
聖鑒事竊臣於六月初十日曾將抵梧州後督飭高
廉道沈棣輝等在潯州上流兜勦艇匪連獲勝

p.2

仗并飭候補知府郭超凡等由梧州設法進勦
各情形恭摺
奏明在案查艇匪肆擾潯梧一帶大小船隻多至
一百餘號聚夥至二千餘人若非上下夾攻勢
難殲除淨盡該匪雖迭次被勦仍思竄於六
月初二日糾衆千餘人登岸徑撲嶺頭鋪大營

鎗砲環放為死鬥之計沈棣輝指揮兵勇一齊
向前迎擊開放抬鎗鳥鎗殺斃前隊賊匪數十
名參將劉開泰馬被砲傷即下騎步行督戰各
將弁委員俱分帶兵壯奮力直前自辰至午鏖
戰三時之久復擊殺賊匪數十名匪仍未退經
兵壯分路繞至河邊襲其後路匪始紛紛驚竄

P3

回船此次生擒賊匪先鋒一名呈驗首級二十七顆奪獲大砲子母砲八位兵勇共受傷十九名匪經三次挫敗自此不敢登岸因下游灘險風逆知我軍船砲未能即上該匪遂於初八日全股順流而下所過平南藤縣均未滋擾甚意欲於藤縣下游一帶分股竄逸至初十日駛至

蒼梧之戎墟其地有數路可竄廣東最為阨要我軍已先派卸揭陽縣王皆春等帶領潮勇一千名屯紮匪船將近壯勇施放連環槍砲該匪不敢近前隨即駛向北岸查戎墟以下江面中有長洲一道分為裏外二水匪於十一日辰刻由裏水駛下至長洲尾我軍已於北岸派遊擊

P.4

王山貴運威帶領督標潮標兵八百名整陣以待防其竄陸而水師兵船分左右翼排列江面維時風色不順未便迎擊該匪亦不敢下竄相持二時有餘正深焦灼陡於未刻東風大作我軍踴躍歡呼立刻駕篷駛上參將崔大同候補知府鄭超凡會督署都司楊雄超守備黃有華

及委員經歷吳保楨巡檢王得應等管帶兵勇駕坐營槳大扒并拖巡各船一齊迎擊該匪於沿途搶得木排用棉花油火順流點放欲以火攻亂我軍心乘機下撲崔大同等先已準備令各兵船分南北兩路前行讓出中流以避火其該匪一面點放木排即施槍砲跟尾連檣而而

P.5

下我軍兩路槍砲齊發員弁兵勇無不奮勇爭先署都司楊雄超千總鄭大經首先點放三千觔大砲將最大匪船擊壞各船兵勇砲無虛發有一砲連洞兩三船者該匪勢不能支轉蓬回竄其時東風正大我軍趁風揚帆并力追擊匪船退至裏水河窄船多各船俱被砲火焚燒焗斃漲天竄逃無路紛紛赴水燒死淹斃者不計其數壞船浮尸蔽江而下點查燒壞賊匪大船四十五隻小艇三十一隻我軍乘勝疾追奪獲賊匪大艇三十三隻小艇二十四隻生擒賊匪二百三十二名擊斃及淹死者約計一千餘名起獲二三千觔至一二百觔大砲一百七十一

P.6

尊子母砲及小砲三十三門抬砲鳥槍五十桿大小砲子四十五担火藥三千六百餘斤旗幟軍械籐牌共計六百六十二件尚有匪船六隻由淺水險灘飛駛逃竄又經郭超凡崔大同督飭兵勇尾追至四化洲一帶全行拿獲此股匪艇業已殲滅無遺惟當兵勇接戰之時火焗拉雜各匪又投水者甚多其首匪任文炳西南長是否在燒斃之內無從辨認現將解到生擒之匪隔別研訊亦無確鑿指証未敢遽以為憑其竄散餘匪現經各鄉團練陸續拿獲解送者尚復不少臣仍嚴飭上下游各州縣嚴密搜查務期盡絕根株不留遺孽以冀仰副

聖主弭盜安民之至意至此次在事文武員弁著有
微勞可否容臣酌保數員以示獎勵出自
皇上天恩所有剿辦艇匪全股殲滅緣由臣謹會同
廣東撫臣葉　廣西撫臣勞　合詞恭摺
馳
奏伏乞
皇上聖鑒訓示謹
奏

洪大泉供出益營逆匪名單

洪秀泉年四十一歲身高面赤微麻黃鬚須廣東花縣人自封偽太平王

楊秀清年三十五歲面麻有鬚須洪秀泉姊夫封偽東王

蕭潮潰年三十歲面白無髭須廣西貴縣人洪秀泉妹夫封偽西王

馮雲山年三十三歲面白微鬚須廣東花縣人封偽南王

韋正即韋昌輝年三十五歲身高面黑微鬚須廣西平南縣人封偽北王

秦日昌年三十七歲面白微鬚須廣東花縣人封偽丞相左翼公

石達開年二十九歲面黑微鬚須廣東增城縣人封偽丞右翼王

胡以晄年三十餘歲身高面白微鬚須廣西象州人封偽侍衛將軍

羅大綱即羅亞旺年四十歲面黃有鬚須湖南永州府人封偽前部副先鋒

朱錫琨年三十二歲面黑有鬚須朱錫英之弟廣東花縣人封偽監軍

賴漢英年三十七歲面麻微鬚洪秀泉妻舅封偽侍衛將軍
賴漢光年三十四歲面麻微鬚廣東花縣人洪秀泉妻舅
曾玉秀年三十餘歲身高面黑微鬚廣西鬱林州人封偽前部正先鋒
曾四年三十餘歲面麻微鬚廣西鬱林州人封偽侍衛將軍
譚天順年三十五歲面黃有鬚廣西博白縣人
邱福恩年三十二歲面白微鬚廣西鬱林州人

洪大泉供出湖南廣東會匪名單

李泉年三十八歲面白有麻無鬚雜髮湖南長沙縣人湖南會匪
李丹年四十歲面白無鬚湖南衡州府人在廣東韶州府碗窰住湖南會匪
寶堅春年四十餘歲廣東人住狗頭山廣東會匪
朱九濤廣東人年四十餘歲住狗頭山廣東會匪
林十八廣東人年三十餘歲住狗頭山廣東會匪
朱錫英年四十二歲面黑有麻有鬚廣西會匪
邱含華年三十八歲面黃微鬚廣西鬱林州人廣西會匪

咸豐二年六月初三准
督院咨准
欽差大臣賽　咨奉
上諭洪大泉供出盜營各匪姓名及湖南廣東會匪一体查拿欽此

FO 682/1971/10

FO 682/1971/10

謹將審定凌逆案犯分别列摺呈

電

計開

凌遲逆犯二名口

張信韶

以上一名商同謀逆拒敵官兵不記次数

陳葉氏即葉九姐

以上一口造言煽惑商同謀逆督令各犯婦護陣多次

斬梟逆犯三百四十名口

凌五起

以上一名逆匪凌十八之父

凌十三即得錦

張城蒽

黄兆滏

彭位高

以上四名在大館理事之頭目拒敵官兵多次

羅萬勝

以上一名管礮臺之頭目拒敵官兵多次

張蘢詳

以上一名管火藥之頭目拒敵官兵多次

黄明受

莫汝高

李汶盛

葉林生

梁起安

以上五名在小館派作牌長之頭目拒敵官兵多次

區存珍此犯去年留禁羅定

張嗣章

陳經倫

以上三名在大館派作把旗領陣之頭目拒敵官兵多次

韋張氏即張十六姐

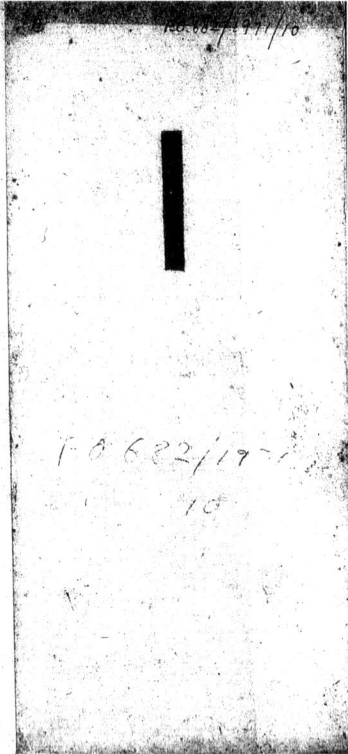

韋吳氏 即吳二妹
韋張氏 即張八姐
廖朱氏 即朱六姐
陳梁氏 即梁四姐
張李氏 即李五妹
邱梁氏 即梁八姐
以上七口女大館理事之女頭目拒敵官兵一二三次不等
劉蔡氏 即蔡四姐
張余氏 即余晚妹
張黃氏 即黃大妹
葉劉氏 即劉五妹
李吳氏 即吳三妹
葉許氏 即許二妹
以上六口女小館派作牌長之女頭目拒敵官兵一二次不等
李潮桂
李潮發
張榮渦
陳遇興
張潤開

黃四照
薛挺渦 即亞四
李日發 即亞一
張沅邦 即亞四
羅萬受
以上十名拒敵官兵不記次數
黃恒太
以上一名拒敵官兵九次
盤亞五
張紹青
以上二名拒敵官兵七次
朱彩南
羅亞八
梁啓渢
以上三名拒敵官兵六次
賴鎮瀅
楊正開
賴展猷
林亞三

黃沅恭
鍾敬業
鍾得勝
以上七名拒敵官兵五次
陳明清
梁潮泳
賴啟著即亞晚
羅錦倫
朱尚球
韋國志
莫育才
黃聰照即亞五
李錦才
何從日
劉子云
劉錦洪即亞二
以上十二名拒敵官兵四次
李加樹
葉得淵
陳佳滏

黃立照
陳亞五
陳亞六
藍亞仁即皆毓
鄒明新
吳彩芬
邱滙松
盧淵雲即亞九
黃漢邦
彭城祖即阻接
李加庭
張沅濆
梁二十五
葉亞八
葉愃雍
黃和清
劉一才
葉亞二
梁亞二

張華開
羅爲禮 即十一
陳茂長
張順才
張順遠
莫若濆

薛幗輝
莫得仁
陳亞三
黃年高 即亞二
池得沅
張明漢
黃見棠
曾其濶
黃沅照 即亞四
李成林 即亞三
葉達潮 即亞九
謝振汶
陳德誠

潘沅義
陳亞慶
黎如雲
楊沅升
劉存陽
黃漢升
李水韶 即亞七
賴天威
許囙重
凌士高 即小十六
盤日升
凌士榮 即小十八
凌士安 即小十七
葉恒猗 即十六
曾江林
潘北林
熊永書
梁時道 即亞八
張沅淙
劉錦汶 即亞四

鄧潤興
梁成才
曾木火
薛高明即牛筋
以上六十五名拒敵官兵三次
陶其才
朱閏南
黃六照
葉亞六即渢里
梁潮漢
廖益錦即亞七
曾誠度
胡日松即亞二
張添受
李漢邦
薛汶洸
張成周
朱飛南
朱得興
潘振均即二十六

羅錦英
葉恒章
梁啟安
區亞八
黃亞六即得錦
許亦渴
劉善輝
劉江輝
羅福明
梁啟創
張富乾
張亞八
張華一
莫汝明
練邦漢
甘得洸
曹潮熙
羅錦熙
廖亞五

羅亞二
張其嵩
黃幅照
吳富梛
黃順照
黃世和
黃亞十
黃興庭
黃東照即亞六
李春和
張明詳
張明奎
梁高著
李沅祿
黃明瀅
周沅志
劉興邦即亞九
劉興任

莫裕高
薛耀詳
俞裕順
陳二即凌亞科
周世誠
傅明長
朱通南
黃亞八
陳東昇
羅仁沅
李茂和即十六
熊大渭即亞三
李瑞珍
李瑞英
周世得
凌亞一
凌士得即亞三
陳挺輝即亞十
趙亭和
梁潮芳

劉玉升 即亞十
張高正
朱紹章 即亞六
葉恒菁。
廖恒益
凌士玲
陸潤超
陳東運
羅萬威
黎日和
吳超沉 即十一
張建通 即亞三
李秀江
楊和瀅
黃長照
陳經倫
潘振安 即十二
張毓佩 即亞三
梁啟先 即十八
伍汶和

李映秀
賴展乾
陳三 即苑德
羅萬渦
潘泮林
劉玉其 即亞七
陳廣倫
以上九十九名拒敵官兵二次
楊進芳
蘇正秉
賴高林
黃日照
謝士芳
朱十四
楊福閏
梁亞五
楊永清
陳立誠
潘登鑾

黃誠濆
廖日洸
李滌達即亞二
黃明淐
邱益謙
周世旺
龍德明
朱紹散即亞甲
楊見東
劉廣熈
張沅興
何從皆
黃士明
李樹舟
張沅皆
陳敬倫即十三
朱得才
朱十一
李上蘭

張日新
以上三十一名拒敵官兵一次
凌趙氏即趙十三妹
以上一口拒敵官兵護陣四次
劉李氏即李五妹
凌彭氏即彭一妹
以上二口拒敵官兵護陣三次
李黃氏即黃大妹
邱蘇氏即蘇大妹
梁謝氏即謝四妹
陳區氏即區五妹
楊李氏即李大妹
李池氏即池八妹
王羅氏即羅六妹
楊馬氏即馬十妹
劉梁氏即梁三妹
梁曾氏即曾二妹
龍陳氏即陳四姐
凌韋氏即韋二妹
凌彭氏即彭四妹

薛李氏即李大妹

凌羅氏即羅四妹

羅陳氏即陳四妹

黃羅氏即羅三妹

鄧黃氏即黃晚妹

葉劉氏即劉三妹

劉陳氏即陳四妹

薛陳氏即陳大妹

薛陳氏即陳二妹

張胡氏即胡五妹

李鄔氏即鄔七妹

薛張氏即張二妹

胡張氏即張二妹

凌賴氏即賴二妹

葉李氏即李二妹

賴區氏即區四妹

以上二十九口拒敵官兵護陴二次

葉張氏即張四妹

張鄔氏即鄔十一姐

張楊氏即楊十一妹

雷張氏即張大妹

李張氏即張大妹

黃羅氏即羅四妹

潘黃氏即黃四妹

林鄭氏即鄭一妹

黃楊氏即楊三妹

張李氏即李大妹

張黃氏即黃六妹

李黃氏即黃三妹

葉李氏即李大妹

朱李氏即李二妹

陳葉氏即葉五妹

薛鄧氏即鄧八妹

薛潘氏即潘大妹

羅徐氏即徐五妹

凌胡氏即胡大妹

羅盧氏即盧大妹

凌伍氏即伍九妹

凌張氏即張十四妹

凌鍾氏即鍾二妹

彭賴氏即賴八妹
劉李氏即李大妹
黃姜氏即姜六妹
康姜氏即姜一妹
劉彭氏即彭二姐
薛李氏即李二妹
李吳氏即吳大妹
黃張氏即張三妹
葉李氏即李八妹
薛吳氏即吳二妹
張周氏即周四妹
李游氏即游四妹
朱王氏即王七妹
薛胡氏即胡二妹
劉黎氏即黎大姐
區梁氏即梁晚妹
潘劉氏即劉二妹
陳李氏即李九妹
陳余氏即余四妹
邱黃氏即黃三妹

張陳氏即陳大妹
李周氏即周大妹
何陳氏即陳二妹
葉譚氏即譚大妹
熊鄧氏即鄧八妹
張潘氏即潘六妹
黃彭氏即彭四妹
以上五十口拒敵官兵護陣一次
斬決人犯三名
彭廣興即亞十
鄒家璧
劉四
以上三名接濟逆匪之犯
發遣逆犯一百二十六名口
邱景言
游亞二
張日昇上三犯去年留禁羅定
陳亞勝
羅亞七

廖益創
黃明運
羅 四
韋國琦
張亞十
章亞四
張高敬
張純富
彭遠進
陸大明
陸大經
陸大陞
陸大興
梁亞九
廖亞八
小黃亞六
少黃亞九
薛耀傑即亞十
梁亞八

張亞七
李亞長
張十九
吳舉汶
凌士寬即亞九
邱啟淙
羅茳輝
潘振端即三十三
鍾閏發
李閏沅即亞二
葉二十二
梁十一
潘亞五
陳亞四
李世淐
曾何泳
楊觀學即亞二
張沅采即亞九
陳樹淙

張沅誌即亞八
凌士焰即亞四
張亞三
梁二十一即亞二
陳木能即十六
張青蘭即亞五
羅亞三
薛其瑞即亞九
凌士宦即小十三
周亞九
陳亞九
薛其閏即亞十
梁潮吉
梁二十二
張亞五
莫若恒即亞一
張亞一
張亞二
黃十五

小張亞十
黃亞五
熊亞一
李亞先
李亞三
小羅亞二
許亞二
韋亞一
細張亞二
周亞十
薛其紹即十五
周十八
陳十三
包亞晚
陸亞金
少黃亞二
陳亞八
朱陳氏
廖蔡氏

廖何氏
廖楊氏
大梁黃氏
小梁黃氏
池曾氏
李莫氏
李十五妹
李十一妹
張三妹
邱三妹
張四妹
邱賴氏
羅梁氏
張彭氏
黃蔡氏
盤李氏
吳黃氏

李六妹
凌十二妹

羅二妹
葉二妹
程李氏
李廖氏
莫李氏
韋邱氏
葉十妹
李十妹
鄧陳氏
顏陳氏
甘阮氏
張劉氏
凌四妹
李張氏
葉邱氏
葉張氏
游周氏
劉二妹
葉二妹

鄧五妹
邱亞七
陳黄氏
黄鄧氏
廖邱氏
廖七妹
羅大妹
以上一百二十六名口僅止聽從入會並未拒敵之犯
旬禁各州縣逆犯一百零五名口
朱志南
李加遂
韋立志
李毓芳
周沅華
余鍾氏
何亞八
葉李氏
許徐氏
李陳氏

姚陸氏
黄張氏
羅徐氏
區呂氏
邱胡氏
張彭氏
蘇陸氏
陳陸氏
葉姚氏
李周氏
黎劉氏
柳何氏
黄葉氏
張周氏
梁陳氏
何陳氏
張劉氏
陳黄氏
黎陳氏

B.

張羅氏
李何氏
張李氏
黃盤氏
葉梁氏
李賴氏
楊張氏
朱李氏
韋李氏
韋鄧氏
鍾張氏
劉張氏
張譚氏
莫黃氏
羅容氏
朱黃氏
李羅氏
李唐氏
丁韋氏

朱黃氏
劉李氏
江張氏
丁侯氏
朱張氏
李覃氏
李雲明
莫彭氏
莫亞三
廖李氏
廖亞五
黃寗氏
羅李氏
羅黎氏
楊黃氏
羅藍氏
彭陳氏
周劉氏
廖潘氏
朱張氏

黃張氏
薛張氏
邱張氏
羅陸氏
黃吳氏
曾李氏
鄧廖氏
潘賴氏
陳李氏
何邱氏
莫李氏
廖駱氏
李彭氏
黃韋氏
張李氏
劉黃氏
彭邱氏
邱李氏
黃陳氏
曹彭氏

以上一百零五名口未經審定之犯

永遠監禁逆犯五名
莫又威
梁家瑞
梁中方
邱亞五
張明潤

以上五名審係瘋顛之犯

發羅定州保釋幼孩八名口
黃亞九
李念五
羅新仁
熊二十二
黃亞二
陳二妹
張六妹
李十三妹

以上八名口審係無辜當已保釋

在監病故逆犯四十三名口
葉華河把旗領陣

梁高興
羅士通
羅中成
黃亞五
江四城
潘亞三
藍其雲
陳子揚
李汶風
黃葉氏 女大館理事之女頭目
凌賴氏
以上十二名口審係拒敵官兵之犯
莫亞一
凌亞十
梁潮懷
朱亞四
羅亞一
張亞二
黃恒方 即十六
彭亞一
毛亞六
張亞一

劉十一
楊邱氏
李廖氏
邱薛氏
張五妹
藍妹
張三妹
賴何氏
賴李氏
張彭氏
黎賴氏
劉梁氏
張梁氏
陳黃氏
劉錢氏
古一妹
羅李氏
李盤氏
張李氏
邱二妹
彭五妹
以上三十一名口審係僅止聽從入會並未拒敵之犯

F.O.682/391/3(10)

咸豐二年六月二十二日具由驛五百里
奏勦辦羅鏡逆匪盡行殄滅緣由
咸豐　年　月　日奉
硃批

P.1

奏稿

跪
兩廣總督臣徐
廣東巡撫臣葉
奏為恭報勦辦羅鏡逆匪一旬有餘晝夜併力輪
攻大獲全勝各砲臺一律盪平當將首逆擒斬
匪黨盡行殄滅闔墟立見廓清地方均已安堵
如常恭摺由驛五百里馳
奏仰慰

P.2

聖懷事竊臣徐　自上年七月十四日因督辦高
廉各股匪徒馳抵高州旋移駐信宜會同將羅
鏡逆匪疊加痛剿並添築濠基圍困日臻窮蹙
各等因迨臣葉　於本年五月初一日馳抵
羅定後復加體察謹先將設法籌辦各情形均
節次由驛具

奏在案竊羅鏡軍營自上年分為東西兩路西路
緊接信宜縣境委升授順天府府尹前廣東高
廉道宗元醇同往駐劄東路直達羅定州城委
署肇慶府知府李敦業同往駐劄西路本係淩
逆率同大夥由此而來途經較熟深恐回竄非
比東路尚有要隘可守稍易巡防是兩路均關

P.3

緊要而西路較之東路尤為喫重本年四月二
十二日由　臣徐　扎調高州鎮總兵福興前
赴大營兩路將弁並歸統帶方期用命五月初
四日由　臣葉　添委隨帶之高州府知府彭
舒萼候補直隸州知州吳昌壽均赴西路駐劄
會同籌計務期一鼓殲除五月初一日抵羅定

後本擬立即督催進剿因添調兵勇未齊即攻
禦器具均尚未備前經受傷倫弁兵勇亦多未
醫痊諄飭慎守嚴防是以全軍未動十六日後
又值陰雨連宵探聞賊巢因接濟已斷聲息不
通頗覺驚疑失措逃生者每日必有所獲或有
改裝潛出探聽者亦有詐稱投降引路者均即

P.4

獲解督同委員即用知縣馬斌試用知縣吳贊
誠隔別研訊各據犯供與每日大營所偵報者
均屬相符所有賊巢中鬼蜮伎倆始得備悉即
設伏險要各處亦漸有路徑可尋　臣葉　隨
時知照總兵福興府尹宗元醇並分飭該府彭
舒萼李敦業該州吳昌壽等知己先貴知彼用

智乃能用力督飭各營迅速刻日攻壚旋據該
總兵等覆稱戰陣當以攻心為上若非有機會
可乘動中肯綮但思勉強從事不過多損士卒
虛糜火藥負嵎者依然自固聞風者更恐生心
溯查各營歷次進攻匪巢彼已早得先有準備
迄未得手此時惟有謀定後戰設法誘剿多方

P.5

以誤之先使之迷魂喪膽決其必筋疲力盡復
再出其不意衆而殲旃現查賊巢一帶稗子叢
生漫山徧野仍可因地為糧各匪近日多出巢
割取充饑是其生機尚有一線可延即於五月
二十九日覓健夫三百人結隊往刈我軍嚴整
以待逆料其必來搶護得以乘勢進攻正值彼
此爭護之時大隊分路齊出各匪即飛奔回巢
施放鎗砲亦不還拒及至追近墟口砲臺環列
喁足之形鎗砲如雨六月初一初二等日連接三
伏情形大畧相同合計擊斃匪夥十五名生擒
九十五名割取稗子二十三萬餘斤查驗兵勇
受傷二十名惟墟內路徑紛歧兵勇從未得入

p.6

一俟破墟復恐墮其奸計總思預為探明我軍
方能跟蹤前進正在籌商間初四日夜福興彭
舒萼吳昌壽在營接據密探逆匪之弟凌二十
八是夜住宿鬼子墘礮臺本屬共謀不軌同惡
相濟之犯時值四更即令嚮導先行兵勇一路
隨入甫登礮臺生擒一名殺斃一名凌二十八
在牀驚覺正欲外出持刀撲向砍傷右腿甚重
負痛逃走相約前追賊衆大呼齊至旋即回營
嗣聞凌十八因凌二十八身受重傷日夜防閑
倍密出入護身者尤多並揚言兵勇倘再有入
墟者定將火藥延燒以圖報復洩忿福興宗元
醇於初八日夜復遣兵勇帶同熟識路徑之之

p.7

眼線甫及夜半齊抵該處先燒去火藥房一間各兵勇業經兩次深入賊巢路徑漸明膽氣已壯各營聞知亦皆得所嚮往溯自五月二十九日至六月初九日無處不特振聲威即無時不晕相警備各營晝夜分段輪班或鎗礮間發或吶喊交作或伐鼓齊鳴或舉火高照各匪始猶提防出外瞭望繼因逐日如是習以為常匪勢亦漸覺少怠因查五月初旬以來每日逃生者或數人或十餘人不等共計已有三百餘名探聞賊巢內尚有二千餘人至六月初九日後逃出漸稀但時聞有誦經之聲復於墟內徧貼偽示無論男婦大小一概不准出墟閻有逃至中

p.8

途截回即被殺害而甘心各逆黨深匿裏巢雖漸乏食竟有烹幼孩以自餉者是首逆之殘暴兇狠與逆黨之堅忍信從寔為歷來各匪徒中所罕見臣葉　又復分別咨致該總兵等並飭該府州等淩逆詭詐多端自因技窮力絀故示不測圍困既久設或一旦鋌而走險豕突狼奔轉令死灰復燃豈能當此重咎屢據各路偵探證以歷獲犯供漸已得有把握未可坐失機宜今既決意痛加剿洗應先將各營兵勇逐一挑選何員督帶首先入墟何員分帶接應墟口何員環守分列於濠墻內外重圍密布自可一網無餘並即訂期傳諭各營立即進剿毋得再

P.9

事迺延當經福興覆稱遵於十二日進兵復與
宗元醇彭舒萼李敦業吳昌壽等會商妥計明
攻不如暗襲晝破必先夜伏統領全軍分作三
層共為十五隊星羅碁布各兵勇養精蓄銳業
經一月有餘及聞開仗日期無不踴躍爭先誓
欲滅此朝食宗元醇進駐南門寨彭舒萼吳昌

壽進駐椽子山李敦業進駐石皮灣相約在於
前後左右互相策應是日丑刻各兵勇銜枚齊
進一面設伏壢旁一面繞至砲臺後是夜天色
陰黑先將壢口及砲台前一帶陷坑左右埋伏
之釘鈀犁齒作為鈇蒺藜者霎時之間起獲一
千九十七具並遣兵勇數十人分投徑往將路

P.10

巡更各賊匪概行殺斃砲台尚有三十一座該
總兵限定丑正後大隊俱令到齊密諭先行焚
攻砲台乘機用本擡打破鋪尾牆壁俟天將黎
明即分東西中三路齊撲入壢舉火為號甫交
寅刻該總兵親擂戰鼓我軍皆踔厲無前勇氣
百倍其西路派委高州鎮標右營都司姚麟督

帶外委戴文英外委馮子材記委李鴻勳等分
帶鎮府歸善黃塘平花賀垌五處壯勇並會同
即補府經歷劉式恕文昌縣青藍頭司巡檢徐
溥文先帶嚮導由岡頭寨至兇子埝攻破砲臺
七座放火焚燒首先入壢該逆淩十八本在大
館就近防守東壢各砲臺因見勢不能支始由

P.11

壚內逃回跳入塘內渡水直奔火藥館記委李
鴻勲勇目馮日坤分路圍追無論自溺自焚總
係偉逃法網且恐難以徵實李鴻勲鳧水緊追
馮日坤從短牆越過抄前回遇凌逆手執挑刀
與之對敵先行砍傷右膝李鴻勲追至又復連
傷右乳心坎兩處馮日坤遥望後路夥黨接應

將到恐其不能生擒反被兔脫馮日坤遂於該
逆轉身與李鴻勲抵禦之時乘勢即將凌逆首
級砍落屍身拖出呈驗外委戴文英等生擒造
言煽惑商同謀逆之犯婦陳葉氏一名即補縣
丞劉鎮潮州府司獄牟秀祥率領潮州各壯勇
一同焚燒榕樹根等處砲台二座偕入西壚因

P.12

知逆犯之弟凌二十八藏在裕隆當店砲屋內
養傷護身皆多精悍攻至一時之久竟未能破
各勇升屋揭開瓦面拋入火藥罐轟匪驚迯凌
二十八始由砲眼突出經潮州兵勇割取首級
並拖出屍身呈驗侯選千總孔繼堯把總蔣朝
剛孔繼安蘇海會同守備何遇龍侯補縣丞鄒

曰楚率領佛山壯勇前帶嚮導力闖險要各隘
直搗中堅由閘天廟至牛岡背一帶焚燒砲臺
十二座首先入壚斬擒甚衆奪獲砲械尤多黄
岡營守備張騰蛟身先士卒幾為匪砲所中帶
領本營弁兵由鷄母墳進攻塘泊口斬獲首級
並生擒匪夥多名潮州鎮標右營遊擊閆恒瑞

p.13

帶領潮州各營弁兵繼入西壚生擒逆犯之父
凌玉起一名署提標中軍叅將齊誠額署撫標
右營遊擊豫立暫同守備陳國輝春元等千總
熊應雁把總鍾汝驤保安吉等各帶撫標提標
廣州協弁兵由牛岡背賣竹巷分路進攻破壁
直入同時進壚先焚硝館火藥館並擒殺無算

其東路派委候補都司廣州協右營千總黃曜
吉率領外委黃鏞黃銓等會同候補府經倪澐
督飭兵勇攻撲東壚各砲臺黃鏞先領東莞壯
勇攻破東壚口外四方砲臺座內砲臺二座首
先入壚查大館即在東壚之旁先時凌逆率黨
抗拒勢甚兇猛黃鏞率領各勇帶進竹梯緣上

p.14

壚口瓦屋將火藥罐由上而下拋擲如飛各匪
始分竄西壚退入大館仍復以火藥鋪堆滿地
緊閉死守我軍近前輒以香火點燃妄欺焚傷
適值大雨淋濕署督標後營守備薩國亮督率
外委李得禄等會同候補縣丞洪立名暫帶肇
羅兵勇攻破東山廟一帶砲臺四座新會營守

備衛佐邦督率千總曹江把總羅福安何春鵬
馮元亮等會同候補從九品王靖如涂陽麟率
領新會順德各兵勇攻破東壚口右礮臺二座
各隊弁兵始得一齊徑入將大館全行圍住時
值遊擊豫立由西壚而來守備衛佐邦千總黃
曜吉在東壚相遇速派弁兵將該府彭舒萼李

p.15

敦業所備柴草所割稗草陸續運進堆圍大館四面焚燒火光燭天間有冒火衝出者均經兵勇立時擊斃其竄退西墟者亦經兵勇截殺四圍濠基深溝均先經派委各文武督飭兵勇分段堵守亦復多有斬獲甫屆收兵之際進墟各文武復率領兵勇各路逐加搜查間有藏匿樹

林地洞者登即搜獲無遺殭尸填滿溝壑腥臭之氣聞至數里復查明在大館理事之頭目凌十三張城蒽黄非滌彭位高管砲臺之頭目羅萬勝管火藥之頭目張蕭詳派作牌長之頭目黄明受莫汝高李汶威蔡林生梁起安均已一併生擒是役也自丑至午東西兩路生擒匪犯

p.16

二百六十八名當場呈驗首級一百六十七顆並殲斃一千一百餘名大館及硝館火藥局三處燒斃屍身約有八百餘具奪獲大小旗幟二十七枝銅鐵礮九十五位内千斤至數百斤以及百數十斤不等擡鎗鳥鎗一百二十六桿火藥四十九桶礮子一千五百四十二個藤牌七

十八面刀槍叉矛一千三百一十七件查點各兵勇陣亡十七名受重傷者一百一十三名受輕傷者二百零七名當凌十八凌二十八在墟内擒斬以後業經福興宗元醇彭舒萼吳昌壽等將首級屍身當場驗明隨提集現獲各匪逐一質訊皆能辨認即日解至州城復試（委署縣馬）吳贊誠

P.17

審訊該逆之父凌玉超時提出兩首級令其指
實一見即痛哭不止其凌十八屍身前經該縣
馬斌等歷訊所獲犯供僉稱該逆右手第五指
屈不能伸比驗正屬相符其凌二十八屍身右
腿砍傷本未平復復經該縣吳贊誠等驗得右
腿刀傷宛在裹長四寸寬一寸尚有紅布包裹
是兩逆之首級屍身屢經辨驗皆有確証可憑
當即函首示衆並將屍寸磔棄之於市所有奪
獲砲械一併解州復驗惟據凌玉超供稱該犯
等雖籍隸信宜向在廣西平南縣種藍度日業
已有年該犯生子六人長子即凌十八名才錦
次子二十名帖錦三子二十四名標錦四子丑

P.18

即二十八名揮錦五子二十九名進錦年二十
五歲六子三十名扶錦年十九歲除凌十八凌
二十八現俱擒斬凌二十凌二十四疊被官兵
先後擊斃外尚有凌二十九凌三十仍在平南
縣之大同里種藍自二十九年以後並未回至
信宜既係謀逆家屬自應飛咨廣西撫臣密飭
該縣迅即查拿歸案辦理查凌十八自道光二
十九年即在廣西金田地方拜上帝會往來信
宜蹤跡靡定三十年經信宜縣聞知將其房屋
焚燒分路嚴拿先期遁逸復於咸豐元年正月
糾約大夥攻擾欝林州城至四月之久旋即竄
踞羅鏡又及一載節次恭奉

p.19

諭旨凌十八係著名會匪與洪秀泉等同惡相濟不可使之合而為一臣等豫防之術時切悚惴因其日久稽誅已覺難安寢饋更何敢籌備偶疎任其復萃淵藪而凌逆潛匿墟內無日不以即有廣西弟兄前來救援為詞雖係窮蹙已甚無計可施恐衆匪心多渙散不得不故為此牢籠之術然明隔暗通亦誠難保必無其事況復有陳葉氏相助為虐日作荒誕不經之言加意煽惑羣得有恃無恐益見黨固心堅尤堪髮指現在賊巢搜出衆匪名單一紙首列洪秀泉馮雲山韋昌威即韋正蕭朝貴楊秀清石達開等各逆姓名其為前在金田入會毫無疑義況上帝

p.20

會乃天主教之別名與外夷所傳者同宗一派流毒中國習染成風惑世誣民大為風俗人心之害但凡入會從此執迷不悟視死如歸較之尋常教會各匪迥不相侔此案除首逆應照謀反大逆及從逆應照謀叛本律問擬外如僅止聽從入會不知悛改者即照習天主教本律問擬以誅邪遏而儆愚頑仍俟將各犯逐一訊明分別定擬另行具

奏惟凌十八入會三年擾及兩省荼毒良善煽誘鄉愚糾黨已至數千被害者更不知凡幾尤且蓄髮變服拒敵戕官種種悖逆擢髮難數罪惡滔天神人共憤本屬積年之巨憝今以一戰胥

P.21

平此皆仰賴我
皇上朝乾夕惕饑溺為懷上格
天心下從民欲
秉謨奠以常昭
振神威而共懾是以賊渠掃穴僅逾六時之久絕幽
鑿險直同拉朽摧枯不獨臣等始終恪遵

訓諭幸免貽尤凡兩粵士民遠近聞知無不欽仰
德威歡聲雷動且此股既除縱有不逞之徒皆已膽
寒骨慄即道州竄踞逆匪亦必尅日蕆事誠如
前奉
硃諭該匪等聲勢相倚凌十八不除則韋正不弱也
至於該總兵福興自到大營以來臣葉　隨

P.22

時遇事皆與之預為籌商調度悉能殫心竭力
應變知機是日親臨督陣正值風雨交加之會
躍馬直入賊巢墜地墊傷左肋嘔血數口在地
仍復力疾前進洵屬謀勇兼施不辭艱險所有
在事各文武相閱一年之久前後幾及百戰殲
擒六千有奇或發謀出慮或奪隘衝鋒或執法

讞獄或偵諜轉輸皆能同心協力滅此兇頑並
各著有微勞容俟臣等確切查明再行據實保
奏籲懇
恩施至於各會匪起於金田迨分股竄出之復其勢
已成本屬力不能制經過各該州縣尚皆能嬰
城固守力保無虞及至大兵援至又復協同堵

P.23

剿所有該管地方之文武功過似可准其相抵
請免置議一切善後事宜均當妥為經理臣葉
再行回省臣等查逆匪竄踞羅鏡本係三
股惟凌逆此股尤多狡黠剽悍之徒結黨本深
故恃險亦久除上年十月吳三竄出當即全行
殄滅並本年四月陳二逃出被獲先行正法外

溯自挖築濠基圍溝以後凡遇竄逃悉數就獲
並無一名漏網然凌逆究係由洪逆等分股而
來總恐先有分散餘黨或畏罪潛伏或早日遠
颺均未可定仍應分飭隨時各於兩省交界併
力訪拿歸案懲辦以淨根株而除萌蘗庶期仰
副我

P24 End

皇上普惠黎元永靖邊隅之至意所有督辦羅鏡逆
匪盡行殲滅各緣由謹合詞恭摺由驛具
奏伏乞
皇上聖鑒訓示謹
奏

咸豐二年七月二十四日具
奏捐銀一萬兩解赴廣西軍需備用奉　旨交部從優議叙謝　恩
咸豐　年　月　日奉
硃批

奏稿

廣東巡撫臣葉　跪

奏為恭謝
天恩事竊臣接准户部咨開咸豐二年四月初七日
奉
上諭徐　葉　奏各捐銀一萬兩以備廣西軍需等語現在廣東紳民志切同仇捐輸軍餉該督撫首先捐資以為倡率均著加恩交部從優議叙
欽此竊臣猥以輇材忝膺重寄沐
生成之逾格愧報稱之未能緣滇池多事之時正海澨同仇之日凡兹士庶尚思協力以輸將矧在
臣工尤當倡首為表率臣謹分鶴俸勉效蟻忱方慚夙夜無補於度支何異壤流奚酬夫
高厚迺荷
殊恩特賁
甄叙優加循分難安叨榮倍感惟望民鳩咸知敵愾士馬盡見飽騰聽三捷之早歌祝四鄰之胥靖風聲遠懾簞壺迎時雨之師露布新傳鐃鐲奏
當陽之頌所有微臣感激下忱謹繕摺恭謝

天恩伏乞
皇上聖鑒謹
奏

湘潭縣拏獲奸細身上搜出書信

厶曾永源林鳳祥李升芳謹禀

東北王兩翼王下各千歲殿下敬禀者厶等隨西王出師荷天眷顧所攻必克一路福星本月二十四日寅刻自攸縣起程二十五日子刻至醴陵計一百七十里是城糧穀頗有已得無数軍裝紅粉二十六寅刻自醴陵起程二十七申刻到長沙離城十里停紮二十八日辰刻進兵至巳刻破連營七八里殺死大小妖官

数十餘員妖兵死者二千有餘屍堆如山所得軍糧大小
砲甚多紅粉四千餘騾馬不計其數至午刻在省外舖
户停紮計程三里卅里城外米穀甚多目下查得糧有十萬
餘油鹽足用廿九日ム等欲往進攻回禀西王帶牌刀手往各
門進攻不料妖兵放砲打着西王胸膛乳上穿身十分危
急口眼俱呆ム等得此凶信十分憂憤幸有天父照顧效天兄
故事未可料此省十分遼濶目下聖兵縱能攻破亦未得
托守之人懇求九千歲覧禀遣上將統帶多少聖兵凡兵
各帶乾糧三斤前來同進取城乃萬全聖策也我主天王來
不來聽從旨意ム未敢冒瀆幸此城尚未修整得好比全州
無足為慮惟思西王有難ム守靠無憑只得具禀各王千歲
特達太平王壬子二年八月初九日申刻冲 即速連夜起程不閣
八月算

[illegible]奏會剿英德賊被賊竄擾旋經收復一摺廣東附近各處
[illegible]匪焰既甚之今秋湖北方[illegible]匪尤多該處與英界連七月
[illegible]匪四五千人直撲該縣北門[illegible]署知縣[illegible]開炮轟散該匪多
[illegible]合人突至西門乘勢擁入城中該署知縣撥兵先已帶勇在外
[illegible]剿逐出北門追賊剿因賊入其城該署知縣即清的城[illegible]
[illegible]部分隊西進[illegible]匪首黔多名奪獲器械[illegible]
[illegible]城外作[illegible]處亦有恩平寬其賊匪分路竄擾亦經
[illegible]澤清等督率兵勇退會[illegible]業已[illegible]匪殺此次剿辦兵被擾[illegible]
[illegible]縣署把總劉蓮江本有堵禦之罪姑念其即收復城
[illegible]由南交州將著毋庸置議其在事出力紳士著查明請獎並
[illegible]陣亡受傷各壯勇著該部照例議䘏仍著葉名琛等
嚴飭該地方文武員弁激勵兵勇分投搜捕務將該匪克
數捦全[illegible]毋留餘孽欽此

奏為督帶官兵前往衡州勦辦由馹五百里馳
奏仰祈
聖鑒事竊臣于八月十二日在梧州軍營承准軍機大臣字寄
咸豐二年七月二十四日奉
上諭據賽　等奏湖南逆匪竄擾情形現復攻陷郴州嚴飭督
勦一摺逆匪自竄入楚境以來連陷數城雖土匪勾結滋蔓
總因督兵大臣調度失宜將弁不能用命所致現在郴州又
復失陷被賊屯踞該處地頗豐腴市廛屯聚水陸兩路

北通衡州長沙而水路尤為吃緊賊匪勢甚剽悍意在窺伺
衡湘為直擣長沙之計賽　自統領大軍已來日久無功朕
早慮其性情過于慈柔賞罰未能悉當以致將弁等日久生
玩不肯用命更恐為賊匪所窺動輒中其奸計是以前降旨
令該督統兵前赴廣西如賽　病體不支即接受欽差大臣
關防專辦軍務及該督到梧州而桂林匪徒已竄楚南彼時
艇匪正須剿洗該督勢難兼顧今潯梧一帶漸次廓清即各
處不免土匪勞　儘可籌辦較之楚匪情形自當先其所急
徐　沉毅有為朕所深悉前此圍剿凌十八股匪甚為嚴密
卒致殲除波山艇匪亦能尅期剪滅足見用兵之道全在統
帥得人現在湖南逆燄鴟張情形甚為吃重已明降諭旨著
徐　統兵前往湖南會剿著即將前調高州鎮總兵福興所
帶得勝之兵數千名迅速統帶馳赴衡州一帶扼要調度毋
稍遲延並將此旨宣示賽　即將欽差大臣關防交徐　祗
領任事軍營及地方文武各員統歸節制該大臣務當整飭
紀律嚴明賞罰以期壁壘一新迅殄羣醜庶釋朕南顧之憂也

賽
交卸関防後仍著奏明聽候諭旨至廣西土匪即責成
勞
妥為防剿毋稍疏虞提督向榮或帶往軍營或留廣西
督辦土匪並由該大臣酌量飭行所有兩廣總督並欽差大
臣関防已諭令葉
暫署廣東巡撫令柏
暫署吳將此由
六百里諭知徐
並諭令勞
知之欽此臣即于本月十三日
將起程日期附片先行奏明在案現在趕緊料理總計東
省調西之兵臣隨營弁兵八百名及前在富賀防堵之兵
勇一千餘名又前在鬱林剿辦之兵勇一千餘名此時匪
已陸續竄散不得不先其所急均由臣統帶赴楚其總兵
福興所帶之兵先經派赴郴州現又續調在賀縣防堵之
潮勇一千餘名隨同該鎮仍赴郴州一帶前進惟據各路
探報郴州尚有土匪數千佔踞而逆匪前隊業已竄逼長
沙其沿路安仁攸縣醴陵均有匪黨肆擾賊鋒較前更形
猖獗查長沙為楚南省會現有大兵雲集守禦自可無虞
惟匪勢剽悍東竄則與江西之袁州吉安相近若再折而

西則寶慶等屬苗疆雜處向多匪類尤慮其勾結蔓延竄
以剿匪之法必先堵其竄越之路然後可籌攻剿之方如
副都統阿彥達所奏地勢宜審等語誠不為無見但軍士
千回百折朝夕異宜總須隨時隨地酌量情形速為布置
臣現在由梧州起程已飭令員弁偵探確情講求與地以
期稍有把扼至于整飭紀律嚴明賞罰謹當恪遵
諭旨不敢稍涉瞻徇臣力小任重深懼勿克負荷惟有殫竭愚
誠盡其力所能為仰副
皇上廑念民生之懷萬一除奉
飭查等件俟行抵衡州查明另行覆奏外理合將督帶兵勇
起程緣由恭摺由驛馳
奏伏乞
皇上聖鑒訓示謹
奏

今將咸豐二年八月初四初六二十及九月初一十月初五等日剿辦仁化樂昌翁源始興英德各股匪徒打獲勝仗生擒截獲多犯在事出力各員弁紳士理合查開銜名應如何分別鼓勵之處伏候

宮保大人核奪

計開

八月初四日在仁化扶溪八月二十日在翁源狗形嘴九月初一日在翁源分水坳十月二十五日在始興朱岡垻打獲勝仗四次

南韶連鎮標中營守備任士魁 該員現蒙以都司升用

委補清遠營右營千總梁肇倫 該弁已賞藍翎

委補連陽營千總孔超齡

南韶連鎮標右營外委吳韶亮 該弁已蒙賞六品頂戴

南韶連鎮標右營外委劉世雄 該弁已有藍翎

南韶連鎮標左營額外羅觀光

南韶連鎮標左營額外張得魁

八月初四日在仁化扶溪八月二十日在翁源狗形嘴九月初一日在翁源分水坳十月十五日在從化龍頸打獲勝仗四次

署南韶連鎮標右營守備南雄協千總涂得照 該員現蒙以守備升用先換頂戴

南韶連鎮標右營額外林邦基

八月初六日在仁化董塘八月二十日在翁源狗形嘴九月初一日在翁源分水坳十月十五日在從化龍頸打獲勝仗四次

委補清遠營左營把總五品頂戴張開平 該弁已有藍翎

兵馬司正指揮銜藍翎譚成煥
兵馬司正指揮銜藍翎吳玉流
州同銜譚超凢
八月二十日在翁源狗形嘴九月初一日在翁源分水坳打獲勝
仗二次
委補南韶連鎮標中營把總朱連陞
八月初六日在董塘打獲勝仗一次
廣東陸路提標中營把總粟友鵬該弁已有六品頂戴藍翎以千總升用
廣東陸路提標中營外委陳能光該弁已蒙記名以把總拔補
廣東陸路提標右營額外任可均
署廣東陸路提標前營把總後營外委張捷榮
廣東陸路提標前營額外蘇鎮超該弁已有六品頂戴
廣東陸路提標後營把總劉勝彪該弁已蒙記名以千總拔補
廣東陸路提標後營額外劉鉞

英德洸口司巡檢張金鑑
管帶洸口壯勇清遠縣文童朱潤脩
八月内在仁化城口截獲賊犯一百五十餘名
升用都司廣州協右營千總黄曜吉該員已有花翎
三水營外委六品頂戴黄鏞
廣州協候補外委六品頂戴黄銓
十月初五日在曲江傑背打獲勝仗一次
守備銜候選千總武舉孔繼堯
廣州協左營候補把總孔繼安
署三江協中軍都司車定海
支發夫價口粮委員遇缺即補從九涂陽麟該員已有藍翎
支發夫價口粮並督催委員撫標左營把總鍾善傑該弁已有藍翎即補千總
在事襄辦籌防支應等事
州同銜朱猷章

一件奏遵
旨撥解湖南軍需銀兩

奏稿

咸豐二年八月二十日具
奏

由驛四百里 賫

硃批

咸豐 年 月 日奏到

總督銜廣東巡撫臣葉 跪

奏為遵
旨覆奏仰祈
聖鑒事竊臣承准軍機大臣字寄咸豐二年七月十
五日奉
上諭至湖南軍餉近又請撥三百萬兩已由戶部籌
撥一百五十萬其餘另行籌款陸續撥給現在兩
粵地方漸就廓清惟此股逆匪勢尚猖獗不得不
厚集兵力以期一鼓殲除而籌款為艱且虞緩不
濟急朕心甚為焦切著徐 葉 於廣東省
設法籌畫無論關稅錢糧及正雜各款或於商棧
暫行通融如湖南待用甚急即迅速酌撥以濟要
需諒該督等必能統籌全局以紓朕念等因欽此
由督臣徐 恭錄知照臣欽遵辦理湖查本
年二月內接准戶部來咨原奏內開指撥廣東
兵餉銀五萬兩粵海關約徵銀二十萬兩捐資
助餉銀一百萬兩徑由該督陸續解赴廣西源
源接濟等因隨將兵餉銀五萬兩關稅銀二十

萬兩分別委員於二月二十五日三月二十九
日四月二十六二十九等日陸續領解起程前
赴廣西惟捐貲助餉一款本屬虛懸並非寔有
存項候撥者可比況至百萬之數尤非一時所
能猝辦適本年三月內欽奉
諭旨著照原議章程辦理經臣疊次出示曉諭原冀

及早輸將無如日久尚未能得符成數因思廣
西軍務緊要深恐緩不濟急查廣東各庫存項
自上年早經搜剔靡遺本無另存可撥之款業
經疊次縷晰陳明即隨時偶有庫儲未必遽能
如數斷不敢率請改撥復勞
宸廑即將本年司庫現存春撥以及捐監等項銀十

二萬二千三百一十六兩零並臣與督臣徐廣
縉各捐銀一萬兩共計銀十四萬二千三百餘
兩先行分起撥解廣西具
奏各在案臣仍復設法籌度逐款勾稽無時不以
接濟為急務即無處不以撙節為先資雖至無
可籌畫亦必勤應亟需正在陸續撥解間復承

准軍機大臣字寄咸豐二年四月十三五月初
二等日欽奉
寄諭二道俱由督臣先行覆
奏一面恭錄知照臣查復自本年六月起至八月
止由藩司庫秋撥並扣平各款撥解廣西軍需
銀十萬六千兩由粵海關庫稅餉撥解廣西軍

需銀二十四萬兩共計銀三十四萬六千兩均
於六月二十一日七月十二十三二十等日八
月十八二十等日分作六批委員領解起程
赴廣西是前准部撥百萬之數已將及半茲奉
諭旨如湖南待用甚急即迅速酌撥以濟要需查此
時湖南較之廣西尤為緊要自當先其所急現

奏稿

查粵海關稅餉尚有征存銀二十萬兩即當迅
速委解湖南嗣後藩司庫內如續有徵收當隨
時一律籌撥總期統籌全局無悮要需所有遵
旨籌撥湖南軍需緣由理合恭摺由驛覆
奏伏乞
皇上聖鑒訓示謹

奏

奏稿

P.1a.　F.O.682/391/3(13)

一件奏遵旨添調兵勇即由廣東徑赴湖南緣由

奏稿

奏　咸豐二年七月二十日由驛四百里具

摺弁　賫

咸豐　年　月　日奉到

硃批

1.B

奏稿

總督銜廣東巡撫臣葉　跪

奏為遵

旨覆奏仰祈

聖鑒事竊臣承准軍機大臣字寄咸豐二年七月十

二日奉

上諭昨據徐　葉　奏剿辦羅鏡逆匪全股蕩

P2

平已明降諭旨分別加恩並令將在事出力文武
酌保矣現在道州逆匪分擾江華永明賊勢日熾
所有羅鏡軍營弁兵除應酌留若干搜查餘匪外
著徐　葉　迅即遴派得力將弁管帶該處
獲勝之兵勇馳往湖南軍營協同圍剿可期得力
總兵福興能否飭令統兵前往並著酌量派委仍

奏稿

咨明欽差大臣賽　湖廣總督程　查照調
遣其經由路徑或從廣東徑赴湖南或從粵西間
道馳赴兵貴神速想該督撫定能妥籌辦理也將
此由六百里各諭令知之欽此臣查羅鏡軍營向
上年調撥各路兵勇本屬將及萬餘惟因在事
一年之久接仗多次其傷亡受病以及疲乏者

P3

不下三千數百名均已隨時分別裁汰及當凱
撤之時除督臣徐　先行飭委總兵福興遴
擇精銳者統帶三千名前赴廣西聽候調遣外
尚有三千餘名前因湖南逆匪竄近廣東交界
添撥巡防並復因附近各路土匪紛起恐其蔓
延勾結分別堵剿仍屬不敷派撥另行籌調現

奏稿

准督臣徐　咨稱該總兵福興選帶兵勇二
千名已於八月初八日由梧州起程取道賀縣
江華前進臣查湖南逆匪現雖仍踞郴州聞已分
股直撲湖南省城若再由廣西轉赴湖南大營
更恐有稽時日現已飛調潮州兵勇一千六百
餘名飭令即由廣東樂昌縣出境至湖南宜章

P.4

縣入境較為迅速並沿途探明無論福興行抵
何處令其合營一併悉歸統帶以資得力而免
遲延所有遵
旨添調兵勇即由廣東徑赴湖南緣由臣謹由驛四
百里恭摺具
奏伏乞

奏稿

皇上聖鑒訓示謹
奏

P.5

奏稿

謹將粤海關撥觧過廣西省軍需自道光三十年十月起至咸豐二年八月止

銀兩數目開列呈

電

計開

一支給委員秦廷揖等領觧奉撥粤海關税赴廣西省軍需銀一十萬

兩内委員秦廷揖于道光三十年十月十五日起程

委員孫天保于道光三十年十月十六日起程

一支給委員朱聲鳳等領觧奉撥粤海關税赴廣西省軍需銀一十

萬兩内委員朱聲鳳于道光三十年九月初二日起程

委員胡奉誥于道光三十年九月初四日起程

一支給委員丁文煥等領觧奉撥粤海關税赴廣西省軍需銀一十

萬兩内委員丁文焕于咸豐元年正月十九日起程委員于奎于咸豐元年正月二十日起程

一支給委員章增燿等先後領解奉撥粵海關稅赴廣西軍需銀一百萬兩内委員章增燿孫天保任光煦胡奉諧領解銀二十萬兩于咸豐元年五月十四十五十六十七等日起程潘承家周震亨領解銀一十一萬兩于咸豐元年八月初二日起程潘熙曾張玢俞安福領解銀二十萬兩于咸豐元年閏八月初六初七初八等日起程鍾雲龍徐溥文王萬遴馮寶封陸銑曹烏建梧宋銓領解銀四十九萬兩于咸豐元年閏八月二十二十一二十二二十四二十五二十六二十七等日起程

一支給委員徐保泰等領解奉撥粵海關稅赴廣西省軍需銀一十四萬九千一百八十三兩一錢零三厘内委員徐保泰于咸豐元年十月十五日起程委員高廷楨于咸豐元年十月十六日起程

一支給委員張甘羅等領解粵海關稅赴廣西省軍需銀二十八萬兩内委員張甘羅于咸豐元年十月二十八日起程錢華齡于咸豐元年十月十八日起程張長庚于咸豐元年十二月初九日起程慶瑞于咸豐元年十二月二十六日起程

一支給委員趙嘉梧領解粵海關稅赴廣西省軍需銀七萬兩于咸豐二年三月二十九日起程

一支給委員丁申領觧粵海関稅赴　爵督憲行营備用銀五萬兩于咸豐二年四月二十六日起程

一支給委員張甘羅領觧粵海関稅赴　爵督憲行营備用銀八萬兩于咸豐二年四月二十九日起程

一支給委員陳斌領觧粵海関稅赴　爵督憲行营備用銀六萬兩于咸豐二年六月二十一日起程

一支給委員李宏錦領觧粵海関稅赴　爵督憲行营備用銀六萬兩于咸豐二年七月二十日起程

一支給委員朱尔黻領觧粵海関稅赴　爵督憲行营備用銀五萬兩于咸豐二年八月十八日起程

一支給委員張甘羅領觧粵海関稅赴　爵督憲行营備用銀七萬兩現未起觧

以上共撥銀二百一十六萬九千一百八十三兩一錢零三厘

謹將司庫撥解過廣西省軍需自道光三十年十月起至咸豐二年八月止銀兩數目開列呈

電

計開

一支給委員章增燿奕步春領解廣東省秋撥寔存地丁赴廣西省軍需用銀一十萬兩內委員章增燿解銀五萬兩于道光三十年十月十三日起程委員奕步春解銀五萬兩于道光三十年十月十四日起程

一支給委員俞鳳書楚湘涵領解廣東省春撥寔存地丁赴廣西省軍需備用銀一十五萬兩內委員俞鳳書解銀七萬五千兩咸豐元年正月二十八日起程委員楚湘涵

解銀七萬五千兩咸豐元年正月二十九日起程

一支給委員章增耀領解廣東省秋撥留備地丁赴廣西省軍需備用銀四萬三千兩咸豐元年三月二十二日起程

一支給委員汪以增李宏錦張純孟毓斗領解廣東省襍項各款赴廣西省軍需備用銀二十八萬兩內委員汪以增解銀七萬兩于咸豐元年九月十九日起程委員李宏錦解銀七萬兩于元年九月二十日起程委員張純解銀七萬兩于元年九月二十一日起程委員孟毓斗解銀七萬兩于元年九月二十二日起程

一支給委員陳斌高邁領解廣東省襍項各款赴廣西省軍需備用銀一十五萬零八百一十六兩八錢九分七厘內委員陳斌解銀七萬五千兩于咸豐元年十一月初二日起程委員高邁解銀七萬五千八百一十六兩八錢九分七厘于元年十一月初九日起程

一支給委員董源潤丁申領解廣東省襍項各款赴貴州以為兵餉續廣西省截留軍需備用銀一十三萬兩內委員董源潤解銀六萬五千兩于咸豐元年二月十二日起程委

員丁申解銀六萬五千兩于元年二月十三日起程

一支給委員孟毓斗領解廣東省壬子年兵餉赴廣西軍需備用銀五萬兩咸豐二年二月二十五日起程

一支給委員倪福寬等領解廣東捐資助餉等銀赴廣西軍需備用至現在止共銀二十四萬八千三百一十六兩三錢零五厘五毫八絲內委員倪福寬解銀六萬二千三百一十六兩三錢零五厘五毫八絲于咸豐二年三月二十五日起程委員施道彬解銀六萬兩于二年三月二十六日起程委員丁申解銀二萬兩于二年四月二十六日起程委員張世瑞解銀五萬三千兩于二年七月十二日起程委員錢瓌解銀五萬三千兩于二年七月十三日起程

以上司庫共撥解過廣西軍需銀一百一十五萬二千一百三十三兩二錢零二厘五毫八絲

又司庫奉行撥解廣西省辛亥年兵餉銀兩

一委員孫長恩領解銀五萬九千九百三十六兩七錢六分五厘咸豐元年七月二十四日起程

一委員丁文煥領解銀四萬兩咸豐元年九月十六日起程

合計通共銀一百二十五萬二千零六十九兩九錢六分七厘五毫八絲

一件委羅定協副將瑞琳等護理高州鎮篆務事

奏稿

硃批

咸豐 年 月 日奉到

看稿

對摺

咸豐二年九月二十四日兵

奏

摺弁 賫

繕摺

再廣東高州鎮總兵篆務先經督臣徐 札
調潮州鎮總兵壽山署理在案茲臣前赴韶州
及楚粵一帶地方防堵逆匪檄調署高州鎮總
兵壽山統帶各營兵丁隨往所有高州鎮總兵
篆務查有羅定協副將瑞琳年力正強熟悉營
務堪以委令護理其瑞琳所遺副將篆務查有
署水師提標後營遊擊事准陞新會營參將李
仁安才具明練勇幹有為堪以委署除檄飭遵
照外所有委署鎮將緣由謹附片奏
聞伏乞
聖鑒謹
奏

一件

片奏動撥粵海關税銀兩赴湖南應用事

奏稿

硃批

咸豐　年　月　日奉到

看稿

對摺

咸豐二年十月初七日具

奏

摺附驛　賫

繕摺

再前承准軍機大臣字寄欽奉

上諭如湖南待用甚急即迅速酌撥以濟要需等因

欽此當查粵海關尚有征存銀二十萬兩委解湖南緣由於八月二十日具

奏隨飭司委員分作三批領解已於八月二十八二十九及九月二十二等日起程解赴湖南交

欽差大臣署湖廣總督臣徐　行營查收在案茲復查粵海關現又有征存税銀二十萬兩旬應一併解赴湖南以濟要需除飭司委員分起領解仍隨時設法籌畫無論關税錢糧及正雜各款續有征收即當一律籌撥以期無悮要需所有起解銀兩及續撥前往緣由謹附片奏

3

聞伏乞

聖鑒謹

奏

P.1　F.O. 682/253A/3(13)

一件

奏稿

事

看稿　對摺

咸豐二年十一月初九日具

奏

摺弁　賫

繕摺

硃批

咸豐　年　月　日奉到

奏為逆竄岳州城池失守現在急籌堵剿情形恭
摺仰祈由驛五百里具奏仰祈
聖鑒事竊臣等于本月初七日曾將進剿情形奏明在
案現據向榮函稱初三日督率常祿等兵勇赶
至大荊舖聞逆匪連夜逃竄將到岳州當即拔

P.2

營追赶一面專弁賫咨在岳防堵之提督臣博
勒恭武囑其靜鎮嚴防能固守一二日大兵即
可赶到萬勿失措驚惶乃向榮於初四日行抵
岳州之新口舖地方已聞岳州失守並有巴陵
縣走出之犯訊據稱岳州官員於初二日先已
出城初三日早知縣亦即出城至午刻賊匪分
三股湧至官兵全行潰散城門大開無人把守
該匪隨即進城城內所有火藥大砲及餉鞘一
切均已資賊等因臣接報之下憤懣焦急難以
言喻查岳州有提督博勒恭武武昌道王東槐
帶兵在城防堵城池亦尚完固賊即十分猖獗
守禦綽屬有餘但能固守兩日則向榮之

兵已至儘可扼其前竄乃竟望風而潰從前所
稱雇募漁勇種種防堵盡屬虛文寔屬罪無可
追此時匪踞岳州水陸俱可竄往武昌如由武
昌北渡則漢陽荊州等屬無處不當嚴防已飛
飭向榮派兵四五千名由通城崇陽一帶迅速
繞出武昌以資援勦現在賊蹤尚無定向俟確
探匪竄何路臣亦即督率將弁赶往勦辦惟是
沿江上下防不勝防賊匪奔竄勦忽稍有疎虞
則豫皖江西等處不免震驚臣徐　力小任
重似此情形斷非一人所能兼顧惟有仰懇
皇上天恩另派重臣分路堵勦并飭附近湖廣各省
督撫專力堵防俾臣徐　專辦督勦庶期迅

掃賊氛其失守岳州文武員弁俟確切查明分
別嚴參按律治罪臣徐　調度乖方致派往
攔截及追勦之兵均未能迅速赶上咎無可辭
應請
皇上嚴行治罪以儆玩弛所有岳州失守及現在籌
勦情形理合恭摺由驛馳
奏伏乞
皇上聖鑒訓示謹
奏

FO682/2378B/1(26)

上諭賽尚阿奏賊匪出沒無常猝難撲滅請另選賢員視師自行請參等語

披閱之下不勝駭然爾等自列行間忝為大帥自應嚴加號令一鼓作氣親率兵

勇奮力當先則成功不難於指日爾乃先存畏難之心勝則攘臂爭功敗則請

參塞責賽尚阿素習仁慈當此大任自應猛以濟寬爾自出京以來不聞奏劾

一人不聞更張一事尸位素餐爾之謂矣倘再任遷延畏葸不前則非我大清[illegible]之

臣子也言之殊屬寒心自今以後毋苟安毋退縮毋遠距賊蹤旁觀袖手毋反敗為勝紙

上諭決凜遵王章不可玩也特此諭令知之欽此

此

[redacted]

卸高廉道謹將西路大營隨勦交逆先後在事出力紳士練勇擬議仰乞
恩施獎勵之處開摺併呈
鈞電
計開
一信宜縣職貟侯選從九品李步龍
查該員自備資斧捐僱壯勇五十名先於上年春
月隨同彭守繼隨胡守勦擊何交兩匪屢有斬
獲並在城稽查奸匪帶同壯勇晝夜守禦已屬
異常出力是以
爵督憲按臨高郡即蒙訪聞先賞六品軍功頂
戴七月卸道抵信督辦團軍務探報多不確鑿稟明
爵督憲飭令該員自帶壯勇作為探役確探賊
匪情形按日稟報在事一年有餘晝夜馳驅始終
不懈凡大營兵勇與賊交仗該員率同探勇均有
斬獲本年四月又購線誘擒假冒天符之大頭目
陳二至營中購辦急需應用之物並去騰挖築濠
墻該員尤為出力洵係紳士中最為急公之人查
該員遵豫工事例由監生捐納從九品不論雙單
月即選擬請
恩施保奏免選本班以府經歷歸部遇缺即選賞戴
六品藍翎
一羅定州侯選訓導張綸芳
一捐納州同職銜張士榮
查該二貟係同胞兄弟先于上年八月自備資斧召
募同族壯丁千名隨同官兵進勦凌匪屢有斬獲
深資其力即奉
爵督憲賞給張綸芳六品頂戴並將壯勇頭目張

熊張烘光張泰運均賞給七品軍功頂戴飭營挨
補名糧嗣于[illegible]日吳三一股竄出該隊壯勇
四路兜截擒[illegible]多而各壯勇房族中有紳衿
者遂將壯勇分隊另行稟報出名管帶張綸芳
張士榮本隊猶存五百名也至本年正月見賊勢
漸窮該員等力亦未逮又減去二百餘名留三百名
在營始終其事隨同兵勇屢次進仗防守圍基晝
夜辛勤深資其力該員兄弟既捐貲而募勇復
効力以馳驅且核其給發壯勇口糧為數甚鉅詢
紳士中最為出力之員所有候選訓導張綸芳擬請
保奏賞加國子監典簿京銜以訓導歸部遇缺即選
其捐納州同銜張士榮擬請
保奏賞戴藍翎

羅定州生員張汝翼
武生張鴻光
監生張樞
查該生等捐帶壯勇一百名於上年八月到營隨同
兵勇與賊交仗甚為奮往且在事幾及一年捐
貲募勇始終出力擬請
保奏賞加州同職銜武生張鴻光一名請加千總銜

羅定州武生曹國諫
查該生住居函口上年七月大兵進勦凌匪該生曾
預備米糧以資兵食適逢何名科率匪竄至家業
蕩然該生復捐貲募勇七十名于十一月到營隨同
兵勇屢次進仗頗多斬獲本年四月又與李步
龍等購線誘擒陳二等首匪在營半載有餘勞
費倍至擬請
保奏即留高州營以把總補用並加千總銜

羅定州童生張科元
查該生捐帶壯勇壹百名於上年十月到營隨同
兵勇屢次與賊交仗均有斬獲在事半載有餘
辛勤備至擬請
保奏賞加鹽知事職銜

信宜縣補用千總余嘉綸

查該千總原係武生住居信宜蒲竹逕團練最
為得力凌何兩匪屢往該村均受懲創是以上年
何匪案内稟蒙
爵督憲保奏以千總留營補用該弁愈加奮往
本年正月捐資自帶練勇壹百名在營屢次隨
同勦賊晝夜看守濠墻拿獲賊匪多名在事半
年勞費倍至所有余嘉綸一名擬請
恩施飭知高州營遇有千總缺出儘先拔補其練勇
内管帶隊目童生余廷標一名擬請
恩賞八品軍功頂戴填給執照以示鼓勵

信宜縣六品頂戴新選陽江教諭陸達務

查該員自備資斧先于上年九月捐募壯勇貳百名
隨勦何匪出力仰蒙
保奏賞戴六品藍翎以教諭遇缺即選該員倍加感奮
復帶壯勇七十名于十一月隨同卸道赴營帮勦凌匪
甚為得力在事亦半年有餘可否再乞
保奏以府教授升選之處出自
鈞裁其管帶壯勇頭目八品頂戴陸奏凱一名應請
賞換六品頂戴填給執照以示獎勵

文童八品軍功頂戴余廷孚
武童八品軍功頂戴余廷鏢

查該軍功等自備資斧先于上年九月隨同余嘉
綸為壯勇隊目帮勦何名科股匪甚為出力仰蒙
保奏賞給八品頂戴倍切奮往遂自募壯勇壹百名
于上年十二月到營同勦凌匪屢次與賊交仗甚為
得力擬請
賞換六品頂戴填給執照

高州營記委高捷雲

查該弁捐募壯勇壹百名于上年十一月到營同勦
凌匪甚為得力該弁又尚勇往洵係營伍急公之
員擬請
保奏以把總補用賞加千總銜

信宜縣廩生羅傳薪

查該生捐帶壯勇壹百名于本年正月到營屢隨官兵與賊交仗均有斬獲甚屬出力且該生於未帶勇至營以前據稟於上年八月內即捐帶壯勇二十五名獲賊多名稟解前代理信宜縣林兆熙審辦在案擬請
保奏以縣主簿歸部選用又該壯勇內營帶頭目職員羅徽臨陣皆親帶壯勇奮往向前防守濠溝最為認真應請
恩賞六品頂戴填給執照以示獎勵

信宜縣武生陳進魁
查該生住居信宜賀垌團練尚為認真本年正月自備口粮捐帶壯勇四十名隨營効力屢次與賊交仗均甚奮往斬獲頗多擬請
恩賞六品頂戴飭營記名以把總補用其隊目張秀洋頭目陳大凱均屬帶勇出力併請
恩賞八品軍功頂戴填給執照以示獎勵

羅定州監生張翰
查該生捐帶壯勇壹百名於本年二月底到營與賊屢次交仗頗多斬獲且晝夜看守濠墻甚為認真擬請
恩賞六品頂戴填給執照以示獎勵

羅定州監生陳仲祺
查該生係羅定安樂堡團練首事帶練勇二十名隨營守卡每逢進仗無不奮往向前頗多斬獲擬請
恩施併賞六品頂戴填給執照以示獎勵

西寧縣候選知縣陳虞昌
查該員先以捐納訓導在高候補因其籍隸西寧排埠與西省交界彼處情形最熟飭令捐帶壯勇貳百名隨勦何匪出力稟蒙
爵督憲保奏以知縣歸部選用於是倍加奮往復帶壯勇貳百名赴營同勦凌逆上年十一月到營因其時西省會匪有東竄之信又恐凌匪冥往勾結稟奉

爵督憲傳諭該員帶勇貳百名往西省交界要
隘防堵該員又以路通西省要口甚多勸同拔貢
生蘇應春等各捐帶壯勇分投守禦在事半載
有餘雖兩路賊匪並未竄至亦屬着有微勞擬請
保奏賞加知州銜其勇目賴殿宣陳廷敬二名擬請
恩賞八品軍功頂戴填給執照至該員之弟六品頂戴
廩生陳虞裔並隨同捐資出力應否予獎出自
鈞裁

羅定州拔貢生蘇應春
文童曹國魁
查該生於上年十一月經陳虞昌邀同捐帶壯勇六十
名在西省岑溪界連之九曲嶺防堵甚為嚴密

西寧縣廩生陳虞惇
職員陳寅齋
查該生合捐壯勇一百五十名於上年十一月起在路
通西省之西寧加益墟要隘防堵尚為認真

羅定州生員曹賡颺
民人梁廸昌
查該生等捐僱壯勇七十名於上年十一月起在西寧
路通西省之萬順嶺防堵尚為得力

西寧縣武生陳虞威
生員陳炳光
文童譚綱輝
查該生等合捐壯勇一百六十名於上年十一月起在路
通西省之上下瀨季嶺要隘防堵

以上蘇應春一名擬請
保奏賞加州同銜陳虞惇陳寅齋曹賡颺陳虞威陳
炳光五名擬請
恩賞六品軍功頂戴填給執照其曹國魁梁廸昌譚綱輝
等三名擬請
恩賞八品軍功頂戴填給執照

羅定州八品軍功頂戴張泰運

六品軍功頂戴蔣建邦

查該兩軍功係椽山上安堡練長本處團練尚為

得力上年八月奉

督憲賞給軍功頂戴該軍功等甚為奮往本年

二月起各帶練勇分守濠墻而張泰運尤為出

力擬請

保奏賞加鹽知事職銜蔣建邦擬請

保奏賞加千總職銜

羅定州武生張士昌

戴鼎勲

戴鸞鑣

監生陳煥芳

民人張耀芳

張恒芳

戴雲龍

陳文基

李正顯

黃渭

張聲峯

黎嘉邦

劉鼎勲

查該武生民人等均係西路大營附近各處團練練

長曾經調至大營幫守濠墻且堵禦亦頗得力所

有武生張士昌戴鼎勲戴鸞鑣監生陳煥芳等四

名擬請

恩賞六品軍功頂戴其民人張耀芳張恒芳戴雲龍陳

文基李正顯黃渭張聲峯黎嘉邦劉鼎勲等九

名擬請

恩賞八品軍功頂戴一體填給執照以示鼓勵

三十年分

廣儲司公用銀三十萬兩 撥南河 十五子加平銀四千五百兩 撥廣西

備貢銀五萬五千兩 撥廣西 十五子加平銀八百二十五兩 撥廣西

元年分

廣儲司公用銀三十萬兩 十五子加平銀四千五百兩 二十五子加平銀七千五百兩

補支三十年分二十五子加平銀七千五百兩

備貢銀五萬五千兩 十五子加平銀八百二十五兩 二十五子加平銀一千三百七十五兩

補支三十年分二十五子加平銀一千三百七十五兩

俱撥解廣西

謹將在司庫正雜各款及粵海關稅餉撥解過廣西省軍需銀兩數目列摺呈

閲

計開

一支給委員章增燿等領解奉撥廣東省秋撥寔存地丁赴廣西省軍

需銀一十萬兩

一支給委員俞鳳書等領解奉撥廣東省春撥寔存地丁赴廣西省軍需

銀一十五萬兩

一支給委員章增燿等領解奉撥廣東省秋撥寔存地丁赴廣西省軍需

銀四萬三千兩

一支給委員童源潤等領解奉撥廣東省襍項各款赴貴州省為兵餉

經廣西省截留軍需備用銀一十三萬兩

一現支給委員汪以增等領解奉撥廣東省秋撥寔存地丁及各襍項

赴廣西省軍需銀二十八萬兩

一支給委員孫天保等領解奉撥粵海關稅赴廣西省軍需銀一十萬兩

一支給委員朱聲鳳等領解奉撥粵海關稅赴廣西省軍需銀一十萬兩

一支給委員丁文煥等領解奉撥粵海關稅赴廣西省軍需銀一十萬兩

一支給委員章增燿等先後領解奉撥粵海關稅赴廣西省軍需銀

一百萬兩

以上共撥過廣西省軍需銀二百萬零三千兩內在廣東司庫撥銀七十萬三

千兩粵海關撥銀一百三十萬兩

[redacted]

湖南巡撫臣駱秉章跪　奏為廢員人材可惜懇留差委事竊前署道州知州王揆一因咸豐二年四月粵逆攻撲道州帶兵防堵之丁憂提督余萬清潛啟西門將防兵帶去逆賊即從西門擁入王揆一急督兵勇截擊受傷未死忿極投河經紳民陳立紀等撈救得生經前當大學士臣賽尚阿審驗屬實並將該員署篆數年頗有循聲民情愛戴聲明請將該革員發往軍台効力贖罪嗣經部臣議奏王揆一因提督余萬清開門走出未向該員告知被賊匪闌入城內該員率衆禦賊身受多傷雖非該員貽悞究屬失守城池至該大臣所奏該員頗有循聲民情愛戴等甸語乃守土職官分所當然不得以此減罪臣等公同酌議王揆一應改依被賊陷攻城池守土州縣擬斬監候例上量減一等擬以杖一百流三千里仍從重發往新疆効力贖罪欽奉　硃批王揆一著發往新疆効力贖罪欽此因未奉到部覆尚未起解旋據該廢員報捐銀三千兩懇免發遣經臣奏請奉到　硃批不准留遣亦不准報捐以杜僥倖該部知道欽此臣竊惟王揆一失守城池重愆甚重我皇上特允部臣所請發往新疆於嚴遣之中已寓末減之意無非以道州失守實由余萬清畏罪棄城開門潛逅該廢員事出倉卒擊賊受傷鄉民力救得生與尋常失守城池官吏究屬有間姑從量減之議以持情法之平

聖意高深權衡至當臣何敢復為瀆請自取愆尤顧念王揆一失守之故與尋常州縣不同而平日居官之優亦與尋常州縣迥異亦有不敢不據實直陳在臣自前任湖南巡撫特驗知該廢員在道州署任內甚洽輿情上年蒙

恩復任湖南接見僚屬士民無不為該廢員極口痛惜者前該廢員圖報即謹遵報捐銀三千兩即係道州紳民湊集代為呈繳者其素得民心可知道州孤城到大當

劉逆長驅深入之時危城可保與否本難逆料然非余
萬清開門潛逃逆賊何能奪門直入至今該州縣紳民
尚謂余萬清不至道州可望完全其詞雖未可信以
為真言然該廢員以失守被罪則實余萬清以致之
臣曾傳見該廢員驗其右腆脥左脇傷痕鱗比委係當
時禦賊被傷實尚阿原委本屬寔情余萬清既蒙
恩待罪江南該廢員亦蒙恩遣戍塞外江南與塞外同
一効力之場而失守與潛逃亦在罪之列仰懇
格鴻慈將王揆一暫留湖南軍營差遣倘廢員既蒙
聖主再造之恩尚不知奮勉前　旨發往新疆亦未為晚
似此可為循良之勸而亦不致門僥倖之門伏乞
聖裁至湖南之州縣及岳州府城先後失陷該管各上司
俱奉
嚴旨降革內有永州府知府徐嘉瑞一員因所屬道州江
華永明失守該員不係同城知府部議炤例革職臣
查該員徐嘉瑞操守謹慎老成樸實為知府中不可
多得之員自粵賊竄楚以來永州首當其沖該員
和輯兵民嬰城固守殺賊多名賊知城堅難犯援兵
將到匪繞由陸路狂竄道州永州府城賴以保全無失
上年著理衡永郴桂道篆正當會匪土匪四起之時
該員遇警或調兵勇掩擊或親往督剿辦辦俱合
机宜所屬會盜各匪旋起旋滅該員亦著有微勞
可否該員處分寬免留於湖南委用之處出自
天恩臣於湖南獲咎各員中獨於徐嘉瑞王揆一兩員叩
懇
恩施者寔因湖南一省適當多事之秋清內江兩標外逆
固賴武員之奮勇驅除尤賴文員之撫綏安輯守令
中人才難得每一缺思員委署臣與藩臬兩司詳加
遴選求其愜心當意者十難一二誠地方安危全在守
令不得其人則有事之處不能無事之處且將有
事所係寔非淺鮮該革員徐嘉瑞廢員王揆一久
任湖南官聲風著是以不揣冒昧妄為瀆請倘
存見好豈不特深負
高厚鴻慈且亦何顏立諸僚屬士庶之上愚昧之見謹
奏伏乞
皇上訓示施行謹奏奉　旨已錄

謹將梧州剿匪案內收支經費大略總數開列呈

電

計開

新收銀叁拾萬柒千肆百肆拾陸兩貳錢叁分壹釐內

一截存廣東高州行營支剩銀壹萬陸千叁百貳拾陸兩貳錢叁分壹釐

一奉　爵督憲徐　截解廣東高屬經費銀壹萬伍千兩

一奉高廉沈道截存前在廉州用剩銀壹萬柒千兩

一奉　爵督憲徐　帶來東省撥解西省軍餉銀壹拾叁萬柒千玖百貳拾兩

一廣東初次委員候補從九品陳斌解到粵海關稅銀陸萬零陸百兩（此批委員原解銀陸萬兩東省以紋易番每百兩補水銀壹兩共補水銀陸百兩）

一廣東貳次委員候補府經歷李宏錦解到粵海關稅銀陸萬零
陸百兩此批委員原解銀陸萬兩東省以紋易番每百兩補水銀壹兩共補水銀陸百兩
開除銀壹拾伍萬伍千叁百零貳兩肆錢柒分玖釐
各處行營備用經費銀壹拾貳萬陸千壹百零伍兩貳錢壹分柒釐
高廉沈道帶赴潯州行營支用銀叁萬貳千玖百兩
即補知府郭超凡帶赴平樂防堵經費及委員湯廷英蒼梧縣備
支夫價船脚銀叁萬貳千壹百零叁兩
卸新會縣知縣胡湘領赴鬱林防堵備支經費銀叁萬伍千兩
遂溪縣知縣周琦原在卸新會縣胡令撥交帶赴鬱林剿匪經費銀
壹萬伍千兩內半途折回支用銀陸千壹百零貳兩貳錢壹
分柒釐　餘銀已繳還局歸款
即補縣丞章增耀領赴賀縣防堵備支經費銀貳萬兩
卑局支用各款銀貳萬玖千壹百玖拾柒兩貳錢陸分貳釐
寔存歸入湖廣案內備支銀壹拾伍萬貳千壹百肆拾叁兩柒錢伍分
貳釐

[redacted]

謹將剿辦二次清英匪徒支用各項賞犒銀數及本

案支用經費借動紋銀易番伸水項内數目另開清

摺呈

電

計開

軍營委員賀令郭守等冊報共支過獲犯花紅卹賞員弁

兵勇打獲勝仗度歲節賞陣傷亡故劄子

手賞犒共銀二萬九千九百零九兩三錢九

20

分五厘

又佛岡分局冊報獲犯花紅兵勇傷亡卹賞探差線

人賞犒共銀一萬二千五百四十一兩一錢

三分一厘

接支委員羅才綸葉僑昌冊報獲犯花紅銀七百九十六兩九錢

以上共報支用過各項賞犒銀四萬三千二

百四十七兩四錢二分六厘

又查剿辦二次清英匪徒案内共由司庫支撥銀五十

萬零七千二百餘兩内動支

海關解存稅餉及捐輸各款銀三十九萬一千三百

餘兩外尚借動司庫正雜各款銀一十一萬

五千九百餘兩查此項借動銀兩内有借動紋銀易番伸水項内銀一萬一千

兩合註明

謹將肇慶府李陞守覆造勦辦羅鏡逆匪支應軍需各項請銷銀數現擬

駁詰緣由開具清摺恭呈

鈞核

計開

一據冊報文武員弁兵丁壯勇薪糧書役工食等銀二十萬零八千一百一十三兩三

錢三分四厘內官弁兵勇薪糧銀二十萬零七千四百六十三兩二錢三分四厘

應將每起薪糧總數之下按照各領張次內某年月日據領自某月日起

至某月日止銀若干逐一分晰列叙將領隨文附繳其順德東莞羅定等

處壯勇口糧既據聲明禀奉批准自應將原禀及批抄錄呈核又局

書差役口糧銀六百五十兩零一錢是否當時稟明有案未據聲明且查
原報開支銀六百四十三兩一錢四分何以現冊計多銀六兩九錢六分
一據冊報軍營各項夫價銀四萬三千二百八十八兩九錢三分九厘查官兵壯勇自
應各分等差每名配夫若干軍裝砲械各按斤重每項配夫若干現冊均未
分晰開列無憑查核且夫價一項羅定西路每夫日支坐價錢八十文行價
錢二百文今冊造各夫坐價每日錢一百文如遇移營每名日兜夫加給行糧錢
三百二十文挑夫加給行糧錢二百二十文又打仗之日每名日兜夫加給行糧錢
二百二十文挑夫加給行糧錢一百二十文所加之數較與羅定西路軍營大相
逕庭是同地同時何至懸殊至此應即按照指飭情節核實開報
一據冊報官兵壯勇打仗傷亡及獲犯取級賞卹並年節賞犒銀一萬三千一
百零六兩六錢三分所有各營弁兵壯勇卹賞傷亡醫藥棺殮等款是
否均由武營具領其名數曾否稟明有案又賞犒獲犯取級冊開每名
題賞給銀七兩及年節賞犒兵勇並加賞打仗受傷獲犯斬級既據聲
明奉行應將各原文抄錄呈候覆對
一據冊報文武員弁管帶兵勇赴羅過境及軍營應用船價銀三千四百零

六兩五錢查應付兵差過境均由各州縣支墊何以此項兵費又由該府支墊
需項下支發并查原報銀二千六百一十一兩五錢五分今計多銀七百九十四
兩九錢五分雖據禀稱係咸豐元年七月文武員弁帶兵赴羅過肇由
府署中支發船價前因駐羅督辦軍務未經開報等語查當時並未
報明有案何以事後加添所開碍難准銷至各營到羅留備裝載軍
裝器械各船給發水手飯食銀二百三十九兩零五分該官兵等已有長
夫工價折支今復開船價水陸兼支有干例駁應即刪除

一據冊報置備軍營大小砲位火藥鉛彈車裝器械牛燭燈油及一切攻勦什物
柴草等項銀一萬八千二百二十四兩五錢查原報銀數已屬不符且支銷不
無浮濫應即大加刪減并將所造軍械火器彈藥等項于某年月日支
發某起兵勇各若干另造細冊同各領狀隨文附送查核至備辦軍裝器
械與例價固屬不符即時價亦多增加且各款內長寬丈尺應用工用料均
未開載無憑稽核應即逐款詳細核寔造冊另送核辦

一據冊報挑築濠溝工料及續後修費銀八千零三十九兩八錢九分二厘所開工價
不無浮多應將四營將弁薩國亮衛佐邦黃曜吉何振標等原領繳核

崑臣仁弟大人萬福。今日卯刻接奉寅日午刻
手書，知爲內子患病兩費
清神，遠署垂問，感何可言。細晃劉大使所擬脈案、擬藥，
皆對症者，多參朮當歸，遠陽手至滙，憶念妻姜地方
日來剋水橫掠并到塞，卯日無勇守路，連收三汛，搶上
鬼子嶺山黑，皆爲賊砲火轟退，我軍雖有大砲轟擊，賊
此此不能不驚，不過覺賊四千餘人生擒，了人收云來刻
因大風暴收隊，前再乘火攻而可望舊壇，兩日昨晚解
到，現已達新大營，羅寅援兵，弟事到後，彼處已經寬矣。
現接兩省寄撫永安州，稍日爲會同收復之，遂北二十
四日卯爲湖南永順，修復憂懷，諒應夫。實相文維
海關新頃捻查，查總局擬撥軍餉五文，本九月杪撥
文程續請我們開銷款，以應江陵昨寄，擬稿並送
隨函回細查閱，進確款，先撥一批以免部撥雖應另

為剴諭鄉民、勉為良善、毋惑邪説、各保身家事、照得光天化日之下、豈可自外生成、農工商賈之常、各宜安守命分、男耕女織乃衣食之本源、貿易肩挑亦饔飧之活計、粵多濱海、漁鹽之利固饒歲慶豐年、糧食之資恆足、勤則有益、惰實不材、甚至習為游民染入邪匪、家無父兄之教、狎昵小人、市多賭博之徒、漸成賊黨、人心風俗尚可問乎、近復有拜會習教、從惡如崩、白蓮天主之名、倡於夷俗、三合八卦之目、別開異端、荒誕不經、愚蠢已極、甚至創（揑造）作妖書、假託上帝、天兄天父、誣稱敢瀆乎穹蒼、唸咒唸經、行徑直同夫乞丐、在無知之婦孺共詫以為新奇、何有覺之男丁、亦甘受其欺騙、試思嘉慶年間、林清肆逆、自矜神算、立取滅亡、邇來會匪之延、狂悖尤衆、至死不悟誰實偷生胡說昇天致同遭刦即如淩十八一股習邪較久蠱惑殊深然流毒不滿二年貫禍及於三族從惡者婦人小子悉就駢誅倡逆者父母妻孥均同棄市律嚴反叛法豈容情彼既害我良民空神人所共憤然誰非吾赤子何教訓之罔聞堪嗟身首俱分死當變畜妄誇作好漢於來生究竟痌瘝在抱物我同胞豈忍視愚民之就戮為此示仰爾居（民）人等知悉爾等欣逢

聖治久沐

皇恩犬吠雞鳴亦樂昇平之歲（化日）月布衣蔬疏食咸安鄉井之淳風至若游手好閒貪心逐利演戲撰亂臣賊子競巷議而街談說盜如水滸綠林學呼兄而喚弟混誇豪傑稱刼富以濟貧全昧天良實剝人以肥己始誤焉而不覺繼居之而不疑曾見有會匪能保全者乎又見有邪術能勝正者乎逞淫兇於幾日法網旋羅結異類為同宗游魂卒滅人非草木誰愛死而捐生官豈虎狼亦奉公而執法本爵部院巡撫海疆力鋤奸暴雖深切齒之恨不辭苦口之煩既嚴且明故除惡而務盡寓威於愛輒矜罪以懷慙爾等宜鑒前車毋貽後悔識無罪之當貴膚髮宜珍懲從逆之必凶腳跟立定庶不負誨爾者之諄諄也懍遵毋違特示

P.1

F.O.682/378B/1(38)

敬稟者，二十六日未刻接奉
鈞函，謹悉種種。前兩稟係二十三、二十四兩日遞呈，想先後均呈
憲鑒。二十五日委員汪令福并外委杜文芳解犯婦七名、幼
孩，連前首者二十九名，由舟運解，此間所獲賊犯均已
究辦。昨前二十三日稟內稱前奉
旨下經費尚存銀叁仟兩，業奉發給抬夫價支應二局各
領銀壹仟兩，是此項僅仟兩，以為勉強可敷，竟有大謬
不然之處。一款取獲十八屍首，鎮軍以與前經貴務
具時者，許花紅每元，合共以一千元給賞，太稠紛遝，乃
加賞每件光又不肯遽發，總給發去各帶名莫德
等等之勇，遂將勝資文後卅八鋒報天母撥猛皆須稍
賞，前季患未殺入星一隅也。昨鎮軍自回城將

P.2

F.O.682/378B/1(38)

存經費銀壹仟兩，壹千為題奏犒賞之用，又稱自七月初
一日起，款首帶赴西省兵勇二千五百名，每日需銀數百兩，
其先支飯一月，即為對其銀界務，亦多發五日，遇到城
時再支給。前日薪糧即由梧郡軍需支領，從主
將六字及此尤未能與許多需，凡未撥者之兵，僅只提
撥協三標兵丁八百名，此須給發十日薪糧，不敷者以
俟再補給。自七月朔日起，鎮軍帶往西省兵勇，及
贊憲調往委員馮玉名、孫天保自隨鎮軍同行，似即
委員高收抑將銀交鎮軍自發之處，伏候
訓示。再言似以此項銀兩另發交鎮軍，或壹千兩，或
柒仟兩，由淺解兩委員經理，列摺報核，以副清勒

33　P.3 and　F.O.682/378B/1(38)

辦法送用帳房目現在此支出雜支數兩另飭數及
補發　鎮軍支費繕之費約需銀陸仟兩謹具飭領
一紙委員劉起光赴
崇轅祈領並乞
委派弁兵二十名護送又東路李署守已行火炮械所存多
少卑府無由得知兩經咨催明示軍裝為荷伏祈
飭該牧迅專妥役多覓船隻來營領運五六十隻因
今悍勇既撤可免沿途混擾卑府擬於此月初二四日旋
省也但搬軍裝甚多船隻太難究辦甚為掣肘耳
手肅懇請
勳安伏祈
垂鑒　卑府銘專謹稟　六月二十七日辰刻工

謹將訪聞廣西各府屬賊匪現在情形開列恭呈

憲覽

梧州府屬

一往來潯梧兩郡包送貨船之艇匪梁培友梁清等頭目十六人夥黨約二千人扒船板艇約六七十隻大小炮約百餘位查此股匪徒多係潯府壯丁及大鯉魚夥黨上年潯州李守到任時以梁清等為壯丁巡查江面護送客商清等自製扒船招集醜類其由府發給口糧者不過百餘人嗣梁培友等與清等相合人數益多府中口糧又不能給遂准其自取于客船以作捕費名曰酬勞實則打單及大鯉魚伏辜後餘黨亦皆歸之培友等擁衆千餘聲勢益大潯州府不能制暫爾羈縻匪等亦借潯州府巡緝旗號自鳴于衆曰吾奉諭護送行旅也買賣公平也吾弟兄不得登岸滋事也上自潯州城下至戎墟來往自如查該匪每包貨一次所獲約萬餘金甚有二萬金者其取之客商較梧關殆加十倍而客商願輸於賊者以沿途零星小匪甚多不有大夥包護則船貨終不能保地方官亦幸其苟焉無事聽之而已殊不思南寧客商現俱收貨回東轉瞬客商回盡匪等無貨可包而夥黨萬不能散勢必立時滋事聞首匪梁培友心地明白不欲抗官惟梧州府所畜潮勇不習水戰力不能除似宜俟右江張道來時與潯梧兩守會同辦理

匪首梁培友　梁清（曾充潯州府壯目）　區潤（曾充右江張道轅下壯目）　陸南摩林

陳二苟　扁鼻林　呂大胃高　崩牙旦　曾晚

蔡十七　白爺榮　肥仔得（大鯉魚之表弟）　鯉魚春（大鯉魚之子）

李十四　楊亞翹　（以上大概皆南番新會鶴山等縣人）

一盤踞容縣自良墟現下藤縣老鴉塘地方合夥之土匪馮

六等夥黨一千四五百人上年九月自平南大坡竄往自
良搶劫壮流貨船盤踞打單梧州府派撥兵壯往辦未能
得手至十二月底匪等糧食盡絕始退回老鴉塘

匪首馮　六　覃亞兒晚　梁廣泰　頭扁三（共數十人皆平南容縣藤縣等處人）

一往來蒼梧之廣平勝洲新利三墟游匪梁大口昌梁爛脚
安等夥黨約六七百人常往東省西寧縣屬都城搶劫現
風聞大口昌在西寧桂墟拏獲爛脚安被藤縣團練打傷
身死未知確否

一蒼梧縣積年土匪鍾敏和夥黨約百餘人常在府江之倒
水西江之人和墟伺搶此兩處相隔山路數十里故匪等
來往無常然其志不大特為差役所庇難于擒獲

潯州府屬

一桂平平南貴縣之紅肚賊匪共三股其王十一一股約千
餘人楊亞華施晚一股約五六百人廖社養黃苟兒一股
約千餘人查該匪等起事情形與僭州調南相似潯鬱一
帶多東省惠潮嘉等處客民居住或已二三代或已四五
代而土民總謂之來人又呼為麻該老平日欺壓土民盤
剝重利積怨已深上年東省游匪初起赴該處滋擾時該
客民或與匪往來或打單説和土民尤恨之嗣後舉行團
練土民遂以清查內奸為名將客民盡行驅逐焚其村莊
佔其田地而貴縣一邑尤甚客民無業可歸或去入會匪一
或散為股匪常來報復仇殺並時時赴官求為安插其呼
朋引類多鬱林興業之人其有時解散即附居于鬱林興
業桂平平南交界一帶之客家起滅無常分合靡定去年
自貴縣竄過桂平之蘇洞墟馬皮墟滋擾經潯州兵壯剿
捕復竄入平南之貞蘆大烏兩處經兵壯擊散又竄回桂
平聞于年底散礪然此股匪徒暫散必聚頗難辦理

匪首王十一　黃狗兒　黃亞十　廖社養　楊寶斗六
楊亞華　施晚　劉李生　劉亞烏　黃亞左
張亞珍　癩渣二　癩渣三

一武宣一帶賊匪勾結桂平匪徒時竄往象州修仁荔浦等
處滋事其賊匪頭目吳長腰四何亞烏四吳官保龐榮祖
等夥黨甚多亦稱紅肚賊皆客民被土民驅出者各處散

勇亦在其中上年九月在永福鹿寨河邊劫思恩張守慶
遠鄭守戕斃縣丞李鈺現又聚集數千人欲撲平樂桂林
查貴縣之紅肚賊皆在潯江南武宣之紅肚賊皆在潯
江北
一平南大坡墟一帶土匪拜會聚集多人上年經該縣知縣
李載文勦捕竄過容縣自良墟
查此即梧州屬容縣自良墟馮六一股聞已散碼恐其
復聚
一自潯州右江上至武宣已送柳河貨船之土匪李吊古二
李吊古七等夥黨約有千人盤踞武宣一帶與潯州下游
之艇匪梁培友等遥相應援
南寧府屬
一宣化縣吳村土匪招來之外匪謝長腰四一股黨羽數千
人自上年正月村民與城中壯丁鬥以攻滿其泰為名至
四月宣化沈令諭諸賊以遣退把總滿其泰爾時長腰四
及吳村匪首雷志勇等皆罷兵城中文武始賂滿其泰而
遣去之其泰仍歸欽廉長腰四旋進城搜殺其泰餘黨即
盤踞城內外百姓以為可以粗安不料長腰四仍強搶打
單如故舖戶客商不可一日居去冬遷避回東省者數千
人南寧城外數里街市俱為赤地九月長腰四又下永淳
與李七同夥來攻橫州城經練勇擊散退入嶺背村聞現
又竄往柳州赴　惠提軍處投誠未知確否吳村匪徒如
何現無所聞
一永淳縣獞匪盤踞火烟閣之匪首李七一股亦曰佃匪黨
羽約萬餘人查此地向係獞人設立土官自改土歸流之
後獞人憚于見官盡招惠潮嘉之來人居住獻其田土於
來人而自願為之耕種以來人之能見官代伊納粮遞狀
也百餘年來獞人安于佃戶而來人居然田主凡事役使之呼
之曰獞古老近年賊匪四起各田主號召佃戶許其擊退
賊匪免租三年後賊來果被擊退而田主俱有悔心改其
前說且以粮之無所出也執佃戶而送之官官繫斃其數
人於是佃戶皆怨田主大相仇殺盡逐來人故來人悉聚
於永淳城內有曾充南寧壯目之橫州李七者乘機入而
糾結之其黨甚衆據火烟閣為巢穴各村分立頭目沿江

截搶設立衙署刑條横永兩邑居民被其荼毒者以萬計
上年九月十一月兩次攻城附近數十里錢粮均係該匪
霸收每正銀一兩折收銀五錢所有獞人皆聽該匪指揮
聲勢最大然此股匪徒不能離巢尚不至竄擾他處

一佔據横州之佃匪甯晚雷鳴春韋德剛班老四梁扶養等
夥黨未知若干人在横州南鄉招集獞匪抗租抗粮殺戮
田主焚劫村莊逼人拜台與永淳之李七合夥分踞横州

一佔據永淳縣甘棠渡土匪蘇梁張三姓夥黨約二三千人
搶劫打單亦時到横永交界地方滋擾

柳州府屬

一柳屬賊匪先是韓鳳一股最為猖獗今業已投誠頗能用
命同時有羅四一股上年八月并賊首韋晚合夥共六七
千人分路由中平羅秀地方擾修仁荔浦兩縣十月擾柳
城融縣擄婦女千餘口馬二千餘匹十二月欲攻柳州適
韓鳳帶勇千餘自桂林來詐與羅四合碼韓鳳乘其不備
斬殺數百人追至升官塘溺死者又數百人所獲婦女馬
匹錢物均為韓鳳奪去現在情形如何尚無所聞

一象州大樂村覃體中父子外王二村李懷芳龍女村覃大
士一股各有夥黨數百人又復招集土匪連日拜台每夜
搶劫村莊各處牛馬皆被奪殺百姓見無官兵救應皆以
從賊為樂覃體中係羅四夥黨敗後又回家招碼

思恩府屬

一武緣縣遍地皆賊因與宣化接界宣匪時時往來迄無定
蹤目下情形未能訪確

桂林府屬

一永福縣現聞有大股匪徒竄至欲撲桂林永福去蘇橋三
十里蘇橋去桂林六十里省中現已閉城戒嚴此股匪徒
或係武宣之紅肚賊吳長腰四等抑係柳州之羅四等尚
未訪確

以上情形皆係各處傳聞其與梧近者稍詳去梧遠者
所傳各異其人數多寡股數分合及來去蹤跡未知確否

[redacted]

謹將衡州府衡陽縣至長沙省城水陸道途里數及各處口岸開列呈
核查衡陽縣治至衡山縣治陸路一百里水路一百六十五里衡山縣治至湘潭縣治
陸路一百五十五里水路二百七十里因以上衡山衡陽二縣水陸兩途尚屬安靜故
未將該二縣口岸詳叙如湘潭一縣係近在長沙省西南大河之西岸該縣治
陸路西至湘鄉縣治一百里東南至醴陵縣治一百六十里西北至寧鄉縣治一百八
十里東北至瀏陽縣治二百里東南至攸縣治二百二十里南至衡山縣治一百五十五
里北至省城善化縣治只有一百里其至善化縣治則由湘潭縣城觀湘門過大河
東岸陸路即該縣之馬號由此起十里至板塘鋪十里至團山鋪十里至萬塘鋪

以下即入善化界十里至昭霞鋪十里至暮雲鋪十里至廻龍鋪十里至大托鋪由至黑石鋪十里至新開鋪十里至省城南門此驛站之大路也又有小路由湘潭縣文星門出城十里至灣橋十里至樟樹嶺十五里至炭塘子過大河東岸即李家坪由李家坪五里至大托鋪會合大路而由此較驛站大路至省近三十里亦往来之通衢也其水路至省亦一百里若沿西岸舟行則由湘潭縣城觀湘門起過文昌閣竹鋪港鷂子巖以至炭塘子皆湘潭界下則平塘離省三十里觀音港見家河口離省十五里魚灣市以至濛灣市皆善化界濛灣市對岸即省城大西門該處又為往寧鄉益陽常德驛路其河邊尚有渡船數十隻今將渡船移下十五里在長沙縣地界土名三叉磯停泊以通行人此處與省城北門相對為目下往来要途如由湘潭縣觀湘門對岸沿東邊河水路而行則由馬號起過楊雀嘴茅鋪港易家灣昭山為湘潭界下下則包爺廟暮雲司李家坪東嶽港枯石萬猴子石離省十里南湖港朱張渡靈官渡煤馬頭西湖橋以至省城小西門皆善化界此水陸各路地名之大畧也至近日所走另有小路係由樟樹嶺分途轉至嶽麓山後至望城坡到三叉磯過河計程該縣到省僅一百三四十里但自樟樹嶺分途以後一路并無客店又少村庄若人夫過多無處尖宿亦難前進唯繞道至寧鄉縣到省則諸凡易備然計該縣至寧鄉縣一百八十里寧鄉縣至省又一

百里則共二百八十里此路較遠百四五十里再查省城外之豹子嶺在城南新
開鋪地段之内離大河二三里一望可見其枯石萬猴子石俱與豹子嶺連接
無間又與西岸之靳江河相對再進五里至金盆嶺由中路走則過洪恩寺
城南書院妙高峯陶公祠社壇街履升典即至省城南門由右路走則過老
龍潭蔡公坟白沙井馬家屋轉上至瀏陽門轉下即醴陵坡亦至南門口由
左路走則過南湖港朱張渡靈官渡煤馬頭西湖橋至省城小西門此十餘
里中房屋既多又有嶺坡樹木易於藏匿以故皆為賊匪佔住再查該匪之
由茶陵攸縣醴陵直撲長沙省城也先紮營于善化縣界之跳馬澗緣其
地上至醴陵縣治一百三十五里下至省城四十五里右上至瀏陽縣治一百五十
里右下至長沙縣界可通岳州大路之青山鋪一百一十里又左至湘潭縣治一
百二十里該處兩邊高山有險可守刻下尚為該匪出没之所將来窮竄
未必不由此地折回所有附近之關當鋪南山鋪等處皆為扼要之區謹
并繪圖呈
覧至前探聞省城南門北門大西門小西門瀏陽門各城外俱有我軍分頭
紮營惟賊踪往来無定故我營駐紮亦隨時各有調動難于拘定且路遠
探報類多失實所以圖内未能將官軍築營所在及賊營盤踞地方一一
詳註合併聲明

謹將粤省新添貞吉戰船通年應需配駕弁兵口粮幷燂洗蓬索油漆等
項銀兩逐一查明開列呈
電

計開

第一號水師提標中右營領駕係前任恭將曾逢年承造該船配弁一員
兵丁一百名內大粮兵二十名中粮兵二十名小粮兵六十名舵兵二
名弁兵舵共歲給口粮銀二千三百八十三兩二錢
又每年粘補風帆添換繂索油飾銀五百四十兩

第二號水師提標中營領駕係前任粤海關監督文豐捐造該船配弁一
員兵丁八十名舵兵二名弁兵舵共歲給口粮銀一千四百九十兩零四錢
又更換蓬索油飾銀二百七十兩

第三號水師提標右營領駕係潘仕成捐造該船配弁一員兵丁八十名舵兵二名
弁兵舵共歲給口粮銀一千四百九十兩零四錢
又更換蓬索油飾每年銀二百七十兩

第四號水師提標左營領駕係潘仕成承造該船配弁一員兵丁八十名舵兵二名
弁兵舵共歲給口粮銀一千四百九十兩零四錢
又更換蓬索油飾每年銀二百七十兩

第五號水師提標右營領駕係潘仕成承造該船配弁一員兵丁八十名舵兵二名
弁兵舵共歲給口粮銀一千四百九十兩零四錢
又更換蓬索油飾每年銀二百七十兩

第六號水師提標中營領駕係前任廣州府易長華承造該船配弁一員兵
丁六十名舵兵二名弁兵舵共歲給口粮銀一千一百三十兩零四錢
又更換蓬索油飾每年銀二百七十兩

第七號水師提標右營領駕係監生馮椿捐造該船配弁一員兵丁六十名舵
兵二名弁兵舵共歲給口粮銀一千一百三十兩零四錢
又燂洗蓬索油飾銀二百五十兩

第八號水師提標左營領駕係洋商伍秉鑑捐買夷戰船該船配弁一員兵
丁五十名內大粮兵十名中粮兵十四名小粮兵二十六名舵兵二名弁
兵舵共歲給口粮銀一千二百三十一兩二錢

又每年蓬索油飾補釘銅片銀二百七十兩
第九號水師提標中右營領駕係洋商潘正煒捐買夷戰船該船配弁一員兵丁
三十五名內大粮兵四名中粮兵六名小粮兵二十五名舵兵一名弁兵
舵共歲給口粮銀七百八十四兩八錢
又每年蓬索油飾補釘銅片銀二百兩
第十號香山協左右營領駕係潘仕成承造該船配弁一員兵丁八十名舵兵
二名弁兵舵共歲給口粮銀一千四百九十兩零四錢
又蓬索油飾每年銀二百七十兩
第十一號大鵬協左右營領駕係潘仕成承造該船配弁一員兵丁八十名舵兵
二名弁兵舵共歲給口粮銀一千四百九十兩零四錢
又蓬索油飾每年銀二百七十兩
第十二號水師提標中營領駕係監生劉廷揚等捐造該船配弁一員兵丁
六十名舵兵二名弁兵舵共歲給口粮銀一千一百三十兩零四錢
又蓬索油飾每年銀二百五十兩
第十三號水師提標左營領駕係監生劉廷揚等捐造該船配弁一員兵丁
六十名舵兵二名弁兵舵共歲給口粮銀一千一百三十兩零四錢
又蓬索油飾每年銀二百五十兩
第十四號香山協左右營領駕係潘仕成承造該船配弁一員兵丁八十名舵
兵二名弁兵舵共歲給口粮銀一千四百九十兩零四錢
又蓬索油飾每年銀二百七十兩
第十五號大鵬協左右營領駕係潘仕成承造該船配弁一員兵丁八十名舵
兵二名弁兵舵共歲給口粮銀一千四百九十兩零四錢
又蓬索油飾每年銀二百七十兩
第十六號平海營領駕係潘仕成承造該船配弁一員兵丁八十名舵兵二名
弁兵舵共歲給口粮銀一千四百九十兩零四錢
又蓬索油飾每年銀二百七十兩
以上新添貞吉戰船十六號配弁十七員每員月給口粮銀二兩四錢兵丁一千
一百四十五名內大粮兵三十四名每名月給口粮三兩中粮兵四十名每名
月給口粮二兩一錢小粮兵一千零七十一名每名月給口粮一兩五錢舵兵
三十一名每名月給口粮九錢每年共應給口粮二萬二千三百三十四兩
四錢
又燂洗油飾蓬索等銀每年四千四百六十兩
二共每年需銀二萬六千七百九十四兩四錢

[redacted]

謹將盤獲西逆夥黨黄非潞等訊過供詞列摺呈

電

計開

據黄非潞供年三十九歲湖南江華縣城外東園渡人父親黄金魁現年七十歲母親張氏現年六十歲兄弟四人小的居長弟郎名唤二仔貴仔庚仔小的平日開張香舖生理咸豐二年六月初二日小的同劉小仔劉長仔陳孔盛徐景潞張老六徐得判李五仔劉三仔劉煥仔羅麻仔接得毛姓客商杉樹扎成木牌撑到永州發賣初四日行到道州河面灣泊就有賊人來脅逼小的們入夥那賊人有七個大王是太平王東王西王南王北王天王地王小的投在西王羅亞旺旗内給有號衣一件前後鑲有四方黄布前寫太平後寫得勝各二字並把小的長矛鎗一枝初七日僞太平王叫羅亞旺帶道州土匪一千餘人又叫百總朱紅廣東人帶舊賊四百人同到江華縣攻城初八日早到江華縣羅亞旺朱紅喝令夥賊把縣官捕廳及家屬都殺了羅亞旺就在城守衙門隔壁富户彭雲仔家打住小的就跟隨到江華也没殺人後聽得道州有信來叫羅亞旺于十二日帶一千人去攻永明縣城又派二百人到白馬營封當舖並叫朱紅帶夥賊在江華守城那時羅亞旺叫小的同現到案的蔡學伴及未獲的譚揔連來馬頭舖一帶打聽各處有無官兵防守小的與蔡學伴們就於十二日起身十六日走到黄竹寨過來地方想要探聽官兵消息回去報信不料就被兵差把小的同蔡學伴一併查獲那譚揔連就跑回去了是實

據蔡學伴供年二十五歲湖南永州府零陵縣人父親祥江現年六十四歲母親羅氏現年五十六歲兄弟二人小的居長弟郎學林小的並無妻子向在江華傭工度日咸豐二年六月十一日在路上撞遇賊人譚學能把小的捉去脅逼入夥派在僞西王羅亞旺旗内給有

单刀一把並號衣一件餘與黄非滄供同

據蔣光明供年二十歲湖南道州田骨洞人父故母親文氏現年六十五歲兄弟二人小的居二哥子福蒽並無妻子平日耕種度活咸豐二年四月二十五日廣西賊人來到道州佔踞城池那賊人來到小的村内向富户訛索谷米銀錢並叫村人仍做生意小的哥子蔣福蒽先投入賊首太平王洪秀全夥内二十八二十九六月初一初二小的同已到案的高義勝蔣天益胡茍李松茂何正東陳人仔陳元壽曾永勝義忠甫陳天仕陳永太陳方桂先後各挑谷米藍油進城發賣也就投充入夥派小的們在外聽用每日給錢一百文十八日賊首洪秀全要着人往連州一帶探聽路徑並有無官兵防守恐怕路上盤問又發出銀一百零伍兩並買貨草单一紙上有太平天國聖庫圖記裝扮客人前來令哥子蔣福蒽轉交小的與高義勝們接收並囑赶緊打聽回去報知小的與高義勝們領得銀两並攜帶大伙单刀九把藏放油籮内就于是日起身前來不想走到治属藍山寨地方就被差壯盤獲到案小的是賊首洪秀全派來連州打聽消息是實

據高義勝供年五十四歲湖南永明縣上江墟人父母俱故並無兄弟妻子向做買賣生理今年五月十五日投入賊夥與未獲已入夥的蔣福蒽認識一同代賊買辦谷米物件因小的常來連州做生意路徑熟悉所以叫小的同來餘與蔣光明供同

據蔣天益供年三十歲湖南道州犂湖洞人父親文仔現年七十二歲母親朱氏現年六十九歲並無兄弟妻子餘與蔣光明供同

據胡茍供年三十二歲湖南道州新村人父故母親黄氏現年七十二歲並無兄弟妻子餘與蔣光明供同

據李松茂供年二十七歲湖南道州田骨洞人祖母陳氏現年七十三歲父母俱故兄弟二人小的居長弟郎順松娶妻黄氏餘與蔣光明供同

據何正東供年四十歲湖南永明縣人父故母親蔣氏現年八十歲並無兄弟妻子餘與蔣光明供同

據陳人仔供年二十八歲湖南道州田骨洞人父親連茍現年七十九歲母親周氏現年六十一歲兄弟二人小的居長弟郎旺仔建仔娶妻莫氏餘與蔣光明供同

據陳元壽供年三十六歲湖南道州犂湖洞人父故母親義氏現年六十六歲兄弟三人小的居三哥子元宗元成小的娶妻唐氏生有一子
餘與蔣光明供同

據曾永勝供年二十六歲湖南道州犂湖洞人父故母親段氏現年五十六歲兄弟四人小的居四娶妻義氏餘與蔣光明供同

據義忠甫供年二十四歲湖南永明縣人父親正葵現年五十四歲母親巫氏現年五十八歲兄弟三人小的居長弟郎右魁明得娶妻楊氏
餘與蔣光明供同

據陳天仕供年三十六歲湖南道州犂湖洞人父親錫進現年六十六歲母故兄弟二人小的居長弟郎天仲娶妻蔣氏餘與蔣光明供同

據陳永太供年四十五歲湖南永明縣犂湖洞人父故母親蔣氏現年七十九歲兄弟二人小的居二哥子習才小的娶妻彭氏生有一子今年五月十五日投入賊夥餘與蔣光明供同

據陳方桂供年二十八歲湖南永明縣人父故母親蔣氏現年五十八歲並無兄弟娶妻胡氏生有一子今年五月十五日投入賊夥餘與蔣光明供同

據鄭光令供年四十二歲湖南道州鄭家村人父故母親潘氏現年六十七歲兄弟三人小的居長二弟滿任三弟透任又名光祐小的娶妻陳氏生有一女平日耕種並做買賣生理咸豐二年四月二十五日廣西賊匪來到道州佔據城池那賊人來村向富戶訛索谷米銀錢並叫各村的人仍做生意五月十二日小的同族人鄭元財元吉三人合伴挑得洋布白布去賣不想撞見賊人把小的扭去脅逼入夥這已到案的鄭元柏鄭元支也是那日入夥的鄭元財鄭光族及未到案的鄭元吉及鄭元相鄭元如鄭光祐唐文富都于十五十六兩日先後入夥均派在姓劉的不知名第一軍師旂內到六月十六日劉軍師說要派人往連州一帶打聽路徑並多少官兵防堵是否可以去得恐怕路上盤查就發出銀一十四兩把小的同現獲的鄭元財未獲的鄭元吉假裝客人來州買布又發銀五兩四錢把已獲的鄭元相又發銀二兩一錢把現獲的鄭光族又發銀五兩二錢把已獲的鄭元如又發銀六兩把已獲的鄭光祐又發銀十兩把已獲的鄭元支鄭元柏唐文富也裝作客人來買貨

物小的們應允領得銀両攜回家内那未到案的鄭元吉叫他弟郎鄭元
和替他同伴來連十八日小的們一共十人在家約伴起身攜帶大貨單
刀五把防身原想打聽連州情形回去報知不料走到藍山寨地方就
被盤獲到案今蒙審訊小的先是脅逼入夥後又聽從前來打探
路徑有無官兵防堵的是寔

據鄭元柏供年四十二歲湖南道州鄭家村人父母俱故並沒兄弟娶妻
熊氏生有二子今年五月十二日同族人鄭元支投入賊人夥內餘與鄭光令供同

據鄭元支供年五十二歲湖南道州鄭家村人父親為信現年七十六歲母故
兄弟二人小的居長弟郎元家元奇小的娶妻黄氏生有二子今年五月
十二日同族人鄭光令鄭元柏投入賊人夥內餘與鄭光令供同

據鄭元財供年五十二歲湖南道州鄭家村人父親廻文現年八十二歲母故
兄弟五人小的居三哥子元棟元樑弟郎俱故娶妻也故現到案的光族
是小的兒子過繼哥子為子今年五月十五日同兒子鄭光族投入賊人夥
內餘與鄭光令供同

據鄭光族供年二十歲湖南道州鄭家村人這現到案的鄭元財是小的
生父小的過繼叔子元良為子繼父現年五十歲繼母何氏現年五十四歲
並無妻子今年五月十五日同生父鄭元財投入賊人夥內餘與鄭光令供同

據鄭光相供年二十二歲湖南道州鄭家村人父親啓芳現年四十八歲母
親陳氏現年四十九歲兄弟三人小的居長弟郎元羅元科娶妻楊氏
今年五月十六日同族人鄭元如鄭光祐及唐文富投入賊人夥內餘與
鄭光令供同

據鄭元如供年三十六歲湖南道州鄭家村人父親月時現年七十二歲
母親楊氏現年六十六歲並無兄弟娶妻張氏生有一子今年五月
十六日同族人鄭元相鄭光祐唐文富四人投入賊人夥內餘與鄭光令供同

據鄭光祐供又名透任年二十八歲湖南道州鄭家村人父故母親潘氏
現年六十七歲兄弟三人小的居三大哥子光令現已到案二哥子端
任小的娶妻唐氏生有一女今年五月十六日同族人鄭元相鄭元和
唐文富投入賊人夥內餘與鄭光令供同

據唐文富供年三十八歲湖南永州府人父母俱故兄弟二人小的居二小的

帮鄭光族傭工今年五月十六日同鄭元相鄭元如鄭光祐投入賊人
夥內餘與鄭光令供同

據鄭元和供年二十五歲湖南道州鄭家村人父故母親胡氏現年六十
六歲兄弟三人小的居三哥子元古元吉小的娶妻龔氏生有一子
小的向來耕種並做買賣度日咸豐二年五月二十五日廣西賊
匪佔踞道州城池小的並未入夥內二哥元吉與族人鄭元財們先
後都投入賊人夥內派在姓劉不知名的第一軍師旂內到六月十
六日哥子鄭元吉同鄭元財們各攜銀兩回家說劉軍師派往
連州一帶打探路徑並多少官兵防守是否可以去得恐怕途中
盤查又給銀兩假扮客人買貨的話二哥鄭元吉說他有事不
能同走叫小的替他同伴來連打聽並買貨物回去定有好處
小的依允就于十八日同鄭光令們一共十人在家起身不想走到
藍山寨地方既被差役盤獲到案小的是替二哥鄭元吉前
來打聽路徑並有無官兵防守是寔

據劉新發供年二十八歲連州星子山洲堡塘下村人父母俱故弟兄三
人小的居二哥子祖勝弟郎土發小的並沒妻子平日割茅草度
日哥子劉祖勝在廣西荔浦縣沙帽村耕種有十多年了咸豐
元年九月間小的同弟郎土發到廣西荔浦縣探望哥子哥子就
把小的同弟郎留住弟郎帮耕田地小的另做宰猪生理今年不記月
日在荔浦縣遇見認識的嘉禾縣人羅展貞羅觀音保也到那裡
賣布要轉回楚小的就約伴同行於四月初十日同在荔浦起身由
桂林全州一路行走五月初五日到道州與羅展貞們分路小的就
在道州賣凉水生理十八日被賊人羅亞旺手下旂頭不知名姓鄧的
是廣西永安州人又另有幾人不知名姓一同把小的捉去脅逼入夥
派令煮飯給小的尖刀一把防身姓鄧的旂內也不知有多少人都
八
不認識只認得另有土匪大哥周法濆他旂內共有一千多人六
月初八日小的跟隨到江華縣攻城有一人阻路小的用尖刀砍下
他們二刀十七日又由江華回到道州二十一日鄧旂頭說小的是星子
人自然熟識路徑就派小的與夥賊盧亞遺同來打聽藍山臨武
連州各處有無官兵防堵並把盤費錢三百文小的同盧亞遺就
于是日起身由寧遠藍山臨武行走二十五日走到星子芳塘坪

FO 931/1375

地方住宿二十六早不想就被順頭嶺防堵兵差拏獲那盧亞遺就
當時逃走了小的是鄧旂頭派來打聽官兵消息的是寔
據巫法潰供年五十歲福建人來至湖南藍山居住母親陳氏父故兄弟
三人哥子巫法榮弟郎巫法興小的居二向與人傭工耕山後因貧苦
難度就出外乞食本年五月十三日在馬頭鋪討食遇着土匪糾
小的入夥那大哥周法潰共約有土匪四百多人在路上打搶過往人
的銀物大哥隨把小的髮辮割去一截為記號寔因本年四月
二十三日在賴頭山商量起會有三百多人隨後出來又糾得百餘
人共四百餘土匪係周法潰起意刦江華縣城聽廣西大帮匪下
來同刦後來大哥周法潰寫的文書投約道州匪徒來在石岩地
方會齊離江華二里地打扮開胸青帕包頭為號不動聲色六
月初八日早齊進江華周法潰們進江華衙内殺傷縣官這鄧發
興帮手同砍廖晚拉手砍傷膂膊連脚下共五刀小的在大堂門
口有帶纓帽的二人一人手持銃一把刀一張一個手拏大貨刀一對向
小的追殺小的就用大貨刀砍傷一個手上一刀脚下一刀又砍手拏
大貨刀的右膊一傷左右腿各一傷小的在江華縣搜得長衫一件褲一
条銅錢四百文大頭子周法貴們共刦得花銀二千兩餘係衙内搜出
的頭子周法貴得銀一千兩二哥何運昌得銀八百係廣東星子人移
住廣西那廖裕才得銀八百江西人當日在城門外周法貴大哥分
小的花銀二十元小的們散人每日給錢二百文旂號係寫天德王字
樣後來分一半人仍回道州去了如今江華尚有土匪三四百人本月
十七日頭子周法貴打發路費花銀二十元與小的同曾榮受黃陞
彩李興發老黎老李們出來探聽各路有無官兵着小的與老黎
老李往禾洞一帶地方打聽若無官兵即由江藍到廣東禾洞連山
直抵三江連州星子的話小的六月十七到馬頭鋪十九日到清水二
十日復回禾洞小的先走那老李們二人在後不想二十二日小的就被
兵壯拿獲老李老黎二人往安馬討食住宿那曾榮受黃陞彩
李興發們分往藍山一帶探聽是寔
據鄧亞瀧供年二十八歲連州星子人父母俱故兄弟二人小的居長弟

郎鄧亞新小的出外傭工本年五月二十四日在平樂地方遇着黃
亞四糾小的入夥二十八日到道州入夥見天德王姓朱年約十七八
歲身材高大小的在道州隨同打仗殺過穿號衣老将一人百姓三
人黃亞四分小的銀三十兩銀手鐲一對六月初頭目黃亞四去刦江華
縣分為三隊第一隊頭人朱亞三年約二十餘歲客家聲音帶千餘
人二隊頭人陳亞章亦客家聲音帶管一千餘人三隊頭人黃亞四
年二十七八歲嘉應州人帶管二百餘人小的係黃亞四管下的六
月初八日巳時三隊人共有二千二百餘同打江華縣城黃亞四打扮
老将先進城入衙內適值縣官坐堂審案黃亞四下手砍死縣官並
家眷都殺了尚有年輕女人係黃亞四帶去小的在衙門內砍傷二
人穿縐紗褲棉布衫的一個砍左手一刀右腰一刀一個砍傷後均
即倒地身死共刦得江華縣署連鋪行共銀二萬餘小的分銀
五十兩隨後俱退回道州如今道州尚有萬餘人男多女少那偽
稱天德王係穿黃龍袍大袖的帶黑紗長翅帽本月十七日頭人
黃亞四着小的與謝五妹出來到連山禾洞三江連州一路打聽
官兵多少欲由東陂觀下攻連州限小的初間回報的話十七
日小的與謝五妹在道州動身由桂嶺上草新墟翻嵛來二
十七日到禾洞就被官兵盤獲解案那偽軍師馮雲山年
二十七八歲左边頸上有一疤痕廣府人是寔

據謝五妹供年三十五歲嘉應州興寧縣人父故母劉氏存兄弟三
人小的居二本年五月初七日在平樂地方遇着黃亞四糾小的
入夥五月二十八日到道州在道州打仗小的砍死二人黃亞四
分小的銀五十兩六月初八早打刦江華縣城小的砍傷二人
縣官係黃亞四下手砍殺家眷亦都殺死尚有年輕女人一人
黃亞四帶去小的分得銀兩交與頭人黃亞四收起本月十七日
黃亞四着小的與鄧亞瀧出來打聽有無官兵路徑餘供與
鄧亞瀧供同

F.O. 682/137/6 (50-51)

P.1

風聞西省夥匪數千梧州亦不乏均以打單為事現崔恭
將仍屯封川江口堵禦兵數減前只有快蟹四隻現又添
拖船四隻已經抵該處地方查前快蟹均屬奸猾保人已
古可否商知再添拖船四隻押伊快蟹四隻回省另選擔
保封川粵東門戶茲屆西潦之時尤宜加意提防又風聞
省城素多會匪游民固隨術中即衿者書差亦有恃伊自
衛邇來大北門外劉亞橋等處每日有數百人出入蹤跡
可疑外匪若來内患必作查水師提標有拖船二十餘隻

F.O. 682/137/6 (50-51)

可否調十餘隻入内河分布東西砲臺白鵞潭等處以為
坐鎮然後分設大扒四境巡查拖船是現成的物不用口
糧且人力器械尚屬精良可用至於城裏有四標官兵大
小北必須得力人員坐鎮分遣千把文委四城偵諜每遇
火燭大貟不可全行出救若聞警大小北必須添兵又聞
本地方欲行團練但團練總以人心為主不在虛文而在
實濟省城根本重地若能先事豫防可以粗安

P.2 end

卅日

謹將卑職在省應支各項分別已支未支尚需請領銀兩數目

列摺呈

電

一前後三次共領銀二萬兩

計開已支項下

一支找補前期弁兵勇薪糧銀並奉裁弁兵勇薪糧銀共一萬三千九百三十九兩三錢八分五厘

一支補發打仗受傷兵勇醫調銀七百零二兩二錢（上傷十二兩中傷八兩次傷四兩微傷二兩）

一支補賞拏獲匪徒生供並割取首級銀一千四百二十三兩七錢（拏護生供一名賞銀十兩割取首級一顆賞洋銀十圓計重七兩）

一支補給文武員弁並兵勇坐船水脚銀六百六十八兩七錢六分五厘

一支補發張臬司書識並奉裁扒船頭舵工木匠製火箭旗兵工食銀共六百二十七兩八錢八分

一支買洋布鍋鐵製火箭物料燈油銀共一百一十六兩二錢六分八厘

一支給決犯銀四十五兩五錢（決犯一名給銀二錢五分）

一支還上年冬月買米火藥火繩牛燭共銀一千四百六十一兩八錢六

分五厘
一支張臬司提帶軍營用銀一千兩
以上已支銀一萬九千九百八十五兩五錢六分三厘存銀一十四兩四錢三
分七厘
計開未支尚需請領銀兩給發項下
一奉裁兵勇許張臬司隨勇銀一百二十三兩零九分八厘又各起已裁兵勇
自本月十七起至二十三日止每名日支口糧銀五分約共銀七百七十兩
各船水脚銀九百五十七兩六錢四分醫傷銀約四百兩賞費銀約七百
兩頭舵工銀七百四十三兩通共欠銀三千六百九十三兩七錢三分八厘
一駐梧堵勦外委方兆祥管帶潮勇三百四十三名請領口糧銀四千兩由
潮州府給領銀三千四百兩外應在省給現銀六百兩
一駐梧堵勦把總姚應雄潮勇一百名請領口糧銀一千零五十兩酌由潮州
府給領銀七百五十兩外應在省給現銀三百兩
一駐梧堵勦把總許豐許利管帶潮勇一百五十名請領口糧銀八百五十
兩酌由潮州府給領銀六百兩外應在省給現銀二百五十兩
一由省回梧堵勦連美陳標等潮勇綫勇一百名領口糧銀一百兩
一本年在梧州採買米藥及挪借店舖銀兩共需銀三千八百七十五兩六錢八分
一卑職由省回梧支應請領經費銀一萬兩
以上共需銀一萬八千八百一十九兩四錢一分八厘
另方兆祥姚應雄許豐許利等潮勇共另領銀四千七百五十兩又把總陳標
隊目連美共領銀一千三百兩二共銀六千零五十兩由張臬司稟請
札飭潮州府給發即由方兆祥等派來潮勇賫文回潮請領合并聲明

F.O.682/253A/3(110)

謹將各官捐輸賑卹銀両收支各數開列呈

電

計開

爵督憲葉　捐銀叁千両

撫憲柏　捐銀壹千両

粵海關曾　捐銀叁千両

本署司崔　捐銀叁千両

兼署臬司督糧道王　捐銀叁千両

塩運司趙　捐銀叁千両

廣州府張　捐銀叁千両

卸南海縣馮　捐銀壹千兩
署南海縣胡　捐銀貳千兩未據解司
番禺縣李　捐銀壹千兩未據解司
以上共捐銀貳萬叁千兩內除署南海縣胡令番禺縣
李令未據解司銀叁千兩外實銀貳萬兩
一支委員朱甸霖帶往南海縣撫卹銀壹千伍百兩
一支委員何慶齡帶往三水縣撫卹銀壹千伍百兩
一支委員湯廷英帶往大埔饒平豐順三縣撫卹銀柒百兩內分給
大埔縣撫卹銀貳百捌拾兩
饒平縣撫卹銀貳百壹拾兩
豐順縣撫卹銀貳百壹拾兩
一支委員章增耀帶往三水清遠二縣撫卹銀壹千兩內分給
三水縣撫卹銀伍百兩
清遠縣撫卹銀伍百兩
一支委員劉式熈帶往交高明縣基費銀柒百兩

查周琦經理高要四會二縣撫卹銀一千兩嗣據委員會同該二縣[illegible]稟毋庸撫卹將此項銀兩酌撥高要四會二縣[illegible]基費之用尚未據[illegible]報酌給某縣銀若干合貼明

查委員蔡始權帶往潮州府轉給海陽澄海二縣修理堤費銀二千三百兩尚未據該府稟報分給某縣銀若干理合貼明

一支委員俞鳳書帶往交三水縣修築圍基銀壹萬兩

一支委員周琦帶往交高要四會二縣基費銀壹千兩

一支委員蔡始權帶往交潮州府轉給海陽澄海二縣修理堤圍銀貳千叁百兩

以上共支銀壹萬捌千柒百兩除支外尚存銀壹千叁百兩

F.O.682/68/4(23)

謹將司庫自道光三十年起至咸豐三年六月止撥解各省餉銀数目開

列呈

電

計開

一支給委員章增燿奕步春領解廣東省秋撥寔存地丁赴廣西省

軍需備用銀一十萬両内章增燿解銀五萬両于道光三十年十月十三日起程奕步春解銀五萬両于道光三十年

十月十四日起程

一支給委員俞鳳書楚湘涵領解廣東省春撥寔存地丁赴廣西省軍

需備用銀一十五萬兩內俞鳳書解銀七萬五千兩咸豐元年正月二十八日起程楚湘涵解銀七萬五千兩咸豐元年正月二十九日起程

一支給委員章增燿領解廣東省秋撥留備地丁赴廣西省軍需備用
銀四萬三千兩咸豐元年三月二十二日起程

一支給委員汪以增李宏錦張純孟毓斗領解廣東省襍項各款
赴廣西省軍需備用銀二十八萬兩內汪以增解銀七萬兩于咸豐元年九月十九日起程委員李宏錦解銀七萬兩于元年九月二十日起程委員張純解銀七萬兩于元年九月二十一日起程委員孟毓斗解銀七萬兩于元年九月二十二日起程

一支給委員陳斌高邁領解廣東省襍項各款赴廣西省軍需備用
銀一十五萬零八百一十六兩八錢九分七厘內委員陳斌解銀七萬五千兩于咸豐元年十一月初二日起程委員高邁解銀七萬五千八百一十六兩八錢九分七厘于咸豐元年十一月初九日起程

一支給委員童源潤丁申領解廣東省襍項各款赴貴州以為兵餉續廣西
省截留軍需銀一十三萬兩內童源潤解銀六萬五千兩于咸豐元年二月十二日起程委員丁申解銀六萬五千兩于元年二月十三日起程

一支給委員孟毓斗領解廣東省壬子年兵餉赴廣西省軍需備用銀

五萬兩咸豐二年二月二十五日起程

一支給委員倪福寬等領解廣東省捐輸助餉等銀赴廣西省軍需備用至二年九月止共銀二十四萬八千三百一十六兩三錢零五厘五毫八絲內委員倪福寬解銀六萬二千三百一十六兩三錢零五厘五毫八絲于咸豐二年三月二十五日起程委員施道彬解銀六萬兩于二年三月二十六日起程委員丁申解銀二萬兩于二年四月二十六日起程委員張世瑞解銀五萬三千兩于二年七月十二日起程委員錢壎解銀五萬三千兩于二年七月十三日起程

一支給委員鄭廣卿領解廣東省捐輸赴廣西省軍需備用銀一萬五千兩咸豐二年十一月十三日起程

一支給委員諸鈞領解廣東省許輝祖解繳停辦火葯支剩及塩課等銀赴廣西省軍需備用銀五萬六千兩咸豐三年六月二十三日起程

一支給委員沈世駿敬宗岳領解廣東省捐輸團練銀一萬一千兩及秋季報撥等銀一十二萬九千兩赴廣西省軍需備用銀一十四萬兩沈世駿于咸豐三年六月十八日起程敬宗岳于咸豐三年六月十九日起程

一支給委員孫長恩領解廣西省辛亥年兵餉銀五萬九千九百三十六兩七

錢六分五厘咸豐元年七月二十四日起程

一支給委員丁文焕領解廣西辛亥年兵餉銀四萬兩咸豐元年九月十六日起程

一支給委員王萬選領解廣東庚戌年應征地丁撥貴州庚戌年兵餉銀四萬兩道光三十年三月初五日起程

一支給委員黄維德領解監餉赴湖南軍餉銀二萬五千七百兩咸豐二年十二月十九日起程

一支給委員童源潤等領解司庫各款撥湖北軍需銀二十萬零八千四百五十兩零三錢內委員童源潤解銀七萬兩咸豐三年正月十三日起程委員陳炳龍領解銀七萬兩咸豐三年正月十五日起程委員楊長慶解銀六萬八千四百五十兩零三錢咸豐三年正月十七日起程

一支給委員孫顔言領解司庫清查各款赴貴州兵糧銀二萬七千兩咸豐三年三月初一日起程

一支給委員謝奎等領解廣東捐輸赴江西糧台総局軍需銀一萬七千兩內委員謝奎解銀七千兩咸豐三年四月二十七日起程委員趙嘉梧解銀一萬兩咸豐三年六月初二日起程

通共銀一百七十八萬一千二百二十兩零二錢六分七厘五毫八絲內除鹽課銀三萬兩外寔司庫共撥解銀一百七十五萬一千二百二十兩零二錢六分七厘五毫八絲

謹將廣西省城選丁清查保甲章程錄呈
憲鑒

計開

桂林為會垣重地自逆匪倡亂土匪蜂起三年以來兩遭圍城之患雖賊勢有强弱解圍有遲速保衛之策不外戰守兩端戰賴兵勇守必兼資團練夫辦團之法莫先於清查保甲查前此編查保甲綜以七段有總局以專司有委員以督辦有街長以稽查有門牌以細核保甲行而團練即寓其中客民與土著合而為一法非不善也然會城編戶土著少而客民多門牌雖設每家只開列丁口若干名男女未分老幼無辨一也一切大小客商店户或設立客長或輪應值年不過承辦各會館祭賽等事其往來寄寓有無容留匪類並無責成委員紳士亦無從察考二也兩次守陴練丁俱由七段挑派倉猝之際出資雇募半係無業游民萬一奸匪溷跡其中貽患不小三也雇募之資全由官給目今經費支絀誠恐力不能繼四也某方某口某人防守向未標列姓名明定賞罰臨事不免混雜閑雜人等照常行走無以分别真偽謹防奸細五也本司等遵奉
院憲面諭督同大小委員悉心籌畫因地制宜因時通變與其臨渴而掘井何若未雨而綢繆今就臨桂現編約計會城户口不下數萬其中豈乏忠肝義胆勇敢出衆之人若保甲既清因而挑選丁壯以備守城督以街長客長總統以明練大員公正紳士各按現定章程實力查辦行見衆志成城固莫固於此矣區區土匪有不聞風而胆落者哉至於經費有常軍興以來各省動用已四千萬有餘勢難再行
奏撥所望殷實商民共抒忠爱之忱各量己力從豐捐助既可保衛城池即可自衛身家既可廣播義聲亦可優邀
獎敘現議此等捐項係各本街自備守城津貼之費一俟捐有成數官紳總局立將捐生姓名銀兩數目申報到司即轉詳
院憲分别獎敘其捐銀聽擇殷實店户收存如本街店户不副衆望聽交各會館收存官吏並不經手一切雜項不准支銷可免侵漁蝕耗諸弊所議尚屬可行本司等承乏是邦責無旁貸目擊四郊多壘百姓流離夙夜徬徨亟思所以清内奸禦外侮之法爰集衆謀務求善策除將酌議章程會詳
院憲核定外合行刊示曉諭一切紳商士民等知悉自示之後即日同

心合力踴躍辦理以期共登衽席慎勿畏難苟安觀望阻撓自貽後悔總之辦理之方不能不俯順輿情亦斷難悉由自便一片血誠無非為捍衛民生起見闔城父老當可共諒苦衷也毋違特示

今將議定章程開列於後

一設立十家牌法以杜奸宄也會城九門自南至北分為七段城內戶口客籍居其大半雖向立有街長而客土襍處不便互查人情畏難苟安稽察殊多不實今刊發戶册將某街某戶名下男幾丁女幾口傭工何人搭住何人除婦女外各人現年若干歲作何生業由添派正佐委員會同各段原管官紳親詣該處無論土著客商一律詳細註明再刊發十家牌及十家連環保結令委員會同紳士親至各街傳齊十家按戶填結如有同牌不保之家立即查明因何不保之故分別辦理則奸宄自難潛跡自此次細查之後如有遷去移來者必須向牌頭及街長報明查其來歷分明轉報本段委員紳士復查無異方准容留居住如有私窩匪類者一經查確房店入官充公仍將其人從嚴懲辦鄰佑人等報明街長紳士委員因而拿獲者即將窩匪人家房店給賞以示獎勵而免徇隱

一各省商民各設客長以資查核也會垣五方襍處散漫難稽除各段分查外議令各省會館公舉公正殷實一二人承充團練客長如湖南客商小貿閒雜人等為數最多別府客長難以遍查則各本府公舉客長一人承充之後即隨同委員紳士親赴各段查明各本籍客民現在作何生業無論大小貿易手藝營生挑夫抬夫但習正業者其人某姓某名現住某街某家某店年若干丁幾口均照七段保甲門牌摘出各本籍客戶另造清册自行存貯以備查考自查辦之後其新來謀生有人保認者一應歇家除報明街長及各本段官紳外俱着報明各本省客長一律稽查的確方准停留若係浪蕩游手形跡可疑者一概不准停留如敢私窩匪類由客長查明經官訊確即將窩匪人家房店歸各本省會館罰充公費如由隣佑人等報明拿獲者仍照土條給賞以昭公允

一新設客長官必禮待以示優異也其人既為同鄉推重無論有無頂戴必係公正明白之人若令其公庭長跪則束身自愛者勢必畏其煩苦猥賤且毫無區別亦無以約束同人今議此項團練客長如公議舉充之後本人不願承充者亦須官為勸請以孚衆望業經承充則見官儀注除本人另犯別案到官外但係團務准其長揖白事並各擇就近地面標明某省某府客長公所字樣以便尋覓至每月酌給辦公銀兩不得縻費以示撙節

一復查之日官紳客長必須將不准窩留匪類並新來商旅均要赴各本籍客長報明來歷方准容留二條家諭户曉每十日由該管客長將外來人姓名住址報知官紳總局稽核每一月由客長會同官紳照册清理一次果其實心經理則奸匪無從溷跡而城内可以肅清矣

一户口既清按册選壯自有把握也城中户口除鰥寡孤獨老幼婦女廢疾及僧道娼優乞丐不選外此外無論官紳士商匠役居民人等按户酌選壯丁一名有丁五名以上者酌選二名巨家富商丁口繁盛者由此遞加選加之後各街自造團壯名册二本一存本街一存總局客長則另造客團名册二本一存公所一存總局限十日内彙齊彙册之後由委員點驗一次即按各城垛口次序照造總册分出天地元黄字號由天一以至天十編定團壯姓名每垛口約編團壯三名以便晝夜輪替餘剩團壯即留守各本街栅口以防奸細火燭編定之後再按垛口編定字號照册書團丁姓名於下定期選派文武大員督同上城演習一次遇有冦警鳴鑼齊集領械赴照派處所防禦如應試生童一般各照卷面字號歸次分明齊整毫無紛擾矣須將垛口點明若干先計天一天二字樣從天一起至某字止先編一册用石灰紅土大書於上庶辨理較速按册書名亦免舛錯

一選壯既定必須預置器械以資守禦也糧臺總局所存帳房砲械等件臨期自應按名發給但人數既多誠恐不能敷用除籌石灰桐油雜油木石等項備用外如大鍋鼎鍋用以熬油可以潑賊使糜爛肌體用以熬煮米麸稀湯和以紅糖使守陴者得免飢渴亦可淋賊致傷又如綿絮一物若用水浸透支以竹木安置垛口可無炮火矢石之虞垛口兵練一切大小便用缸盛貯將柴煮沸用以淋賊此皆前人成法也此等物件家家所有若遇冦警由官置備勢難徧給團衆用以自衛誠為至便短刀所以防身守城須用長矛方能及遠此械費錢不多應令自行預備貧難之户向官領給方免缺乏惟鎗砲帳棚應由粮臺總局給發而鎗砲未必人人能使須各客長確查真能使鎗使砲者若干名另造一册其需用鎗砲即由客長具領仍派員試驗一次果裨實用口糧酌量優給不能如式仍歸團壯册内至所領砲械倘有遺失照賠罰究如各會館中有公費充裕願購備者仍聽其便

一申明賞罰以旌忠義而肅軍法也賊匪本烏合之衆其志不過擄掠所到各處只是多發鎗砲虚張聲勢希圖人心驚擾可以打單目今商賈置辦貨物沿途多飽賊囊資本日形缺乏言之實為傷心何忍以官威相逼惟是身家性命係於一城既云財命相連勢必拚死防守況疊奉
聖諭訓飭尤於團練為諄諄凡有
奏獎無不
俞允但使實心辦理即可立沛

殊恩嗣後如遇匪徒胆敢扒城有人能用長矛刺死一賊用鎗轟死一賊或用
木石打傷一賊者均即酌賞銀両以示奬勵仍記功册内從擾保
奏客長街長督率有方一併優保必矢公矢正爾等無慮勞績之不上達
也

一守城之日鎗砲之来既有垛口可以低身向避復有綿絮可以蔽身一
切竹簾草席均可懸掛可以遮攔但須用水浸濕自保無虞儘可放心
守禦惟死生有命矢石之際萬一有適當其厄者生為義士死為國殤
必應從優賞卹除照例
奏請蔭卹外先由官局發給銀両以資治喪事平之日擇地立祠春秋遣
官致祭以慰忠魂受傷者照例分别等第給以湯藥之資

一賞既有章凡違玩悞事者必從嚴懲辦以警愚頑也守垛團壯一城性
命所關斷不准泄沓從事晝夜更換均有定期如每日辰刻應行更換
日班則輪值之人必須街長客長預先鳴鑼集衆俟换班之人一齊上
城下班之人方准下城酉刻應行更換夜班亦須換班之人一齊上城
方許下城斷不准私自偷回致有曠悞違者割耳示衆

一守垛兵練均發給腰牌令議定于編定垛口字號姓名後即按名册照
造腰牌如天一號張三年若干歲天二號李四年若干歲以下均按照
次序填入姓名年貌上城之項除文武員弁頂戴紳士外一切兵勇團
練跟随人等均須身繫腰牌方准上城所領腰牌如有遺失者罰口食
錢文三日准再補給如不顧罰錢者即行革退仍重責二十示懲倘有
閒雜人等上城走動任意喧嘩者均鎖拏發縣確訊分别懲辦各家屬店夥送飯即用下班團壯腰牌以資查核

一防守第一以鎮静為要賊匪揺旗吶喊而来只是空擺架子彼見城上
砲械林立何敢逼近譬如我兵每日駐紮營盤只是竹片木樁内填現
挖鬆土但人人一心便似銅墻鐵壁一般何况桂林石城鞏固比之營
盤百倍雖以洪逆之兇圍攻一月有餘究竟分毫無損此外么麼小醜
其無能為也明甚守城兵勇須知我逸而賊勞我居高下擊瞭望分明
賊在下仰攻鎗炮虚發我有四路援兵賊要四面防備何能持久我們
只知拿穩主意一味防守何用慌忙縱使鎗炮偶傷一人大家更要格
外防範屹然不動自有游兵救應斷不准一人退避驚擾衆心違者以
軍法從重處治決不寛貸

一現在庫項短絀人所共知迭奉　部文實在官職准照捐例八成報捐
虚銜
封典八成中又減二成報捐原期捐生踴躍以濟急需此次捐數應即倣照
辦理分别

奏獎所望急公好義之士乘時自效儘力捐助毋懷觀望致失机會而悞
功名

一已撤之勇必須遣散不准逗遛也查現在官勇隊內往往私留散勇希冀添雇不肯回籍此等散勇並無執業口糧必致遊賭滋事委員查驗時往往竊取現勇腰牌濛混委員勢難分辨此次應行責成帶勇員弁頭目自行嚴禁本隊不許私留散勇在街滋事如經查出即將該管帶分別參治

一現充官勇奉調來省者一律駐紮城外不許擅自進城租住民房其帶勇大頭目早晚聽候差遣自應在城居住准其自帶隊目數名在館伺候至多不得過十名即在本管帶屋內搭住不得另行分住以便約束如有在街滋事惟該管帶是問其在城外駐紮之勇每日進城購買什物各隊只准一二人由該管帶給與官發進城火烙腰牌由城門委員驗牌掛號方准出進以杜假冒如該勇等不遵查驗一經委員具稟定即革粮究懲並將該管帶治以約束不嚴之罪

一應募各勇多係外來現在既立各省客長固難責以約束亦應幫同稽查應將現在已充之勇由各帶勇員弁頭目分別省分開列所管勇名親送保甲官局以便知照各該省客長幫同稽查其未經充當之勇應來應募者某省人即赴某省客長處掛名問明來歷妥實可用方准應募如未在客長處掛名者一概不准充當

一嗣後募勇均由各省客長雇募並由各客長出具來歷明白妥實可用保結繳官挑選充當此為慎別良莠保衛地方起見並非貽累客長該客長等俱係公正素為鄉里推重之人各宜體會官意遇有募勇等事務須破除情面秉公辦理不得貪受應募人微利致容奸細溷跡如有前項情弊一經悞事恐該客長等不能任此重咎所雇外來壯勇止准在城外打仗不得隨同守城以免混雜

一城內夫行均應分設城外以便稽查也挑掊各夫多係楚人現據湖南客長聲稱夫行最屬混雜極難稽查客長等力有不逮仍應官為查辦等情查省城各段俱有馬頭夫便於民用其夫行自應一律令其遷居出城即歸城外各段委員紳士逐日稽查概不准留宿城內以免混雜

一現在行十家牌法一家有犯九家容隱不舉發者照例連坐但省會烟户稠密利之所在人爭趨之娼優烟館例固當禁然明禁暗違查察最難周到此等下户難強十家互保然不編入十家牌內則更漫無查察今將此項人等令查段委員簽出標記仍令同牌十家逐日稽查倘此等下户有犯窩匪為匪等事立即舉報官為懲辦九家不辦連坐以示區別

敬再稟者查武昌省城因上年十二月初四日五更時候大霧瀰漫
逆匪由文昌門外當舖圍墻挖掘地道用火藥轟塌城墻數丈即行
擁入城內屠戮如非官吏兵勇不戴紅帽者均分别男婦二十五人
爲一館派夥管押臨走時聞有年青婦女幼孩被擄同去
常中丞當時被害眷屬被擄七八人現在尋查迄無下落梁藩司及
武昌漢陽兩守俱被害屍身拋棄江中瑞臬司先令眷屬自盡並手
殺幼子後自己殉節其餘道府以下文武官員被害三十餘員續經
詢之公局紳士據稱賊匪下竄後買棺裝殮屍骸六萬五千餘具被

賊丟棄大江及投塘投井殉節者尚有數萬人城內衙署江夏縣被
焚餘僅毀爛民房自鼓樓到督署一帶大街店房俱被燒燬漢口居
民逃亡無多並未受害所有尋常鋪戶已復回十之三四惟綢緞等
店未開富户富商早經走避關泰約行無恙僅同知衙門及附近民
房燒去數十家其餘並未蹂躪武昌城內居民復回十分之二鋪户
亦復回十分之二並無綢緞布疋及京果等物關泰葯店關閉無人
在內查詢附近居民俱説走避未回看店工人亦他出無從查詢至
武昌失守之由聞係黃鶴樓道士李少白作線事後拘訊旋即在監

病故矣
程督憲已由漢口回籍官眷在武昌被搶一空程大少爺遇害其餘
眷口俱平安
駱撫憲請餉三十萬辦善後奉
旨就地捐輸辦理城內居民苦不堪言親戚本家同罹此厄無可通融僅有
撫恤之名而已卑職隨同沈道於三月十九日行抵江南與
向帥同住營盤城外寶塔孝陵俱被賊人焚燬駐防男婦遇害甚多
居民亦被害不少

將軍祥 督憲陸 前廣西撫憲鄒 俱已盡節連日官兵獲勝聞賊匪有內亂之説丹陽縣
來稟稱説有廣艇四十餘隻在常州丹陽一帶大獲勝仗焦山亦大
獲勝仗我兵現駐鍾山恐賊匪即欲竄出
向軍門現在布置攻勦事宜惟一時尚無船隻謹肅附稟
憲鑒卑職方增謹又稟

謹将各年兵餉奉撥盐課已未完數目開列呈

閱

計開

一咸豐元年兵餉奉撥辛亥年應報盐課銀五十六萬兩内除已准先後完觧銀四十四萬六千三百三十五兩九錢三分尚未完觧司庫銀一十一萬三千六百六十四兩零七分

一咸豐二年兵餉奉撥壬子年應報盐課銀五十二萬兩内除已准先後完觧銀一十二萬兩尚未完觧司庫銀四十萬兩 查此項未完銀兩内有前准運司移知在觧存二十六七年潮橋課餉銀内撥出銀二萬零六十八兩九錢五分二厘七毫歸入奉撥壬子年兵餉 查此項潮橋課餉銀兩先因奉撥辛亥年盐課短觧甚鉅經前陞司在此款銀内通融支放應俟将辛亥年課銀觧到方能歸入壬子年應撥盐課銀内列收理合註明

一咸豐三年兵餉奉撥癸丑年應報盐課銀四十八萬兩全未准移觧

有塩務中人在江西吉水縣来信謂夏賊
至吉安時武營俱未出敵知府出城禦賊
被害江西賊船千餘艘欲往下游揚州經
江臬台忠源帶兵一支截住（殺障）故折轉九江
一帶迤邐入湖北黃梅一帶境内滋擾
賊之在樟樹鎮也有本地不逞之徒為
首聚人向各舖戶欲銀錢數百至千
餘不等（賊倨然勒令舖戶貢獻銀物因之土匪紛起者搶擾閭閻舖戶）欲以畀賊并為首獻策一盤
燈一桿雞一隻與賊經江西委員設
法先將為首之人擒獲斬梟即取
各舖戶欲畀賊之銀減半来辦團
練（招勇）沿江紮木簰禦賊（賊）聞紮筏人
衆遂往擾九江并聞賊往下游至潛山
太湖城空人散（縱）一掠即他向云云等語
并聞江西賊衆内寶在長髮不過千
餘人餘皆本處土匪云此信廿七月到

P.1

FO.682/137/6(41-44)

年伯大人祜篤三辰
勛高重午
鳌延艾綬百寮共式儀型
愠解薰絃萬類均資長養
耀銀槃金埒之彩赤烏同歌
著蒲觴桃印之華丹榴競艷佇看
楓宸簡畀

P.2

FO.682/137/6(41-44)

恩隆黼黻於羅衣
節府揚輝
惠普經綸於紈扇師干統制豫頌允符姪命不辰迭遭
大故去秋　先君奉識認委由東旋里七月初十抵
舍沿途費罄竟於廿四日捐館九月初五暫殯貴子
山左前具訃文由驛賫
呈未卜曾入

FO.682/137/6(41-44)

P.3

鈞鑒否客冬逆匪攻陷省垣在城士民或合眷投環或
舉家赴水或飲毒而没或自刎而亡其餘戚逼上船
滿城皆火無一藏身之所男婦因多被虜 姪於人日
自東陽歸來所過皆觸目傷心江漢名區都成瓦解
古墳被掘新櫬成灰暴骸遍地號泣震天路遇鄰嫗
詢家口之存亡始悉人丁無恙僦寓小都司巷内段
羊巷第一家老少赴水遇救男丁潛逃將歸所有住

FO.682/137/6(41-44)

P.4 end, incomplete

址祖屋盡爲灰燼 父書一切更無論已一旦杼柚
皆空不惟家口之食用維艱亦戚族之孤嫠無告者
先人歷代資助至姪獨坐視其困而莫能爲援更
令人心惻 姪與諸弟姪輩除習舉子業別無所執將
潛心教讀無蒙可訓抑從事書啟無函可投欲於秋
聞奔赴
轅下冀得一枝可借又恐冒昧肅薰丹稟是否仰求

1

一件
剿辦股匪五獲勝仗緣由

奏稿

硃批

咸豐 年 月 日奏到

看稿
對摺

咸豐二年十一月三十日具

奏 以

由驛五百里

繕摺

奏為剿辦股匪追至廣西江西交界俱已分兵截回五獲勝仗共計殲擒一千四十七名恭摺由驛五百里馳

奏仰祈

聖鑒事竊臣前因馳抵韶州後當將疊獲勝仗並分

署理兩廣總督廣東巡撫臣葉 跪

2

路圍拏各情形恭摺由驛具
奏在案查西路各匪前經仁化等處擊敗後即竄
匿曲江縣羅坑山內意圖負嵎抗拒經提臣崑
會同護總兵通安飭委候選千總孔繼堯署
三江協都司東定海候補把總蘇海預派弁兵
先堵黃崗隘口十月初五日東定海帶兵由松
樹坳而進蘇海帶勇由仙洞而進孔繼堯率領
兵勇首先深入夾背坳山內該匪蜂擁直撲我
軍三面合攻擊斃一百三十二名生擒十四名
追獲五十九名奪獲旂幟鎗砲一百三十三件
所有賊巢盡行焚燒餘匪鞠山奔竄因多與廣
西各縣路徑相通恐其出境愈難措手臣一面札

知廣西懷集縣營過其遁蹤一面分飭陽山清遠各縣營斷其歸路署懷集縣知縣李萱即於十一月初一日會同署守備李定邦聞該匪已至該縣黄石坳即先馳赴鳳岡墟堵禦激勵兵勇團練分路迎擊自午至酉轉戰四時之久共殲斃一百一十四名生擒十五名奪獲旂幟砲械七十五件適代理清遠縣知縣程兆桂會同署千總熊永才等由牛攔塘竹筋井赶至交界之石灰塘初七日望見該匪果已折回在對面山腳屯聚熊永才帶兵由山背抄襲其後程兆桂派帶勇之梁昇平直衝其前該匪潛入樹林先行放火使我軍難以逼近得以乘間紛逃各兵

勇冒烟撲進四路埋伏轟斃八十二名生擒七十六名追獲七十五名奪獲器械一百餘件此西路股匪竄至廣西懷集縣交界業經分兵截回擊敗之情形也東路各匪由翁源連平疊次擊敗後分為兩股一股南至從化龍門等處一股北由始興漸入龍門縣境其竄至龍門者當即署守備涂得照把總張開平並紳士譚成焕等於十月十六日追至龍門縣之龍頸村瞥見各匪先開大砲涂得照張開平等皆奮不顧身率領各兵勇併力鏖戰自辰至午擊斃五十八名生擒二十二名奪獲旗幟砲械八十六件復經署撫臣柏　由省酌撥兵勇赶赴從化龍

5

門博羅會同各縣營截殺一百二十五名搜拏九十五名其竄入始興者聞已漸入江西龍南縣境臣經行札調江西吉南贛寧道周玉衡親往堵禦一面飛飭守備任士魁千總梁肇倫孔起齡等晝夜遄馳務先窮其所往即於十月二十五日相遇於始興之朱崗堪該匪因未大受懲創拚命迎拒我軍以寡敵衆佯為先退誘賊至山僻小路轉前脊出擊斃四十三名生擒二十二名奪獲旗幟大砲鳥鎗刀矛一百六十件賊遂大潰連日各路截拿一百一十五名仍恐乘勢遠颺復派備弁不分畛域直抵龍南之古家營會遇該省文武詢問粵省各匪均已折回

6

並未過境遠竄提出各匪訊供亦有龍南之匪在内兩省接壤犬牙相錯出沒靡常難保其不散而復聚惟有隨時移咨署江西撫臣張　督飭各文武一體會辦俾免勾結蔓延此東路各匪竄至江西龍南交界業經分兵截回擊敗之情形也臣查前擄各匪供稱多以欲赴湖南往投逆夥為詞現在楚粵交界嚴防無可竄越復繞至廣西江西意圖滋擾另覓相通之路其情尤為詭詐所幸各匪現因設法兜圍仍在粵境尚未紛竄自當窮搜密捕悉數殲除不敢稍留餘孽再查九月初二日廣州協把總李榮宗武舉周朝英追賊至陽山縣之嶺背塘九月二十

二日署增城營守備咨補連陽營千總賴永祥
增城營千總劉連陞追賊至從化縣之牛矢坋
比因大兵尚未到齊猝與賊遇臨陣捐軀殊堪
憫惻應請照例議卹其餘兵勇亦間有傷亡容
俟查明一併咨部核議所有東西兩路股匪甫
至廣西江西各交界均經疊獲勝仗未令遠竄

各緣由謹會同署廣東撫臣柏　廣西撫臣勞
恭摺由驛具
奏伏乞
皇上聖鑒訓示謹
奏

End

[redacted]

前由長沙追賊至咸林縣距武昌省一百八十里因需籌後路粮台一切事宜即
住札于此各路兵勇俱先赶至武昌知道匪破岳州後即水陸並
竄已將漢陽攻破圍困武昌省城甚急我軍繞路由間道至東門
外之单刀嶺札營連次進勦賊營堅守不出前月廿六大兵分路合
圍連毀賊營十五處殲擒燒斃約有二千餘奪獲炮械火藥馬
匹甚多大獲勝仗城外只有賊巢數處因是日酣戰一日兵勇力乏
收軍原是次日即行攻勦先收鮮城圍再亩渡江孰料事機不順
廿九至初二日雨雪交加奇冷異常兵不能出初三稍霽進勦該匪
惟在巢環放鎗炮堅守不出而積雪泥濘兼之冷甚兵力難施詎該
匪佯為拒敵暗于頻江一帶掘挖地道多處初四日寅刻文昌門

忽城陷二十餘丈賊先只数百人進城乃守城一見黃旂並不戰鬥
即紛紛跳城而逃賊復由地道出數百滿城慌亂竟至全城被陷文
武殉節居民半遭屠戮慘不可言是早城陷外間未聞鎗炮之
聲大霧彌漫对面不見人援兵聞信往救賊四面齊放熗炮竟不
能入事出意外不料大局至此其故因有廿八之大勝城外援兵驕
守力懈且擄逃出民人称撫藩處處畱省該匪在城外挖地道時在內
已聞聲息文武俱請如長沙城挑長濠以絕之乃常中丞以此城漢
時所建下有密樁断不能入且梁方伯不肯重賞守城兵勇城大兵少
每垜只有兵壯各一每夜只給燭三支亦不搭蓬廠人心渙散聞常
中丞全家火焚梁方伯署中本有奸細賊未進先内亂被害現在大
兵仍札營于城外洪山賊惟在城上日夜放鎗炮我軍亦不能攻進惟
有再調勁旅克復惟賊將城中輜重裝載舟上恐欲下竄則江西之
九江安徽之蕪湖江南之南京處處喫重刻知前因岳州破後奉
上諭已派琦　到河南两江陸制軍帶水師湖口迎擊為三面夹攻之計
並聞接　江西撫憲咨知所調上海船板已到九江此船新造船堅炮猛　張中丞
帶兵六千名并紳士捐雇贛南壮勇四五千在九江堵禦或該匪不能
下竄江南也
武昌之事　徐宫保不知如何前失漢陽岳州不致嚴譴且向提軍
反得賞銜或此次不至去任耳

F.O.682/253A/3(93)

P.1

宮保爵督大人仁兄閣下曩前於德安途
次手肅數行交姜官帶呈諒已入
照日前鶴仙公祖來詢悉
尊況並承
諄致念永矢弗諼欣甚
軍威震聾屬境肅清即南贛鄰疆均叨
福芘欽感莫如惟昨接大庚寄報
標下派赴江西兵六百入境後復又奉調打回足
見別有供藩殊增私念見在
駐節何所更難遙度弟無勇無謀深堪媿悚
乃荷
聖恩僅予革留仍令戴罪圖效現須辦理向軍
糧臺已委彭熊兩公總司其事惟西江一切不敷

72 ①

136

F.O.682/253A/3(93)

P2

撥注而此路軍餉不知何時可到且安慶
已於正月十七日失陷長途轉運皆賴江西一路
地方皆成灰燼之餘無物可措目下搜羅殆盡即
已筋疲力竭遑論其他此後源源接濟賴
貴省應解餉銀為望
迅賜撥解以濟要需此間糧臺二道皆有不可
終日之勢實無款可以挪用矣向軍又散遣
潮勇三千揭勇二千皆由此間行走此輩無
惡不作擾累不堪嘗由會昌走筠門嶺出境初
貴處速派文武弁兵迎解免致滋事是所切禱
主夫師有正月九日金陵發來公牘大約十七八日已
返省垣城大兵單不知如何守禦茲亦可慮江
西幸無寇警而贛之邊寨後患方殷所請

137

P.3

F.O. 682/253A/3 (93)

貴省之兵糈緩前來原無不可徵調之勞愧
餉之費可已則已然緩急殊難豫料未便
輒用公牘相止但無事則不必催如略有警
報即當以一紙乞
援幸勿延緩為禱南漕不能北去消納殊難
廷寄令速籌議弟本已慮及連日正談此事而當
糧道稔謂今年如可出運商情人心不致駭異其說也
局者多不甚理會昨復與鶴卿函商可以接濟
貴鄉因閩武漢米價每石升四五十錢若借撥
漕米則可省
貴鄉之賑卿之費楚民亦免糴食之虞江西亦少
減於色價之苦鶴卿今日已欲纜許俟到
須雇船甚難
任查明咨商　袁辦漕臨淮梗未撤仿王文成意
而推廣之第食粵浙閩之省之鹽而當事者又

135

P.4 end

F.O. 682/253A/3 (93)

頗難行且現在鹽與尚足食祇可徐商連日商
販呈控青山鹽船把持澄賣意圖執照遠遁已
鹽可否越境有無章程祈　教之
委員查辦恐亦不易了事黎庚護鹽篆聞
值棘手之際庫存僅四千餘兩百事俱廢亦可
嘆侍臣於月前後由信州折回現已馳赴尋陽
擬借向軍門東下然必須主議投契方好似擬
改道前行中路徬徨進退維谷時勢孔亟恐亦
無可借箸耳
兄見教之語執筆恕臆何不僅了鈔肯勝柱
沈鳳者多矣手此奉達恭請
勛安統希
亮察不備　年小弟張芾頓首　上丁
弟前月陳袁泉買一行附錄呈
覽幸早房之計未審有此躲力否
外家書祈　費心補官轉寄

139

謹將自咸豐三年正月初一日起至二月十九卯止各官捐輸紋銀候撥列

摺呈

電

計開

憲台捐銀六千兩

撫憲柏　捐銀六千兩

學院吳　捐銀一千兩

滿洲副都統麟　捐銀一千兩

兼署臬司督糧道王　捐銀二千兩

陸路提督崑　捐銀二千兩

水師提督洪　捐銀四千兩

水師協營各官共捐銀六千一百兩

南韶連鎮通　捐銀一千兩

潮州鎮壽　捐銀一千兩

惠潮嘉道曹　捐銀三千兩

雷瓊道江　捐銀一千兩

肇慶府李敦業捐銀五千兩　原報捐銀一萬兩尚銀五千兩隨後呈繳

署惠州府陶澐捐銀一千兩

潮州府吴均捐銀三千四百兩
署瓊州府壽祺捐銀二千一百兩
虎門屯防同知袁銘泰捐銀一千五百兩
署佛山同知岳玉瀛捐銀一千六百兩
代理佛岡同知羅才綸捐銀一千五百兩
藩庫大使呂樹槐捐銀二千五百兩
藩經歷孫福田捐銀八百兩 原報捐銀一千一百兩兩次繳銀八百兩尚銀三百兩隨後呈繳
署東莞縣華廷傑捐銀一千一百兩
署陽山縣宮步雲捐銀一千一百兩
韶州府任為琦捐銀一千兩
署廣州協懷　捐銀一千兩
署撫標中軍濟　捐銀五百兩

查[illegible]員明今[illegible]白現任知縣[illegible]是列
欽州吏經引　見尚未定任人員今遵新例
呈請補[illegible]請飭照例補足五成銀二百三十兩

撫標右營豫　捐銀五百兩
香山縣劉丙慶捐銀六千三百四十四兩
卸署理事同知准升前山同知英濬捐銀二千六百兩
潮州府通判林朝陽捐銀一百二十五兩三錢七分九厘 原報捐銀二千一百兩尚銀一千九百七十四兩六錢二分一厘隨後呈繳
署海陽縣帖臨藻捐銀二千兩
以上共收存司庫紋銀六萬九千七百六十九兩三錢七分九厘

戶部為欽奉事雲南等司案呈本部會議前事
一摺相應抄單飛咨兩廣總督轉行所屬一體
遵照辦理可也計單一紙

謹
奏為奏
聞事本月初九日臣等遵
旨前往戶部會同戶部堂官按照軍機處發下富紳名單
將各該員一一傳到內出差及疾病已故各員均係各
該員之子孫到部臣等公同宣示
硃諭並剴切開導該員等感激涕零均以受
國厚恩當茲軍用浩繁情願再圖報效檢查戶部捐輸
原案該員等皆已報効於前茲復勉力設措自行開
具名單捐數呈遞前來謹彙繕清單恭呈
御覽臣等查此次報効各員其捐輸忱悃雖俱出於至
誠而其中有力能交納現銀者有請限變產交納者
體察情形並非一律擁有厚資取携甚便擬請嗣後
如有指陳富紳之奏必須確有所據並非得自傳聞者
方能准其核辦若率指某家富厚空言入奏推其流
弊恐各挾恩怨之私致啟訐告之漸于
國體人心均有未協似此無裨軍餉轉阻臣工報効之
忱自未便准其辦理所有臣等會同遵
旨勸諭緣由謹合詞恭摺覆奏伏乞
皇上聖鑒謹
奏

前任大學士穆彰阿
已奏交捐銀一萬六千兩
今報捐銀一萬五千兩
前任大學士宗室耆英
已奏交捐銀一萬零六百兩
今報捐銀二萬兩
予告大學士潘世恩
已奏交捐銀四千四百兩
今報捐銀三千兩並呈請停止伊所食全俸及伊子
曾瑩曾瑋伊孫祖蔭等應領春秋二季俸銀俸
俸米
大學士卓秉恬
已奏交捐銀一萬兩
今報捐銀一萬兩
前協辦大學士宗室禧恩
已奏交捐銀六千兩
未奏呈捐銀三千兩未奏捐銀係伊子榮壽等四
人具呈

今報捐銀七千兩並據呈請限一兩月交納
前協辦大學士陳官俊均係伊子介祺具
具呈
已奏交捐銀一千五百兩
未奏交捐銀一萬兩
未奏呈捐銀一萬兩
今報捐銀二萬兩並據呈請變產交納
戶部尚書孫瑞珍
已奏交捐銀六千兩
未奏交捐銀四千兩
今據呈報由山東本籍捐銀一萬五千兩
前任兩江總督璧昌
已奏交捐銀三千兩
今報捐銀五千兩並據呈請限一月交納
前任閩浙總督鍾祥均係伊子德振
具呈
已奏交捐銀四千兩
今報捐銀一萬兩
前任南河河道總督麟慶均係伊子崇實
具呈
已奏交捐銀五千兩

今報捐銀一萬二千兩並據呈稱於本月
內交納
前任山東巡撫覺羅崇恩
已奏交捐銀二千兩
今報捐銀一萬兩並據呈請限兩月變產交納
前任長蘆鹽政鍾靈均係伊子宜振具呈
已奏交捐銀五千兩
今報捐銀一萬兩並據呈請寬限交納
前任長蘆鹽政德順
已奏交捐銀三千兩
今報捐銀五千兩並據呈請限兩月交納
前任浙江鹽運使庚長
已奏交捐銀一萬兩
今報捐銀二萬兩並據呈請限三月交納
前任長蘆鹽政崇綸
已奏交捐銀二萬兩
今報捐銀二萬兩並據呈請限兩月交納
此次共報捐銀十八萬二千兩連呈捐未奏銀二萬
七千兩共銀二十萬九千兩
至現不在京之潘錫恩李鴻賓沈拱辰但明倫等四

員應由戶部行文各該員原籍各督撫轉飭欽遵辦理
再臣等復查初九日遵
旨傳諭各員之外尚有力可捐輸之親王大臣等茲特公
同商酌開列名單恭呈
御覽請
旨飭下戶部傳諭各該親王及大臣等量力捐輸以助軍
餉如此外大小臣工有力能捐輸情殷報效者仍均
令其在戶部具呈續捐俾紓悃忱理合附片奏
聞

豫親王義道
肅親王華豐
前大學士寶興
大學士直隸總督訥爾經額
禮部尚書徐澤醇
理藩院尚書恩華
內務府大臣基溥
右翼總兵達洪阿
前副都統誠端
武備院卿文豐
長蘆鹽政文謙
前粵海關監督豫堃
內務府郎中明善
吏部郎中長啟
雲貴總督羅繞典
前山東巡撫托渾布
前河南巡撫鄂順安
安徽布政使劉裕鈖
河南河陝汝道恒山
前江西九江道士魁

咸豐三年三月十一日內閣奉
上諭惠親王等會同戶部奏大臣官員等續捐軍餉
餉開單呈覽一摺所捐銀兩着即賞收所有三品
品以上現任曾任各大員均着交軍機處存記統俟
軍務告竣開單請旨其四品以下各員及原任大員
之子着戶部查明官職並現交銀數具奏候朕施
恩予告大學士潘世恩現捐銀兩復呈請停止賞養
全俸及伊子伊孫俸銀俸米除潘曾瑩係現任二品大員
業經部議暫停俸銀外餘均着加恩毋庸停止
另片一件單一件着交戶部一併查照辦理欽此

謹將職父樂清闔門盡節情由開具清摺呈

電

竊職於四月十一日接得表兄段鶴軒來信云逆匪於去年十二月初四日攻陷武昌時職父一家不肯從賊舉家急欲自盡因家人等防範周密旋於夜間乘間率仝闔門自縊殉難

計開

職父吳樂清道光辛卯科舉人年六十歲

職繼母左氏年四十二歲

職妻徐氏年三十三歲

職女年七歲

軍機大臣 密寄

兩廣總督葉 廣東巡撫柏 咸豐三年三月

初九日奉

上諭據葉名琛柏貴奏廣東省城自聞武昌安慶失守訛言紛起人心頗覺震驚嘆夷兵頭吱嗡上年業經回國頃復駛回香港當此匪擾兵分之際不可不預為防範等語現在逆匪猖獗江寧揚州鎮江相繼失守廣東人情浮動更恐遇事生風馮雲山之子馮亞養在外逃回必非無故該督等當嚴查奸細消患未萌尤當鎮定人心勿為流言所煽惑至吱嗡照會既未明言何故自當示以鎮靜前定條約許十二年後再行更易現已屆期難保不別有要求該督洞悉夷情著與柏貴等密為籌度以備不虞切不可稍露端倪啟該夷窺伺之漸南韶匪徒尚在江西交界處所出沒靡常著嚴飭鎮道大員隨時剿捕該督回省後如該處有緊要情形仍著星馳督辦又另摺奏查明師船笨重宜於外海而不宜於內河能否駛入長江尚難豫定快蟹大扒等船原係內河巡緝之用難出外海更無論遠涉重洋自係實在情形著該督等悉心體察如果各師船調赴江南難期得力徒滋糜費即著毋庸調撥將此由五百里密諭知之欽此遵

旨寄信前來

咸豐三年四月十七日准
兵部火票遞到
戶部咨捐納房案呈大學士等會議封奏推廣
恩綸申勸捐輸以裕軍需一摺咸豐三年三月二十三日具奏本日奉
上諭朕以軍興三載需餉浩繁特命大學士裕誠等並尚書柏葰翁
心存會同戶部妥速議奏本日陳奏各條均屬妥協已依議行矣
並據奏請推廣恩綸申勸捐輸以裕軍餉披覽之下有不能
不宣示朕懷者國家定制歲入有常維正之供不容短絀此外
一絲一粟皆吾民勤動所餘苟非軍國要需何忍重勞百
姓比年以來各省奏報紳士商民輸將踴躍除隨時獎叙外
並將捐數較多之山西陝西四川等省酌廣鄉試中額並生員
學額以昭激勸現在大江南北軍營援勦之兵數逾十萬連
日捷音疊奏大挫兇鋒近復調集各路重兵剋期赴勦合
之前調之兵不下二十餘萬朕不惜帑金為民除害統計所
撥已及二千七百餘萬兩際茲大兵雲集需餉尤殷仍不能
不藉資民力以濟軍儲朕每覽軍營奏報小民於流離失
所之餘尚復輸粟犒師深為悲憫即各省距賊較遠地方
亦復因軍行征調供億維艱若再諭令捐輸寔非朕心所
願惟念賊匪一日不滅民生一日不安雖閭閻遠近攸分而民
情驚擾則一恤憐有福古訓昭垂朕之命將出師原不僅
為東南數省生靈救災雪憤但得殲擒迅掃海寓又安薄
賦輕徭與斯民休息昇平之福朕與天下共之凡爾士民諒
能共喻著照大學士等所請由省督撫妥為勸導無論已捐
未捐省分凡紳士商民捐資備餉一省至十萬兩者准廣該
省文武鄉試中額各一名一廳州縣捐至二千兩者准廣該處
文武試學額各一名如應廣之額浮于原額即遞行推展
倘捐數較多展至數次猶有贏餘者准其于奏請時聲明
分別酌加永遠定額加額銀數及如何歸併劃除之處悉照大

學士等所議辦理其捐生本身應得獎敘仍准奏請另予恩
施其有一人一家捐貲累萬及毀家紓難接濟粮台者破格
殊恩不在此列此次捐輸乃朕不得已之苦衷倘有墨吏奸胥
藉端擾累苛派侵吞以朝廷不忍遽行之政為若輩敢攜自
便之資病國虐民尤為可惡着該督撫立即嚴參置之重典
切勿稍存姑息致累民生各路統兵大臣當念軍士餉糈所出
皆吾民竭力輸將嚴飭所帶官兵迅奏功以蘇民困軍功疲弱兵丁
尤當隨時裁汰使兵歸實用餉不虛糜粮台大員收支銷算亦當力
求撙節不可稍事冒濫庶上可以報國下可以對民各該督撫等即
將此旨刊刻謄黃遍行曉諭俾薄海臣民咸知朕意該部即遵
諭行欽此欽遵相應刊錄原奏恭錄
諭旨飛咨廣東巡撫遵照可也
計原奏內開
大學士　等跪
奏為推廣
恩綸申勸捐輸以裕軍餉事竊臣等奉
旨會議事籌餉事宜除另摺陳奏六條封奏二條恭呈
御覽外伏查軍興以來需費浩繁先後由內庫及外省撥
給銀二千餘萬兩此外惟藉捐輸一項源源接濟所入數
目詢于籌議各款之中最為核實以逆氛肆毒遍東南率
土同仇敷天共憤該士民等涵濡
德澤二百餘年衣食自家皆出
朝廷之賜是以樂輸恐後踴躍急公乃蒙
特沛恩綸于隨時獎勵之外復
命戶部会同礼部議加中額學額以循分之輸將等之非當
之
慶典不特藝林後起嘉惠無涯即宮檐蔀屋之民亦無不感
而思奮現經戶部等衙門具奏山西陝西報捐各屬按一省
捐銀十萬兩加乙卯科文武鄉試中額各一名一廳一州一縣
捐銀二千兩加此次科試文學額一名下屆童試武學額
一名奉

旨允准在案臣等以為趨義出于至誠原無取多方之激勵而
異數得之格外尤足為非分之光榮似宜仰体
聖慈量為推廣俾得軍儲充裕迅奏膚功擬請飭令各省督
撫剴切宣示妥為勸導諭令紳商士民再行極力捐輸
一俟集有成數即由各該督撫彙總具奏除給予本身
獎勵外仍遵前奉
恩旨各按銀數酌加中額學一省按十萬之数一廳一州一縣按二
千之数分別酌加一次如所捐銀数核計浮于前議應加
之額即歸下次按数加廣或因捐銀較多逐次加廣尚需
多時准其奏請酌加作為永遠定額所加之額按一省捐銀
三十萬兩加文武鄉試定額一名一廳一州一縣捐銀一萬兩
加文武學定額一名均以十名為限其前此捐銀較多部議
給予一次廣額尚有餘銀及前此捐銀較少不敷廣額之
數者均准將原捐銀兩併入續捐計算該此辦理推廣庶芻
茭之時堪佐度支而
綸綍之頒益徵光被似較別項籌款尤多裨益如蒙
俞允擬請
特頒諭旨宣示中外由戶部飛咨各省刊刻謄黃徧行曉諭如
有墨吏奸胥藉端扰累苛派侵漁者即行嚴叅治罪所
捐銀兩近省限三個月遠省限四個月彙齊奏報聽候部撥
並可早議加額以洽輿情他項捐輸不得牽混併計請歸者
籌餉新例之員亦令劃出辦理蓋賊氛一日不靖則民生一
日不安該士民等勉供餉糈之資即為自衛身家之計倘
殊恩渥被諒能踴躍輸誠而各該省分上届勸捐均有成數可
稽並非創舉在該督撫亦不至难于辦理也臣等為寬籌軍
餉廣育人材起見是否有當伏乞
皇上訓示遵行謹
奏

[redacted]

廣東巡撫部院柏　　為
移會事咸豐三年四月十七日准
兵部火票遞到
户部咨捐納房案呈大學士等會議封奏推廣
恩綸申勸捐輸以裕軍需一摺咸豐三年三月二十三日
具奏本日奉
上諭朕以軍興三載需餉浩繁特命大學士裕誠等並
尚書柏葰翁心存會同户部妥速議奏本日陳奏
各條均屬妥協已依議行矣並據奏請推廣恩綸
申勸捐輸以裕軍餉披覽之下有不能不宣示朕
懷者國家定制歲入有常維正之供不容短絀
此外一絲一粟皆吾民勤動所餘苟非軍國要需
何忍重勞百姓比年以來各省奏報紳士商民輸將
踴躍除隨時獎叙外並將捐數較多之山西陝西
四川等省酌廣鄉試中額並生員學額以昭激勸
現在大江南北軍營援勦之兵數逾十萬連日捷
音疊奏大挫兇鋒近復調集各路重兵剋期赴勦
合之前調之兵不下二十餘萬朕不惜帑金為民
除害統計所撥已及二千七百餘萬而際兹大兵
雲集需餉尤殷仍不能不藉資民力已濟軍儲
朕每覽軍營奏報小民於流離失所之餘尚復輸
粟犒師深為悲憫即各省距賊較遠地方亦復因
軍行徵調供億維艱若再諭令捐輸寔非朕心所
願惟念賊匪一日不滅民生一日不安雖疆圉遠近

攸分而民情驚擾則一恤憐有福古訓昭垂朕之
命將出師原不僅為東南數省生靈抹災雪憤但
得掩槍迅掃海寓乂安薄賦輕徭與民休息昇平
之福朕與天下共之凡爾士民諒能共喻著照大
學士等所請由省督撫妥為勸導無論已捐未
捐省分凡紳士商民捐貲備餉一省至十萬兩者
准廣該省文武鄉試中額各一名一廳州縣捐至二
千兩者准廣該處文武試學額各一名如應廣
之額浮于原額即遞行推展倘捐數較多展至
數次猶有贏餘者准其於奏請時聲明分別酌加
永遠定額如額銀數及如何歸併劃除之處悉照
大學士等所議辦理其捐生本身應得奬叙仍准
奏請另予恩施其有一人一家捐貲累萬及毀家紓難
接濟糧台者破格殊恩不在此列此次捐輸乃朕
不得已之苦衷倘有墨吏奸胥藉端擾累苛派
侵吞以朝廷不忍遽行之政為若輩取携自便之
資病國虐民情尤可惡着該督撫立即嚴參置之
重典切勿稍存姑息致累民生各路統兵大臣當
念軍士餉糈所出皆吾民竭力輸將嚴飭所帶官
兵迅速奏功以蘇民困軍中疲弱兵丁必當隨時裁
汰使兵歸實用餉不虛糜糧台大員收支銷算亦
當力求撙節不可稍事冒濫庶上可以報國下可
以對民各該督撫等即將此旨刊刻謄黄遍行曉
諭俾薄海臣民咸知朕意該部即遵諭行欽此
欽遵相應刊錄原奏恭錄
諭旨飛咨廣東巡撫遵照可也計原奏等因到本部院
准此除行布政司會同按運二司督糧道速即
移行所屬一体欽遵查照辦理并即刊刻謄黄

飭發所屬遍貼曉諭務使遠近咸知踴躍輸將
仍隨時嚴密稽查如有任聽胥役人等藉端擾
累苛派侵漁等弊立即挐寔嚴參治罪毋稍瞻徇
延悮至所捐銀兩一俟四個月限滿即將各捐生姓
名銀數彙造冊摺由司詳請分別
奏咨聽候撥用并將發來火票限単備移臬司存
俟按月彙繳送銷暨分咨外相應咨會為此合咨
貴爵部堂請煩查照施行須至咨者
計粘単一紙
大學士　等跪
奏為推廣
恩綸申勸捐輸以裕軍餉事竊臣等奉
旨會議籌餉事宜除另摺陳奏六條封奏二條恭呈
御覽外伏查軍興以來需費浩繁先後由內庫及外省撥給銀
二千餘萬此外惟藉捐輸一項源源接濟所入數目倘于
籌議各款之中最為核實誠以逆氛肆扰遍東南率土
同仇數天共憤該士民等涵濡

德澤二百餘年衣食身家皆出
朝廷之賜是以樂輸恐後踴躍急公乃蒙
特沛恩綸于隨時獎勵之外復
命戶部會同禮部議加中額學額以循分之輸將等之非常之
慶典不特藝林後起嘉惠無涯即窮檐蓽屋之民亦無不感而
思奮現經戶部等衙門具奏山西陝西報捐各局摟一省
捐銀十萬兩加乙卯科文武鄉試中額各一名一廳一州
一縣捐銀二千兩加此次科試文學額一名下屆童試武
學額一名奉
旨允准在案臣等以為趨義出于至誠原無取多方之激勵而
異數得之格外尤足為非分之光榮似宜仰体
聖慈量為推廣俾得軍儲充裕迅奏膚功擬請飭令各省督撫
剴切宣示妥為勸導諭令紳商士民再行極力捐輸一俟
集有成數即由各該督撫彙總具奏除給予本身獎勵外
仍遵前奉
恩旨各按銀數酌加中額學額一省按十萬之數一廳一州一
縣按二千之數分別酌加一次如所捐銀數核計浮于前
議應加之額即歸下次按數加廣或因捐銀較多逐次加

廣尚需多時准其奏請酌加作為永遠定額所加之額按
一省捐銀三十萬兩加文武鄉試定額一名一廳一州一
縣捐銀一萬兩加文武學定額一名均以十名為限其前
此捐銀較多部議給予一次廣額尚有餘銀及前此捐銀
較少不敷廣額之數者均准將原捐銀兩併入續捐計算
似此辦理推廣庶當支之時堪佐度支而
綸綍之頒益徵光被似數別項籌款尤多裨益如蒙
俞允擬請
特頒諭旨宣示中外由戶部飛咨各省刊刻謄黃徧行曉諭如
有墨吏奸胥藉端抗累苛派侵漁者即行參參治罪所捐
銀兩近省限三個月遠省限四個月彙齊奏報聽候部撥
並可早設加額以洽輿情他項捐輸不得牽混併計請歸
籌餉新例之員亦令劃出辦理蓋賊氛一日不靖則民生
一日不安該士民等勉佽餉糈之資即為自衛身家之計
況值
殊恩渥被諒能踴躍輸誠而各該省分上屆勸捐均有成數可
稽並非創舉在該督撫亦不至難于辦理也臣等為寬籌
軍餉廣育人材起見是否有當伏乞
皇上訓示遵行謹
奏

p.1

FO 682/137/6 (7-F-4)

害亦一□於□廷之外而今之拜會又不止此輩自楚粵軍興以
來各鄉匪徒每思蠢動往往捏為邪說布散謠言狡譎之徒倡為
拜會從中糾約以匪結匪臭味相同雖素不認識之人亦可猝合
雖夙有嫌隙之處亦可相忘展轉蔓延乘機伺隙兼有楚省等處
遣回鄉勇不啻六七千人俱係亡命之徒習知戰鬥藐視官兵難
保不與匪徒暗中勾結此輩一經舉發實為地方之大患各該縣
勵精圖治留心緝捕者固有其人而或限於才力或窘於經費止

7G

p.2

FO 682/137/6 (7a-F-4)

圖將就了事顧養癰貽患者實亦在所難免甲署府明查暗訪
時刻縈懷現經等獲會首鄧引多等五名並起出會簿木戳等件
當即嚴行究辦處以極刑使民間共知儆畏竊思此輩誅之不可
勝誅聽之則萬無是理論其解散不過陽奉陰違操之過急又恐
激成事變計惟有訪查首匪設法擒拿示以不測之威嚴諭以切
身之利害一面督飭紳士商民力行團練嚴定章程其有冒稱團
練而私自拜會者則屏絶而屏惡之使良民之心力一歸於官則

7F

P.3

FO682/137/6(7-F-L)

既往之亡何無從縮發於此非空言所能濟事必須府縣合力切

實圖維護事機將識毫不掙勝惜貴庶幾良民倚從而匪徒震

懾倘於緊要之際毫無能措施失當民間窺其底蘊必致呼應

不靈而事會宜預為籌劃此卑署府前次稟請更換潮陽大埔饒平

等縣實有甚於地方之情形不能不稟陳

憲聽也該澄海縣地方雖不若三陽之獷悍而民間風氣不甚懸

殊近日亦漸有匪徒拜會之事該縣許延穀係初任人員心地尚

7J

P.4

FO682/137/6(7-F-L)

為明白公事亦頗認真而無如膽識未充鮮有決斷匪徒不知畏

懾漸生玩易之心設或再事因循誠恐釀成巨患惟該員年力正

壯頗知自愛可否仰乞

憲臺格外恩施擇於事簡之區或同通之缺量移署理俾該員再加

歷練得以勉[illegible]至遺來一缺查有現署潮陽縣丞候補府經

歷錢伯承才具優長辦事結實可靠又查有現署鮀浦司巡檢章

坤該員係布照房借補巡檢現署是缺才情開展辦事實心實力

7J

該員等俱於上年隨同卑署府在惠州辦案，俱能不辭勞瘁，晝夜
宣勤，洵為得力，且俱在潮年久，於民間利弊無不深知。可否仰乞
憲恩於該二員內遴委一人代理惠來縣篆務，於地方公事似有裨
益。卑署府不揣冒昧，據實稟陳，是否可行，恭求
訓示祗遵。肅此具稟，恭請
福安，統祈
鈞鑒垂詧

P.1　F.O.682/137/6 (7.S.T.W.X)

敬密稟者連平州賊匪固多而各鄉俱有團練得力之
紳士亦復不少如果州牧認真辦事調度有方各鄉紳
民皆為官用前署牧吳守在任時官民浹洽是以巨賊
黄毛五等竄往州境斬獲甚多即如上年翁源賊匪竄
至經該州百姓生擒一百數十名亦尚遵吳守之章程
也今張牧借錢畏事宴坐衙齋小事則借助於百姓大
事則求援於上司其稟牘似勤查探似速實皆紙上空

75

P.2　F.O.682/137/6 (7.S.T.W.X)

談且多不實不盡即如此次請兵稟內填寫二十一日
戌刻發且云明早賊匪準到州城卑職細詢來差此稟
實係二十三日酉刻所發然則所稱明早者究係指二
十二而言抑指二十四而言似此緊急文稟尚復蒙混
其他可知卑職伏查連平州屬陂頭鄉團練六七千人
勇健善鬭器械齊全距州城六十里一呼可至張牧處
危急之際不雇附近之鄉勇而請五百里外之郡兵不

76

P3

F.O.682/137/6 (7:S.T.W.X)

但躭誤時日而且由郡赴州夫價甚貴計請一兵可雇
三勇并免往返之勞其所以不雇勇而請兵者郡兵到
彼一切口糧夫價俱由委員給發地方官轉得置身事
外似此存心地方何由安靜卑職前在連平深知該處
情形若得一實心任事之員稍給其經費略寛其時日
寄耳目於紳士收指臂於鄉民賊匪雖多未嘗不可搜
拏淨盡卑職為地方起見不得不據實密陳伏乞

7W

P4

F.O.682/137/6 (7:S.T.W.X)

宫保大人察核肅此密稟敬請
鈞安伏祈
垂鑒卑職澐謹稟

咸豐三年三月　日到

7X

抄錄江西巡撫部院奏摺

為賊匪撲城勢甚危緊急飭兵出戰獲勝請 勅速發援兵以資攻剿事

竊惟逆匪回竄攻撲江西省城經臣於五月十四十八九等日迭次奏報在

案查省城西南北各門外民房櫛比牆垣峻固縱火難以延燒以致臨時焚

燬未能淨盡而牆壁猶多林立該逆環居其中鑿牆開眼施放鎗

砲兼且暗挖地道雖已將近房屋焚燬而該逆仍有藏身之地攻剿難

以得手臣等當與幫辦軍務湖北臬司江忠源商議于五月二十日丑刻傳令楚勇頭目于卯初出永和門空心砲台哭同出隊該逆約二四千人已先在高坡上分三排隊開放鎗砲楚勇亦分三路直撲賊隊該逆抵敵不住退在坡後楚勇站定該逆拚死回撲復被楚勇擊退如是往復四次傷斃賊匪約百餘名正在相持知府着齡林福祥都司景星及分守永和德勝兩門将弁督飭守堞兵勇施放大砲抬鎗並經陞授督粮道南昌府知府鄧仁堃新築空心砲台督飭府練勇于台内連放大砲正中賊隊傷斃無數該員因砲位退坐致傷兩腿兩足各營舊勇兵丁復下城助戰城上城下矢石如雨該逆始全行退散正欲乘勢繞過德勝門焚燬未盡房屋該逆從屋内施放鎗砲難以動手遂于巳正撤隊查點我兵陣亡楚勇七名内有百長把總李光寛一名受傷楚勇七十二名城上受傷官兵十三名先後共傷賊匪二百餘名奪獲器械逆書號衣五十餘件生擒長髮

賊五名斬獲長髮賊首級七顆由江忠源查明具報前來臣與臣陳孚恩
及兩司道府皆在城上督戰衆核無異該文武員弁等均能用命楚勇
尤屬奮勇敢戰以一當百據江忠源稱之把總李光寬身經一百戰所向無
敵前受傷十餘次上年剿辦湖南瀏陽會匪案内尤為出力擬保藍翎
千總李年剿辦衡山耒陽等處土匪復著戰功擬保守備湖北通城
廣濟匪徒滋事該弁勇敢當先殺賊無數擬保都司此次打仗身先衆
勇深入賊隊殺賊多名中鎗身故深堪憫惜應請旨加恩照都司例
賜卹以慰忠魂戰亡兵勇由該臬司查明咨部議卹應保之勇長頭目
另開清單恭呈御覽至知府林福祥以文員隨同督戰竟能點放大
箭大砲正中賊隊身受數傷猶復奮勉登陣晝夜罔懈該員雖得軍
功藍翎應請賞換花翎以示鼓勵又該員于去年防堵尤為出力尚未
蒙保可否遇有江省請旨知府缺出請旨簡放惟是賊鋒稍挫兵

力甚單商民各逃百物缺乏困守孤城日久深慮他變現在緊要處加
築月城並鼓勵勇敢之士卒下城焚燬房屋清濠以防地道暗攻嚴拿奸
細以弭內攻江忠源忠勤勉懋籌畫周詳營員兵丁無不悅服寔屬禦侮
之才未便任其困守一隅仍請 旨速催援兵庶可早日解圍俾該司得
以北上臣等不勝翹禱之至所調南贛九江兩鎮兵均尚未到查南贛離省
較遠且各處邊界有事皆應分兵防堵輾轉征調恐難望其必來至九江
鎮兵已報十四日起程迄今未至難保無畏葸之見應請 旨將九江鎮
總兵撫標中軍參將羅玉斌暫行革職留任仍催令赶緊赴援再觀後
效所有楚勇與賊迎戰獲勝及催兵救援情形理合會同在籍尚書
臣陳孚恩恭摺由六百里加緊馳奏

九月十三日廣糧通判沈管帶緝捕船領去火藥六伯斤

十月初七日廣協左營千總黃耀吉管帶東莞壯勇往清英二次共領用去火藥

七伯斤

十月二十六日順德協右營外委馮元亮管帶順德壯勇往清英共領去火藥七伯三十五斤

十一月初一日署樂昌縣萬令防護備用領去火藥三伯斤

十一月十三日撫標左營把總熊應榮管帶巡船領去火藥八十斤

十二月初一日吏目陳嘉禮 典史陳義管帶潮勇往高廉領去火藥二伯四十斤

十二月二十四日武舉孔繼堯管帶佛山壯勇往清英領去火藥一伯斤

咸豐元年

二月初九日候補府經歷劉式恕解赴高廉備用領去火藥二千五伯斤

三月初七日從九品錢壎解赴高廉備用領去火藥二千五伯斤

三月二十五日清遠縣馬令管帶壯勇往三坑領去火藥五十斤

四月初七日順德協右營外委馮元亮管帶順德壯勇往廣寧領去火藥六伯斤

四月十三日候補縣丞劉鎮牟者祥管帶潮勇往廣寧領去火藥二千斤

四月十五日清遠營雲騎尉鍾德彪管帶濱江壯勇守平岡領去火藥八十斤

四月十九日順德協右營把總余殿榮管帶巡船往廣寧領去火藥四十斤

六月初一日委員寗之銓曾學孜解赴高廉備用領去火藥一萬斤

六月二十三日撫標中軍齊恭將帶赴高廉備用領去火藥三千斤

七月二十七日順德協外委馮元亮管帶壯勇前赴羅定領去火藥一千斤

八月二十日廣州協右營千總黃耀吉管帶壯勇赴羅定剿匪領去火藥六伯斤

閏八月初六日撥給額外劉士章管帶壯勇赴封川江口防堵應用火藥二伯斤

閏八月初八日奉

督憲札調給差前營把總藍鑌解赴高州應用火藥一萬斤

閏八月十一日撥給千總關鵬飛管帶壯勇赴封川江口防堵應用火藥三伯斤

閏八月二十一日撥給外委馮元亮管帶壯勇在羅定勦捕應用火藥七伯斤

九月十七日奉

撫憲札行撥解前赴羅定交肇慶府李守查收火藥一萬斤

十月初二日千總關鵬飛在封川江口防堵專差來省領取火藥四伯斤

十月初八日花縣年令防護備用領取火藥三伯斤

十月二十九日奉

撫憲札給差弁霍松亮解赴高州交濟參將查收轉解羅鏡交肇慶府

李守應用火藥五千斤

十二月初四日撥給黎參將帶虎門大快蟹往西江緝捕領用火藥七伯零六斤

十二月二十一日奉

督憲札給差弁李世忠解赴羅定交肇慶府查收轉解羅定軍營應用

火藥一萬斤

咸豐二年

二月初三日廣糧廳沈倅前赴封川江口防堵領用火藥二千九伯斤

二月初六日署都司楊雄超奉調管帶拖繒船前赴西江緝捕領用火藥一千斤

二月十一日奉

撫憲面諭飭即撥給差弁霍松亮解赴肇城按交肇慶府衙門查收轉

解羅鏡應用火藥一萬斤

二月十八日撥給守備黃者華奉委管帶沙灣船赴西江緝捕領用火藥三伯斤

二月十九日撥給南番二縣請領赴封川緝捕應用火藥四伯斤

懷副將奉飭購買夷砲運往燕塘試演陸續用去火藥六伯九十一斤八兩

二月二十一日奉

督憲札行儘數撥給差弁張九錫解赴羅鏡交肇慶府查收應用火藥

三千六伯斤

以上共支去火藥九萬斤

前署任懷副將奉製火藥共十三萬斤內

咸豐元年十月二十四日稟奉製造加工火藥一萬斤

二年二月二十五日稟奉批飭附省各營製造籌備火藥四萬斤內

督標中左右前後水師六營造藥六千斤

水師提標中左右前四營造藥一萬五千斤

水師提標後營造藥三千斤

陸路提標中左右前後五營造藥五千斤

肇慶協左右二營造藥二千斤

順德協左右二營造藥三千斤

新會左右二營造藥二千斤

增城左右二營造藥二千斤

清遠左右二營造藥二千斤

二年二月十五日稟奉批飭撫標廣州協各造籌備火藥一萬斤共二萬斤

二年四月十三日稟奉批飭撫標廣州協各再製籌備火藥一萬斤共二萬斤

二年五月十九日奉　撫憲札行飭製籌備火藥四萬斤内

督標在省造藥二萬斤

撫標左右二營造藥一萬斤

廣州協左右二營造藥一萬斤

又收田陞授佛山同知沈丞自封川解省火藥一萬三千斤

合共火藥一十四萬三千斤

各處領去數目

咸豐二年

二月二十四日奉

爵督憲札行於二月二十九日差外委霍松亮觧火藥六千四伯斤赴羅定
交肇慶府李守查收應用
三月初二日奉
爵督憲札行於三月初三日差額外萬長泰觧赴封川江口交委員郭查
收應用火藥五千斤
三月初四日奉
爵撫憲札行於三月初三日把總崑芳觧赴羅定交肇慶府李守查收應
用火藥一萬斤
三月十四日孔繼堯奉飭督帶佛山壯勇前往封川續赴羅定堵勦領用火
藥一千斤
四月初四日奉
爵撫憲札行於四月初四日給帶兵官把總劉繼輝、李世忠觧赴羅定交肇慶府

李守查收應用火藥一萬三千六伯斤

四月初七日奉

爵撫憲札行於四月初八日差外差霍松亮解赴梧州交高州府彭守查

收應用火藥五千斤

四月十四日奉

爵撫憲札行於四月十七日交卜委員解回梧州交佛山同知沈丞南雄州鄭

牧水師營崔參將查收應用火藥五千斤

五月初八日卸代揭陽縣王比白春奉文招募潮勇聽候調遣領用火藥一千五伯斤

五月初九日奉

爵撫憲札調火藥一萬五千斤差千總杜佳才解赴羅定呈繳

五月十五日奉

爵督憲札調火藥一萬斤差額外張廷亮解赴肇慶呈繳

六月二十五日奉
爵督憲札調火藥一萬斤差額外張廷亮解赴梧州呈繳
七月十七日千總黃耀吉奉飭管帶壯勇赴韶關堵勦領用火藥六伯斤
七月二十八日武舉孔繼堯奉飭管帶壯勇赴連州聽候調遣領用火藥
一千五伯斤
九月初一日准　臬司轉奉
撫憲批飭撥解火藥四伯斤赴英德縣防堵應用
以上共支用去火藥八萬五千斤除支外
尚存永勝局
加工火藥一萬斤
籌備火藥三萬四千斤
合共四萬四千斤

另撫標左右營存火葯七千斤

廣州協左右營存火葯七千斤

二共火葯五萬八千斤

現在接管前任懷副將移交永勝局存火葯四萬四千斤

撫標廣州協營局存火葯一萬四千斤

合共火葯五萬八千斤

另收回各處繳回火葯內

咸豐二年

九月十六日千總衞鵬飛奉飭管帶壯勇在封川江口防堵事竣裁撤繳回火葯

四佰零九斤

十月初二日額外劉士章奉飭管帶壯勇在封川江口防堵事竣裁撤繳回火葯

五十六斤

十二月十一日把總馮元亮奉飭管帶壯勇往從化勦捕事竣裁撤繳回火藥

二伯二十四斤

十二月十三日千總鄭大經繳回都司楊雄起管駕拖船往西江剿捕波山艇匪前

領火藥一千斤

十二月十四日清遠濱江司劉光裕於道光三十年清英匪徒滋事奉飭管帶壯

勇赴英德黃城口防堵事竣繳回火藥三十[illegible]斤八両

咸豐三年

正月二十八日奉

督憲札行點收千總張彪自留解回火藥六十五斤

二月十五日奉

督憲札行點收千總黃耀吉奉撤壯勇繳回火藥三伯零五斤

三月初三日補用守備孔繼堯奉撤壯勇繳回火藥一伯斤

以上共收回火藥二千一伯九十一斤零八兩

連前接管火藥共六萬零一伯九十一斤零八兩

撥給各處領用數目

咸豐二年

九月十七日撫標右營豫遊擊帶兵隨

憲臺往韶關防堵領用火藥五千斤

十月初九日把總馮元亮奉飭管帶壯勇往從化勦捕領用火藥三伯斤

咸豐三年

三月初五日守備尹達章奉飭酌帶省河緝捕巡船往惠州老隆一帶[illegible]勦和

平[illegible]賊匪領用火藥五伯斤

三月十二日千總鄭大經奉飭管駕拖繒船四隻往封川聽用領去火藥二千斤

四月初四日守備尹達章奉飭管駕省河巡船往西江一帶緝捕領用火藥五伯斤

四月初二日都司楊雄起奉飭管帶䲁拖船六隻赴封川防堵領用火藥三千斤

五月二十三日鎮署都司陳國泰奉委管駕紅单船二十隻駛往江南聽候調遣

領用火藥三萬斤

六月二十日遊擊吴全美奉委管駕紅单船十四隻駛往江南聽候調遣領用

火藥二萬斤內領去

永勝局八千斤

以上共領去火藥共四萬九千三伯斤

除領去外局內寔存

加工火藥一萬斤

籌備火藥八伯九十一斤零八両

FO.682/1971/24

謹將解過奉撥捐輸銀一百萬兩數目開列呈

閱

計開

一起委員倪福寬領解銀六萬二千三百一十六兩三錢零五厘五毫
八絲于二年三月二十五日起程

一起委員施道彬領解銀六萬兩于二年三月二十六日起程

以上二批解赴 西撫院衙門投納

一起委員丁申領解銀二萬兩于二年四月二十六日起程

此款解至肇慶經 徐前部堂截留帶赴西省勦捕支用

一起委員陳斌領解銀六萬兩于二年六月二十四日起程

一起委員李宏錦領解銀六萬兩于二年七月二十日起程

一起委員朱爾欽領解銀五萬兩于二年八月十八日起程

一起委員張甘羅領解銀七萬兩于二年八月二十日起程

以上四批解赴 徐前部堂桂林一帶大營投納

一起委員張世瑞領解銀五萬三千兩于二年七月初九日起程

一起委員錢塘領解銀五萬二千兩于二年七月十三日起程

一起委員鄭廉卿領解銀六萬五千兩于二年十月十三日起程

一起委員程承芳領解銀五萬兩于二年十月二十二日起程

一起委員王佐清領解銀五萬兩于二年十二月初九日起程

一起委員李文瑢領解銀五萬兩于二年十二月二十二日起程

一起委員沈世駿領解銀七萬兩于三年六月十八日起程

一起委員敬宗岳領解銀七萬兩于三年六月十九日起程

以上八起解赴 西撫院衙門投納

一起于二年七月初六日由東藩司發給廣東紳士候選通判許樺祖製衣辦火
藥等項赴西需用銀三萬兩

以上各起共解過銀八十七萬二千三百一十六兩三錢零五厘五毫八絲

除解外尚欠解銀一十二萬六千六百八十三兩七錢零

[redacted]

謹將司庫自道光三十年起至咸豐三年六月底止撥解各省軍需及兵餉銀兩

動撥款目委員姓名開列呈

電

計開

一支給委員章增耀等領解廣東省指撥地丁赴廣西軍需銀五萬五千七百七十二兩五錢五分九厘二毫一絲六忽內章增耀于道光三十年十月十三日起程奕步春于道光三十年十月十四日起程

一支給委員汪以增等領解廣東省指撥地丁赴廣西軍需銀三萬二千零八十九兩九錢四分九厘八毫內汪以增于咸豐元年九月十九日起程李宏錦于咸豐元年九月二十日起程

一支給委員童源潤等領解廣東省指撥地丁赴湖北軍需銀二萬二千八百二十兩零九錢一分七厘八毫九絲七忽內童源潤于咸豐三年正月十三日起程陳炳龍于咸豐三年正月十五日起程

一支給委員俞鳳書等領解廣東省指撥地丁赴廣西軍需銀一萬三千四百九十兩零六錢九分六厘內俞鳳書于咸豐元年正月二十八日起程楚湘涵于咸豐元年正月二十九日起程

一支給委員沈世駿等領解廣東省指撥地丁赴廣西軍需銀二萬四千二百八十七兩二錢九分五厘一毫零三忽內沈世駿于咸豐三年六月十八日起程敬宗岳于咸豐三年六月十九日起程

一支給委員王萬選領解廣東省籌撥地丁赴貴州兵餉銀四萬兩于道光三十年三月初五日起程

一支給委員孫長恩領解廣東省籌撥地丁赴廣西兵餉銀五萬九千九百三十六兩七錢六分五厘于咸豐元年七月二十四日起程

一支給委員張世瑞等領解廣東省籌撥地丁赴廣西軍需銀一萬一千一百四十五兩零八分九厘二毫內張世瑞于咸豐二年七月十二日起程錢壎于咸豐二年七月十三日起程

一支給委員陳斌等領解廣東省籌撥地丁赴廣西軍需銀四萬零二百

兩內陳斌于咸豐元年十一月初二日起程高邁于咸豐元年十一月初九日起程

以上共撥地丁銀二十九萬九千七百四十三兩二錢七分二厘二毫一絲六忽內

指撥地丁銀一十四萬八千四百六十一兩四錢一分八厘零一絲六忽

籌撥地丁銀一十五萬一千二百八十一兩八錢五分四厘二毫

一支給委員章增燿等領解廣東省指撥襍欵赴廣西軍需銀四萬四千二百二十七兩四錢四分零七毫八絲四忽內章增燿于道光三十年十月十三日起程奕春于道光三十年十月十四日起程

一支給委員汪以增等領解廣東省指撥襍欵赴廣西軍需銀二十四萬七千九百一十兩零五分零二毫內汪以增于咸豐元年九月十九日起程李宏錦于咸豐元年九月二十日起程張純于咸豐元年九月二十一日起程孟毓斗于咸豐元年九月二十二日起程

一支給委員章增燿領解廣東省指撥襍欵赴廣西軍需銀四萬三千兩于咸豐元年三月二十二日起程

一支給委員童源潤等領解廣東省指撥襍欵赴湖北軍需銀一十八萬五千六百二十九兩三錢八分二厘一毫零三忽內童源潤于咸豐三年正月十三日起程陳炳龍于咸豐三年正月十五日起程楊長慶于咸豐三年正月十七日起程

一支給委員馮寶封領解廣東省指撥襍欵赴江西總局軍需銀一萬

六千二百六十一兩于咸豐三年六月二十五日起程

一支給委員俞鳳書等領解廣東省指撥襍款赴廣西軍需銀一十三萬

六千五百零九兩三錢零四厘內俞鳳書于咸豐元年正月二十八日起程楚湘涵于咸豐元年正月二十九日起程

一支給委員沈世駿等領解廣東省指撥襍款赴廣西軍需銀一十萬零

四千七百一十二兩七錢零四厘八毫九絲七忽內沈世駿于咸豐三年六月十八日起程敬宗岳于咸豐三年六月十九日起程

一支給奉行指撥襍款解赴福建軍需銀四萬三千兩尚未起解

一支給委員張世瑞等領解廣東省籌撥襍款赴廣西軍需銀九萬

四千八百五十四兩九錢一分零八毫內張世瑞于咸豐二年七月十二日起程錢壎于咸豐二年七月十三日起程

一支給委員陳斌等領解廣東省籌撥襍款赴廣西軍需銀一十一萬零

六百一十六兩八錢九分七厘內陳斌于咸豐元年十一月初二日起程高邁于咸豐元年十一月初九日起程

一支給委員孫顧言領解廣東省籌撥襍款赴貴州兵餉銀二萬七千

兩于咸豐三年三月初一日起程

一支給委員孟毓斗領解廣東省籌撥襍款赴廣西軍需銀五萬兩于咸

豐二年二月二十五日起程

一支給委員黃維德領解廣東省籌撥襍欵赴湖南軍需銀二萬五千七百兩于咸豐二年十二月十九日起程

一支給委員丁文煥領解廣東省籌撥襍欵赴廣西兵餉銀四萬兩于咸豐元年九月十六日起程

一支給委員童源潤等領解廣東省籌撥襍欵赴廣西軍需銀一十三萬兩內童源潤于咸豐元年二月十二日起程丁申于咸豐元年二月十三日起程

一支給委員倪福寬等領解廣東省籌撥襍欵赴廣西軍需銀一十一萬五千八百九十六兩三錢零五厘五毫八絲內倪福寬于咸豐二年三月二十五日起程施道彬于咸豐二年三月二十六日起程

以上共撥襍欵銀一百四十一萬五千三百一十七兩九錢九分五厘三毫六絲四忽內

指撥銀八十二萬一千二百四十九兩八錢八分一厘九毫八絲四忽

籌撥銀五十九萬四千零六十八兩一錢一分三厘三毫八絲

一支給委員施道彬等領解捐輸赴廣西軍需銀七萬八千四百二十兩內施道彬于咸豐二年三月二十六日起程丁申于咸豐二年四月二十六日起程鄭應卿于咸豐二年十一月十三日起程沈世駿于咸豐三年五月十八日起程

諸鈞于咸豐三年六月二十三日起程

一支給委員謝奎領解捐輸赴江西総局軍需銀七千兩于咸豐三年四月二十七日起程

一支給委員趙嘉梧領解捐輸赴江西総局軍需銀一萬兩于咸豐三年六月初二日起解

一支給奉行指撥捐輸解赴福建軍需銀四萬三千一百兩尚未起解

以上共撥捐輸銀一十三萬八千五百二十兩

通共撥解各省軍需及兵餉共銀一百八十五萬三千五百八十一兩二錢六分七厘五毫八絲内

地丁銀二十九萬九千七百四十三兩二錢七分二厘二毫一絲六忽内

指撥銀一十四萬八千四百六十一兩四錢一分八厘零一絲六忽

籌撥銀一十五萬一千二百八十一兩八錢五分四厘二毫

襍款銀一百四十一萬五千三百一十七兩九錢九分五厘三毫六絲四忽内

指撥銀八十二萬一千二百四十九兩八錢八分一厘九毫八絲四忽

籌撥銀五十九萬四千零六十八兩一錢一分三厘三毫八絲

捐輸銀一十三萬八千五百二十兩

謹將前任崑協奉制衣火葯九萬斤前署任懷副將奉制衣火葯一十三萬斤計自道光二十七年七月起至咸豐三年六月止所有陸續支去各處領用數目理合備列清摺呈

閱

計開

前任崑協奉制衣火葯共九萬斤內

道光二十七年七月內奉制衣加工火葯五萬斤

道光二十八年十二月内奉制衣籌備火藥四萬斤内

督標中左右前後水師六營造藥六千斤

水師提標中左右前四營造藥一萬五千斤

水師提標後營造藥三千斤

陸路提標中左右前後五營造藥五千斤

肇慶協左右二營造藥二千斤

順德協左右二營造藥三千斤

新會左右二營造藥二千斤

增城左右二營造藥二千斤

清遠左右二營造藥二千斤

各處領用數目

道光三十年

七月二十七日候補府史守管帶潮勇往英清領去火藥三千斤（于咸豐元年五月初三日繳回火藥一千三伯三十八斤）

實領用去火藥一千六伯六十二斤

八月初九日花縣張令防護備用領去火藥五伯斤

九月初五日候補縣江肇恩、惠州府訓導楊元勳管帶潮勇往廣寧二次領去火藥一千五伯斤（三次共繳回火藥九伯零五斤八两）

實領用去火藥五伯九十四斤八两

九月初六日撫標左營守備翟翻文管帶東莞壯勇往清英領去火藥一千二伯斤（九月二十五日繳回火藥二伯斤）

實領用去火藥一千斤

九月初六日支應總局在清遠陸續共移取火藥二千三伯斤（咸豐元年四月十三日、五月初三等日二共移還火藥六伯斤）

實移取用去火藥一千七伯斤

九月十三日委員感恩縣許令管帶潮勇往英清領去火藥三千五伯斤（咸豐元年正月十五日繳回火藥二千三伯九十一斤）

實領用去火藥一千一伯零九斤

九月十三日委員潮陽縣縣丞劉鎮、河婆司巡檢張映奎管帶潮勇往清英領去火藥二千斤（咸豐元年正月十三四等日共繳回火藥一伯八十八斤）

實領用去火藥一千八伯一十二斤

A

謹將自咸豐三年正月初一日起至七月初九卯止各官捐輸候撥紋銀已

未詳奏數目列摺呈

電

計開

已奏督撫憲司道等共捐銀四萬九千一百兩

已奏第一次四品以下各官共捐銀四萬六千五百兩

附奏前署高州府胡美彥捐銀三千六百兩

列入三月分寔在官階奏報湖北宜昌鎮遊擊張玉堂捐銀二千八百兩

已詳奏第二次四品以下各官共捐銀四萬一千五百二十兩

列入五月分寔在官階奏報王承宗稟繳伊子捐銀一千兩

列入第五次封典職銜奏報塩運司趙　捐銀二千一百兩

歸下次詳奏四品以下各官內

潮州府吳均捐銀三千四百兩

署永安縣吳贊誠捐銀六百兩

陽江縣童光晋捐銀四千零一十兩

瓊山縣李文烜捐銀一千一百兩

未詳奏陽江等四鎮共捐銀一萬一千二百五十兩

以上共收存司庫銀一十六萬六千九百八十兩內除

支委員試用縣丞趙嘉梧領餉奉撥粤海關監督曾　續捐軍

餉赴江西總局軍需銀一萬兩外

寔存司庫紋銀一十五萬六千九百八十兩內有補用直隸州知州蔡牧已詳奏未繳銀八千兩在內

B

謹將自咸豐三年正月初一日起至七月十九卯止各官捐輸俟撥紋
銀已未詳　奏數目列摺呈
電
計開
已奏 督撫憲司道等共捐銀四萬九千一百兩
已奏第一次四品以下各官共捐銀四萬六千五百兩
附奏前署高州府胡美彥捐銀三千六百兩
列入三月分寔在官階奏報湖北宜昌鎮遊擊張玉堂捐銀二千八百兩
已奏第二次四品以下各官共捐銀四萬一千五百二十兩
列入五月分寔在官階奏報王承宗稟繳伊子捐銀一千兩
列入第五次封典職銜奏報塩運司趙　捐銀二千一百兩
歸下次詳奏四品以下各官內
潮州府吳均捐銀三千四百兩
署永安縣吳贊誠捐銀六百兩
陽江縣童光晋捐銀四千零一十兩
瓊山縣李文烜捐銀一千一百兩
未詳奏陽江等四鎮共捐銀一萬一千二百五十兩
以上共收存司庫銀一十六萬六千九百八十兩內除
支委員試用縣丞趙嘉梧領解奉撥粵海關監督曾　續捐軍餉
赴江西總局軍需銀一萬兩外
寔存司庫紋銀一十五萬六千九百八十兩內有補用直隸州知州蔡牧已詳奏未繳銀八千兩在內

謹將捐資助餉自咸豐元年十一月開捐起至本年七月初九卯止收支存剩数目

列摺呈

電

計開

自咸豐元年十一月開捐起至本年六月二十九卯止共收捐生捐輸銀一百一十三萬

九千零五十二兩六錢

又自七月初一日起至初九卯止共收捐生捐輸銀五千七百八十兩內

大佛寺局捐生二十三名銀三千零二十兩

佛山分局捐生七名銀二千六百四十兩

香山捐生一名銀一百二十兩

二共收捐生捐輸銀一百一十四萬四千八百三十二兩六錢（內有上年官捐銀七萬三千二百兩在內）

本省支銀九十五萬零五百六十二兩六錢四分零七絲四忽

解赴廣西軍需銀七萬八千四百二十兩

解赴江西軍需銀七千兩

尚寔存司庫銀一十萬零八千八百四十九兩九錢五分九厘九毫二絲六忽

紋銀一萬二千一百八十五兩一錢六分九厘七毫四絲八忽五微

番銀九萬六千六百六十四兩七錢九分零一毫七絲七忽五微

謹将粵海関撥解過廣西省軍需自道光三十年十月起至咸豐三年六月止
銀兩數目開列呈
電
計開
一支給委員秦廷楫等領解奉撥粵海関税赴廣西省軍需銀一十萬
兩内委員秦廷楫于道光三十年十月十五日起程
委員孫天保于道光三十年十月十六日起程

一支給委員朱聲鳳等領解奉撥粵海関税赴廣西省軍需銀一十
萬兩内委員朱聲鳳于道光三十年九月初二日起程
委員胡奉詰于道光三十年九月初四日起程
一支給委員丁文煥等領解奉撥粵海関税赴廣西省軍需銀一十
萬兩内委員丁文煥于咸豐元年正月十九日起程
委員于奎于咸豐元年正月二十日起程
一支給委員章增燿等先後領解奉撥粵海関税赴廣西軍需銀
一百萬兩内委員章增燿孫天保任光煦胡奉詰領解銀二十萬兩于咸豐元年五月十四十五十六十七等日起程潘承家周震亨領解銀一
十一萬兩于咸豐元年八月初二日起程潘熈曾張玢俞安福領解銀二十萬兩于咸豐元年閏八月初六初七初八等日起程鍾雲龍徐溥文王萬選馮
實封陸銑曾烏廷梧宋銓領解銀四十九萬兩于咸豐元年閏八月二十二十一二十二二十四二十五二十六二十七等日起程
一支給委員徐保泰等領解奉撥粵海関税赴廣西省軍需銀一十
四萬九千一百八十三兩一錢零三厘内委員徐保泰于咸豐元年十月十五日起程
委員高廷楨于咸豐元年十月十六日起程
一支給委員張甘羅等領解粵海関税赴廣西省軍需銀二十八萬
兩内委員張甘羅于咸豐元年十月二十八日起程錢華齡于咸豐元年十一月十八日起程張長庚于咸豐元年十二月初九日起程慶瑞于咸

豐元年十二月二十六日起程

一支給委員趙嘉梧領解粵海關稅赴廣西省軍需銀七萬兩於咸豐二年三月二十九日起程

一支給委員丁申領解粵海關稅赴　爵督憲行營備用銀五萬兩於咸豐二年四月二十六日起程

一支給委員張甘羅領解粵海關稅赴　爵督憲行營備用銀八萬兩於咸豐二年四月二十九日起程

一支給委員陳斌領解粵海關稅赴　爵督憲行營備用銀六萬兩於咸豐二年六月二十一日起程

一支給委員李宏錦領解粵海關稅赴　爵督憲行營備用銀六萬兩於咸豐二年七月二十日起程

一支給委員朱爾黻領解粵海關稅赴　爵督憲行營備用銀五萬兩於咸豐二年八月十八日起程

一支給委員張甘羅領解粵海關稅赴　爵督憲行營備用銀七萬兩於咸豐二年八月二十日起程

一支給委員鄭康卿領解奉撥粵海關稅赴廣西省軍需銀五萬兩於咸豐二年十一月十三日起程

一支給委員程承芳領解奉撥粵海關稅赴廣西省軍需銀五萬兩於咸豐二年十一月二十二日起程

一支給委員王佐清領解奉撥粵海關稅赴廣西省軍需銀五萬兩於咸豐二年十二月初九日起程

一支給委員李文瑢領解奉撥粵海關稅赴廣西省軍需銀五萬兩於咸豐二年十二月二十二日起程

以上共撥銀二百三十六萬九千一百八十三兩一錢零三厘

謹將捐資助餉自咸豐元年十一月開捐起至本年七月十九卯止收支
存剩數目列摺呈
電
計開
自咸豐元年十一月開捐起至本年七月初九卯止共收捐生捐輸銀一
百一十四萬四千八百三十二兩六錢

又自七月初十日起至十九卯止共收捐生捐輸銀五千八百五十兩內
大佛寺局捐生十五名銀一千三百二十兩
佛山分局捐生五名銀四百兩
馬耕心堂捐繳銀二千九百三十兩
同順舊洋行捐繳銀一千二百兩
二共收捐生捐輸銀一百一十五萬零六百八十二兩六錢內有上年官捐銀七萬三千二百兩在內
本首支銀九十六萬四千七百兩零八錢四分零七絲四忽
解赴廣西軍需銀七萬八千四百二十兩
解赴江西軍需銀七千兩
[illegible]
尚實存司庫銀一十萬零五百六十一兩七錢五分九厘九毫二絲六忽內
紋銀一萬二千二百五十五兩三錢六分九厘七毫四絲八忽五微
番銀八萬八千三百零六兩三錢九分零一毫七絲七忽五微
[illegible]

[redacted]

謹將捐貲助餉自咸豐元年十一月開捐起至本年八月十九卯止收支
存剩數目列摺呈
電
計開
自咸豐元年十一月開捐起至本年八月初九卯止共收捐生捐輸銀
一百一十五萬六千二百一十四兩六錢
又自八月初十日起至十九卯止共收捐生捐輸銀四千八百七
十五兩內
大佛寺局捐生十九名銀二千九百一十二兩
佛山局捐生四名銀六百八十兩
和平縣捐生五名銀一千二百八十三兩
二共收捐生捐輸銀一百一十六萬一千零八十九兩六錢內有工年
官捐銀七萬三千二百兩在內
本省支銀九十八萬七千二百三十二兩五錢五分八厘零七絲
四忽
解赴廣西軍需銀七萬八千四百二十兩
解赴江西軍需銀七萬兩
又各官捐輸報效解赴江西福建軍需銀四萬八千七百兩
通共支解軍需銀一十二萬四千一百二十兩
尚寔存司庫銀八萬八千四百三十七兩零四分一厘九毫二絲六忽內
紋銀三萬三千二百二十四兩五錢九分二厘七毫四絲八忽五微
番銀五萬五千二百一十二兩四錢四分九厘一毫七絲七忽五微
存捐開各官捐輸候撥紋銀
一十一萬八千一百三十兩

謹將自咸豐三年正月初一日起至八月十九卯止各官捐輸候撥紋銀已未詳奏數目列摺呈

電

計開

已奏　督撫憲司道等共捐銀四萬九千一百兩

已奏第一次四品以下各官共捐銀四萬六千五百兩

附奏前署高州府胡美彥捐銀三千六百兩

列入三月分定在官階奏報湖北宜昌鎮遊擊張玉堂捐銀二千八百兩

已奏第二次四品以下各官共捐銀四萬一千五百二十兩

列入五月分定在官階奏報王承宗稟繳伊子捐銀一千兩

列入第五次封典職銜奏報鹽運司趙　捐銀二千一百兩

列入七月分定在官階奏報卸任水師提標前營都司李鑾飈捐銀一千九百兩

歸下次詳奏四品以下各官內

潮州府吳均捐銀三千四百兩

署永安縣吳贊誠捐銀六百兩

陽江縣童光晉捐銀四千零一十兩

瓊山縣李文烜捐銀一千一百兩

署瓊防同知劉廷揚捐銀一千兩

未詳奏陽江等四縣共捐銀一萬二千六百兩

以上共收司庫銀一十七萬一千二百三十兩

支委員試用縣丞趙嘉梧領解奉撥粵海關監督曾　續捐軍餉赴江西總局軍需銀一萬兩

支委員卸連平州長吉里司蔡始權領解福建省軍需銀三萬八千七百兩

支銀四千四百兩收入西庫硝磺價項內作為閩省來粵採買硝斤價候給硝商領辦本案硝斤工本之用（在福建餉內扣除）

定存司庫紋銀一十一萬八千一百三十兩（內有補用直隸州知州蔡牧已詳奏未繳銀八千兩在內）

FO.682/279A/6(24).

謹將捐資助餉自咸豐元年十一月開捐起至本年七月二十九卯止收支
存剩數目列摺呈
電
計開
自咸豐元年十一月開捐起至本年七月二十九卯止共收捐生捐輸銀一
百一十五萬零六百八十二兩六錢
又自七月二十日起至二十九卯止共收捐生捐輸銀三千三百一十
二兩内

大佛寺局捐生十八名銀一千六百五十八兩
佛山分局捐生一名銀八十兩
香山捐生一名銀一千零五十三兩
新會捐生四名銀三百六十兩
職員沈光國補繳銀一兩
廣州府捐生二名銀一百六十兩
二共收捐生捐輸銀一百一十五萬三千九百九十四兩六錢內有上年官捐銀七萬三千二百兩在内
本省支銀九十三萬九千八百三十八兩五錢四分五厘零七絲四忽
解赴廣西軍需銀七萬八千四百二十兩
解赴江西軍需銀七千兩
[redacted]
尚寔存司庫銀一十二萬八千七百三十六兩零五分四厘九毫二絲六忽内
紋銀三萬九千九百六十一兩六錢六分四厘七毫四絲八忽五微
番銀八萬八千七百七十四兩三錢九分零一毫七絲七忽五微
[redacted]

謹將自咸豐三年正月初一日起至七月二十九卯止各官捐輸俟撥紋銀已未詳

奏數目列摺呈

電

計開

已奏 督撫憲司道等共捐銀四萬九千一百兩

已奏第一次四品以下各官共捐銀四萬六千五百兩

附奏前署高州府胡美彥捐銀三千六百兩

列入三月分寔在官階奏報湖北宜昌鎮遊擊張玉堂捐銀二千八百兩

已奏第二次四品以下各官共捐銀四萬一千五百二十兩

列入五月分寔在官階奏報王承宗稟繳伊子捐銀一千兩

列入第五次封典職銜奏報鹽運司趙 捐銀二千一百兩

列入七月分寔在官階奏報卸任水師提標前營都司李鑾彪捐銀一千九百兩

歸下次詳奏四品以下各官內

潮州府吳均捐銀三千四百兩

署永安縣吳贊誠捐銀六百兩

陽江縣童光晋捐銀四千零二十兩

瓊山縣李文烜捐銀一千一百兩

署瓊防同知劉廷揚捐銀一千兩

未詳奏陽江等四鎮共捐銀一萬一千五百五十兩

以上共收存司庫銀一十七萬零一百八十兩內除

支委員試用縣丞趙嘉梧領解奉撥粵海關監督曾 續捐軍餉赴江西

總局軍需銀一萬兩外

寔存司庫紋銀一十六萬零一百八十兩內有補用直隸州知州蔡牧已詳 奏未繳銀八千兩在內

謹將自咸豐三年正月初一日起至九月初九日止各官捐輸候撥
紋銀已未詳奏數目列摺呈
電
計開
已奏　督撫憲司道等共捐銀四萬九千一百兩
已奏第一次四品以下各官共捐銀四萬六千五百兩
附奏前署高州府胡美彥　捐銀三千六百兩
列入三月分寔在官階奏報湖北宜昌鎮遊擊張玉堂捐銀二千八百兩
已奏第二次四品以下各官共捐銀四萬一千五百二十兩
列入五月分寔在官階奏報王承宗稟繳伊子捐銀一千兩
列入第五次封典職銜奏報鹽運司趙　捐銀二千一百兩
列入七月分寔在官階奏報卸任水師提標前營都司李鑾彪
捐銀一千九百兩
歸下次詳奏四品以下各官內
潮州府吳均捐銀三千四百兩
署永安縣吳贊誠捐銀六百兩
陽江縣童光晋捐銀四千零一十兩
瓊山縣李文炬捐銀一千一百兩
署瓊防同知劉廷揚捐銀一千兩
增城縣倪森捐銀一千五百兩
未詳奏陽江等四鎮共捐銀一萬二千六百兩
以上共收存司庫銀一十七萬二千七百三十兩
支委員趙嘉梧領解奉撥粵海關監督曾　續捐軍餉赴江西總
局軍需銀一萬兩
支委員蔡始權領解福建省軍需銀四萬三千一百兩
寔存司庫紋銀一十一萬九千六百三十兩內有補用直隸州知州蔡枚已詳奏未繳銀八千兩在內

FO.682/378B/1(61)

據云於九月念六日接閱由香港來勒刻上海新聞事云自九月初六日有蘇州官兵到了上海扎營南便有在岸上扎設布帳有在河面扎騎小艇其小艇約有五百隻每只官兵五十名官兵多在圍困南門估有七千五百名另有許多挑夫不詳多寡　道台亦在其內聞此官兵內有廣東人廣西人貴州湖北蘇州四源人添此官兵戰法不善且到處勒取民人財物不與分文而　道台竟不令責任兵自胆自為有如賊者又　道台有大艇三十隻三次由河滘進攻不入不分勝敗惟其大艇內有不善檢點放炮失火被焚　道台屢多命戰意甚着急聞有勇兵不怕生死者分五六處用梯一齊扒城均被賊人打死又蘇州民自作亂于九月初十日　道台調兵前往彈壓上海是日亦小打仗勝敗仍然不分城內賊人粮食豐足賊首出示禁止米價又接北京自正月初旬發來新聞說稱并無打仗自失上海之日花旗番官名斤能嗟執浮是賊之船一只船內炮器齊備番官斤能嗟即將賊船送與　道台管用惟斯時賊船所備之炮並無炮架斤能嗟亦與　道台辦備并指示　道台戰法一切

此因亇能啳與　道台極甚相好故有此助也但上海之賊有信與各國領事番官博論亇能啳相幫　道台是誰情理說伊與南京太平王同事前經現回香港之大兵頭曾往南京與太平王定立合約不幫官兵又不幫平王何以今日背約而衛道台此援　道台兵丁親告賊知云若乃請教各國番官公議是否道理且于失守上海之時賊兵總說要殺　道台惟亇能啳不肯易着番兵輔其出行居住各國番官皆說此事亇能啳不理賊人亦責其不理賊說堅守城池雖亇能啳相幫道台而　道台雖有大兵賊亦不畏又云太平王曾着一賊首李前往衛助廈门賊人帶有銀兩炮器已到廈门隨後不知去向及其銀兩炮器亦不見了如此廈门之匪因無粮倉火藥極甚為難

第一號　九月廿七日到

P.1　FO.682/327/2(23)

軍機大臣　字寄
兩廣總督葉　咸豐三年十一月二十日奉
上諭有人奏本年廣西剿辦興安土匪一案臬司許祥光未到之先即經紳民團練等攻破賊壘收復縣城該臬司虛冒戰功捏稱勝仗知縣蔡映符

P.2

陷賊偷生許祥光曲為解脱並飭令紳士具呈改填復城日期各等弊現在廣西土匪尚未肅清地方官督兵剿賊半資紳團之力如果該臬司飾詞冒功並有為蔡映符掩飾各情該撫不加詳察據以入奏以致物議沸騰亟應從嚴查辦著葉名琛

P.3 end

按照所奏情節查明據實具奏毋得稍有迴護原摺單六件並蔡映符原示一紙均著抄給閱看將此由五百里諭令知之欽此遵
旨寄信前來

十一月廿九日奉到

25

FO.682/391/3(32)

六月十一日原呈　具安縣紳士具

具呈軍功六品監生蔣方清敬諭蔣方直等
為公懇鴻恩分別良匪剿撫兼施以靖地方事
情具邑二三月間風聞南鄉有外匪入境勾引無
知開名斂錢邀人入会曾經蔡令至会同委
員密查維時尚未悉匪迹未便究辦而謠言四
大人心惶恐蔡令於五月又傳南鄉廩生蔣方海
生員歐陽俊等赴縣詢問虛實彼此詞稱各異
未經根究遽於二十日將蔣方海等解赴省轅
質訊不料二十一日夜倏然匪集黎明攻破縣
城焚燒衙署民房帖貼偽示猖獗已極二十
三日該匪分股下鄉騷擾富戶索取錢米馬匹逼

勒索民歷令從逆助惡者，勢日猖，羽黨日衆，驅良善於危亡，陷無辜於死地，荼毒境內，擾及鄰封，此誠天地所不容，神人所共怒者也。本分股攻打，靈全俱被官兵擊敗，清平心懷義憤，志切同仇，探知賊鋒已挫，定然法網難逃，爰邀各鄉紳士設法解散脅從，暗集各團，誓死訂期殺賊。於六月初七日巳刻，督同團練四圍兜拿，擒殺逆首多名，殺斃逆黨無數，救護本主，克復城池，奪獲錢米糧台以濟團費，奪獲馬匹器械以助團威。查經蔡主分別當新開所擒首呈送案下，現在逃匿首逆尚未全獲，伏乞

欽命大人分別剿擒，則合邑頂祝公侯萬代矣。

六月十四日路汶傳遞公呈　臬司許祥光飭令改具
具呈與安縣六品軍功監生蔣方清、廩生岳峙
為按實呈明事。竊本年五月內與安地方有匪
徒糾合謀為不軌，經蔡縣主會同委員緝獲為
首要犯羅月耐等七名解省審辦，並經蔡縣
主續獲犯八名收禁縣監。該匪原謀十月起事，
據匪供逆因事已敗露，該黨被獲收禁縣監，即
于五月二十三日聚眾入城劫獄。其時匪起倉卒，
與安存城兵丁無多，猝不及防，突被闖入。方清
等一聞此信，均念蔡縣主平日居官廉明，誠
恐為賊所害，乃勢緊急，不及多帶家丁，即率
附近練丁三百餘名，乘匪尚未布置，冒死徑入縣

賊巢內尋見葉亞有縊在內當即砍斷縊繩拖
負出賊回村救甦葉亞因賊被匪破恨不欲生
自絕飲食屢勸自若方清雋以匪佔據縣城
必當設法克復徒死無益倘若偷生則圖續無主
人心務必渙散難以致命再三勸解葉亞主
無奈隱與方清雋籌商滅賊自贖無間可乘
並因以匪徒分佈道路不通未能至省呈報旋因
該匪進竄靈川蒙大人于六月初三日親督兵
勇進剿大獲全勝殲斃生擒賊匪無數克復
靈川縣城追殺二十餘里該匪膽落十分畏懼
餘匪悉退守興安縣城內外不敢遠出葉亞主
即具密稟差勇齎圖丁費至省城拿蒙大

人回諭授以機宜葉錦主即商同方清藩集團接應大兵並密諭賊中脅從中悔悟之人令候大兵進剿時在內放火攻賊初九日大人親督兵勇至與安攻剿葉錦主即同方清藩帶領練丁協剿該省賊中脅從悔悟之人在內放火接應登時攻破城外賊營三座克復錦城此匪徒起事方清藩救出葉錦主並[illegible]諸設計接應之實在情形也真葉錦主有妾葉氏當時罵賊不屈守節捐軀合併呈明已于大人傳見詢問之時據實面稟外理合連名據實呈候大人察核施行

處分。如敢陷賊偷生、自甘捏詞冒賞獎徒

嚴懲以儆欺罔而伸

國法。竊自逆匪滋擾以來，我

皇上特諭各省紳民辦理團練，如有能援城殺賊立功者，即准

奏請獎勵。又屢奉

諭旨：被賊地方查明失守城池之文武員弁有無逃避情節

按律懲辦，權衡至當，賞罰公無私。各地方長吏宜如何

激發天良悔悟禁令不謂竟有褒以賸之類倒功

罷敝於扶同掩蔽以上欺

君父粵下柳塘情勢處本年廣西办理無安土匪羣擾

原委由孫良自司許祥光請兵進剿滑忽據知府蔡映

符密稟以該員失城後經紳民救出仍在密商紳

士黎某團練設法援應於大兵進剿之時在於城

內放火等語旋因兵安知城被賊陷後乃本地紳民

齊集團練於許祥光未到之前業已反正自五月

二十二日賊匪破城佔據適有陷賊不甘從逆之廩

生何霖密約紳士蔡方以第廿某於中解散為內從暗

集團練於六月初七日巳刻攻破賊黨擒殺首逆

多名立將城池收復又於城外之廬陵會館收獲

知府蔡映符救出則是該員遇救之時賊黨已破

郡城已復，烏有所稱密商紳民放火擄掠之
事，其為欺罔已顯然矣。又原奏稱許祥光於
初九日酉刻馳抵英安，離賊營五里餘，策馬當
先，攻破賊營，及奮勇殺進郡城等語。夫團練
人等於初七日已經反正復城，何以許祥光初
九日抵英安後更有賊營及城內外匪徒
拒敵之理？其中戰功如許所云，錯有鋪張，
雖于全同夢囈，欺罔通天，捫心何忍？且其曲
為知府蔡映符開脫一節，尤為有心顛倒。
查蔡映符平日居官殘賊，性極貪鄙，惟以催
科嚴酷為事，尚有欠銀三錢之家，而蔡若
追比至二十餘人，其他蓋可想見，以致匪徒藉
詞為亂。至其陷賊後，粵省士民有云其實
已降賊入會，頭裹紅巾，為賊索勒各典當與

省城陷後英夷初令其子帶印退出省垣時省城發
民僉謂紳官必死並有聲稱賊中匪徒究心為其
殺祭之事乃經柏據降落暎符致其同鄉藩經歷
李鶴年手書係初七日復城內設若輩中自之被
賊擄去不加凌辱兼聞逃出收復紳城並稱李
鶴向上官求速印信給與猛貴兵壯相助共襄於
是省城官民始知其未死何以兼聞遽能逃出
紳城遂能收復亦系能自之其故夫以身在賊中
至十餘日之久即使降賊入会之言未必皆實
而其陷賊偷生固已形迹昭著乃該員身既
不知愧恥而為上司者又必曲為維護詐詳
究到與安日該紳紳民公呈其稟復城實在
情形該員自曾即稱為長呈收復城日期改

換並令趁稱知府蔡映符平日居官廉明城
破以後自縊遇救得生如何與紳民商同內應如何
許祥光授以机宜督兵攻破賊营克復縣城等語
當時紳民雖不敢不曲從而其冤抑為已甚矣又聞此
案先經省局紳士訪聞匪徒逆謀牽請院司飭縣
查拏已獲匪首羅月耐等該縣狥則任聽差役串

保釋放飾詞牽覆維聞匪党更熾復拏羅月耐等
而匪徒遂以起事及至縣城克復之後又復出示稱其
城陷所失錢物甚多諭令民間繳還否則自帶兵壯
逐戶搜查尤為無恥矣乃又將紳士民拏獲匪首為
人託情保出種種紕繆悉出情理之外乃該上司於此
等陷賊偷生之員不遵屢次
諭旨治其應得之罪而強為開釋狀欲置諸民上何
以服民心而伸

國法耶至臬司許祥光平素聲名庸劣人所共知該員籍隸廣東鄉居武斷甚私販行為鄉人所側目家資積累至於數十百萬為人頗有心計此次前往廣西軍營僉謂其已受

國家厚恩感當奮志功名出力報効不料該員竟貪成性專一牟利肥身聞其前兩年在營華勇至數千名月費帑數萬餘金其中多有浮冒侵吞粵中軍需所費千餘萬金於事毫無裨益但令於華飽其私囊情尤可惡且該員巧為蒙蔽屢次捏報勝仗將其所帶私人濫邀保舉其實該員並未另帶勇殺賊之事似此天良喪盡萬難激發此次與安士匹一案尤為肆意倒置黑白其蔑視

粵西邊省等人下情多只不能上達而公然揑
飾冒功行私已堪痛恨至宵擒我
朝廷當此多事之秋勢將不暇審及偏遠而敢為
此欺天謾日以瀆於我
君又云前兩方以為莫如之何者其居心尤不可問也民是以
粵賊逆黨總恃蔓延數省擾及畿輔其初不過山僻之
鄉鼠輩跳梁從地方官玩縱釀成巨害至於此極而
諱釋究其不知儆惕於此等多事擾敢肆其欺罔挾詐
行私恃為慣技非我
皇上赫然立予嚴懲吏治何以清民情何以固邊省何以
安民亦知時事艱難當此
九重宵旰憂勞不當以偏隅瑣屑上煩
宸聽惟念粵西兵燹以來凋殘已極自逆匪竄出餘
股未平云云後我

皇上畀以一方付之疆吏如果得良有司與民上下同
心戮力粵民雖屢歉思數載以來各屬團練殺賊守
土之紳民之傾家蕩產捨命捐生者所在皆然蓋粵
士民義其風猶淳比因經事既多戰守亦習加以作
興鼓舞猶可有為乃自近來各屬盜賊仍復橫行宣
化武緣等處為賊魚肉殘同化外編氓恐難困守以待
援師財力俱盡呼告無門只密見該縣等紳團呈
稟之詞而知其兵大餉已不復能及之勢情詞哀切聲淚
俱下其糜爛情形所已見於奏報中者不過十之三四當
時兵食俱有不足惟一民信猶為可恃無如地方官
吏不思作養反加逼抑即如興安復城一事該紳民
等猶知大義縱云匪徒皆其本地所出祗可將功折
罪該紳民等亦願首何辭然將實情一概掃除並令冒

賞之臬司飭詞姚冈陷賊之知縣反罪為功不惟該處紳、民冤抑莫訴即粵西合省之人心亦难貼服且恐凡臣鄉團辦賊之處俱將聞而解体也臣雖得之鄉里傳聞然一眾口一辭辭宜等不实並臣鈔錄與安縣紳士兩次在臬司處所遞公呈又該縣稟生何霖自記與安逆匪始末所叙破城復城日期情狀鑿鑿可擬當非捏造以之核对該臬司稟請撫臣所奏殊堪詫異該撫臣劳崇光自升任巡撫以來自以為事多难辦專務彌飾於地方團練亦毫不為加意夫兵單餉絀誠亦時事所难然

國家之所以有封疆大吏者原為

聖主分憂代劳撫民水火若以事屬棘手遂畏难而苟安揆之股肱心膂之義恐非所宜至南寧賊匪一股上年原係該

撫等办當時即足不实不尽之處一經覆有滋扰以致一切
洊推固閉務为掩飾而於奏报與安土匪情形一聽臬司
揑拿查與安距省僅百餘里何玉該於略無見聞且已
經該處紳士具稟明知該縣陷賊偷生仍令帶勇
到縣不知是何意見亦應請
旨查明示懲以戢司升察地方官吏既有此陷賊偷生揑詞
冒賞之事閱者物议沸騰於人心向背
國法紳伸大有関係等不敢以稍涉攙怨憚於上
聞謹繕摺臚陈並將鈔錄與安紳士公呈一紙許祥光飭令
改具一紙庠生何霖自記始末一紙知縣蔡映符原示一
紙又思恩府武緣縣公呈一紙南寧府紳士鈔寄賊
匪节畧一紙一並粘呈
御览干冒
宸嚴不勝戰慄隕越之至謹
奏
咸豐三年十月二十日

4 ENC

F.O. 682/391/3(32)

興安會匪始末 邑廩生仲霖述

興邑於四月中旬風聞有外匪潛入本鄉句結無知匪徒並於賓洞小擺一帶地方結盟拜會傳言有黨千餘替期起事攻城內及附郭居民聞欣紛紛遷徙傳言四月十六日必至，至期無事，十六、二十、二十二、二十三十八夜至五月初五初十等日莫不皆然當經蔡主會同李氏親詣該處密查雖風聲鶴唳居處者每有謠言驚心終擾並對喜亂時蔡主曾傳本鄉廩生蔡君俊生員歐陽峻等到村密訊據其詞歐陽峻公然飲酒自回鄉欺者誘惑近五月中旬謠言又復大起署內亦有匿名密稟稟中多有報其姓名上詩等者亦有妙其下鄉緝匪者時蔡主以為前次莫須有之事務毋用過拘執前見一意不疑時霖等亦疑或係造言詐財數不料有此事詎十八九等日匪徒四布流

亦遠近人心俱覺驚駭，蔡主因於二十日將方海
等將有贊級一面等人下鄉緝查曾於東鄉之馬坪捉
獲六人，二十一日復又與匪集賊約二十二日早攻破
都城焚屋殺人，情勢已極，城內外燒燬鋪屋寮封鋪戶六店
日等於二十四五等日會匪分股下鄉惡索富
戶為匪錢米，逼勒良民入會，從匪單奉其境
內撥西鄉書霖攜眷匿伏鄉間，霖於二十日
與西鄉四字黃先鄉交之里陸郭往
肖霖逃避西鄉之東鳳塘，見鄉民被逼入會衣
羊家各僱十第八九又詐向城中絕砲全無
器械無數，虜欲窯避鄉民殺首共華氣
而後匪眾自家奔將下手且於按日內下
鄉の查搜捕，請言歃歸霖，乃已時森

恐遣妻手目將家君要為安置與妻獨作進
賢妻嚴密地避至省城面亰於本寓大人作
速進兵不料逃至芭西自竹鋪山陰之奈笑與
賊目七八人相遇耽耽觀似不相容幸遇數人
中有首相識二人代為方便救於賊怒稍
釋然自此家遠難以脫身矣時家恩經越有恒
則家君恐遭其害不赴省垣則情事無由上
達因命姪進賢備以靈川省親為名順道晉省稟進
母像靈川黃民女且賊訴進
賢妻等騰略故公然釋放無疑竊查明各大憲稟若陷於賊巢
必期於中暗施奇計圖報
國家且命伊當官書立限狀久則一月速則半月必能有
濟否則願甘同罪進賢至省寓府幕王友山處敝邑列哥
泰在友山處設帳且稟亦
與友山有舊故舍姪因而假館因與友山談及擬云關係非小
命舍姪且勿具稟因為代達彭府尊即傳進

賢与同縣之避難友山家者訊問明白即轉達
於三大憲各憲諭以進賢等數人為嚮導殊
進賢甘素庸騰識不敢應命並稟臨別所
囑之言亦囁嚅畏葸不敢盡情傾吐致今日
稟徒費血心情節無由上達真可惜也稟自與
進賢分手後仍轉至先避難之處施塘該匪
連日疊至催逼稟遂於二十八日回家省視靈壟巳毀
坏暫借住十四叔家路由賊營經過時稟見城內外燒燬
殆盡又賊營內刀劍林立不能不怀畏心賊時
巳分遣多人分扰全州靈川二處其駐縣城外者尚
有四股一札稟村附近之渡頭江一札廬陵会館之
札城臺山一札青龍墟四處約共不下二千餘
人而渡頭江一股為多其青龍墟一股陳风岡
巳帶往靈川守營之賊不过數十人王狗仔住
廬陵会館為屯積錢米之所守營賊亦不過
數十人聞賊云唐家司尚有一股為北
營王六仔叔目人拒守而匪首趙芝

蘭侯受著潘老九諸人均係舊識一見
霖歸不徒毫無怒容且有喜不自勝之
潘老晚已往全州傳风岡侯
意爾宇已往靈川未及会面霖見伊等好
此見愛將來必能遂其所謀因詐與伊等發
誓不惜委曲奉承伊等果深信不疑言無不聽
但霖恩孤掌難鳴必須暗集多人方能舉事若
公然下鄉邀人必致伊等疑慮因心生一計於二十
九日午酒席唱酬極快時乃從容進言謂凡舉大
事必有才與有財者主內方能成事茅來貴一
日所見高才大識好詩公者固不乏人然鄉紳有
好蔣方清方直方第李兆蓮尹祿恩等二十
餘人或以名著或以財雄何以不羅致麾下賊等
答以屢次致請不來遍勸不出無可如何之意

霖因用明修暗渡之计对贼等曰兄等敢请
不得其法耳依弟计上一人一骑出诱君作说
客若不来弟愿以军法从了贼喜动颜色旋给
鞍马数了听霖自便霖因得往来各处暗集
团练霖于二十九日即通知近村文先国文昭林及
同族何绳武三人伊三人应承邀近地七村
初一日下乡至蒋方清家伊兄弟谈及起义了请
日久有此心难得君又同志实为天幸但了那小
可容再细商其弟方第攘臂而前曰逆贼凶
横人人切齿义旗一建事在不疑有何细商即
握手至内所笑问霖曰君知我近日之事乎出
其所制团旗等物以示霖乃知伊兄弟早
与尹家彭因共谋已邀集义民可靠多矣有顷尹
君自内出彼此相视不觉狂喜是夜霖即宿清家与
清等横床告天商量至旦初二早霖谓清曰此番下乡原
对贼说过为张君归贼不防于明日至贼营一会清有难色霖
曰张君不出贼必生疑则大事去矣于是清等皆应允早饭后

霖陪行至第五橋手細書白賊營内示君獨任之此外
一切事兄弟及伊君同任之務在處處留心子子機密言
言謹慎可矣不可忽也霖亦以爲事不密則害成又囑託人
戒彼此珍重而別順道至南雄家問起居會親楊映
蘭適至霖論之故亦慨然允邀蓉蘭以内六七村人霖
喜甚午飯後驅至賊營告以詳君與五賊喜甚皆以
爲乃霖少晚也初三日賊備隆筵並腆且曰營中諸君歡
備至新家設席霖詳諾甫傾蘇蘭清李飛蓬尹承恩楊
文光先過步亦七人果五賊首潘志九兄弟趙其藏李志
五侯受籌至將晚至前七步見人李英湖李宮師蔣姓丁
姓皆亦相約揮塵楊某亦親並而五五則設三席陪敬行
霖及諸弟至有陳說賊敵喜以爲我等皆爲所用也獨
所約者君師之人甚理形察覺似能見霖第五賊數語霖悉
此情景別即緒此二人則曾手賊東路長緒論賊文年
左權且琛城皆賊營也不敢輕率推辭而款待甚殷勤
鄧錦來各逆又家霖獨與賊回營與軍師之雅蘇共席
散後即稱告別丁姓丁於十六日到去轉請君留不住令致漏
細誠可 李君歡邀約七八百人黑夜行事 李等此種
情也

卑府不得不十分謹慎，自二十九至初三日，僅邀得人三百有奇，（附賊夥黨失不敢收，邀蒔方侍，得李兆蓬、蒔芳直）亦均楊光先、先光近、曾尹承恩、得楊宏揚、陳大榮、尹廷壽、丁恩彩、黃文炳、林得岳、崎蒔文正、宋承枋、文光榮、守文、李國得、文陳修勝、世泰、龍承安、黃楊映蘭、得孫政英、黃心遠、李居針、古藻，不過溝溝之人不過此數。

初四日聞壺全官兵均已得勝，其被脅逃歸者不下萬餘人，具要鄉外之賊，蓋亦經霖邑附縣暗勸解散，大半業已人心如此。（自壺全鄉營逃歸者，遇紳士即號泣求生）即路於是日辛□而賊首王狗晚、王老六、潘老滿、黃老、小歐陽喜、顏開太、楊不立，營中均不能合教，又窺及致賊徒在幽溪事周繁靜候。初五日諜賊陸續回營。初六早忽傳言官兵已至大塔江七里墟霖等處，甫接府倉皇之中，團練不能遍集，僅暗傳近村一百

卒餘人及楊光達所帶五千餘人，繼思人力

太單，躊躇未決。忽于巳刻接擢子回報，官兵未入

境，又不知南鄉人數多寡。復將所集之人遣散，

此番一齊一散，忽傳官兵即到，忽傳官兵不來，又

播林文光國二人統領，未免過於詐皇

傍晚賊營中紛紛耳語，氣象頗殊。霖見此不免

將慮有同在賊中者（時營中同心者已有數二万餘人）報霖云：覘

賊緊談，甚急，言語糢糊，不可辨識，但聽得查明

白了矮他不難兩句（賊稱殺人為矮人）。聽今日集人時有

洩漏，君不能避開。霖聞言即以搜巡出一簡著

心腹人通知嚴開一帶（楊映南孫燮美所邀四万餘人），又着人通知

廖家朧一帶（岳崎蔣文正所邀四十餘人），一面潛行至蔣方清

家（時已更餘）面之，遂計曰：苟洩漏，吾曹無遺類矣，無如

速集諸團，決一死戰。即於是夜二更，密推賊

壓三堡鄉者（郭趙芝潘李茂五王克大趙表六等）至五更時各處隨以俱派

定園丁前往把守（收張宗四金牛仲佗冰井大傅陸春田五等處）隨派押承恩

等統領泥塘田心一帶園丁五百餘人撲賊北營

（生塘市離城十五里）初七日黎明分園丁為三隊整伍而出蔣方清下寨至大

江邊為一隊蔣方第由象形山至犂頭墟過張家嶺

一隊何霖由北塘至馬坪殿會同花橋七村園

丁渡渡頭於辰刻到局巳刻分頭進剿蔣方清一隊由

以為一隊

王世典蔣先厚領八百餘人由北街撲廬陵會館

蔣方第一隊因集兆逆蓮蔣元椿領五万餘人何霖一隊

同文光國文炳林何絕武領三万餘人　三路齊至郡垣南門

合為一路會攻渡頭江

承恩帶領攻塘市一股岳峙帶領燒青龍壇

一股及楊暎蘭孫渡美帶領嚴開一股於巳刻

巳到外城生擒逆首各壹羽伏誅者無數一國

救護主孫克復城池各鄉皆向風起義

齊心殺賊至午時各團之集城垣者不下二

鄉人捆縛賊渠縲絏於道，蓋皆天心厭亂
賊焰當熾，故人人一心，速成義舉。不然，我等已
於初七日克復縣城，初八日申刻，許臬憲與靈
川縣令統兵方至，當官兵未到之時，事雖幸成
謠言時起（初七八日傳言有鄉有賊二千餘人欲為賊復仇），何以周諫竟得
慝。夫吾邑不幸釀成此禍，霖等為保全桑梓
起見，雖居身賊中不以為恥，虎口逃生，於
鄉幸區區勞績，又何論焉。竊怪各鄉紳耆事
既則猶猶然引避，事過又嘖嘖之迹，等差不直陳
端緒，反致公道不明，故條敘滋擾克復之由，俾
夫當道之覽者有所採焉

[redacted]

謹將查探各處地方情形開列清摺恭呈

憲鑒

計開

一探得廣東龍川縣屬匪徒業已平靜查此項匪徒多係江西龍南縣人勾結龍川和平等縣土匪成羣拜會名曰花子會其始不過訛索富户錢米繼則搶刦村庄該匪等於咸豐三年九月初間在

龍川縣滋事拒捕戕官並有欲過岐嶺東至嘉應潮州之說旋經岐嶺之西面老隆地方有舖户商民共捐銀貳千餘圓招募老隆船户水手人等與賊打仗殺賊多人又得官兵趕至痛剿而餘匪始行畏懼逃回江西現在龍川行旅無憂阻滯矣

一探得兩淮鹽務向在江西之峽江萬安兩縣設立鹽卡以杜粵鹽冲銷並在贛州東關設立鹽卡以杜潮鹽冲銷今江西省因淮鹽罕到民虞食淡是以有暫撤鹽卡任憑過境接濟之說如果真確則雄贛潮贛各埠似可易於疏銷矣

一探得向來外洋夷船來粵貿易多有買帶內地紋銀出洋近來夷船每有自帶外國紋銀進口是以紋銀價值便宜其進口紋銀名曰銀條每條約重拾兩

一潮嘉各屬今年夏間被水之後早稻未能豐收所幸晚稻收成甚

好現在米價每洋銀壹圓可買中等白米四十八斤而潮橋行銷
贛鹽現在試行以鹽易米之法如贛屬商客販米來潮賣與米行
由米行給與米價銀单扣足三個月交付現銀各商客即將此单
赴局買鹽先行運回各埠地濟銷廣豐局隨後依期持单向米行
收銀似此稍一變通則贛埠商客易於轉輸而潮民又得有贛米
接濟倘能源源不絕則潮屬雖遇歉收之歲亦不致食貴矣

一探得天津海船人稱說逆匪於九月間竄入天津或由航海或由
陸路而去等語此係出自傳聞究無實信其天津海船向係冬初
回潮灣泊在潮陽縣屬之沙汕頭

一探得
福建撫臺尚在泉州軍營閩省銀錢不能流通官民交困現在官
設銀店印用銀单矣

一探得
南河督院委員赴閩省查探軍情令寄呈閩省第壹號報单壹本
伏乞
鈞覽

咸豐叁年拾壹月　初肆　日署運同陞用同知准補廣州府通判顧炳章謹呈

P.1

敬稟者二月三十日接奉鈞函聆悉一切并以興永兩屬離廈較
遠現辦軍務得信較遲飭將近日剿辦情形隨時具稟等因仰見
憲臺軫念地方籌度機宜之至意曷勝欽佩查上年軍興以來羽
檄紛馳各屬所稟均係就探報情形倉卒轉報諸多舛錯嗣經卑
署府在南北二路選派書差專司查報至去臘業經裁撤查仙游
烏白旂兩造糾結械鬭搶擄久為巨害歷年地方官拏辦因恐激
成大事無不顢頇了結上年竟敢勾合逆匪占踞城池戕害官吏
正可乘機痛辦永除名目乃　協戎自抵仙以後並未剿一匪鄉
戮一匪首一味以招撫和解為主致匪窺破底蘊視若兒童玩
諸股掌頓兵三月糜餉數萬迨成師一出即入阱中兵勇見賊盡
棄軍裝紛紛逃竄　令等均各受傷該匪徒並不加戕害惟洗剝
衣服趕逐出鄉此等情形實堪悲憤現在困守仙游一籌莫展然
該匪徒盡屬土著聚則為賊散則為民雖顧戀室家不敢公然謀
逆而楓亭一帶搶掠橫行道路不通總非了局此時欲剿則不可
勝誅欲撫則彼不知畏緩急之間殊難措手昨准　協戎來函知
已具稟大憲欲先辦永春俟事竣後再回辦此處日來並無動靜

P.2

俟林逆殲滅之後再行　名輩亦一時權宜之計也未知
憲臺以為是否　令追兵經月糜餉銀五千餘兩雖退未
出南安寸步反致境內土匪紛紛擾動現已稟明　撫憲並請
撫憲飭令迴顧本境卑職因該令慷慨請行自當確有把握且
于　撫憲前力主其事詎料其夸張孟浪有始無終竟為衆人
竊笑知人不明寔深慚恧郡中經費悉索無餘叠經稟請籌撥至
今未奉　批示粵餉聞尚存三萬餘金頃據　守稟請留用大干
憲怒並以　守種種辦理不善官幕紳民交相為惡已將

吉聲編卷二

任委　道憲兼理此時北路勦務方殷惟望粵餉一項
否則竟束手無策矣奈何奈何卑職謹稟咸豐三年廿一日
日稟廈門大營鹽道憲

P.3

敬稟者前日接准永春　攸函稱林逆竄匿永春安溪漳平交界
之覆鼎鄉現擬派兵追捕囑即分飭合力堵勦並據安邑身探
查林逆在覆鼎鄉之帽頂山築寨屯粮因永春大兵追躡不敢復
往傳言欲攻扑安溪稟請添撥精兵並委員支應粮餉等情卑職
因郡中無兵可撥飛飭該令會同練總多僱壯勇嚴密堵禦並札
飭漳平縣嚴[illegible]害以防竄逸昨復傳聞有厦門童生鄭班逃結
晉屬之大羅溪山頂坪等鄉匪徒附逆欲先行搶毀仙邑之張姓
朱姓等鄉再奪仙游並聲言於除日攻扑泉郡等語時值歲暮訛

吾擊編卷二

言四播民心復覺皇皇幸扌提憲于十八日旋郡外間稍為鎮定
卑職現經會督營縣委員紳士照舊嚴防不敢稍有疎懈惟是林
逆一日不除地方一日不靖該逆現已據險設守以逸待勞若俟
養成氣勢剿辦更為費力尚祈
憲臺俯察機宜選撥勇將勁兵前往圍勦勒定限期信賞必罰務
期埽穴犁渠毋使滋蔓地方幸甚生民幸甚至安溪所需餉銀擬
俟省餉到後酌撥解往惟該處迫近賊氛所有兵勇一時未便撤
防此項餉銀又須陸續接濟計省庫情形萬分支絀此間掘半

三

P.4

載亦復水盡山窮從前仰賴仁威得以集事今自
憲節凱旋之後呼應已覺不靈此時大局雖定而逆首尚在逋逃
土匪復懷反側恐開春以後各屬防堵經費未能盡行裁省萬一
別有警急無米之炊從何措手查永春餉銀近日均由分局籌撥
年內俟省餉到後再撥一千兩解往接濟竊恐將來悉索之餘勢
難兼顧明春該州所需兵餉可否請由總局籌撥由興化轉解卑
職非敢故分畛域寔恐支應不及貽誤事機不得不預為稟達倘
分局進項稍可通融自當照舊酌撥尚祈　察核辦理寔為公便

吾擊編卷二

同安　令前赴錦宅鄉清查叛產現已回縣據稟勸諭黃永梧等
捐輸得一萬四千元之數而現繳僅有八千餘俱限于明夏早穀
收成後具繳至同邑所欠鄉勇口粮年內必須清還以免滋事等
情現擬于省餉內撥銀三千兩解交該令併黃姓現繳之項約可
得錢一萬八千餘串以之清理口粮卹賞兩項所欠已屬無多其
另欠藥鉛等項只可從緩歸還已飭　令于明春催取捐項並另
行設法清理至厦門三都捐項已蒙札委　巡檢前往守提惟聞
漳州亦望此項應急能否分潤此間殊難逆料卑職賦性迂踈謬

四

膺艱鉅自抵任至今于應辦公事無不小心謹慎不敢偶涉偏私而寅屬之間各有意見卑職若隨聲附和寔覺内顧懷慚若遇事較量又慮外觀不雅一切情事早在

憲臺聽鑒之中現在大局雖定而所有善後事宜在在均關緊要卑職斷不敢以五日京兆稍涉顢頇而事不從心人多掣肘設或少有蹉失不特盡棄前功抑且大負委任清夜捫心如芒在背惟有仰懇

大人垂鑒苦衷並念地方重要迅賜遴委實缺幹員接署斯缺以重職守而專責成卑職亦得早釋仔肩獲免咎戾則感戴 生成不啻恩同再造耳莆仙烏白旗久爲巨害此番荼毒良民極爲慘酷若不乘我兵威暴其罪狀大加懲創寔不足以彰國法而安衆心今閩在事文武一以和觧爲主仍是辦理械鬭故習將來民心愈憤匪胆愈張不久激成事端必致重煩兵力辦理更爲棘手茲幸

憲臺駐節辦理自蒙俯察情形指授方畧必能除暴安良爲地方造無窮之福卑職留菀未識妄効一得之愚未知有當于採擇否

臨穎不勝皇悚之至卑職謹稟咸豐三年十二月二十日

P7

敬稟者本月二十二日卑職接奉　憲批代理安溪縣　令具稟
林逆竄擾情形懇請撥兵籌餉等由奉批現據該代理縣會稟請
調兵撥餉業經咨請　陸提督就近調撥精兵選派得力將弁管
帶起程馳往安溪協同剿辦仰泉州府分局轉飭知照並將應需
粮餉籌撥支應毋悞要需切切等因並蒙札飭前因遵查前據該
縣等具稟林逆竄據安永交界覆鼎鄉之帽頂山築寨屯粮窺伺
縣城等情並傳聞該逆復勾結晉屬之大羅溪等鄉匪徒圖攻仙
游並有攻撲郡城之信卑職以郡中現兵無多無可調撥況該縣

壬警編卷二

所稟並非確信亦未便遽事張皇惟時值歲暮訛言流傳民心頗
為皇惑不可不嚴為防範當經會同在事文武督飭原委員弁暨
本城紳士人等格外嚴密巡防一面飛飭　守備　令督率兵勇
駐守要隘相機堵剿并由分局移行永春漳平合力圍捕以防竄
逸復查安邑湖頭鄉練總李維霖李建勳團練防守最為出力且
該鄉密邇賊巢現經卑職等發給印帖諭令多備壯丁協力守禦
並就近設法偵拏林逆如能擒殺送官即查照分局前發賞格給
予獎賞本月十八日　提憲自興化旋郡卑職等連日晉謁稟商

P8

蒙諭以昨准
憲臺咨請察看情形添派協剿等因緣安溪近日並無信息自可
暫緩調撥惟該邑迫近賊氛窺伺騷擾均所不免一有警急即須
馳往應援而郡中兵力甚單自當為籌備查前在廈門之提標營
兵二百五十名現已調回郡城興化尚有提標兵四百餘名現在
烏白旂將次就撫可將此項兵丁撤即令原帶之　游擊管領回
營一可鎮守郡城一可免支行粮稍省經費設安溪或有警報即
可酌撥前往擬由　提憲咨覆

壬警編卷二

憲臺察辦至應需粮餉卑職自當隨時籌撥接濟不敢遲悞伏念
卑職等身任地方前此賊情孔亟幸蒙　臺旌蒞止諸事面承
訓誨藉免隕越今此節鉞凱旋攀留無術而地方所有應辦事宜
在在均關緊要卑職等惟有和衷商確妥為辦理斷不敢草率顢
頇以辜職守而負委任再大盈扑兜一帶業經該鄉紳耆嚴立規
條禁止搶剝近日商客往來甚屬安靜緣關　藎廑合併附陳卑
職謹稟咸豐三年十二月二十三日

P.9

除夕接奉
琅函聆悉種種林逆尚踞帽頂山闇足于銀錢而艱于粮食附從者亦多有逃散恨此時並無兵將前往剿辦寔屬失此機會茲有提標　守戎　前在厦門征剿現在回郡自稱家住龍溪與帽頂山相近該處地道極為熟悉附近親族亦多情愿前往設法購拏惟須預備粮銀就近聽候消息如能得手須立刻支應等語其言頗重竅要日内即帶兵六十名潛回本鄉辦理此事弟處已酌備餉銀飭委安溪　典史收存管理並幇同辦理隨機支應雖未知能否得手惟畧盡人事少勝於坐視而已　中丞已于嘉平十四日由興旋省烏白旗一事雖經兩邑紳民力求剿辦而在事文武總以和鮮為主　協戎初到仙游時與　鎮軍分路出戰因　鎮軍失利遂亦按兵議和聞　中丞起程之次日即有旗匪八百餘人至興郡城外藉稱向鄉民索取前次攻城時寄放葯鉛器械等物實欲乘機攻撲郡城幸被兵勇赶殺始行逃散即楓亭一路亦尚未疏通似此情形目前尚不能苟安又安望久安長治耶且漳泉所有著名逆首多未就擒此輩潛匿各鄉造謡煽惑而所辦軍務則又緩於剿賊而急於捐輸匪胆因之愈張民心

舌擊編卷二

P.10

因之愈散即使刻下顢頇了事恐下游地方從此永無起色矣此如人患瘡瘍毒氣未除而强令其收口餘毒愈陷愈深不久必四處潰爛弟身任艱危深切杞憂前雖面稟　中丞早賜交卸未知何日方能脱此重擔耳　鹽憲約於何日凱還尚祈便中　示悉
咸豐四年正月初四日

舌擊編卷二

十一日兩奉初五初七所發　鈞函聆悉一切並承　關垂真切
誨慰殷勤循誦之餘感深肺腑林逆攻撲德化經官兵擊敗竄
回帽頂聞黃有復自永安竄來合夥亟當乘此挫敗之後迅速扑
滅以免養成氣勢安溪本有　守備帶兵一百六十名在湖頭堵
禦近日疊請添兵茲擬將隨仝　鹽憲晉省之義兵二百餘名派
往協剿但鳥道崎嶇兵行不易且恐賊匪據險堅守一時未能制
勝攻拔需時糧餉不繼為可慮耳楊商捐項弟雖非經手然職司
分局泉郡此時專恃此項豈敢坐視月初楊商由廈回郡經　叅

舌擊編卷二

戎當面議定先撥錢五千串解赴仙游其餘分限解交分局該商
立有親押限狀弟即經具禀　撫憲並經　叅戎派弁隨同該商
回家撥解一面函致　協戎撥兵迎護詎料該商將錢項備齊正
欲起解烏白旂閙風前來截搶復行中止此係　叅戎委弁目擊
情形鑿鑿可據弟鞭長莫及辦理寔為掣肘惟　協戎頓兵仙游
已經二月積欠口糧為數不少屢稱剿辦而屢易師期不知何故
弟前因糧餉支絀疊次函請其移營沙溪就近移用楊商捐項並
可疏通泉郡餉道刻下尚未奉答復至此間催繳欠課寔屬萬分

為難催併經旬心力交瘁而所得不敷一二日一二處之用剿者
不剿辦者不辦而餉銀則日短一日如此情形不知何以善後弟
前次與營縣因公事意見不同致相齟齬並無私意至郡中紳士
不過平日少為款洽別無開罪之處惟辦理捐輸催課二事操之
過嚴伊等瓜葛相連未免招尤取怪然稍一鬆寬則諸事充解暑
兩祁寒寔無全之策自問于心無愧雖有讒言聽之而已
閣下謂有防口之善法否弟之急求交卸寔係萬不得已並非為
一己之私緣弟以　介閒曹驟膺煩劇又蒙　憲恩保奏幸晉一

舌擊編卷二

堦雖在下愚亦當感恩圖報況現在地方雖未大定較之去年已
有安危之別更無庸畏難退避寔緣腿疾復發急不能痊兼以素
有痰疾在省時無歲不發
閣下向所深悉近因過用寒涼羣用痰疾經月以來足不能履地
手不能握管困臥衙齋寔覺五中焦灼　琴舫刺史現已晉省務
望
閣下妙施鼎力從中斡旋俾弟得早脫塗泥完全肢體感受　鴻
施寔深沒齒咸豐四年正月十二日　復福州府

P.13

敬稟者正月十九日接奉總局司道札轉奉　撫憲批永春州稟
請添兵撥餉等由查該州現有　參將一軍並昨令　副將派撥
弁兵飭擒逆首尚數防剿惟餉用寔在支絀恐泉屬以非其屬邑
藉詞推諉若由興郡撥解又恐險阻躭延飭即將永春軍餉由分
局隨時接濟一面由省速籌銀兩解泉轉運永春大兵雲集需用
孔殷萬勿拘泥陽屬之見缺乏貽誤致干重咎等因伏思卑職以
一介庸愚謬承委任目睹逆賊負嵎恨不能滅此朝食且職司分
局轉輸粮餉分不容辭况前奉　撫憲批飭泉郡餉糈空乏有楊
舌擊編卷二
姓商人捐輸退辦一項可催應用更何敢故分畛畦貽悞機宜惟
楊姓退商一事係紳士林　興陸中營　參將經手迨卑職奉
到　撫憲批發光邵帮商人楊瑞元呈詞内係捐輸銀四萬二千
兩分四期完繳並未聲明月日當詢　參將據稱以一月為一期
並稱該商家僅有銅錢若向郡城兑換銀番則脚費錢價耗折甚
多永春山路險遠更難運往惟撥解仙游最為近便等語嗣因仙
邑需餉由卑職處委員協仝中營差弁暨林　家丁前往該商
家撥解錢五千串至正月初復飭令撥解錢五千串該商人家即

十三

P.14

不肯應付只得由局籌解銀一千兩正在委員催提間該商家属
于十八日來郡向　參將聲稱烏白旂兊横如故因該商人供給
兵餉欲相仇殺不敢再行應付且伊店業均在各匪鄉内所有銅
錢亦不能挑運出鄉伊等往厦門與林　商定方肯措繳等語
卑職以該商人既經呈請捐輸現在仙遊軍需專指此項支應豈
容藉端宕延正擬提案押追而該商等已起身赴厦惟仙邑缺餉
計已經旬即該商等由厦回仙設法措繳已属緩不濟急而分局
迭索之餘無可挪撥現已飛致　副將會同該縣委員先行設法
舌擊編卷二
挪墊一面籌欵赶解以免決裂再前據　參將稟請就該商捐欵
内劃扣營餉二萬兩蒙　撫憲批飭分局核議經卑職面議劃扣
一萬兩查此項亦僅收到番銀四千元錢一千串計一期已逾而
所繳尚不及六千兩今復節外生枝正不知何時方能繳清再查
永春餉銀除從前提解外于臘杪接准　署牧函囑備銀四千兩
分兩次領解卑職以局庫並無盈餘不能如數措備隨于省餉到
後撥解銀一千兩復於正月初五十五先後解銀二千兩並約十
日内再解銀一千兩餘俟二月内再行陸續酌解竊計此時泉属

十四

P.15

經費雖為減省而分局進項則惟恃催繳王陳二商欠課該商等
以伊等舊欠實已無多前奉鹽道札開數目並非寔數為詞藉口
支吾卑職諭以數有舛錯應自向經承清算分局惟知遵札催繳
無如該商等于疲乏之後只能按限分交故往往舌敝唇焦寬嚴
互用積至經旬半月始能湊集一二千金卑職原擬楊商捐項尋
給仙游所追商課即可陸續解赴永德兼濟本屬兵糈不料楊商
一項忽成畫餅即將來議定照舊捐輸亦不濟目前之用而分局
所收商課則盃水車薪不敷支應至厦門三都捐項已委　委員

前往守提昨鹽道觀旋回郡諭悉該處捐輸及厦門支絀情形恐
此項更難指望現計仙永兵勇雲集剿辦方殷萬一因餉銀缺乏
致生他變不特盡棄前功且恐貽留後患仰屋籌思寔深焦急用
敢覼叙寔情馳稟
大人察核俯賜檄飭總局司道迅速籌撥餉銀即日委員兼程赶
解來泉以便分濟而免貽悞不勝盼禱之至至楊商捐項卑職仍
當會同　參將商辦能否定局另行稟聞惟仙邑烏白旂未經懲
創匪徒不畏威並不感德而良民反因之解體似宜稍加剿辦再

十五

P.16

用招撫庶威立而後知恩令行而後守法若一以和解為主恐總
非長治久安之計耳芻蕘之言尚冀采納地方幸甚卑職謹稟咸
豐四年正月二十日

十六

P.17

敬稟者竊卑職于上年四月間蒙飭派同鹽道行營辦事嗣蒙委
署泉州府篆兼辦防剿分局受事之時正值泉漳軍務緊急郡城
逼近賊氛戰守之備一無可恃加以訛言四起民心皇皇卑職稟
蒙鹽道督會營縣紳士團練防堵籌備軍餉以及一切大小公事
無不寔力寔心任勞任怨不敢稍涉張皇亦不敢稍存欺蔽復蒙
撫憲親臨督辦卑職得以躬承訓誨面稟機宜自抵任至今幸
無貽悮惟是卑職于去年十月間因感受濕熱右腿腫痛不能步
履經請假半月醫治稍愈因當時廈門甫經收復逆黨復竄踞仙
游月擊憲慮焦勞勉强消假供職詎料濕熱未淨近日因春氣發
動以致右腿復有腫痛步履維艱據醫者云濕氣流注下部轉力
不能驟達一時難望速痊等語伏思卑職謬膺繁劇建樹毫無渥
蒙憲恩甄錄微勞列名薦剡正當竭盡涓埃豈敢故為退避惟念
下游軍務大局初定而逆首林俊黃位等尚在逋逃各屬土匪尚
懷反側此後籌辦剿撫及一切善後各事宜在在均關緊要斷非
跛躄病軀可以安然臥理萬一稍有隕越不特大辜委任抑且貽
悮地方為此不揣冒昧據寔瀝情稟請

吾擊編卷二

P.18

大人察核恩賜即日委員接署俾卑職得以交卸回省趕緊醫治
痊愈聽候驅策勉圖報效感戴鴻施實同再造臨稟不勝激切屏
營之至卑職謹稟咸豐四年正月二十一日

吾擊編卷二

P.19

敬稟者林逆竄踞帽頂寨險阻天成驟難攻取　守備駐札湖頭
尚無入手之處頃接　署牧來信知　協戎已派　游戎帶兵赴
永興化　鎮軍又派　游戎帶兵到永永安　二都閫亦帶兵
至大田剋日即可合兵進剿惟餉銀缺乏支應爲難殊深急灼耳
崇獺艇匪近日駛赴湄州卑職已叠次咨呈　提軍暨移海壇鎮
請發兵剿捕迄今兩旬未聞一船到彼水陸營務如一邱之貉安隆
賊匪之猖獗無忌耶卑職素性愚直于大小公事無不實心經理
不能隨衆浮沈並因經費支絀于支發等項諸從節省並與營縣
意見不合積相齟齬以致怨集一身謗興衆口　中丞在泉時已
蒙洞鑒現在地方雖稱平定而逆首在逃土匪未附一切籌防善
後事宜正須妥爲辦理卑職謬承委任在職一日則當盡一日之
心斷不敢少存退避然孤立無助萬一意見參差致有貽悞在卑
職一身獲咎何足重輕而上煩憲憂下貽民患所關實非淺鮮兼
因去冬右腿舊疾因春感發步履艱難醫治兼旬未見痊可前經
具稟　大憲請委員接署以便回省就醫尚未奉到批示昨知新
任延守葉經到省正喜脫身有期頃復聞延守有護理厦門道之

舌擊編卷二

P.20

信則不知何時方能脫此重任卑職此時公私交困日坐針氈因
前稟未奉憲批不敢再行煩瀆自念久依仁宇素沐栽培用敢縷
述下懷瀝情稟懇務望
憲臺垂念苦情恩賜于　大憲前婉爲轉達或迅飭延守赴任或
另委賢員接署俾卑職得早脫樊籠獲免咎戾感戴鴻施實同再
造再卑職于鹽務情形尚爲熟悉回省後情愿在憲轅當差藉圖
報效臨稟不勝祈禱之至卑職謹稟咸豐四年正月二十七日稟
臚道憲

舌擊編卷二

二十

P.21

敬稟者竊查逆匪林俊自去冬竄踞安永交界之帽頂寨築寨屯糧據險自守並分遣賊夥撲德化縣城雖經官兵殺敗而賊首未擒難免養成氣勢四出滋擾亟應乘此困守之時迅速撲滅以絕根株前經卑職移行永春漳平等處合力堵勦一面飛飭安溪署令會督營弁暨練總武舉李維霖等嚴密防禦嗣有陸提標前營守備　由廈護解軍餉來郡自稱祖居龍溪縣轄之梁村鄉距帽頂山僅三十里向于該處地道人情極為熟悉情願潛赴本鄉設法購拏查帽頂山羊腸一線真有一夫當關之險山頂寬

平周圍約有二里可容萬餘人駐劄現在探聞逆俊匪夥雖止二千餘人若用大兵圍勦未免曠日持久兼恐損傷士卒該守備勇敢慎密所論事勢頗合機宜今此不動聲色購覓眼線約為內應該逆匪猝不及防庶可出奇制勝當經卑職會同中營　參將稟蒙　提憲派飭前往並由分局撥銀五百兩飭委安溪　典史管帶會同辦理隨時支應定于正月初九日起身前往查前蒙　撫憲飭派守備　管帶興化營兵丁三百名前赴安溪防勦茲查團練李維霖李建勳所練義勇極為得力前經　署令按鄉查

P.22

辦拏獲逆匪邱師等正法各鄉道路均已疏通現在分撥練勇扼要堵禦可保無虞業經卑職會同　參將稟明　提憲將前調兵丁三百名撤回郡城仍飭　守備帶回興化本營歸伍以省虛縻均經先後詳報在案茲于正月初六日據　署令稟稱探查逆俊搶掠各鄉糧食不下萬餘石盡運帽頂山寨用稻草編席為囤並用稻草覆蓋當與練總李維霖密商潛購賊夥伺便縱火隨于十二月三十日夜放火焚燒將所積米穀草蓬盡行燒燬近日賊心皇懼散去者多恐賊勢窮蹙必由桃州大深蕉坑一路竄入漳平

地面等情伏查帽頂山險峻難攻歷朝為賊匪巢穴今逆俊竄踞此山必有米糧方能堅守茲經該練總李維霖設計焚燒寔足制其死命當此賊情倉皇失措亟宜因勢利便殲此妖魔且恐該逆匪不能久駐勢必豕突狼奔擾害他邑理合將辦理逆匪情形稟候

大人察核迅賜飛檄永春漳州龍巖延平等處各于要隘處所分頭截擊務期淨掃賊氛地方幸甚卑職謹稟咸豐四年二月　日

P.23

敬稟者本月十七日據惠安　令稟報探聞十五日　協戎帶領
兵勇剿辦旗匪在仙嶺地方被賊衝散軍裝器械盡行搶失兵勇
受傷多人　協戎回城固守勢甚危急等情並據把總　專
差兵丁回郡稟稱該把總奉委馳赴沙溪撥解楊商捐項十三日
在石馬典鋪撥錢一千串挑運出鄉被烏白旂匪千餘人搶去等
語復准中營　叅將接據守備　稟同前情並稱失去銅礮砲
三尊義勇三名器械鉛藥一并遺失　令暨都司　均受重
傷　協戎現已收兵到縣旂匪朱三等現復豎旂等語伏查仙邑
烏白旂久為民害歷年地方官查辦因恐激成事端無不顢頇了
事上年勾匪林逆佔踞城池焚燬廟署甚至攻撲府城毀掘墳墓
姦淫婦女劫掠鄉村敗官兵者三次戕文武官十餘人其罪寔浮
于林逆乃　協戎督師剿辦不能剿一匪鄉梟一賊首我以招撫
自愚賊即以受撫愚我頃兵三月屢易師期賊匪得以從容勾結
迨官兵一出即入其阱中並久經歸附現為鄉導之白旂亦復倒
戈相向此等亂民非禽獮草薙剿洗一二鄉斷不能伸法紀而定
禍亂然　協戎遭此挫衂恐一蹶不能復振現在賊勢鴟張各處

P.24

匪徒聞風響應楓亭驛站梗阻如前興泉兩郡情形又復危如纍
卵務望
憲臺調撥精兵簡派文武大員迅速剿辦以保地方寔深盼禱查
楊商捐項自正月至今屢次推宕經卑署府會同　叅將併力嚴
催甫有成議不料初次撥解即被搶失惟聞該商家向係白旂匪
首察其反覆情形難保非賊匪詭計此時官兵敗散道路不通該
商捐項已全無指望至分局經費捐輸一項早已羅掘罄盡上年
撫憲在泉均蒙鑒悉刻下僅有林一枝一戶捐錢一萬串已繳
錢一千六百串係分二三四三個月繳清不能藉以濟急此外惟
恃催繳商課頃准署福防　丞專函轉奉憲諭永春需餉孔殷飭
即就泉郡捐輸項下或就地挪措務得二三千兩之數即日解往
以濟急需等因查王德盛陳建祥所欠課項尚有一萬三千餘兩
卑署府勒令該商于二三日內各先繳二千兩以便解赴永春正
在委員催提間即于本日接奉　鹽道憲札以該商等應完課項
前奉　撫憲札飭當經查明該商等名下欠完上年正溢奏銷課
款同積欠未經屆限之帶征銀數開摺呈送飭發該府嚴追茲據

p.25

該商等具禀飭即查照單開將該商等應完本屆造報各項先行埽數勒追以憑入冊奏銷其尚未屆限之咸豐五年帶征各款應另行由省飭追辦理等因卑署府遵札查核該商等已繳銀數除未屆限各款外陳建祥名下尚應繳銀一百九十兩零王德盛名下已長繳銀四百餘兩當此急需之時不特捐項忽成畫餅而此後分毫不能再向着追通盤籌畫寔覺手足無措伏思永春大兵業已進剿亟需餉銀接濟而安溪迫近賊氛現在黃友蘇篤等著名匪首均盤踞安溪地界該邑餉缺兵單誠恐乘虛竄擾現與

古擊編卷二

叅將會商擬即令添撥兵餉前往協剿至仙邑兵勇眾多前此已缺餉半月此時楊商捐項不能就近接濟新敗之後潰散可虞且泉郡民情浮動惠安近接楓亭土匪復乘機蜂起防堵之費在所急需而分局瓶罍皆空無米之炊實惟束手即惠安安溪兩處經費尚屬無欵可籌更何暇兼顧仙永卑署府謬承委任際此山窮水盡之時雖復竭力圖維寔屬一籌莫展理合瀝叙寔情馳禀

大人察核泉郡危急情形俯賜迅速分別籌撥接濟以免貽悞而

固疆圉寔深恩便卑署府謹禀咸豐四年二月十八日

p.26

敬禀者近日永德安溪三路兵勇均已近迫賊巢聞賊匪勢頗窮蹙我兵若有一軍鼓勇先登無難立時破滅惟慮賊匪力不能支潛圖竄逸則又須跟踪搜捕未免多費周章現已飛飭　守備等容為防範矣至烏白旂情事本與林逆竄擾者不同當時如將界尾塘邊等鄉先行剿辦則各鄉可不勞而定只以剿撫倒施致逆匪肆無忌憚此時官兵屢經挫敗撫則羣情疑貳剿則兵力不勝張弛之間頗難措手然如朱三陳尾等著名匪惡非痛加剿洗總不足以儆凶頑而定反側　侍御已於日前回郡擬即日邀

古擊編卷二

同　部郎前往仙遊辦理剿撫兩君品望如景星慶雲咸能藉其聲威消彼桀驁亦地方之大幸耳惟兵則剿務方殷餉則支絀愈甚楊商捐項節次反覆卑署府既鞭長莫及　叅戎雖屢經催繳亦苦於呼喚不靈現在道路不通更屬無從着手茲擬囑

侍御順道催提未識該商肯如約措繳否此外捐借為難情形

上年憲駕在泉悉蒙洞察故自二月以來零星搜括均屬無米之炊迄今水盡山窮實已一籌莫展竊念卑署府以一介閒曹渥荷

栽培濫膺繁劇首尾幾及一年一切公事幸無隕越惟是春間因

足疾復發又牽動舊日痰疾手足拘攣幾成偏廢雖竭力醫治總難全愈刻下地方雖稍為平靜而所有善後事宜辦理更為棘手私心自揣精神材力實難支持現在軍務未竣 卑署府夙受憲恩萬不敢藉病推諉第恐倉卒之間萬一少有疏忽貽害地方獲咎更非淺鮮用是不揣冒昧瀝叙實情稟求大人俯垂憐念始終保全俾得早釋仔肩獲免咎戾感戴生成恩同再造卑署府謹稟 咸豐四年二月　日

①

F.O.682/137/5(4)

東錢粮稿吏王福接

稟遵將廣東藩庫奉部撥解貴州癸丑年兵餉銀數分

別已解未解開列送

閱

計開

一奉撥廣東四次清查銀一萬三千兩

捐監銀一萬四千兩

以上共銀二萬七千兩已委陽山縣七畢司巡檢孫

顧言管解捷報于本年三月初四日起程

一奉撥廣東壬子年未完地丁一十萬兩

前項未據詳委領解

F.O.682/137/5(4)

一咸豐二年正月十六日准

東撫院准 户部咨貴州省壬子年兵餉指撥廣東省壬子年鹽課銀八萬兩一案

前件 本年二月二十七日 東撫咨給委員孫顧言領解貴州兵餉銀三萬三千兩

本年四月二十二日 東撫咨給委員任光照領解貴州兵餉銀四萬七千兩

再共四萬七千兩現准 湖南撫院咨截留楚省支應請移咨粤海關在于本撥

應解湖南軍餉銀内照數扣除委員解黔交收

一咸豐二年十月兩日准

東撫院准 户部咨貴州省癸丑年餉本撥廣東省道光二十九年潮橋鹽課

兩一案

前件 業已迭次札催潮運同批解 未據報解

5

FO.682/137/5(4)

一咸豐二年正月十六日准

東撫院准　戶部咨貴州省壬子年兵餉指撥廣東省壬子年鹽課銀八萬兩一案

前件　本年三月二十七日東撫咨給咨委員孫顧言領解貴州兵餉銀三萬三千兩
本年四月二十二日東撫咨給咨委員任光暾領解貴州兵餉銀四萬七千兩
再此四萬七千兩現准　湖南撫院咨截留甚省支應請移咨粵海關在于本撥應
解湖南軍餉銀內照數扣除委員解款有文收

一咸豐二年十月十四日准

東撫院准　戶部咨貴州省癸丑年鉛本指撥廣東省道光二十九年潮橋鹽課銀十萬兩一案

前件　業已迭次札催潮運同批解未據報解

4

7

查那扶營已革書識邱士芬假捏姓名誣告營書周祥光等揷血訂盟裝入
都司印封投遞一案緣邱士芬籍隸恩平縣向充那扶營都司衙門稿房
書識周祥光伍觀瀾陳士顯均係該衙營書李文英及陳榮勝等均係該
營兵丁邱士芬素性巧詐該署都司馮繼璦平日聽信任用邱士芬因而
恃勢作威衆兵丁共深忿恨咸豐三年四月間李文英拿獲賊匪伍亞崔
一名囑邱士芬代作稟詞繕寓投遞邱士芬因有胞侄邱達崇在營食糧
暗將邱達崇名字叙作首先拿獲將李文英名字叙作協拿希冀邱達崇
得功奬賞經該署都司馮繼璦查照原稟將伍亞崔移縣審辦旋經周祥

6

光等查知邱士芬涂易名字情由向李文英揭寔告知李文英復向兵丁
陳榮勝張國經賴文陞陳榮邦龔上陞劉士清譚振標梁定華巫作華傳
述前情陳榮勝等同抱不平以邱士芬舞文作弊日後大家受累隨邀同
李文英稟經該署都司將邱士芬名糧斥革邱士芬被革後心懷忿恨因
檢拾家中書篋有先年前任都司用剩印封一個收存起意隐匿姓名誣
告周祥光及李文英等揷血訂盟既可拖累洩忿又難根究反坐隨自行
做就稟詞稟内聲叙營書周祥光等兵丁李文英及陳榮勝等糾衆四十
餘人揷血焚表結拜弟兄地方被其擾害並捏造鄉耆黄潤秀等具名裝
入印封自赴
憲臺衙門號房投遞當奉
憲臺拆閲查核顯係捏名誣訐因既用都司印封未便置之不究復經委飭
護肇羅道李敦業查出邱士芬挾嫌誣告情由稟奉檄行該縣營將邱士

芬拿獲連卸署那扶營都司馬繼瑗與周祥光等及李文英等一併解省等情屢審據各供認前情不諱卑府以衙署印信均係官為經理安能入邱士芬之手誠恐有盜用描摹別情復向邱士芬再四嚴究據稱前任都司王尉並無親屬在署向係交伊用印咸豐元年十二月封印時伊曾當堂預印郵封公文十餘件編列號簿嗣開印時餘剩印封一個爾時王都司患病已將交卸未及查問伊即收存家中等語究詰至再矢口不移似無遁飾查律載投隱匿姓名文書告言人罪者絞監候註云說寫他人姓名詞帖訐人陰私或空紙用印虛捏他人文書遞送者皆依此律等語此案已革營書邱士芬先因該都司聽信任用恃勢作威嗣因兵丁李文英獲賊倩其作稟該犯輒添易姓名希冀為姪邀功迨被營書周祥光等查出告知李文英轉向衆兵傳述以致共抱不平稟經都司將其斥革該犯因此挾恨輒將已名隱匿捏造鄉耆姓名誣告周祥光等揷血結盟裝入前任都司遺下印封赴

憲臺衙門投遞以圖陷害實屬刁猾奸險胆大妄為自應從重問擬邱士芬除舞文作弊並私貯印封各輕罪不議外應照投隱匿姓名文書告言人罪者絞監候律擬絞監候秋後處決該犯訊無另犯別案亦無知情同謀之人營書周祥光等及兵丁李文英等訊無揷血結盟其因邱士芬舞文作弊聯名具稟都司請革事屬因公尚非挾私邀結請免置議原稟印封案結銷燬署那扶營都司事增城營守備馬繼瑗平日將書識邱士芬聽信任用縱其恃勢作威激忿衆兵並於他兵獲犯捏為伊姪首先拏獲冒稟邀功照依轉移追衆兵聯名稟訐始行斥革了事仍不移縣究辦以致邱士芬挾嫌隱匿已名捏造鄉耆名姓誣告兵書多人裝入都司印封投遞寔屬徇庇溺職應請革職以為武員縱書滋事致失兵心者戒至邱士芬收藏印封訊係前任都司王尉失于查察該都司業已病故應毋庸議是否允協理合敘具看畧呈候

憲臺察核示遵謹呈

FO 931/1417

F.O. 682/253A/4 (1)

[redacted]

謹將洋商欠繳公項奏明分別先後完繳歸還各款開列清摺呈

閱

計開

道光二十七年七月奏准

一洋商欠繳新疆軍需銀四十二萬兩分限七年完繳以道光二十七年為始計至咸豐三年完繳清楚除先已完銀九萬八千八百零一兩零三分七厘現又完抽用銀六萬三千兩外尚未完銀二十五萬八千一百九十八兩九錢六分三厘

又欠繳代賠萬源等行銀三十一萬六千六百一十二兩八錢六分五厘俟新疆軍需完繳後分限兩年完清計自咸豐四年起至五年繳完

又欠繳粮道放關分頭銀一十一萬九千二百九十九兩八錢零八厘俟代賠萬源等行繳後再即接續完繳應以咸豐六年起至七年止完清

又欠繳在藩庫領還夷欠銀一百二十萬兩

又欠繳在運庫領還夷欠銀五十萬兩

又欠繳在粮道庫領還夷欠銀一十五萬兩

又欠繳在關庫領還夷欠銀九十五萬兩

以上四款共銀二百八十萬兩除已完藩庫銀四十七萬一千五百一十兩零六錢五分七厘運庫銀一十二萬八千四百八十九兩三錢四分三厘外尚未完銀二百二十萬兩因該商等有應完新疆軍需等款銀兩力有未逮奏請暫緩着追嗣奉准

部覆仍俟該商等完繳新疆軍需各款即接限完繳

[redacted]

謹將訊過馮仲儒供情列摺呈

電

計開

馮仲儒供年三十八歲南海縣人父親馮謀年七十歲母親梁氏年六十九歲兄弟二人小的居長弟郎仲任小的於咸豐三年三月內續娶楊氏爲妻未生子女先於道光二十六年間小的叔子馮詢補授江西浮梁縣小的隨往任所因與管賬的南海人招子懷相好小的堂哥子馮玉衡原捐主事銜後又加捐知州在京候選咸豐元年間廣西土匪滋事馮玉衡跟隨　賽中堂往西省在軍營効力小的因在家無事也要往軍營投効招子懷向小的說稱他有親戚鍾汝騏于九月內招雇東莞壯勇往廣西投効吽小的搭船同行的話小的允從十一月二十五日小的與鍾汝騏並他父親鍾揚威又鍾汝騏五弟及他兒子小的不曉得他二人名字又招子懷並他兄弟招子楙一同由省起身十二月初間船抵廣西梧州府地方灣泊小的與招子楙二人徑往黃村軍營投見馮玉衡向他說知來意并說及鍾汝騏帶有東莞壯勇一千八百名浼堂哥子設法收留馮玉衡不允並稱小的們二人也沒事可派的話小的與招子楙同在哥子軍營住歇數日聞知鍾汝騏所帶壯勇在梧州地方因口糧不敷乘機搶掠滋事蒙府湯大老爺給發口糧將各壯勇打發回省到二年正月間馮玉衡即着小的同招子楙二人回省後來一向在家並沒外出本年四月內往韶關樂桂埠當拜手至馮伯衡名字並非小的本名係赴廣西時順口更改的當日鍾汝騏如何雇募壯勇如何在梧州滋事小的委沒知情同謀求拘鍾汝騏們到案質訊就明白了是實

FO 682/325/3(7)

謹將拿獲行跡可疑人犯訊取供詞呈
覽

訊據黃英彪年二十六歲廉州府靈山縣人父故母熊氏哥子已故妻關氏並無子女小的於去年正月初四日隨張國樑在湖北打仗受傷告假回廣西三月初四日到梧州七月十三日上桂平在潯州府充當壯勇頭人曾帶壯勇二十七人十一月二十九日小的接到黃發端信說謝外委名光耀跟隨右江道帶勇叫小的前來効力就於十二月十九日在桂平動身行至平南遇見梁培有等拜托小的托謝光耀求拾安小的實係認識梁培有並無同夥為匪小的從前在謝光耀處當頭人當差出力此番實係謝副爺叫小的前來不是來探聽的所供是實

訊據黃發端年三十六歲廉州府靈山縣人父名黃朝興母已故哥子已故妻鄭氏子亞寬小的與黃英彪從前不認識咸豐二年在湖北軍營相會小的於元年在高州福大人宗大人處充當壯勇後又充當劉開泰大人壯勇去年正月初四日由湖北回家二月行至梧州五月由梧州動身初十日行至濛江被搶回轉梧州在舅父郭盛昌船上做工十月搭船上省向張錫伯討葯銀十幾行至陽朔遇見外委謝光耀見過一面十二月謝外委兄弟謝光甲到梧州小的仝黃英彪陸成得搭謝光甲船下省尋謝外委做壯丁蒼梧縣總役李彩營兵廖志揚都知小的是好人求
開恩

訊據陸得成年三十三歲廉州靈山縣人父故母梁氏并無兄弟妻張氏小的於元年到南寧在黃英彪處充當壯勇二年黃英彪小的跟張國樑於九月到長沙打仗後于十一月到湖北打仗數次黃英彪受傷回來于三年二月回至梧州住至七月上桂平黃發端並未同回小的跟隨黃英彪在潯州府充當壯勇十二月十三接得黃發端信說外委謝光耀要拾壯勇即到梧州見黃發端後三人同來尋謝外委做壯丁梁培有要求拾安梧州府不肯拜托黃英彪見謝外委求拾安是黃英彪對小的講的問黃英彪便知所供是實

[redacted]

奏為遵
旨查明全州勦賊出力官紳兵勇懇
恩獎勵恭摺
奏祈
聖鑒事竊上年十一月恭城灌陽等處游匪由興安竄擾
全州經兵勇痛加勦洗臣等恭摺
奏報欽奉
上諭此次全州文武戮力同心將大股賊匪迅速掃盪湖
南兵勇越境會勦亦能不分畛域著勞　等擇其尤
為出力者酌量保奏候朕施恩等因欽此仰見
聖主激勵戎行徵勞必錄之至意遵查該匪等于上年八
月內竄撲全州經兵勇擊敗竄赴湖南道州復經
湖南兵勇擊敗回竄灌陽又經灌陽恭城兵勇節次
勦捕竄出興安之高上田忽有平樂另股匪徒竄來
合夥匪黨愈衆匪勢愈張拒敗興安團練闌入縣
城竄赴全州攻撲州城實屬猖獗已極全州兵勇團
練會同湖南兵勇竭力堵勦迨省城兵勇趕至將該
匪刻期掃蕩復會同全州灌陽文武將餘匪搜捕
廓清均覺尚知奮勉自應遵
旨查明保奏以昭激勸除楚省員弁兵勇應由湖南撫臣
核明請獎及粵省出力稍次各員弁由臣等存記酌
獎外謹擇其尤為出力者繕寫清單開具事實恭呈
御覽籲懇
恩施獎敘謹合詞恭摺附驛具
奏伏乞
皇上鑒鑒訓示謹
奏

[redacted]

抄江南紫金山營務處王浚來禀

敬禀者前曾肅具丹禀諒邀鈞鑒六月十三日鎮江逆匪分股撲營一股攻撲勝勇營盤官兵出隊應援該逆復出一股抄尾官兵奔退以致連失營盤九座經

欽差大臣向　當將　鄧提軍奏參先行革職撤回大營另派　提督銜湖南綏靖鎮和　署理江南提督軍門帶領湖南官兵並廣東官兵二千餘名於六月十五日前赴鎮江紮住馬嶺現已移紮金硯山距城數里昨七月初七日接奉

諭旨前在鎮江失利之　鄧提軍僅予革職不足蔽辜着交

欽憲擬定罪名具奏仍留軍營戴罪圖功此時尚未擬定罪名其有失利之条遊守備均分別核降条將韓世禧降為都司遊擊朱占鰲降為守備均拔去花翎儘先

都司守備劉加祥鄧紹英降爲千總銷去都司拔去花翎守備田宗楊曠益茂降
爲千總拔去藍翎以下千把均傳至大營每人重責八十棍七月初五日據差赴河南
偵探兵丁回營稟稱該丁等于十四日行至鹿邑縣地方探聞得分竄河南之賊自
汴梁被官兵打敗于五月二十四日竄至泗水縣二十五日至鞏縣擄船渡河二十七日搶
渡黄河之間陡起風暴河水陡漲二丈有餘將賊之船排打壞數十餘隻淹斃賊匪
無數將該逆阻隔兩截其未過河之賊于六月初三日攻破密縣初八日復攻許州圍困
二日未能攻破被　經鎮軍帶兵追至西平縣將該逆圍住河北鎮　柏鎮軍分兵
由南進攻迎頭截勦現已掃除盡淨其已過河之賊于二十七日攻陷温縣
托善大人帶領山東山西黑龍江等處官兵追至懷慶府屬地方將該逆圍住昨接
撫咨河北之賊亦已蕩平餘賊現竄湖北黄安縣一帶勾結捻匪復竄過麻城縣東鄉一
帶擄搶當鋪金陵大股賊匪近來負嵎固守數月以來總不出巢雖聞有零匪出
巢均被官兵打退敗入賊巢死守不出難以克復前七月初三日奉
欽憲吩諭飭令官帶新招金陵壯勇川勇並辰勇忠勇同湖南頭二起及六起官兵壯勇共
三千餘名于初三日夜起身裹帶一日乾糧初四日下午至善橋地方齊隊更後前往聽
候　鄧提軍指授機宜進攻旱西門扒城直入四更行至離城六七里之地兵勇大半不前是

以未能得手復令川黔官兵竝粵省七勇亦于初四日晚五更出隊攻奪雨花台賊營該
逆出有一股約有二百餘賊前來接仗被官兵打退不出初六日提勇四川官兵復攻南門
湖南貴州官兵攻撲朝陽門攻至城根該逆不出僅在巢內施放鎗砲密如雨點兵勇
不能前進已革永鎮右營遊擊朱占鰲身先士卒帶領奮勇撲過賊濠被城上賊
匪齊施連環鎗砲朱占鰲臨陣中砲而亡兵勇撤隊回營傷亡者四十餘名二十一日
更後密傳隊伍各省奮勇均按三戍竝川兵提勇攻奪雨花台賊營該逆出有一股埋
伏濠溝官兵分路進攻抄撲賊濠將埋伏之賊殺奔入巢兵勇跟追過濠逆賊死回
不出鎗砲密過如雨實難撲進未能得手是以撤隊回營陣亡兵勇十四名受傷官弁
兵一百六十餘員名內有湖南提標中營守備蕭知音右膀受砲傷所有湖南撫標參將韓
世禧已降為都司所遺參將員缺現已
奏請以湖南鎮筸中營遊擊傅振邦陞補傅振邦遺缺以浚陞補辰下尚未奉到
諭旨其江西之賊于前月二十三日又轟塌城墻二處均被擊退現在該逆已退離省城並另分一股
上竄吉安現在
欽憲籌計攻城並將調到洋銅數萬斤一面設爐鑄砲合將現在軍營情形肅此稟聞

P.1

FO.682/137/6(7.Y.2.AA)

敬再密禀者據該委員密禀確查西省兩路河道匪徒糾聚打单
肆行無忌實由緝捕委員褚汝航招安巨匪田大鯉魚於名下為
之請給六品頂戴令其管帶壯勇跟隨緝捕該匪狼子野心怙惡
不悛因而勾串梧州府招安賞充差役之巨匪吳超與著匪侯捲
嘴狗梁大口昌等朋比為奸聚集著匪鍾敏和等沿河節節打单
詐索該匪田大鯉魚等從中互相包庇坐地分肥該委員明知徇
隱希圖粉飾了事是以匪徒藉有護符更得肆其鴟惡且勒捕之

71

P.2

FO.682/137/6(7.Y.2.AA)

師未出匪已聞風備禦有謀必洩靡餉勞師并探聞前月桂皮船
三號載貨十餘萬在大黃江為田大鯉魚勒詐打单銀一萬零五
十兩雜貨船二十餘號於白馬墟亦被勒索单銀一萬兩商民畏
之如虎衆怨沸騰新署梧州陳守本屬初任亦竟聽其指示等語
伏查褚汝航前在粵東為南海縣張糸令司理賬房劣蹟昭著久在
憲明燭照之中今筮仕粵西迭邀
上憲青睞應如何激發天良矢勤矢慎況緝捕重任更不容稍涉

72

FO.682/137/6(7:Y.Z.AA)

P.3 end

玩忽卑府聞悉之下不勝憤懣竊以地方緊要既有所聞不敢不

據實直陳用特密禀

恩鑒伏祈

俯賜訪聞查辦此禀

存内不發卑府臨穎不勝惶恐悚惕之至謹再禀

7 AA

敬密稟者竊照西省梧潯一帶土匪糾聚打單滋擾[illegible]行探聞情形

具稟

鈞鑒嗣役遴委敖從九改裝易服密往梧潯確切探查茲據該委員旋

鄭役稱梧江聚匪約數百人於附近關廠河面打單搶擄本月初五

日該處文武會辦捕獲匪徒李通等四名訊係蒼梧縣差三人縣雇

壯丁幫夥一人其梧郡上由平樂至桂林省大河有匪三百餘人匪

首鍾敏和黃亞耀梁大貸粥等現屯聚昭平縣屬馬江司衙於道水

簕竹汎一帶沿河打單本月初二日經撫標雙遊擊統帶兵壯勦捕

未能得手退回昭平駐劄至梧江上由藤縣平南至潯州大河有匪

徒七股分聚於溶潭人和墟安平鄉濛江口白馬墟武林口大黃江

等處惟人和武林大黃江每股約匪三百餘人其榕潭安平濛江白

馬每股約數十人或百餘人不等匪首為梁大口昌任汶炳鄧日蟻

及鶴山祥鄭亞光吳雷公仔林四九陳二苟與霸王早卯亞六等均

沿河屯聚架備砲火遇有商船經過該匪則駕駛板艇阻截中流搶

P.3

F.O.682/137/6 (7: BB, EE)

擄勒索米船每米萬斤打單銀四両若桂皮雜貨等船勒詐動以萬
計客商衣箱什物則搜掠無遺稍不遂慾輙施大砲轟沉船隻因是
商賈咸多卸載梧江以上幾至路絕行人并探聞南寧城廂內外為
壯勇擄人勒贖舖戶居民既被滋擾肩挑貿易亦多被截奪且有宣
化縣土匪二千餘人竄擾隆安縣屬逼近縣城焚搶其博白屬之瀌
魚灣至白良墟亦有賊匪數百人沿河肆搶各等情伏查甲府黃江
廠自二月來上游貨船到廠者日稀近併西來米船亦皆裹足間有

7DD

P.4 end

F.O.682/137/6 (7: BB, EE)

到關查驗詢之均已打單東下訪諸市肆所言西省情形亦與該委
員所查大畧相同用敢不揣冒昧據實縷晰密禀
宮保爵憲大人察核再據該員面禀由封川登陸繞道至梧確探其梧江
以上則到處匪夥屯聚無道可繞經遴派土著家丁假扮乞丐前往
探查合併聲明肅此密禀恭叩
勛安伏祈
慈鑒甲府敦業謹禀

7EE

四月十九鄧音憲稟兵札鎮江金峴山進攻東門音憲阻劄南門和憲水路北進約逼近賊巢東風大作三路合擊十一至十五日天雨難攻十六日出隊賊扑營甚急互相攻戰殺賊甚多該逆仍退閉城不出城内外放火亦如金陵情形向憲因江寧賊匪堅守誘之使出傳令每夜攻城一時之許擾其朝陽道濟洪武南門以牽制其軍而俟内有机會聲東擊西定可成功二十日據六合令稟称琦憲派吉林馬隊一千五百分住東溝要隘有賊船約數百隻自揚州而來其行甚速即會同吉林兵並城守千総徐琳兼前任潛山營外委達成榮帶兵勇三百名距城五里龍池地方接應奮勇爭先該弁等亦手殺多人不放賊暗鎗砲以致二弁陳令各堡民勇見而合擊自酉至次日傷長髮賊二百餘人賊退仍擄掠甚繁乘机即遣家人許志混入用火藥放燒賊巢賊衆中傷而潰將火藥等遺棄火滅後猶有紅巾長髮可以辯認計百餘人沿途士民亦殺死賊數百人生擒賊數十人奪大砲二十尊及抬鎗藥鉛等此十一日以後之情形也琦憲現帶滿兵三千七百名防守並黑龍江兵一千六百名效力因縣城既濱大江下接儀陽不得不嚴防現獲賊供称偽東王遣偽丞相林姓帶兵到縣業已被焚身死偽西王之子亦因燒受傷均係寔情餘容續布　四月廿二日卯時發

于廿二日探得近日城內陸續逃出之人甚衆其百姓賊匪均係剃髮而出詢聞偽東王楊秀清使分為三路製造紅边馬褂三四千件皆官兵营伍江浦六合儀徵丹徒丹陽溧陽等縣均有拿獲搜出各種之物並于襪底內有各處失意江寧分散東坝會集等字現派候補咸道主事劉存厚會同都司常瑞帶廣東兵六百名住札盤拿江北並有坐人大轎偽稱向帥督兵巡查副將帶五六十人儀徵紳局請飯盤詰家丁是以破露該匪即席上出刀一時均被鄉勇拿住活埋已禀報到撫憲業已附片奏聞又龍潭地方有船百餘隻咸稱難民逃出資財甚富恐係偽裝現委薛令會同鮑游府往查尚未禀覆是日隨轅謝繼超自鎮江城回知鎮江賊匪約僅存十股之三其百姓甚多城外已無賊营鄧音提鎮憲三面環繞賊勢穹蹙計可即日攻破是以仍令攻剿不令改調是夜二更見賊內火光燭天燒至四更以後方滅未識何意二十日和憲督率艇船上擊燒燬賊船二十餘隻因風不順利收兵俟東風再行追剿且云鎮江賊船不足二百往來不定二十一日觀音門江下船夫葉舟自行放火燒燬二百餘隻江寧姚令大營領票概准回里大彰曉諭今有燕子矶至南門一帶沿江停泊賊船二千餘隻該船夫等前來投誠免罪自願焚船回籍抑或將船錨帆槳全行棄沉係從九謝蘭帶营來禀立賞六品功牌向憲委前九江府陳守蔡游府會同馳查辦理並飭發賞格示諭前去現亦尚未禀覆俟餘容續探

四月廿四日卯刻由鍾山大营發

FO.682/44/6

候補通判廣州府南海縣縣丞許文深謹將會同西關汎弁及緝捕委員在西關外等處地方先後獲解送匪共壹百貳拾玖名開列呈

電

計開

羅亞輝順德人于七月內投入駡州鄧亞幅𣎴內向族人羅恒湛打单并與官兵打仗不記次數

黎亞灶南海人于七月內投入佛山陳開𣎴內捐資承辦軍械各物并與官兵打仗不記次數

余亞幅順德人于六月內在西村新橋琛㞗等地方與官兵打仗三次

何亞祥順德人于七月內投入佛山陳開𣎴內與官兵打仗一次又與大厫沙滘等村打仗二次又聽從運銀往棠下左汝昌賊營二次

何亞桂順德人陸續探聽打仗事情回報大良賊營不記次數

伍亞倫恩平人于七月內投入順德何亞兆𣎴內與官兵打仗二次

蔡亞柏南海人于六月內投入牛欄岡陳汝高𣎴內在三元里與官兵打仗一次

李孔成南海人于七月內投入佛山陳開𣎴內充當探聽差役一次

蕭亞滿南海人于初十日打仗時捉獲身帶有兇器尚未認桀

何亞閏南海人于七月內投入何亞組𣎴內迭次打单不記次數

何亞昭南海人于七月內投入何亞組𣎴內迭次打单不記次數并來省探聽情形

何亞善南海人于七月內投入何亞組𣎴內迭次打单不記次數并來省探聽情形

李華舉番禺人于七月內聽從逆首麥亞芌等向族人李璐打单一次并向附近各村打单不記次數

區高滺南海人于六月內投入偽元帥陳開𣎴內充偽右營都府并總查街道與大厫官兵打仗不記次數并來省探聽情事

何賤九南海人于六月內投入佛山沙口周亞汝𣎴內與官兵打仗三次

黎亞有南海人于七月內投入牛欄岡賊營𣎴內與官兵打仗一次

張南金南海人自稱為偽大元帥在大範大厫等村打仗不記次數

黃亞有番禺人于閏七月內投入佛嶺市李文茂𣎴內充當小𣎴頭在三元里挞橋地方與官兵打仗不記次數

蘇孔華番禺人于七月內投入林亞阮𣎴內同往三江各處打单不記次數并在石門與官兵打仗

陳亞和新會人于七月內投入佛山不知名大隻區𣎴內與大厫橫江各村打仗不記次數

杜亞潛　番禺人于閏七月內投入佛山偽先鋒區亞滏旂內在大歷等村打仗不記次數

徐亞四　香山人于七月內聽從高亞超等在澳門洋面行刦不識事主天津船銀物分用共在洋面行刦過三四次

鍾亞本　番禺人于七月內投入潘亞瑶旂內在蕪塘與官兵打仗共六次

霍亞四　三水人于七月內投入白草崗偽元帥吳亞庇旂內派為偽前營先鋒與三水縣官兵打仗并往各村打單均不記次數

劉亞定　增城人于七月內投入佛山偽先鋒梁亞五旂內在臨海廟松排脚等地方與官兵打仗不記次數

盧亞娣　東溶蛋民在橫江打仗一次并來省探聽情形

陳亞細　南海人聽從族人陳其安在銀河橋豎旗滋事

潘亞進　南海人在紫洞豎旗會同沙口偽元帥朱亞發賊營將隆慶衙門搶掠一次又行刦紫洞萬隆慶豐當店二次又往各村打單不記次數

周廷禮　南海人于七月內投入不識賊營旗內在蕭岡等地方與官兵打仗四次

關亞裔　南海人于八月內投入吉利偽元帥關亞才旗內在大歷盐步等處地方與官兵打仗四次

陳金成　新會人于閏七月內投入江門偽元帥黎先焜旗內派為大旗頭目在江門怡怡茂源東陞茂生當店打單四次又在江門河邊與官兵拖船打仗不記次數

李亞玲　順德人于六月內投入陳村偽元帥區亞斗旗內向碧江事主蘇景峯打單一次又向李姓族內打單一次又在陳村河面行刦油米各艇被官兵救護打仗一次

周亞苟　南海人于七月內投入石井賊營旗內在蕭崗三元里等處與官兵打仗不記次數

邵亞洸　南海人于七月內投入橫江偽元帥邵挺秀旗內派為偽先鋒向仇邊村事主打單不允把屋焚燒并殺仇姓事主首級二顆帶赴佛山賊營報功一次又向本村邵報本堂打單一次又向江夏村劉氏打單不允就殺劉氏首級帶赴佛山賊營報功一次又在盐步與鄉民官兵打仗不記次數

劉亞英

李步青

楊升

陳維相

萬亞明

李亞觀

李亞後

李亞俊　以上八名係會同緝捕李委員憑線指拿之逆匪

黃亞發　番禺江村人于上年十二月內在河南芳村地方結盟拜會一次又本年六月內投入橫江賊營旗內派充大旗頭目于八月內在佛山臨海廟地方與各營官兵打仗不記次數

麥亞蘇　南海人于本年七月十三日投入吉贊賊營偽元帥潘鴻光旗內于是月糾同佛山賊匪與大歷兵勇打仗共六次又閏七月內糾夥圍困三水縣城一次又搶刦高要金利圩當店一次

黃亞凌　新會人于本年六月內在禾花澤地方結盟拜會一次即于是夜起旗在太平祠駐劄于七月內投入橫江賊營偽元帥黃亞寬旗內前後與大歷兵勇打仗不記日期次數

郭亞六　即鵪哥六省河蛋民于道光二十八年內在西瓜園地方結盟拜會一次又本年六月內投入佛山賊營偽元帥亞得魁旗內在文昌沙燕園地方與各營官兵打仗不記日期次數

馮亞法　南海人于本年六月內投入西樵吉贊偽元帥潘鴻光旗內于六七月內糾夥往各鄉打單搶掠不記日期次數又閏七月內聽從駕艇往三水縣城與官兵打仗不記日期次數

梁亞興　省河蛋民于本年六月十五日投入佛山赤下偽元帥李亞操旗內于七月十八二十二等日在臨海廟長船尾正埠等與官兵打仗共三次又八月初十十一十四等日在長船尾與官兵打仗共二次

范亞潮 南海人于本年六月二十八日糾夥在崗擲村祠內竪旗滋事于二十九日向村內范江中家打單得銀一次又向范塲村朱姓打單不記日期次數

陳亞江 南海人于本年七月內糾夥李文茂等在佛山大基尾竪旗滋事于七月閏七月內與大歷兵勇打仗不記日期次數又八月內擄掠其昌當店銀物一次

葉亞四 佛山人于本年七月內投入佛山信義堂賊營旗內于七八月在佛山正埠及臨海廟等與官兵打仗不記日期次數

吳亞陶 南海人于上年七月初在黄岡村結盟拜會一次于初十日投入石井賊營旗內于七月閏七月內往黄岡古料各村打單索詐不記日期次數又七八月內在蕭岡三元里等處與官兵打仗不記日期次數

譚亞堅 南海西樵人于上年七月內糾夥擔掠本村譚姓家共二次

張華潤 新會人于上年七月內在佛山糾夥竪旗滋事于七月閏七月內在臨海廟正埠等與官兵打仗不記日期次數又九月在蔗園與官兵打仗一次

盧見章 三水人于上年六月內投入蘆包偽元帥陳金剛旗內往各村打單不記日期次數又七月內攻打三水縣城一次又本年正月內往三水辛村刦掠一次

張亞照 順德人于七月八月內投入三寶圩豆皮大旗內後跟往新造剳營不記日期與十七鄉兵勇打仗一次又十月內在河南與兵勇打仗一次

盧兆球 新會人于上年六月內投入賊目陳饗髦旂內充當偽軍師隨同族人盧慶邦等并往棠下村打單索詐又攻打新會縣城不記日期次数

楊亞洸 南海人于上年七月內在桶頭地方竪旗投入西南賊目陳金剛股內前後打單打仗不記次数

陸亞得 即大志三水人于上年六月內投入佛山賊目陳開夥內隨往各鄉打單及長船尾等處打仗不記次数

李亞昌 三水蛋民于上年七月初一日隨同賊目黄亞直在佛山莫家祠竪旂隨往臨海廟各處及新會縣城打仗不記次数

龔亞勇 番禺人于上年八月內投入佛嶺市先鋒豆皮春股內前後在蕭岡各處打仗不記次数

何亞暖 番禺人于上年七月內投入佛嶺市先鋒豆皮春夥內前後在蕭岡各處打仗運送茶水

龔亞魚 投清遠賊目胡德廣夥打仗不記次数

黎亞松 南海人投鷹嘴沙賊目馮亞得夥在臨海廟打仗不記次数

梁亞廸 南海人投李村文瀾書院梁亞幅夥往西南搶奪衙門一次又打單二次打仗三次又投石大炎蘊夥拆毀李村汛

葉亞詳 司馬庙街投入三江書院賊目何亞洸夥又投西南鄧亞近夥又投清遠綀四虎夥又投蘆苞陳金剛夥後回西南住扎在西海打仗二次

徐亞洪 三水人該犯尚未認案

徐亞恩 南海人投岡坳賊目劉順昌夥打仗不記次數

麥亞九 混名消息九東安人投賊目陳存夥搶刦蘇明邦銀物斬傷事主一次又攻破東安縣城放脱監犯一次

潘亞蒂 番禺人投官窑劉顛顯夥護押劉顛顯家眷隨往三江打仗被水淹斃三四名一次

謝亞蘇 混名炎艇綁南海人投賊目霍輝夥打仗二次

陳炎昭 南海人因兒子亞茂投佛山賊目王亞梅夥打仗被傷病故得領殯葬銀十两又每日給米二升

黄亞英 即榮基南海人投官窑劉顛顯夥打仗八次

李亞龍 新會人在四會下茅圩竪旂翁芹方為偽元帥該犯為偽都督隨即攻破四會縣脱放監犯

方亞桂 南海人投官窑賊目劉顛顯夥打仗二次

葉亞法 番禺人投江村賊目甘先夥打仗二次

鄧亞占三水人投白草岡賊目吳振江夥打仗二次打單不記次数

陳俊宜南海人在金甌書院賊所打仗一次打單不記次数

區亞宅三水人投佛山賊營福勝堂夥在四會城打仗不記次數

余亞姚南海人投金甌書院賊營夥在四會城打仗不記次數

羅顯明花縣人投花縣賊營夥攻打花縣城一次

梁亞開四會人投四會賊目梁亞濃夥攻打四會縣城一次

羅亞宏

梁超仁以上均順德上灣村人投入本村賊營夥攻打新會縣城一次打單不記次數

何肥三即旋基番禺人投蕭岡賊目甘先夥在三元里打仗二次又投旦皮春夥充當先鋒打仗不記次數

何亞見鶴山人投三洲賊營夥在臨海庙打仗不記次數

羅亞榮南海人拜會一次後充當壯勇屢次與賊打仗獲勝

羅亞佳南海人拜會後在大涌边駐扎每日得銀三錢

陳亞鏞南海人狡不供吐惟據紳士張家增等稟稱該犯洪勝堂從逆又在佛山崇順堂迭次與官兵打仗

陶亞慎南海人投大窩塘賊營夥在臨海庙大瀝打仗三次

陶亞登南海人投大窩塘賊營夥打仗不記次数

陶亞賢南海人投大窩塘賊營夥打仗傷斃壯勇一次

郭亞受南海人投佛山賊營在長船尾與官兵打仗不記次数

鄺亞可南海人投三江賊營在九十六鄉打仗不記次数

黃樂芳四會人投三水六井洞賊目翁亞芳夥充當偽軍師攻破四會縣城一次

曾亞立興甯人投佛山賊目陳懷夥打仗五次

劉亞驥南海人投河清賊營夥攻打新會城一次打單不記次数

潘榮濆南海人投沙口賊營夥打仗不記次数

陳亞渴南海人投本村賊目鄧亞時夥往沙坑與官兵打仗不記次数

蕭亞揮番禺人投本村賊目林亞雄夥在佛嶺市打仗不記次数

蕭官佐番禺人投佛嶺市賊營夥打仗不記次数

蕭建明番禺人投佛嶺市賊營夥充小旂目打仗不記次数

吳亞法番禺人投佛山和義堂賊營夥打仗不記次数

黄金堂番禺人投石井賊營夥在牛欄岡打仗不記次数
鄧亞基三水人投西南賊營夥在沙口打仗不記次数
李亞根新會人投佛嶺市賊營夥打仗不記次数
李春魁鶴山人投沙平賊營夥攻破鶴山縣城一次打單不記次数
勞亞賢南海人投鷹嘴沙賊營夥打單打仗均不記次数
戴亞順番禺人投江村賊營夥打仗不記次数
李亞閏番禺人投佛嶺市賊營夥在蘭岡打仗不記次数
鄧亞成廣利人投佛山勝門頭賊營夥在臨海庙打仗不記次数
黄亞勤南海人投庙頭賊營夥往九十六鄉打仗不記次数
徐丙然南海人投小塘賊營夥打仗不記次数
李亞初三水人投蘆苞賊營夥往官窑石門等打仗不記次数
朱北榮順德人聽從在黄蔴涌監所打仗不記次数
李亞寬南海人投西南賊營派在區寬營下

馮亞祥新會人投海洲廣渡頭賊營夥攻打新會江門等不記次数
容亞務新會人投海洲廣渡頭賊營夥攻打新會江門等不記次数
李亞應高要人投湖基巷李亞容夥打單打仗不記次数
何亞容番禺人投蕭岡賊營夥打仗不記次数
馬亞有投佛山東義堂賊營夥往沙口打仗不記次数
譽亞成南海人投日新書院賊營夥往九十六鄉打仗不記次数
左亞得南海人投官山梁亞錫夥往沙口與官兵打仗不記次数
呂亞權順德人投大良呂亞敬夥打仗不記次数
劉亞植混名黄蔕植鶴山人投沙平劉有順夥打仗不記次数
徐亞容省河蛋民在省河假冒緝捕捉獲蛋民郭亞江等回艇勒贖多次
譚亞興省河蛋民在省河假冒緝捕捉獲蛋民梁蔕根一次又捉郭蘇吔等勒贖不記次数
羅亞盈高要人投入紅坭岡黄亞音夥打仗二次
陳亞得南海人投沙口陳大牛允夥在九十六鄉打仗二次又投官山梁錫夥打仗二次

佛山滋事賊目

結二　陳開　鶴山人　陳懷　大福　亞九　不知姓　鶴山人

(1)

FO 682/68/4(35)

札

札文底一件照刊
刷一百零三件

太子少保兵部尚書兩廣總督部堂世襲一等男爵葉
兵部侍郎廣東巡撫部院柏　為
嚴禁拜會以安民業事照得士農工商各有恒業苟
能勤儉自守躬安耕作何至衣食無資粤東近有無匪
徒往往糾衆結拜弟兄誘人入會愚民無知以為暫時
聽從結拜可與幫護得人藉以保衛身家且免受其欺
侮殊不知先已聯盟後即流為匪党外被官兵拘拏内遭
(2)
匪徒逼勒本身永負惡名親族受其連累一念之差
追悔何及本爵部堂部院在粤有年深悉民隱現當嚴剿
會匪之時不忍良民同陷局中共遭荼毒除出示
曉諭外合亟通飭嚴禁札到該　即便遵照勸諭
各村紳耆約束子弟安分守法勉作良民切勿誤
聽匪人勾結妄行結拜縱或從前已經入會亦宜從
此解散早自回頭勤耕力作切勿自外生成倘有
執迷不悟許該紳耆等督率子弟公同綑送如力
不能制即行指名密稟帶引官兵捕除慎勿狥庇
(3)
姑容致貽後患一面將發去告示照式多抄遍貼
在于城厢市鎮鄉村曉諭仍將貼過告示處所日期
具報毋違此札

計發告示　道
(4)
咸豐四年七月　日

F.O.682/1213/7(5)

謹將已獲各路首要各犯開列呈

電

西路佛山一帶股

潘鴻光 武舉 偽元帥陳開分夥

黄盈幹 偽元帥在叠滘起折陳開分夥

舒廷楹 偽元帥陳開分夥

僧叢開 混名大眼虎偽軍師和尚能夥

鄭緝熙 偽軍師陳雄夥

陳雄 偽元帥在南海小欖起折

何亞光 偽大司馬陳雄夥

梁佩基 即豆皮四 偽師爺陳開夥

邵佐勳 偽司馬邵拔秀夥

霍萬富 偽司馬朱發夥

黄羣起 偽叅贊陳開夥

何曲 何六胞兄 偽都督陳開何六夥

冼亞求 偽都督楊有長夥

黄潛剛 偽都督陳開夥

冼連伯 即冼八偽副都督朱發夥

霍天輔 生員 偽師爺霍建章夥

馮亞周 偽元帥劉順昌夥

梁亞孔 偽都督陳開夥

黎錦榮 偽都督 佛山陳開 香山黄帽夥

黄亞二 偽護衛陳開夥

陸亞廸 偽都督陳開夥

譚堯階 偽軍師朱發夥

陳啟開 偽軍師邵拔秀夥

邱亞緒 偽副都督邱澤開夥

李春生 偽軍師邵九夥

劉端湛 偽師爺朱發夥

蔣亞沛 殺斃鄉人五名潘鴻光夥

羅德興 偽都督朱發夥

胡世寵 偽軍師胡珠夥

杜閏秋九 偽先鋒傷兵勇五十餘人邵九夥

羅湛光 偽運粮官陳雄夥

何亞植 偽元帥扎田心村李亞巨夥

余曾友 偽軍師石蘊夥

黄亞成 偽都督邵九夥

陳章 偽元帥扎銀河橋陳開分夥

關亞昆 偽副帥李大胆全夥

徐亞著 偽副將朱發夥

余亞裕 偽司冦扎官山梁錫夥

侯士堂 候選未入流 偽軍師陳開夥

楊廸相 偽司馬扎佛山大基麒麟祥夥

馮著修 偽軍師林大剛夥

陳亞顯 偽都督和尚能夥

何亞吉 偽正帥梁阜書夥

何德標 偽元帥扎鷹嘴沙關才夥

蒙汝康 偽軍師陳開夥

馮冑倫 偽軍師陳開夥

葉純仁 職員 即葉琉偽正帥陳開分夥

張顯庸 偽軍師陳開夥

龐亞鋭 偽元帥陳開分夥

黄亞發 偽元帥陳開分夥

李肇聰 偽軍師劉順昌夥

鄧宜芳 偽水師正帥陳開夥

鄧勝章 偽水師副帥陳開夥

羅禮仁 偽都督陳亞池夥

麥亞汝 偽都督梁子聚夥
呂賛美 偽水陸都督陳開夥
黃亞秋 偽元帥陳開夥
區平金 偽都督陳開夥
原亞新 偽軍師陳開夥
潘亞禮 偽右輔翼潘鴻光夥
李亞目 偽都督黎理祥夥
蔡因享 偽都督陳開夥
王有光 偽恭贊陳開夥
黎亞亮 偽師爺陳開夥
楊 楷 偽粮道霍威夥
何金成 賊營劊子手陳大夥
羅亞賜 护捉羅明達殺害剖開肚腹斬開四枝陳勇夥
梁亞吉 偽師爺邹亞允夥
張 洸 偽元帥扎銀河橋陳開分夥
徐世娣 偽運粮都督陳開夥
區 貞 偽三法司陳開夥
范亞演 偽都督李亞派夥
盧亞林 偽元帥陳開夥
僧瑞機 偽軍師朱發夥
陳開錫 偽師爺陳開夥
曺亞榮 偽先鋒斬傷八人陳開夥
羅亞苟 即邹亞二偽副帥陳開夥
僧非相 偽軍師陳雄夥
羅閏彪 偽師爺陳開分夥 又名文村
招亞滔 偽都督陳開夥
何 超 混名馬超偽元帥陳開夥
呂子桂 偽軍師陳開夥 即茂焰生員
楊壯達 偽軍師陳開夥 六品頂戴翰林院侍讀銜
勞大德 偽都督陳開夥
陳亞賢 偽大將軍陳開夥 即高佬靚仔
何亞潰 偽運粮都督陳開夥
勞賢為 偽都督陳開分夥
馮 成 偽司馬陳開分夥
馮吉載 偽都督陳開分夥
范亞錦 偽護衛軍陳雄夥

陸信瞻 偽軍師陳開夥 混名劉壯盛
李 昌 偽催粮都督陳開夥
何德山 偽司馬并元帥陳開分夥 即何韜
徐 現 偽師爺陳開夥
葉亞炳 偽運粮官為香主和尚能夥
周金水 偽元帥扎蓮子塘
吳私鵝錢 偽帥住沙口獲案旋故未認
龐永達 偽恭將陳開夥
吳亞進 劊子手殺害肇慶府任守 陳開夥
葉亞和 即逃軍和偽都督朱發夥
黃喬德 偽司馬陳雄夥
譚彰華 偽軍師三法大司馬日新書院 陳勇夥
劉廷玉 偽都督陳雄夥
劉亞昭 偽軍師陳雄夥
李亞鯉 偽恭贊陳開夥
羅宜芳 偽師爺馮祥夥 即羅亞和
崔濟雄 偽恭賛陳開夥

北路佛嶺市一帶股

甘 先 偽大元帥扎石井等處
劉建勳 武舉 偽元帥甘先夥
陳大姑 偽都督扎佛嶺市
劉 波 偽英烈王劉顛顯夥
葉亞新 偽司馬黎水旦夥
沈亞廣 偽都督劉顛顯夥
李雄進 偽司馬甘先夥
李伯瑜 偽恭贊甘先夥
葉亞式 偽恭謀張泥水光夥
陳敬祥 偽軍師劉顛顯夥
何亞靈 偽都督甘先夥
鄧亞佩 偽征粮元帥甘先夥
鄧亞耀 偽都督甘先夥
蘇耀璣 偽師爺甘先夥

張養正 偽都督劉顛顯夥
李亞實 偽都督劉顛顯夥
龍弼基 偽軍机文房甘先夥
梁亞谷 旂頭斬鬼壯勇四人甘先夥
楊顯高 偽護衛楊岳夥
譚和尚 偽副都督甘先夥
何敬修 偽都督甘先夥
龍秀閏 偽元帥甘先夥
楊裕蒼 偽護衛楊岳夥
羅亞受 偽護衛羅璈夥
陳朝魁 偽司馬劉顛顯夥
朱朝潰 偽監製府劉顛顯夥
曹亞科 偽軍師甘先夥
顏　得 偽副三法司馬甘先夥
謝澤成 偽大法司劉顛顯夥
徐天成 偽副都督甘先夥
王庚隴 旂頭授教官親江楊夥
蘇亞宿 偽都督甘先夥

葉亞枝 偽收粮官甘先夥
周世桓 偽軍師甘先夥
楊廣全 偽護衛楊岳夥
楊興太 偽護衛楊岳夥
王義權 偽軍師劉顛顯夥
羅　璈 偽清逆將軍甘先夥
黎亞就 偽分府張彬夥
甘健昇 偽師爺甘先夥
李亞標 偽都督甘先夥
蘇聯金 偽護衛楊岳夥
何亞麓 戳死壯勇八人甘先夥
張世沾 偽太醫院劉顛顯夥
李雨林 偽將軍甘先夥
蕭　基 偽元帥甘先夥
陳亞佑 偽師爺甘先夥
羅亞陳 偽副都督甘先夥
周元真 即喃嘸南 偽師爺張泥水先夥
徐亞組 下手戕官甘先夥

趙　添 偽都督甘先夥
楊　勤 偽都督甘先夥
區偉英 偽師爺林洪夥
曹文升 偽軍機房師爺甘先夥
曹亞石 偽兵馬司甘先夥
招宏槐 偽副帥甘先夥
楊耀登 偽軍師甘先夥
黃子材 偽軍師甘先夥 混名軍師消獲案未認旗故
戴亞滄 偽都督甘先夥
林亞純 偽都督劉顛顯夥
譚秋成 偽師爺甘先夥
盧仕仔 偽帥甘先夥
商中見 偽太醫院蕭基夥
駱東昌 偽軍師札官宲 監生名思敬
高亞由 偽都督甘先夥
危亞响 戕翎頂武官一員甘先夥
劉亞辰 偽元帥甘先夥
湯威章 偽都督洪秀全夥 後回來札佛嶺市

黃　伍 偽都督甘先夥
曹春林 偽平定大將軍張彬夥
何幅樫 偽軍師何德珍夥
曹永章 偽師爺甘先夥
龍亞雅 偽千總甘先夥
楊聯輝 偽都督甘先夥
楊達蒼 偽將軍甘先夥
蘇萬寬 偽都督甘先夥
周　彬 管庫師爺甘先夥
甘欣潰 甘先弟 偽帥起旂甘先夥
盧亞永 偽都督盧仕仔夥
黃亞楊 偽師爺劉顛顯夥
甘亞盛 偽帥甘先夥
劉　衛 偽師爺劉顛顯夥
蕭靜九 偽先鋒戕官甘先夥
廖亞幅 燒毀從化縣甘先夥
葉亞來 即崩鵝來 偽元帥札北路黃婆洞
沈懷昌 偽都督札佛嶺市

鄧亞南 偽副帥劉顛顯夥
關從順 偽都督獲案旋故未認
袁亞妹 偽將軍劉明夥
劉亞成 偽副軍師甘先夥
陳亞可 偽都督甘先夥
譚石 偽統領兵馬指揮使甘先夥
馮炳 偽軍師甘先夥
譚章 偽軍師甘先夥
高亞三 偽副都督蕭基夥
曹美勝 偽先鋒隨同甘先起旂甘先夥
曹遂中 偽運粮官甘先夥
黄茂方 偽水師都督甘先夥 混名厚皮棍即黄茂光

東路燕塘一帶股

顏亞層 戕崔恭將官李文茂夥
曾子安 偽恭謀李文茂夥
蘇平灼 偽都督李文茂夥
黄三全 偽飛報將軍李文茂夥
王福謙 偽軍師李文茂夥
陳大望 偽都督李文茂夥
蘇閏九 偽運粮官盧八萬倉夥
梁亞土 偽都督李文茂夥
盧八萬倉 偽帥扎燕塘傷斃未到案

南路新造一帶股

林陳洸滌 偽帥扎猛涌傷斃未到案
黎亞盛 偽都督陳豆皮大夥
高社戊 偽元帥扎猛涌
簡亞鐵 偽副帥何伯祥夥
何亞玉 混名馬玉偽元帥陳洸滌夥
何亞山 混名火燒山偽元帥陳洸滌夥
李亞定 偽司馬陳洸滌夥
鄔亞威 偽都督陳顯良夥

陳亞扁 總旂頭豆皮大之子
林敦聯 偽元帥陳洸滌夥
區林氏 陳洸滌之姊代收銀兩興兵報仇
陳亞洸仔 偽三千歲陳洸滌夥
嚴亞由 偽元帥陳洸滌夥
廖亞自 偽司馬陳洸滌夥
杜進修 偽軍師陳洸滌夥
王亞和 偽都督陳洸滌夥
陳傑孚 即陳甫偽軍師陳洸滌夥
屈元謙 偽恭贊陳洸滌夥
胡亞泰 偽都督陳洸滌夥
王亞波 偽元帥陳洸滌夥
吳祖榮 偽軍師陳洸滌夥
高亞金 混名駕勢金偽副帥陳洸滌夥
馮學之 偽軍師陳洸滌夥
林亞晚 偽都督陳洸滌夥
張扳桂 偽軍師陳洸滌夥
何伯祥 偽元帥陳洸滌夥
蘇林 偽元帥陳洸滌夥
鄧大兆 戕鍾都司高建興夥
蕭亞細 偽前營護衛陳顯良夥
謝作邦 作線捉王振高陳洸滌夥
屈開 偽先鋒傷斃多人陳顯良夥
黎洸大 偽元帥陳顯良夥
畢爛艇 偽三法司馬陳豆皮大夥
林方周 偽軍師陳洸滌夥
李亞珠 旂頭傷斃兵勇五人陳洸滌夥
崔亞九 偽都督陳洸滌夥
楊可帶大 偽軍師李亞計夥
黄照明 偽護衛教習李亞計夥
廖邦貞 偽軍師陳豆皮大夥 豆皮大表弟
馮植組 偽師爺梁洪夥 即高佬組
關超 偽護衛軍陳洸滌夥
梁亞新 傷斃兵勇十二人陳洸滌夥

孫亞娣 偽護軍陳豆皮大夥
許保寬 偽衛軍陳豆皮大夥
勞亞賜 偽護衛軍陳豆皮大夥
何廣禮 偽国丈何德乾夥 女嫁何德乾作妾
劉桂堂 护捉王振高殺斃李亞計夥
陳亞洸 旂頭戕官陳豆皮大夥
陳烟蝦 即陳富明偽元帥李亞計夥
李亞澤 混名死蛇偽副師陳洸潞夥

✓

九江一帶股

梁明開 即亞祥偽司馬閔巨夥
梁世秉 偽都督閔巨夥
閔鸞飛 偽軍師老介福夥 己革丙午科舉人
程亞壬 偽副帥戴幅夥
閔猷謀 偽都督閔巨夥
蔡亞七 偽都督閔巨夥
鄧汝興 偽都督閔巨夥
曾亞本 偽都督閔巨夥
崔亞學 偽三及第老朝安夥
程亞湖 偽中軍戴幅夥
僧曠懷 即和尚敉偽總制閔巨夥
何洪七 偽都督老朝安夥
閔天宅 偽水陸都督閔巨夥
岑　桂 偽副指揮閔巨夥
曾瑤皆 偽司馬閔巨夥
朱德聪 偽副帥閔巨夥
程　南 偽副帥在大桐起旂
鄧亞坤 偽副總管閔巨夥
曾亞兆 偽副指揮閔巨夥
僧健容 偽軍師老幅大夥
崔彰衛 偽軍師老朝安夥
老介幅 舉人偽帥扎九江自盡未到案
鄧大光 偽水軍元帥閔巨夥
吳亞全 偽副帥閔巨夥

閔益康 偽軍師老介幅夥
崔亞洪 偽司馬老朝安夥 即洪球
何相廷 偽中軍閔巨夥 即崩牙朝
潘鵬典 同潘亞才起旂閔巨夥
李洪波 偽水陸叅贊老介幅夥
閔正駒 在賊营帮辦閔巨夥 武舉
朱志遠 偽軍師老介幅夥
程緒章 偽師爺戴幅夥
郭朝皆 偽師爺戴幅夥

✓

四會縣一帶股

翁芥芳 偽元帥在四會起旂
周緝勲 偽司馬楼脚鄉陳如夥
何貞祥 偽軍師逕口李浩夥
宋洪賔 偽元帥在四會逼坑與盧立通 起旂
盧亞蒂 偽司馬宋洪賔夥
謝亞邦 偽五營軍師伍洪萬夥
溫芥義 偽元帥在四会成井圩 起旂
盧立通 偽元帥在四會起旂
黃虎文 偽軍師盧立通夥
李亞秀 偽軍師翁芥芳夥
嚴亞保 小旂頭攻懷集戕千總一員 賊首陳水夥
李通秀 偽副帥在四會塘村起旂
黃賢芳 己革武生偽將軍陳水股
吳粹魁 偽副帥陳水夥
蘇亞三 偽副帥在大坑起旂
賴大光 偽將軍翁芥芳夥
張文光 偽副帥在逕口起旂
胡樹潰 偽副帥在下茅起旂
溫攀得 偽軍師翁芥芳夥
李妹仔 偽副帥在灾寨起旂
羅亞西 偽副帥在長沙廟起旂
馮鳶飛 偽軍師陳業夥

黎亞单生斬偽懷集縣右手陳水夥
張　八偽元帥在地豆圩起斿
嚴亞騶偽元帥在四會起斿
潘亞海偽都督陳水夥
賴亞保偽元帥在塔廟起斿
吳英賢偽軍師曾忠夥
羅亞才偽都督張八夥
羅樹妹偽運粮都督陳水夥
鄧成章已革從九職銜偽軍師陳水夥
樊亞蛤二偽軍師翁芹芳夥
羅觀勝偽軍師羅西夥
賴斗保偽運粮都督翁芹芳夥
陳　二偽副帥羅勝夥
翁亞添偽大太保翁芹茅子
翁亞順偽二太保翁芹茅子
冼澤煥偽軍師朱水夥
李　浩偽副帥扎逕口
周亞法偽先鋒斬傷懷集教官陳水夥
李槐光偽師爺何威夥
李亞醮偽副督粮師爺李浩夥
劉　六偽元帥扎黃村即劉滴六

花縣一帶股

湯炳良偽軍師湯澤夥
湯大發偽軍師湯澤夥
林大有偽元帥扎白泥
黃亞九偽都督黃杏桃牛夥
盧丙仔混名生姚剛偽都督湯澤夥
湯宗秀偽軍師湯澤夥
袁亞三偽軍師湯澤夥
周　幹廩生偽軍師任暄夥
任　暄偽元帥扎炭步
湯汝霖偽都督任暄夥
馮　添偽元帥扎花縣城
馮　丁偽副帥扎花縣城
羅亞保偽都督楊南嬌夥
畢亦揚武生偽軍師獲案旋故未認
何秉佳賊破城凌辱曹巡檢追曹巡檢女淹斃之犯
羅灶嬌在花縣起斿後投甘先夥
任亞紹偽運粮官任暄夥混名呂布紹

順德縣一帶股

胡　載偽副帥在桂洲起斿
胡泳三武生偽都督胡載夥
陳飛平偽副帥陳齊星夥
羅鯉南職監主謀陳大春吉夥
吳　鎮偽副帥大春吉夥
僧林治明偽軍師并參謀陳大春吉分夥
袁亞七偽師爺陳大春吉夥
梁亞信即協凌偽都督陳大春吉分夥
關芹芳偽軍師陳大春吉夥
蘇德茂偽師爺何萬遷夥
梁亞祿偽都督梁閣微夥
關彩益偽元帥扎容斿
簡悅期偽副帥陳大春吉夥
湯　球偽師爺陳大春吉夥
劉植榮六品軍功偽將軍劉伯昌夥
胡凝光監生偽司馬胡再夥
陳堯書偽都督曹亞太夥
陳亞沂偽副帥曹亞太夥
陳亞怡偽副都督陳大春吉夥
余葆光監生偽師爺劉與夥
梁秉仁偽師爺梁安夥
張亞亢偽都督陳兆夥

関遠萬偽都督陳兆影　梁鵬偽恭贊蘇林影即梁緒展監生
勞彥瑾偽軍師蘇林影即勞呆　辛公紀偽恭贊蘇林影即平章監生
梁梅山偽元帥大春吉影　鄧大順偽中軍劉與影
何亞全即志全偽元帥扎潭洲　周炳鏞偽正帥在鷺冲起旂
馮良彥偽師爺劉顛明影　黃文正偽都督大春吉影
胡亞和偽副帥李志餘影　邱祿偽副帥黃玉琛影

香山縣一帶股

何亞全即志全偽副帥黃幅影　梁義勝偽都督黃均成影
曾蔕音即香山蔕偽都督陳亞其影　梁元偽副帥扎小欖
鄭有沅偽正帥扎小欖　徐橋有偽副帥扎小欖
鍾成就偽副帥扎小欖　吳萬江偽副帥扎大欖
袁作成偽軍師李洪英影　周靖海偽副帥李洪英影
吳亞藩偽元帥扎潭洲　何耀垣監生偽軍師吳餘慶影
李亞快偽元帥扎洋面　鏬架四偽元帥扎洋面
劉國章偽軍師李寬太影　僧谿通偽軍師黃長庚影
李景祥偽軍機房行走何以莊影　麥殿鰲武監生偽副帥扎小欖

三水縣一帶股

譚大九偽大司馬扎蘆苞陳金剛影　羅亞炳即子謙偽恭贊朱子儀影
何亞瓊偽恭謀陳金剛影　蔡全勝偽都督陳金剛影
林桂芳偽軍師陳金剛影　吳允偽都督扎董泰
朱土日偽副帥陳金剛影　李洵穠偽軍師朱子儀影
張順勝偽元帥扎青旂圩　梁光槐貢生翻供旋故偽副帥扎沙頭
戴亞德偽將軍戴焜元影　何幅喜偽副司馬朱子儀影
盧亞茂偽司馬陳金剛影　盧亞瑚偽都督陳金剛影
潘成廣偽副帥扎大步塘　韋亞正即大難正偽水陸將軍陳金剛影
岑字聰偽都督蔣天相影　岑亞澤偽軍師蔣天相影
戴巳安偽侍衛戴焜元影　任亞時偽師爺陳金剛影
郭亞維偽水陸都督陳金剛影　韓恒卓謀勒胞兄身死陳金剛影
畢太子蔕偽師爺朱子儀影

清遠縣一帶股

曾文英偽正帥在三坑起旂　僧清海偽司馬練四虎影
朱西英偽副帥在清遠起旂　朱三狗偽軍師練四虎影
朱四添偽副帥朱曾社影　鄧亞玲戕清遠千總張得勝及熊副爺

陳孖指就 偽元帥在高平圩起旂

馮覲秋 偽元帥在陽塘圩起旂

曾江 偽先鋒戕清遠遊擊陳仁義夥

劉亞濼 偽副帥在閣前圩起旂

薛亞發 偽都督鄧亞敬夥

崔國樑 南海武生偽都督曾國章夥

僧水清 偽司馬練四虎夥

朱秋潰 偽副帥朱銅鼓夥

張家齊 偽副帥李月英夥

龍門縣一帶股

林桂鳳 偽元帥扎龍門縣城

高要縣一帶股

陳錦東 偽都督陳潮夥

嚴秀南 偽軍師高要黃金台夥 翻供旋故

黃亞酌 偽先鋒戕傷肇羅李道陳潮夥

東安縣一帶股

李邦連 入賊首李素林夥鎗斃新興城守官

鶴山縣一帶股

馮開明 偽總都督沙坪馮坤爭夥

馮亞有仔 偽元帥在鶴山南洞圩起旂

馮天祐 偽水陸都督在沙坪起旂

羅犀義 偽元帥在鶴山英澤埠起旂

馮亞崩二 偽元帥扎鶴山縣屬

易亞倫 混名楚霸王 偽都督緝壟馮坤夥

呂亞孔 即亞拱 偽元帥馮坤夥

馮亞先 偽都督馮坤夥

馮亞富 偽先鋒加功將鶴山縣馬令殺害馮坤夥

李掌 攻破鶴山肇慶城並同捉李道台目擊戕害馮坤夥

馮亞二 即亞二 加功戕害馬令呂雄杰夥

呂仁宇 偽元帥扎小范村

何澍霖 生員偽軍師馮坤夥

關亞俸 偽副帥鶴山古勞古亞九夥

周玉麟 偽水陸都督老隆朱亞有夥

呂亞玲 偽先鋒督帶人馬打入鶴山城馮坤夥

李文仔 偽水陸都督呂雄杰夥

李亞才 偽都督呂雄杰夥

新會縣一帶股

陳松年 偽元帥扎江門

譚亞地 偽帥在新會起旂

區亞丙 偽參謀盧日新夥

盧兆球 偽軍師陳譽髦夥

吳亞仲 偽副帥區亞參夥

廣寧縣一帶股

朱四 偽元帥在石嘴起旂

黃敏志保 偽元帥在古水起旂

譚亞喚 偽副帥在瀧下起旂

朱亞蓝 偽副帥在古水起旂

陳家正 偽元帥在懷集縣烏岡起旂

王二娣 偽元帥在蒲塘起旂

藍笛 偽副帥在古水起旂

馮亞火 偽副帥在古水起旂

莫考 偽副帥陳家正夥

謝綮寧 偽副帥懷集縣雷亞邦恩夥

李三達偽都督懷集四仔圩陳崩田股
錢寵偽元帥在瀧石起旂

練金偽軍師朱四夥
曾遠即曾亞遠仔偽正師在李格圩起旂

蘇高佬新偽元帥在齊洞起旂
馮亞厂星偽元帥扎鍾塘寨

蔣陳偽副帥朱四夥
王朝會偽副軍師王二娣夥

盧保即盧帶保小旂頭戕紅頂武員溫大貨五夥
林亞四小旂頭傷害武弁盧五通分夥

祝學才偽軍師謝慶齡夥
黃梅連小旂頭戕學官一員錢寵夥

伍亞章小旂頭戕武官一員錢寵夥
林大用偽軍師王二娣夥

黃二妹管錢粮師爺王二娣夥
劉四偽先鋒殺死鄉勇黃敏志保夥

黃十六偽副帥懷集溫大貨五夥

肇慶府一帶股

何亞三何六肥兄偽都督伍百吉夥
麥宜懷受馮雲山偽封英烈王攻破肇城戕害李肇羅道之犯

伍亞二偽都督伍百吉夥
羅亞權偽運粮都督區亞閏夥

英德縣一帶股

朱志得仁偽副帥在含洸起旂

東莞縣一帶股

何亞雲偽軍師何六夥

增城縣一帶股

劉闆刀繞偽副都督朱真金夥
毛亞挽偽副都督朱真金夥

從化縣一帶股

朱亞習偽都督高社戊夥
鄺亞糠偽從化縣黎天成夥

高進言偽軍師高社戊夥
曾半桶水偽元帥在街口圩起旂

開平縣一帶股

許亞炳偽元帥在水口圩起旂
勞文思偽元帥在開平起旂

翁源縣一帶股

梁連科偽副師黃裡帽夥

博羅縣一帶股

曾亞林偽元帥在新市起旂
張五晚偽元帥在柏塘圩起旂

張長塘晚偽元帥在旱塘起旂
李妹滿偽副師在黃麻陂村起旂

王大石偽副師張五晚夥

德慶州一帶股

董亞梗四偽元帥在篠篙地寨起旂
李二和偽元帥起旂佔踞德慶城

黃高佬潰偽先鋒傷斃兵勇董亞梗四夥

✓

陽山縣一帶股

劉亞青 偽正帥在白虎起旂

曲江縣一帶股

陳福 偽將軍陳大夥

樂昌縣一帶股

任亞流 偽副帥在樂昌起旂

連州一帶股

梁開 偽三法司又為熈平縣在連州起旂

梁亞懷 殺五人扎連州星子

馮林帶 連州差偽元帥在連州起旂

所有各偽職名目均係查照原解稟及本犯供詞開列其獲供旋即病故各犯如非著名首要僅係原解稟指稱者均未開列合註明

兩廣爵督部堂委募練勇候選軍民府林 現奉

憲委帶林勇勦捕逆匪有勇尤貴知方同心斯能協力特為申明大義俾知奮勇立功臚列規條各宜遵守特諭

一各勇有能設計擒賊由十長五十長百長察陳立功者稟請 大憲保舉

一各勇有能探確賊情密速報信者記名註冊酌升勇長

一水陸接仗均聽統領號令方得按隊上前如違按以軍法

一各勇協力勦捕如臨陣退縮不聽號令者按以軍法

一各船行止必要聽統領號令派定先後次序不得爭先落後如有不遵定將管船勇目革究

一打仗務要奮勇上前殺賊或賊拋擲金銀等物是賊誘我以利亂我軍心如遇有賊拋擲金銀胆敢先行拾取者按以軍法若大獲勝仗擒渠掃穴搜獲賊贓稟繳統領論功分賞

一各勇無論水陸立營均遵號令分班巡邏排列不得喧嘩嘈雜以及賭博鬧酒吸食洋烟等事有犯此弊初犯罰扣口粮銀二錢以充公賞再犯革除

一營盤晝夜瞭望每甲每夜以一人輪班看更周而復始如有失更初犯責罰再犯革除

一各勇不得離營擅入鄉村滋事凡買餸菜必要領買菜牌每甲許派一人買辦均照時價不得強買亦不得三五成群離營浪遊以及瞞騙等弊如有違犯分別革究

一各勇如有口角爭鬥該甲長查明曲直告知五十長百長理處如不服處稟請革究若擅動軍器立即綑揷耳箭

一各勇如犯奸淫及強取民間物件查出按以軍法

一隊長首要公道方能服衆如有私抽私扣各勇錢文查出革除究追

一各勇每期領粮每各先存飯食銀交甲長收支少則補足多則還回每月清算以昭公道

一早晚餘閒各勇練習技藝鎗炮每逢三六九操演一次逢操不到立即革除

一各勇與賊接仗遇有受傷陣亡俱遵省城團練總局議定章程分別醫治賞卹

一臨陣殺賊得賊首級及生擒賊者俱遵省城團練總局議定章程分別賊首賊夥給賞

一各勇腰牌不得離身如辭去應[illegible]牌外出遊玩者查出究責

一各勇遇有要事回家必須告假繳回腰牌另給路票

一與逆匪私通交接查出實據以及謠言惑衆按以軍法

一各勇所用器械務要自理鮮明齊整以壯軍威

以上二十條舉其大概隨時添議再為申明願與多士共勉之

咸豐肆年　月　日香山林福盛擬

[redacted]

謹將閏七月十一日起至八月初十日止收到人犯及業已開除實在羈押各數目列

摺呈

電

閏月中旬收到壹百零六名

閏月下旬收到壹百六十三名

八月上旬收到壹百四十九名

共收到人犯肆百一十八名

閏月中旬已請 令叁拾玖名

閏月下旬已請 令柒拾捌名

八月上旬已請 令捌拾捌名

59

共開除請 令人犯貳百零伍名

閏月中旬應候彙辦貳名

閏月下旬應候彙辦拾貳名內七名奉 批復訊

八月上旬應候彙辦叁名

共開除彙辦人犯十七名均已收禁

閏月中旬釋放拾伍名又不認案病故貳名

閏月下旬釋放叁拾捌名又應釋放病故壹名

八月上旬釋放拾捌名

共開除釋放及病故人犯七拾肆名

三共開除人犯貳百九拾肆名

閏月中旬羈押肆拾捌名內應釋放叁拾名提線未到叁名押交犯屬肆名押候會營發落陸名押候復訊伍名已列旬摺未奉 批示合註明

閏月下旬羈押叁拾肆名內提線未到肆名未呈小摺捌名已呈小摺奉 批復訊貳拾壹名押候發落壹名尚未呈旬摺合註明

八月上旬羈押肆拾名內提線傳人未到肆名押交犯屬壹名未呈小摺貳拾壹名已呈小摺奉定供拾肆名尚未呈旬摺合註明

共實在羈押人犯壹百貳拾貳名本月十二日收到人犯貳拾伍名不在數內合註明

謹將本省自道光三十年秋間起至咸豐三年十一月底止辦理防堵並各案游匪先後由藩庫撥解銀兩赴軍營備支及文武各衙門領用經費銀數分晰列摺呈請

察核

計開

一辦理第二次清英匪徒案內陸續解赴

前臬司祁　行營支用銀四十五萬五千兩

文武各員共領用經費銀五萬一千二百五十五兩五錢八分八厘

本案共支用銀五十萬零六千二百五十五兩五錢八分八厘

一辦理從化匪徒共支用銀六千兩

一辦理高州匪徒案內解赴

前督憲徐　行轅支用銀四十九萬七千兩

文武各員共領用經費銀三萬七千零九十一兩七錢七分

一辦理廉州匪徒案內分解

高廉道廉州府及文武各員共支用銀二十二萬七千五百五十七兩二錢四分九厘

一辦理羅鏡匪徒案內分解

宮保葉　行轅支用銀一十三萬兩

肇慶府李守及文武各員領用銀二十四萬四千零九十一兩六錢零四厘

以上高廉羅三案共支用銀一百一十三萬五千七百四十兩零六錢二分三厘

一辦理肇屬温曾匪徒案內

肇慶府李守等共領用經費銀四萬四千兩

一辦理封川江口案內

文武各員領用銀二十二萬六千二百三十四兩九錢五分
一辦理韶屬各股匪及防堵湖南匪徒案內解赴
宮保葉　行轅支用銀四萬兩
另提用原解湖南軍需銀四萬兩
提臺崑　支用銀三十五萬五千兩
文武各員共領用銀六萬五千五百八十一兩七錢三分六厘
本案共支用銀五十萬零五百八十一兩七錢三分六厘
一辦理惠屬各股匪徒案內
惠潮道及惠州府等共領用銀三萬三千一百七十八兩一錢九分
一辦理南雄州防勦匪徒案內
南雄州領用銀四千兩
一辦理瓊屬儋州案內
雷瓊道及瓊州府等領用銀七萬一千三百九十九兩一錢六分八厘

一各府縣代西省雇勇案內
廣州府等共領用銀一萬八千七百八十五兩零一分四厘
一辦理東莞司馬鄉匪徒案內
廣州府等共領用銀二萬六千八百五十七兩七錢
以上通共支用銀二百五十七萬三千零三十二兩九錢六分九厘內動支
奏撥海關稅餉銀七十萬兩又動用司庫銀一百八十
七萬三千零三十二兩九錢六分九厘此外尚有本省各
營領用製造帳房軍裝火葯各府州縣應付兵差
過境墊支經費及
前督憲徐　帶兵赴西楚勦匪支用經費各銀數均
不在內合併聲明

[redacted]

一探得胡亞金年三十餘歲平南縣人係山人冲胡以洸之堂弟約有夥匪二千餘人正月二十八日由石嘴進金田墟祭旂二月二十八日過思旺佛子口攻破該處團練營盤四座三月初七日過思廻墟與團練打仗團練敗去十五日在大榕與團練打仗又敗現在賊踞思旺墟賊匪出敵每用馬隊三四百匹為前鋒騎馬賊均用長針平南縣令調團練四五千人現札思廻岩堵禦等語

職道查該匪胡亞金係逆匪洪秀泉夥首胡以洸之弟現在築立營壘抗拒練丁頗似洪逆湊逆舉動殊為可慮職道初在東省已有風聞本擬率師往勦奈附近省城之賊有四五千人盤踞羅錦地方省城根本重地不能不先赴勦捕現在胡匪頗有窺伺藤縣之意藤縣翟令屢次請兵職道詢之署梧州府陳守均以無甚緊要為詞其實此股匪徒不早撲滅必遺後患職道頃又疊奉 撫憲及准兩司函催均以赴省為急殊有獨力難支之勢查梧州陳守現有潮勇數百名該守久歷行間且思旺係藤平交界之所可否 札飭該守親自帶往勦捕緣潮勇交委員管帶言語不通又非原募之人不能駕馭恐難收效再署平南李令實心任事屢次帶練勦賊多有斬獲以之會同陳守協力助勦當易撲滅

一探得武生羅日顯年三十餘歲修仁縣六排大羅村人充當團總去歲象武賊匪過修仁桐木墟地方該武生帶練堵截匪等被其打敗棄械而逃奪獲匪徒砲位資重後練丁旋散該匪逃回黃茅二塘復糾黨羽仍來桐木滋擾練丁防禦不及被匪焚燒村庄村人求和該匪要回前棄砲械該武生不得已將砲位交還匪等退去後被象州墟長稟報象州緝拏該武生各練丁等以通匪情事

該武生等逃匿龍女岩又遇壯丁經過六排桐木那隘等處該處牛馬被壯擄去是以團練不忿鳴鑼與各壯相鬪該壯敗走棄却砲位器械搜稟帶壯官云六排桐木土匪滋事搶奪砲位等語該武生暨團練等恐上憲追究遂有糾衆拒敵之意各排亦有不願隨者該武生勒逼鄉村富者出資貧者出力輪丁抽派計五排六排七排八排九排十排桐木均歸武生羅日顯轄制調遣若有不從即擄人燒屋所有富户屯穀飭丁挑至龍女岩作各黨羽口粮各排紳士人等均已脅從矣現聚土匪不下七八千之多龍女岩現改為南山寨查得該武生等意欲招安改過尚未出境搶奪不過在境内村排勒逼等情象州地保李方懷李方春糾邀象州各村鄉民亦復不少修仁與象州連界桐木墟上半墟係修仁管下半墟係象州管該地保等匪均投羅武生處踞守南山寨共聚不下萬人之數修仁石墻外頭排二排三排四排等處紳士鄉民又有四排墟温廪生迫勒為匪不下數千人不知其名黨羽亦有數百人出石墻外村庄搶掠已刧過數村而該廪生仍受羅武生轄制現在修荔二縣紳民心驚胆嚇深恐石墻羅温黨羽竄出修荔滋擾則二縣紳民均被迫為匪矣修荔疊經賊擾富者益貧貧者益困昨署平樂府招守親往石墻口招猺民一百名堵守查知温羅二匪實因事激變業已出示招安各散歸農該武生等狐疑要十排紳士保伊方信而各紳士避賊又遠遁未回招守現飭修仁縣書辦羅含蘭往說尚無頭緒又因别股賊匪由修荔下竄招守退回郡城又聞修仁縣紳士前任岑溪訓導蔣侶芝及荔浦紳士所云該武生實係迫變情形相符查得十排等處鄉民尚未耕種若及早辦理免致日久滋蔓前時派千總孔文高往修仁勸辦所帶兵壯不過三百餘名至桐木墟住札該地保李方懷一般知修仁城並未准備往見該縣意在求免不料該令說出勦辦之語該匪頓生異心夥黨五更突至兵壯均在高卧奪去砲械等項兵壯逃散該縣與典史商議自縊不料賊入該典史手執雙刀禦敵賊將刀砍傷典史被戕洪令欲縊賊見不允將該縣細綁用藤牌抬去做先鋒開路聞得石墻口有猺勇堵守故要縣官說開免致打仗此次賊匪資重不少意在分贓不願打仗矣武生羅日顯見李方懷太過即著人往說若不送回父母官我定與賊分過勝負只得送此人情與羅武生做該匪仍送皮馬褂一件白馬一匹交過羅日顯派黨羽六人將洪令送回縣城洪令仍賞犒六人等情

職道查此案係官廹民變現應速為查辦免致又如從前黃守廹變南寧之患愚見刻下曉諭修荔紳士令武生羅日顯前來行營如其肯來則必無堅於為匪之心訊明後即勒令各人歸農此本非樂於為盜之民必無後患再查署梧州都司陳玉發籍隸修仁職道於道光二十七年勦辦平樂會匪帶勇在修仁有兩月之久查知該署都司人甚老成鄉黨中深為信服似可令其先行前往曉諭當於事有濟若令該署都司前往為日無多可否請免委人接署俾該都司仰荷
憲恩高厚無不盡心竭力也

一探得咸豐三年十月中旬有平樂府住廣肇民人混名鷄仔勝在昭平黃猺英家墟地方與二十七年會匪頭人陳德龍晚係艾子土人因賭博起見互相爭鬬於三年十一月初一日鷄仔勝邀黨羽三千餘人陳德龍晚邀黨羽四千餘人在賀縣屬芳林塘崇林山内相打被艾子殺死廣肇人三百餘名又於十二月在黃猺地方打架殺死廣肇人二百餘名本年二月中旬在賀縣羊頭墟打一仗殺死艾子人四五百名三月十三日又在羊頭墟地方打一仗殺死艾子人三四百名陳德龍晚現在札平樂縣戎津昭平英家等處約計五六千人該匪各路糾邀艾子人到齊約七八千之衆口粮不敷在各村鄉擄掠鷄仔勝糾邀廣肇人不下七八千之多現在賀縣屬黃田八步等墟住札米粮不敷亦往各村市廣肇人處借米飯路不通行恐將來艾子人通合紅肚賊則大患難除矣等語

職道擬先將羅錦股匪辦清後即順道查辦此案并修仁羅武生之案

一探得紅肚賊均艾子土人居多賊首陳亞添黃猊尔均嘉應州人俱年三十餘歲黃十一桂平橋墟人年二十八九歲自橋墟起事尚有不識姓名數人為首等語